Oswald Ducrot

Dire et ne pas dire

PRINCIPES DE
SÉMANTIQUE LINGUISTIQUE

Deuxième édition corrigée et augmentée

COLLECTION SAVOIR HERMANN

OSWALD DUCROT enseigne, depuis 1968, à l'École des Hautes études en sciences sociales. Ses premiers travaux ont eu pour objet l'histoire de la linguistique, notamment structurale. Actuellement ses recherches concernent essentiellement un domaine linguistique encore peu exploré, la sémantique. Il tente d'une part d'y intégrer la théorie de l'énonciation qui se dégage de la philosophie analytique anglaise, et, d'autre part, d'instituer une confrontation entre langage et logique qui ne soit ni la réduction de l'un à l'autre, ni non plus la constatation d'une hétérogénéïté radicale.

Deuxième édition corrigée et augmentée, janvier 1980

ISBN 2 7056 5908 0

Table

Avant-propos à la deuxième édition

Cette deuxième édition de *Dire et ne pas dire* ne contient, en ce qui concerne le texte-même de l'ouvrage, que des modifications de forme. Mais il m'a paru intéressant d'y ajouter un article écrit en 1977, où je montre dans quel sens je voudrais réviser certaines des thèses présentées dans le livre. Il s'agit de l'ancrage linguistique de la notion d'illocutoire et performatif. Je continue à soutenir que ces phénomènes sont en relation avec la structure même des *phrases*, ou, en d'autres termes, qu'ils sont prévus dans l'organisation de la *langue* et ne sont pas surajoutés du dehors par la *parole*. Mais cette relation est certainement moins simple et directe que je ne le pensais d'abord. Ce qui ne remet pas en cause la décision générale de décrire la langue comme un instrument d'action, de voir en elle un ensemble de dispositifs (comportant, notamment l'illocutoire et la présupposition) dont la fonction — et le sens — est d'assurer l'interaction des individus.

1. *Implicite et présupposition*

IL EST FRÉQUENT, depuis Saussure, de déclarer que la fonction fondamentale de la langue est la communication. A quoi on ne peut pas objecter grand chose, dans la mesure où la notion de communication est elle même fort vague, et susceptible d'être infléchie dans des directions très variées. Cette formulation a d'ailleurs l'avantage de présenter le destinataire comme un personnage essentiel de l'acte de parole — puisque communiquer, c'est toujours communiquer à quelqu'un; par là, elle rompt avec la conception sous-jacente à la linguistique comparatiste du dix-neuvième siècle. Selon celle-ci, les langues auraient comme origine première l'effort de l'humanité pour représenter la « pensée », pour en constituer une image perceptible, un tableau : l'acte de parole s'expliquerait alors, *essentiellement*, comme l'acte d'une pensée qui cherche à se déployer en face d'elle même pour s'expliciter et se connaître. Aussi l'utilisation de la parole pour les besoins de la vie sociale, comme moyen d'intercompréhension, n'est-elle considérée, dans cette dernière perspective, que comme un effet second, effet au surplus dangereux et presque parasitaire, car on doit lui attribuer la progressive dégénérescence des langues, devenues des instruments alors qu'elles étaient d'abord des fins, et qui retranchent d'elles mêmes tout ce qui n'est pas indispensable à la compréhension mutuelle des interlocuteurs *. Au contraire, considérer la communication comme la fonction linguistique fondamentale, c'est admettre que la parole, par vocation naturelle, est parole pour autrui, et que la langue s'accomplit elle-même dans la mesure seulement où elle fournit un lieu de rencontre aux individus.

* Telle est, par exemple, la thèse de F. Bopp, *Vocalismus*, Berlin, 1836, p. 1-3.

Mais si une linguistique de la communication doit nécessairement faire entrer dans sa description de l'acte de parole la dualité des interlocuteurs, il arrive souvent qu'on restreigne le sens du mot « communication », en le forçant à désigner seulement un type particulier de relation intersubjective, la transmission de l'information. Communiquer, ce serait, avant toute chose, faire savoir, mettre l'interlocuteur en possession de connaissances dont il ne disposait pas auparavant : il n'y aurait communication que lorsque, et dans la mesure où, il y a communication de quelque chose. Cette conception de la communication transparaît lorsqu'on compare la langue à un code, c'est-à-dire à un ensemble de signaux perceptibles qui permettent d'avertir autrui de certains faits qu'il ne peut pas percevoir directement. Elle amène à prendre l'acte d'informer comme l'acte linguistique fondamental. Affirmer, c'est alors informer autrui de ce que l'on sait ou de ce que l'on croit; demander, ordonner, c'est informer de ce que l'on désire ou de ce que l'on veut; se plaindre, injurier, c'est informer d'une peine ou d'une colère que l'on éprouve. Tous les actes accomplis au moyen de l'acte de parole, et qui ne sont pas réductibles à la transmission d'une information, tous ces actes ne seraient que des conséquences indirectes de l'acte de parole.

Les tenants de cette conception reconnaissent bien sûr que, lorsqu'on donne un ordre, on fait en réalité bien plus, et qu'on a même souvent l'intention de faire bien plus, que de rendre publique sa volonté : l'acte d'ordonner transforme les rapports existant entre les interlocuteurs, il détermine une situation, des sentiments et des comportements nouveaux. Mais, dans la perspective que nous analysons, ces modifications devraient toutes se comprendre comme des résultats — tantôt voulus, tantôt mécaniques — de l'acte d'ordonner. A ce titre, elles ne concerneraient pas le linguiste, mais seulement le psychologue, qui étudie l'avant et l'après de l'acte de parole, les intentions et les causes dont il procède, les effets qu'il déclenche. L'acte lui même pourrait se décrire indépendamment d'elles, comme les moyens peuvent, théoriquement, se décrire abstraction faite des fins, comme le fait se laisse présenter sans mention de ses origines et de ses conséquences.

Cette conception, qui fait de l'acte d'informer l'acte linguistique fondamental, après avoir semblé évidente à la plupart des structuralistes, est actuellement mise en question aussi bien du côté des linguistes que chez les philosophes du langage. Des linguistes comme E. Benveniste, étudiant les pronoms personnels *(je, tu)* dans les langues naturelles, sont arrivés à l'idée que ces pronoms, dont l'existence est souvent expliquée par un simple souci d'économie dans la transmission de l'information (il est plus rapide de dire *je* que de donner son nom), ont en réalité une fonction plus complexe. Ce qui est remarquable dans le pronom *je*, ce n'est pas seulement qu'il constitue un moyen abrégé pour parler de soi, c'est surtout qu'il oblige celui qui parle à se désigner avec le même mot que son interlocuteur utilisera à son tour pour se désigner lui même. L'emploi de *je* (on en dirait autant de *tu*) constitue donc un apprentissage et un exercice permanent de la réciprocité. Il insère chaque dialogue particulier dans le cadre général d'une reconnaissance des individus les uns par les autres. Ce que Benveniste résume en disant que les pronoms personnels marquent, à l'intérieur même de la langue, la présence de l'intersubjectivité.

Pour des raisons différentes, la philosophie anglaise dite « analytique » ou encore « école d'Oxford » nous semble amenée à une conclusion analogue. Étudiant des actes de langage comme promettre, ordonner, interroger, conseiller, faire l'éloge de... etc., les philosophes d'Oxford en viennent à les considérer comme aussi intrinsèquement linguistiques que celui de faire savoir. L'argument essentiel — que nous indiquons seulement, et qui sera développé par la suite (p. 69) — est qu'il est impossible de comprendre ces actes si on veut les dériver d'un acte primitif d'information dont ils seraient une simple conséquence. Soit à décrire par exemple l'acte d'interroger. On pourrait songer, dans la perspective structuraliste traditionnelle, à y distinguer deux étapes, logiquement, sinon chronologiquement, distinctes :

1. L'acte de faire connaître à autrui mon incertitude et mon désir d'en sortir — acte qui constituerait le seul élément proprement linguistique dans le phénomène décrit (son caractère linguistique étant attesté par l'arbitraire du rapport entre les paroles prononcées et l'information transmise).

2. Un processus psychologique, fondé sur des mécanismes naturels, qui transformerait cette communication en une interrogation, qui amènerait donc à interpréter l'information concernant l'incertitude comme une demande de renseignements.

C'est justement ce clivage que refusent les philosophes d'Oxford — si nous les comprenons bien — et dont ils essaient de montrer qu'il rend incompréhensible l'activité réelle accomplie dans la parole. En quoi consiste en effet cet élément spécifique qui distingue la question de la simple indication d'une incertitude et d'un désir de savoir, élément dont devrait rendre compte le processus psychologique postulé plus haut? Il s'agit du fait que le destinataire d'une question se trouve mis dans l'obligation de répondre, fût-ce par un aveu d'incompétence, de sorte que la parole qui lui a été adressée crée pour lui, en vertu des lois du discours, comme un « devoir » de parler à son tour. Or cette instauration d'une obligation ne peut pas être expliquée par un mécanisme naturel, car ce mécanisme — à supposer qu'il soit imaginable — vaudrait aussi bien pour toutes les phrases non-interrogatives qui ont le même pouvoir « informatif » que la question *(Je ne sais pas si...,. Je me demande si..., Je voudrais savoir si...)*. Le pouvoir proprement interrogatif de la question doit donc être fondé sur une sorte de déontologie — qui n'a rien de naturel — et qui attribue à certaines formules, prononcées dans certaines circonstances, le pouvoir (exorbitant) d'obliger le destinataire à continuer le discours. Si l'interrogation n'est pas le seul acte de langage à autoriser une semblable analyse, il faut dire que la langue comporte, à titre irréductible, tout un catalogue de rapports interhumains, toute une panoplie de rôles que le locuteur peut se choisir pour lui-même et imposer au destinataire. Sa fonction ne saurait alors se réduire à la transmission de l'information. On doit reconnaître au contraire que bien d'autres fonctions lui sont aussi essentielles, celles qu'elle remplit en rendant possible des actes qui lui sont spécifiques — et qui n'ont aucun caractère naturel — comme ceux d'interroger, ordonner, promettre, permettre... etc.

Dans cette perspective, comme dans celle ouverte par Benveniste, on est amené à admettre que les relations intersubjectives inhérentes à la parole ne se réduisent pas à la communication, prise au sens étroit, c'est-à-dire à l'échange de connaissances : on introduit parmi elles, au contraire, une très grande variété de rapports interhumains, dont la langue fournit non seulement l'occasion et le moyen, mais le cadre institutionnel, la règle. La langue n'est plus alors seulement le lieu où les individus se rencontrent, mais elle impose à cette rencontre des formes bien déterminées. Elle n'est plus seulement une condition de la vie sociale, mais devient un mode de vie sociale. Elle perd son innocence. On cessera donc de définir la langue, à la façon de Saussure, comme un code, c'est-à-dire comme un instrument de communication. Mais on la considérera comme un jeu, ou, plus exactement, comme posant les règles d'un jeu, et d'un jeu qui se confond largement avec l'existence quotidienne. Telle est également, présentée en quelques mots, la conception générale qui conduit — et où conduit — le présent travail sur la « présupposition linguistique ». Notre thèse principale sera que le phénomène de la présupposition — étudié en lui-même dans les chapitres 2 et 3, et illustré par des analyses de détail dans les chapitres suivants — fait apparaître, à l'intérieur de la langue, tout un dispositif de conventions et de lois, qui doit se comprendre comme un cadre institutionnel réglant le débat des individus. Même si notre recherche se trouve en contradiction — et de façon explicite — avec certaines thèses de la philosophie analytique anglaise, elle n'a été rendue possible que par cette philosophie, et elle devrait en confirmer, nous semble-t-il, les options essentielles.

Dire que les langues naturelles sont des codes, destinés à la transmission de l'information d'un individu à un autre, c'est admettre du même coup que tous les contenus exprimés grâce à elles sont exprimés de façon *explicite*. Par définition en effet, une information encodée, c'est, pour celui qui sait déchiffrer le code, une information manifeste, une information qui se donne comme telle, qui s'avoue, qui s'étale. Ce qui est dit dans le code est totalement dit, ou n'est pas dit du tout.

Or on a bien fréquemment besoin, à la fois de dire certaines choses, et de pouvoir faire comme si on ne les avait pas dites, de les dire, mais de façon telle qu'on puisse refuser la responsabilité de leur énonciation. Il n'est pas dans notre objet, ici, de faire une psychologie ou une sociologie de l'implicite, et d'analyser en détail la fonction de l'implicite dans les relations sociales. Il nous suffit d'en faire voir la nécessité — à laquelle on peut attribuer au moins deux origines théoriquement distinctes. Elle tient d'abord au fait qu'il y a, dans toute collectivité, même dans la plus apparemment libérale, voire libre, un ensemble non négligeable de tabous linguistiques. On n'entendra pas seulement par là qu'il y a des mots — au sens lexicographique du terme — qui ne doivent pas être prononcés, ou qui ne le peuvent que dans certaines circonstances strictement définies. Ce qui importe davantage, vu notre propos, c'est qu'il y a des thèmes entiers qui sont frappés d'interdit et protégés par une sorte de loi du silence (il y a des formes d'activité, des sentiments, des événements, dont on ne parle pas). Bien plus, il y a, pour chaque locuteur, dans chaque situation particulière, différents types d'informations qu'il n'a pas le droit de donner, non qu'elles soient en elles mêmes objets d'une prohibition, mais parce que l'acte de les donner constituerait une attitude considérée comme répréhensible. Pour telle personne, à tel moment, dire telle chose, ce serait se vanter, se plaindre, s'humilier, humilier l'interlocuteur, le blesser, le provoquer, ... etc. Dans la mesure où, malgré tout, il peut y avoir des raisons urgentes de parler de ces choses, il devient nécessaire d'avoir à sa disposition des modes d'expression implicite, qui permettent de laisser entendre sans encourir la responsabilité d'avoir dit.

Une seconde origine possible au besoin d'implicite tient au fait que tout affirmation explicitée devient, par cela même, un thème de discussions possibles. Tout ce qui est dit peut être contredit. De sorte qu'on ne saurait annoncer une opinion ou un désir, sans les désigner du même coup aux objections éventuelles des interlocuteurs. Comme il a été souvent remarqué, la formulation d'une idée est la première étape, et décisive, vers sa mise en question. Il est donc nécessaire à toute croyance fondamentale, qu'il s'agisse d'une idéologie sociale ou d'un parti-pris personnel, de trouver, si elle s'exprime, un moyen d'expression qui ne l'étale pas, qui n'en fasse pas un objet assignable et donc contestable. Or elle a cependant besoin de s'exprimer, trouvant sa principale force, et sa source première d'évidence, dans son perpétuel rabâchage. D'où une deuxième raison à l'existence de façons de parler implicites, à l'existence d'une certaine utilisation du langage qui ne peut pas se comprendre comme un codage, c'est-à-dire comme la manifestation d'une pensée, en elle même cachée, au moyen de symboles qui la rendent accessible.

Qu'il y ait ainsi une utilisation du langage qui ne relève pas du codage, cela ne prouve cependant pas que le langage lui-même est autre chose qu'un code. Peut-être, en effet, la part d'implicite qu'on arrive à introduire dans le discours, on l'introduit toujours de l'extérieur, au moyen de procédés étrangers à la langue proprement dite, et qui tiennent seulement à l'habileté avec laquelle on l'utilise. Il est donc indispensable, pour nous, de recenser d'abord les formes d'implicite qui peuvent être attribués à de tels procédés, afin de faire apparaître ensuite, par contraste, un implicite dont la possibilité serait inscrite dans la langue d'une façon plus directe. En ce qui concerne les « procédés d'implication », nous proposons de les ranger dans deux catégories principales, en distinguant ceux qui se fondent sur le contenu de l'énoncé, et ceux qui mettent en cause le fait de l'énonciation.

1. *L'implicite de l'énoncé.* Un procédé banal pour laisser entendre les

faits qu'on ne veut pas signaler de façon explicite, est de présenter à leur place d'autres faits qui peuvent apparaître comme la cause ou la conséquence nécessaires des premiers. On dit qu'il fait beau pour faire savoir qu'on va sortir, on parle de ce qu'on a vu dehors pour faire savoir qu'on est sorti. Une variante, un peu plus subtile, du même procédé — variante largement exploitée par la propagande et par la publicité — consiste à présenter un raisonnement qui comporte, comme prémisse nécessaire, mais non formulée, la thèse objet de l'affirmation implicite. Une bonne partie des *donc* utilisés dans le langage sont à cet effet. L'énoncé *X*, *donc Y* est alors destiné à faire entendre une troisième proposition *Z* qui doit être vraie pour que *Y* puisse effectivement se déduire de *X*. « Untel est venu me voir; il a donc des ennuis », pour faire entendre que la personne dont il s'agit ne saurait venir que par intérêt. Dans ce cas, la forme de raisonnement utilisé est un syllogisme, dont on formule explicitement une prémisse (la mineure) ainsi que la conclusion, afin de présenter, implicitement, l'autre prémisse (la majeure). On trouverait le même ressort dans les affiches publicitaires ou politiques du type « Elle connaît son intérêt; elle achète la poudre X », ou « Il sait qui le défend; il adhère au parti Y ».

Le raisonnement utilisé peut cependant être d'une nature moins formelle que le syllogisme, et mettre en jeu des relations qui relèvent plus des conventions oratoires que de la logique. Ce serait le cas dans une formule comme *Ne me demande pas mon avis, car, sinon, je te le donnerais*, employée pour faire entendre qu'on a un avis contraire à l'attente de l'interlocuteur. Appelons *A* la première proposition, qui exprime le conseil *(Ne me demande pas mon avis)*, et *B*, la seconde, qui justifie ce conseil *(Sinon je te le donnerais)*. Pour comprendre la signification implicite de la formule, il faut se référer à la convention oratoire selon laquelle justifier un conseil, c'est montrer que l'action conseillée est dans l'intérêt du destinataire (cette règle se déduit peut-être de la définition du conseil : ce serait un des traits distinctifs du conseil, par rapport à l'ordre par exemple, que de se prétendre fondé sur l'intérêt du destinataire. Mais, dans cette hypothèse même, la règle en question conserve tout son arbitraire — car l'existence de ce discours particulier qu'est le conseil a tout l'arbitraire d'une institution). Pour justifier le conseil exprimé par *A*, on doit donc montrer que l'interlocuteur a intérêt à ne pas interroger. Mais, pour qu'il en soit ainsi, il faut admettre, outre la prémisse explicite *B* (équivalente à *Si tu m'interroges, je te répondrai*), une prémisse supplémentaire *C* — non formulée — qui pourrait être, par exemple, *Ma réponse te déplairait.* Et c'est justement cette prémisse *C* qui constitue, sur le plan de l'implicite, le contenu réel de la phrase globale.

Les procédés qui viennent d'être, très lourdement, analysés, s'appuient, les uns et les autres, sur l'organisation interne de l'énoncé. Ils reviennent à laisser inexprimée une affirmation nécessaire, de façon évidente, à la complétude ou à la cohérence de l'énoncé, affirmation à laquelle son absence même confère une présence d'un type particulier : la proposition implicite se signale — et se signale seulement — par une lacune dans l'enchaînement des propositions explicites. Elle a une existence indiscutable, dans la mesure où la lacune est elle-même indiscutable, mais cette existence reste toujours officieuse — et objet possible de démenti — dans la mesure où le destinataire seul, et non le locuteur, est appelé à combler la lacune.

2. *L'implicite fondé sur l'énonciation.* On peut définir une seconde classe de figures, dans cette typologie de l'implicite, si on fait intervenir, à côté du contenu énoncé, le fait même de l'énonciation. On arrive alors à ce que nous appelons les *sous entendus* du discours *. L'acte de prendre la parole n'est en effet, au moins dans les formes de civilisation que nous connaissons, ni un acte libre, ni un acte gratuit. Il n'est pas libre, en ce sens que certaines conditions doivent être remplies pour qu'on ait le droit de parler, et de parler de telle ou de telle façon. Il n'est pas gratuit, en ce sens que toute parole doit se présenter comme motivée, comme répondant à certains besoins ou visant à certaines fins. Aussi est-ce, pour l'auditeur, une attitude considérée comme légitime, que de se demander si le locuteur était autorisé à parler comme il l'a fait, et quelles intentions il pouvait avoir en le faisant. Les questions *De quel droit dis-tu cela?* ou *Pourquoi dis-tu cela?* passent pour des questions raisonnables. Mais il se trouve, par ricochet, que ce cadre juridique et psychologique imposé à l'acte de parole peut être mis à profit par celui qui parle, ou par celui qui interprète, et utilisé pour introduire dans le discours une forme particulière d'implicite. Certains actes de parole, en effet, peuvent s'interpréter comme visant à faire admettre leur propre possibilité. Ce qu'ils sont censés alors faire entendre au destinataire, c'est que les conditions sont remplies, qui les rendent eux-

* « Présupposés et sous-entendus », *Langue française,* 4, déc. 1969, p. 30-43.

mêmes légitimes ou explicables. L'implicite, ici, n'est plus à chercher au niveau de l'énoncé, comme un prolongement ou un complément du niveau explicite, mais à un niveau plus profond, comme une condition d'existence de l'acte d'énonciation. A chaque loi de discours on pourra donc faire correspondre un type particulier de sous-entendu, tout acte de discours laissant entendre qu'il satisfait aux conditions exigées par cette loi.

a) Dans la mesure où parler à quelqu'un, c'est lui réclamer son attention, on ne peut parler légitimement à autrui que de ce qui est censé l'intéresser. Sinon, on s'expose à des répliques comme *Si tu crois que ça m'intéresse?*, qui mettent en cause la légitimité même de l'acte d'énonciation accompli, le droit du locuteur à parler comme il l'a fait. (Tout représentant de l'autorité échappe bien sûr à cette loi. C'est un privilège lié aux métiers de professeur, de moraliste, d'auteur, et, en général, d'intellectuel, que d'avoir le droit d'ennuyer : qui les exerce est réputé détenir des paroles qui, par elles mêmes, méritent d'êtres dites. Car il entre dans la définition du vrai, du beau et du bien — dans notre univers intellectuel — qu'ils justifient *ipso facto* leur propre énonciation, qu'ils sont toujours « bons à dire »). Or il se trouve qu'une telle loi est facilement mise à profit pour la production ou la découverte de significations implicites, et qu'on peut faire d'elle la source d'une foule de sous-entendus. Parler d'un sujet *X* à un interlocuteur Y, cela peut revenir, dans certaines circonstances, à dire, sur le mode implicite, que Y s'intéresse à *X*. Et inversement, pour l'auditeur Y, laisser le locuteur parler de *X*, cela peut s'interpréter comme l'aveu d'un intérêt pour *X*. La comédie classique fait un usage assez fréquent de cette figure : la servante, voulant faire savoir à sa maîtresse que l'amour de celle-ci pour le jeune premier lui est connu, parle longuement, et avec insistance, de l'objet de cet amour. Et la maîtresse se repent, comme d'un aveu, de l'avoir laissé parler. Nous serons amené, dans les chapitres suivants, pour expliquer d'autres sous-entendus analogues, à introduire d'autres lois de discours de même type (cf. p. 133).

b) Il y a une réglementation non seulement pour l'acte de parler en général, mais pour chaque catégorie d'actes de parole. L'acte d'ordonner, par exemple, exige un certain rapport hiérarchique entre celui qui commande et celui qui est commandé. D'où la possibilité de donner des ordres avec l'intention principale d'affirmer, sur le mode implicite, qu'on est en situation d'en donner (la possibilité, aussi, que les ordres donnés soient interprétés comme manifestant cette intention). Si l'on veut un exemple tiré, comme le précédent, de la fiction théâtrale — dont l'effet grossissant n'est peut-être pas inutile —, il suffit de penser à la scène de *Ruy Blas* où Don Salluste, pour rappeler à Ruy Blas, devenu duc et ministre, qu'il reste néanmoins domestique, lui ordonne successivement, et d'une façon présentée comme gratuite, de fermer une fenêtre et de ramasser un mouchoir. Une analyse semblable vaudrait pour l'acte d'interroger. N'importe quelle question n'est pas permise à n'importe qui. Cette limitation est en effet inséparable du fait, signalé plus haut, que la personne interrogée se voit imposer, par le fait même qu'elle est interrogée, l'obligation de répondre. Le droit d'interroger, puisqu'il implique le pouvoir d'obliger, ne saurait donc, dans une société qui se respecte, être dévolu à n'importe qui. Mais, là encore, la loi de discours peut donner naissance à une signification surajoutée, et il est fréquent que l'acte d'interroger ait, parmi ses fonctions, celle d'affirmer, sur le mode implicite, un droit d'interroger. On pose des questions pour ne pas laisser oublier — sans en faire toutefois l'objet d'une déclaration explicite — qu'on est autorisé à en poser.

c) Quelques mots enfin sur des lois qui se présentent elles-mêmes comme psychologiques, naturelles (avec toutes réserves sur l'authenticité de ce caractère psychologique). Le thème central de ces lois, dans notre collectivité linguistique, est que la parole est motivée, qu'on ne parle pas pour parler — ce qui est réputé un travers —, ni pour accomplir un rite — ce qui est réputé une superstition —, mais parce qu'il y a une utilité à le faire, qui peut être celle du locuteur, du destinataire ou d'un tiers quelconque.

En vertu de cette conception utilitariste — qui appartient à notre représentation habituelle de l'activité linguistique (peut-être même à une sorte d'auto-portrait de cette activité par elle-même), et que certains linguistes, hélas, reprennent telle quelle à leur compte — on considère comme raisonnable de se demander, pour chaque acte de parole, les motifs qui ont pu le susciter. Mais, du même coup, selon un mécanisme que nous avons déjà vu plusieurs fois à l'œuvre, l'acte de parole peut recevoir une interprétation nouvelle, et être pris comme signifiant, implicitement, ses propres motivations. Parler d'un fait *X* à un auditeur **Y**, cela peut vouloir dire, dans certaines situations (que la psycho-linguistique devrait définir), qu'il y a intérêt à ce que **Y** soit au courant de *X*. D'où la possibilité, perpétuellement ouverte, de mettre et de chercher, dans tout discours, des « allusions ». Faire à Paul l'éloge de Pierre, cela peut toujours « avoir l'air » de donner Pierre en modèle à Paul. Signaler l'heure à quelqu'un, cela peut revenir (vu qu'on ne parle pas « pour rien ») à lui demander de s'en aller. Interroger sur un sujet quelconque, cela peut donner à entendre qu'on s'intéresse à ce sujet (C'est peut-être une des raisons pour lesquelles la question *Comment allez vous?* s'est transformée en formule de politesse)... etc.

Après ce long inventaire, qui n'a pourtant aucune prétention à l'exhaustivité, est-il possible de trouver un trait commun aux différents procédés d'implicitation qui ont été énumérés dans le paragraphe précédent? Le fait important, à nos yeux, c'est que, dans tous ces cas, la signification implicite (en abrégé *Si*) apparaît — et quelquefois même se donne — comme surajoutée par rapport à une autre signification, que nous appellerons « littérale » *(Sl)*. Pour définir un peu mieux ce caractère de rajout ou de surplus, on fera remarquer d'abord que la signification implicite *Si* laisse toujours subsister à côté d'elle la signification littérale *Sl*. S'il est vrai que signaler l'heure, cela peut avoir la *Si* « Allez vous en », il n'en reste pas moins que, même dans ce cas, l'énoncé a toujours la *Sl* « Il est telle heure », et que l'auditeur a toujours la possibilité de répondre par rapport à cette dernière interprétation.

De plus, il existe, entre les deux significations, une relation qui n'est pas du tout réversible — et qui permet de définir, formellement, leur opposition. C'est que la *Si* ne peut être comprise, dans des conditions « normales », qu'une fois la *Sl* déjà comprise : si on ignore que *Il est huit heures* signifie « Il est huit heures », on n'a, à plus forte raison, aucune chance de comprendre la *Si*. En revanche, rien n'empêche, ici, de saisir parfaitement la signification littérale sans avoir reconnu la signification implicite. Le rapport entre les deux éléments est donc une sorte de dépendance unilatérale, une des significations, et une seule, étant nécessaire à la saisie de l'autre.

N.B. A notre affirmation que la *Si* dépend toujours de la *Sl*, on objectera peut-être qu'un étranger, ignorant le français, peut très bien apprendre à associer *directement* l'énoncé *Il est huit heures* au sens « Allez vous en » : les expériences qui l'y conduiraient sont faciles à imaginer. Mais cette association se ferait de façon isolée, en dehors de toute règle générale d'interprétation : elle ne se fonderait *en rien* sur une association analogue établie pour un autre énoncé de la langue, et elle ne pourrait pas non plus contribuer à l'interprétation de nouvelles phrases. C'est ce que nous avons voulu dire en précisant, plus haut, que la compréhension « normale » de la *Si* passe, dans les exemples envisagés, par l'intermédiaire de la *Sl*.

Le problème général de l'implicite, tel qu'il a été présenté dans les premières pages, est de savoir comment on peut dire quelque chose sans accepter pour autant la responsabilité de l'avoir dit, ce qui revient à bénéficier à la fois de l'efficacité de la parole et de l'innocence du silence. Dans tous les cas qui viennent d'être énumérés, la stratégie est simple. Le locuteur réduit sa responsabilité à la signification littérale, qui, nous avons insisté sur ce point, peut toujours se présenter comme indépendante. Quant à la signification implicite, elle peut, avec une certaine apparence, être mise à la charge de l'auditeur : celui-ci est réputé la constituer, par une sorte de raisonnement, à partir de l'interprétation littérale, interprétation dont il tirerait ensuite, à ses risques et périls, les conséquences possibles. Tantôt ce raisonnement prend appui sur le contenu objectif des énoncés, sur les faits qu'ils présentent, et l'implicite, alors, c'est ce que ces faits impliquent : « Il m'a dit *X ;* or *X* implique *Y ;* donc il a dit *Y* ». Tantôt, dans le cas des sous-entendus, le raisonnement porte sur le fait même de l'énonciation : l'implicite c'est ce qui a rendu la parole possible : « Il m'a dit *X ;* or on ne dit *X* que si *Y ;* donc il a voulu dire *Y* ». Ainsi, quel que soit le schéma utilisé, l'implicite apparaît toujours, dans les exemples analysés, au terme d'une démarche discursive opérée par le destinataire — ou qui lui est prêtée. Il n'est pas trouvé, mais reconstitué. Aussi ces formes d'implicite, que nous appellerons « discursives », ne font elles pas encore apparaître des dispositifs intérieurs à la langue, et dont la fonction serait de permettre la formation de significations implicites (comme il y a des dispositifs pour permettre de demander, d'interroger, d'ordonner... etc.). Ils ne suffisent donc pas à contredire l'idée que la langue est, essentiellement, un code, un instrument pour la transmission de l'information : car on peut toujours les attribuer à des mécanismes « extralinguistiques » — à charge d'ailleurs de donner à ce mot, galvaudé, un sens un peu précis, et à ne pas le présenter comme évidemment clair.

La classification qui vient d'être esquissée ne considère, pour caractériser les différents procédés d'implication, que la forme du rapport existant entre signification implicite et signification littérale : elle se fonde seulement sur le schéma d'argumentation qui permet de passer de la deuxième à la première, et ne regarde pas si l'implicite répond à une intention du locuteur ou à une interprétation du seul destinataire. Il s'agit donc, en utilisant un terme beaucoup trop fort, d'une sorte de classification logique. Mais une classification d'un tout autre ordre est aussi possible, qui vient rediviser la plupart des classes déjà obtenues : faute de mieux, et seulement pour disposer d'un nom, nous l'appellerons « psychologique ». Il s'agit, cette fois, de considérer — non plus la forme des démarches discursives — mais le lieu où elles s'opèrent. On ne se demandera plus comment on passe d'une signification à l'autre, mais où s'effectue ce passage, qui met en œuvre le procédé, et à quel niveau de pensée il le fait.

1. *L'implicitation comme manifestation involontaire.* Souvent la démarche discursive qui met au jour la signification implicite semble n'avoir pas été prévue par le locuteur, et relever plus d'une réflexion critique que d'un déchiffrement. On ne peut plus alors imputer au locuteur l'intention consciente d'exprimer cette signification; quelquefois même, on lui en refusera la connaissance consciente, et on considérera la découverte de l'implicite comme révélant une profondeur du message inconnue du locuteur. Reprenons par exemple le schéma, présenté p. 7, où la signification implicite est constituée par une prémisse absente. On ne pourra parler, à propos de cette prémisse, que d'une manifestation involontaire, si l'on admet que l'auteur du raisonnement ne concevait pas lui-même la nécessité de la prémisse. Ainsi, voyant qu'une mathématicien du dix-huitième siècle se croit autorisé, dès qu'il a prouvé qu'une fonction est continue, à parler de la dérivée de cette fonction, l'historien des sciences en conclut qu'il existe, chez le mathématicien considéré, la croyance implicite que toute fonction continue a une dérivée. De même, chaque fois qu'un auteur s'efforce de résoudre un problème qu'il a posé, le lecteur a toujours la possibilité de lire cette hypothèse implicite que le problème est correctement posé, que la terminologie utilisée pour le formuler décrit correctement la situation réelle. Plus généralement encore, on peut chercher dans tout texte le reflet implicite des croyances profondes de l'époque : on entendra par là que le texte n'est cohérent que si on le complète avec ces croyances. Et cela, bien qu'on sache qu'il ne se présente pas comme leur affirmation. Prenons maintenant un exemple dans la catégorie d'implicite fondée sur l'énonciation : si un locuteur X pose une question, on peut en conclure qu'il a révélé

implicitement son intérêt pour l'objet de cette question — et cependant il n'est pas nécessaire d'attribuer alors à X la volonté de manifester cet intérêt, ni même la conscience de cet intérêt.

Telle qu'elle vient d'être définie, comme manifestation involontaire de croyances ou de désirs, peut-on dire que l'implicitation ait une fonction? Ou doit-elle se décrire comme un effet mécanique, comme une servitude? Il est caractéristique, on le sait, de la psychanalyse et de la théorie de l'idéologie de choisir la première possibilité, et de voir dans la manifestation involontaire d'un contenu affectif ou intellectuel son mode d'affirmation le plus fort. Nous n'avons pas à entrer dans cette discussion, puisque notre inventaire des formes d'implicitation discursive est destiné seulement à faire apparaître, par contraste, un autre mode d'implicite. Tout ce que nous devons remarquer, c'est que le mécanisme qui vient d'être schématisé laisse insatisfaite, par définition, une certaine forme, consciente, du besoin d'implicite. Il peut arriver, nous avons tenté de le montrer plus haut, que l'on ait besoin de rendre publique telle ou telle croyance, sans pour autant accepter la responsabilité de l'avoir publiée, que l'on ait besoin de faire savoir sans accepter la responsabilité de proclamer. Il est clair que cette exigence ne peut se satisfaire d'une forme de manifestation fondée sur son caractère involontaire — et cela, même si on refuse de prendre pour claire et tranchée la distinction du volontaire et de l'involontaire.

2. *Les manœuvres stylistiques*. Nous employons ce terme lorsque la manifestation du contenu implicite repose sur une sorte de ruse du locuteur. Sachant, par exemple, que le destinataire va chercher les motivations possibles de l'acte d'énonciation accompli, et, s'il croit cet acte honnête, va s'interroger sur les conséquences des faits énoncés, le locuteur cherche à prendre le destinataire à son propre jeu, à diriger à distance ses raisonnements. Pour cela, le locuteur fournit au destinataire les données susceptibles de l'amener à telle ou telle conclusion. Il peut arriver que la manœuvre du locuteur soit pleinement réfléchie, en entendant par là qu'il décide d'abord l'effet qu'il veut obtenir chez le destinaire (c'est-à-dire le raisonnement qu'il veut provoquer), et cherche ensuite les mots qui sont à même de le déclencher. Dans ce cas, et si, de plus, les données sont truquées et l'intention ouvertement hostile, on est tout près de certaines pratiques politico-policières relevant de l'intoxication; toujours dans le même cas, mais si l'intention se donne comme bienveillante, il est mieux vu de parler d'une technique d'édification. La

plupart du temps, cependant, la manœuvre reste beaucoup plus obscure. Les mots ne sont pas choisis en fonction d'une décision préalable d'induite tel ou tel effet. Il faudrait dire plutôt que le locuteur, au moment où il envisage la possibilité d'une certaine parole, se représente en même temps, vu son expérience de l'activité linguistique, les conclusions que l'auditeur en tirera : ses actes d'énonciation possibles qui apparaissent accompagnés d'une certaine image anticipée de leur effet éventuel. De ce fait, il a tendance à choisir les paroles qui promettent de produire les conséquences qu'il désire — sans pourtant qu'il ait à se représenter ces paroles comme des moyens pour obtenir des fins préalablement définies.

Les manœuvres stylistiques, on le voit, qu'elles soient conscientes ou semi-conscientes, constituent presque exactement l'inverse de ce que nous avons appelé « manifestations involontaires ». Mais, elles non plus, elles ne répondent que d'une façon très partielle aux besoins dont l'implicite est issu. Certes, elles permettent au locuteur de susciter certaines opinions chez le destinataire sans prendre le risque de les formuler lui-même; elles permettent donc de faire croire sans avoir dit. Mais on demande souvent à l'implicite de répondre à une exigence beaucoup plus forte. Il ne s'agit pas seulement de *faire croire*, il s'agit de *dire*, sans avoir dit. Or dire quelque chose, ce n'est pas seulement faire en sorte que le destinataire le pense, mais aussi faire en sorte qu'une de ses raisons de le penser soit d'avoir reconnu chez le locuteur l'intention de le lui faire penser *. Et, justement, il peut arriver qu'on souhaite à la fois *dire* (en ce sens fort), et pouvoir se défendre d'avoir voulu *dire*. En d'autres termes, il peut arriver que l'on veuille bénéficier à la fois de l'espèce de complicité inhérente au dire, et rejeter en même temps les risques attachés à l'explicitation. D'une part, on veut que l'auditeur sache qu'on a voulu lui faire penser quelque chose, et, d'autre part, on tient, malgré tout, à pouvoir nier cette intention. Cette exigence — proche de la contradiction (la même contradiction qui apparaît, caricaturale, dans les « incognito » officiels et annoncés) —, ce n'est à coup sûr pas une manœuvre stylistique, au sens donné ici à cette expression, qui pourra la satisfaire. Au contraire, ces manœuvres sont fondées sur une condition de secret : elles ne peuvent réussir que si elles ne sont pas reconnues, que si le destinataire ne se rend pas compte de la ruse

* Nous utilisons, de façon très libre, un thème mis en évidence par P. Grice dans son article « Meaning », *Philosophical Review*, juillet 1957, p. 377-388.

dont il est l'objet. Si elles peuvent permettre au locuteur de nier avoir dit, c'est qu'en fait il n'a pas dit.

3. *La rhétorique connotative.* Bien que la manœuvre stylistique puisse se comprendre à l'origine comme une ruse, qui cherche, par une sorte d'action causale, à produire telle ou telle croyance chez l'auditeur, elle a constamment tendance à s'institutionaliser, et donne naissance alors à une sorte de code second, qui se superpose à la langue décrite dans les grammaires et les dictionnaires. Ce code second constitue au moins une partie importante, peut-être la totalité, de ce qu'on appelle « rhétorique ».

C'est sans doute la notion hjelmslevienne de « connotation », utilísée ensuite avec une grande fidélité par R. Barthes, qui permet le mieux de décrire le glissement conduisant de la stylistique à cette espèce de code qu'est la rhétorique *. Pour Hjelmslev, tout langage se définit par l'association établie entre deux réalités distinctes, le plan de l'expression et le plan du contenu (par exemple, par l'association de sons à des idées). Un langage est connotatif lorsque le plan de l'expression est lui-même composé par l'union d'une expression et d'un contenu, c'est-à-dire lorsqu'il est lui-même un langage — ce qu'on peut représenter par le schéma :

$$\text{langage connotatif}\left\{\frac{\left\{\begin{array}{l}\text{expression}\\ \text{contenu}\end{array}\right.}{\text{contenu}}\right.$$

Cette situation se réalise par exemple lorsque, dans un discours en français, on introduit une expression d'une autre langue — avec l'intention de signifier par là, non seulement la signification que cette expression possède dans cette langue, mais aussi certaines idées associées d'une façon générale à cette langue. Ainsi, lorsque Stendhal emploie un mot italien, ce n'est pas seulement — ce n'est même pas nécessairement — pour la signification propre de ce mot (et parce qu'aucun mot français ne la rend exactement), mais c'est pour « faire italien », pour introduire à cet endroit du texte tout le complexe de sentiments et d'émotions que Stendhal attache à l'Italie : ce qui, de ce point de vue, est

* Cf. R. Barthes, « Éléments de Sémiologie », *Communications*, n° 4, Paris, 1964.

signifiant, ce n'est plus la simple forme matérielle du mot, mais le fait d'avoir employé le mot (pris globalement, comme un complexe comportant à la fois signifiant et signifié). Ce qui est signifiant, dans le texte de Stendhal, c'est, d'une façon indissoluble, à la fois le signifiant et le signifié de la langue italienne. On en dirait autant pour certains emplois de mots techniques — destinés à « faire technique », à signifier la technicité —, ou de mots catalogués « poétiques » — utilisés pour marquer le discours comme poétique —, ou encore d'expressions connues pour appartenir aux façons de parler de telle personne ou de tel groupe social — et dont l'emploi doit éveiller les idées attachées à cette personne ou à ce groupe.

C'est à ce même mécanisme de la connotation qu'il faut attribuer, nous semble-t-il, l'espèce de codification qui peut figer en figures de rhétorique les manœuvres stylistiques. De même que le signifiant, lorsqu'on insère dans un discours un mot d'une langue étrangère, peut résider en ce fait qu'on a choisi cette langue, de même, et d'une façon plus générale, chaque fois qu'une expression est employée, il est possible de prendre pour signifiant le fait, l'événement, que constitue son emploi. Ce qui est significatif, dans un acte d'énonciation, ce n'est plus alors seulement l'énoncé, mais qu'il ait été, à tel moment précis, objet d'une énonciation. Et le signifié, ce n'est plus seulement le sens de l'énoncé, mais l'ensemble de conditions socio-psychologiques qui doivent être satisfaites pour qu'il soit employé. Ainsi se crée une sorte de code connotatif, qui attache *directement* à chaque énonciation l'ensemble de significations implicites qui nous semblait d'abord lié à elle par une démarche discursive. L'acte d'ordonner prend alors pour fonction reconnue de manifester une supériorité hiérarchique; demander l'heure revient à dire qu'on s'ennuie, oublier, dans un raisonnement, une prémisse visiblement nécessaire, revient à affirmer cette prémisse... etc. L'évolution arrive à son terme lorsque la signification primitivement explicite est oubliée, et totalement remplacée par celle qui mettait en jeu, primitivement, un mécanisme discursif. Ainsi en est-il dans l'interrogation dite « rhétorique », qui ne sert plus à rien d'autre qu'à marquer une incertitude, et qui a perdu sa valeur d'interrogation, son pouvoir d'obliger autrui à répondre.

Mais, plus on tend vers ce terme, plus la signification implicite disparaît en tant que telle, et, cernée d'un fil trop blanc, se transforme en une nouvelle signification explicite; de sorte que le locuteur ne peut plus, sans que sa mauvaise foi ou sa naïveté ne passent pour flagrantes, restreindre sa responsabilité au sens primitivement littéral. Que l'on songe à la scène de *Ruy Blas* commentée plus haut. Etant donné la situation particulière où se place le dialogue, étant donné d'autre part la nature des ordres donnés par Don Salluste, l'interprétation « C'est moi le maître » devient la seule possible — grossie d'ailleurs par le goût de Hugo pour ce qui se voit sans lunettes. Il est difficile de parler encore, dans ce cas, de signification implicite : on a de nouveau affaire à une signification explicite, mais qui est explicitée dans un autre langage.

Cette situation semble d'ailleurs inévitable si l'on admet, comme nous voudrions l'avoir montré, qu'il y a incompatibilité entre code et implicite. L'existence même d'un code nous semblait impliquer une sorte de loi de tout ou rien : ou une information a été traduite dans ce code, et elle est exprimée de façon explicite, ou elle ne l'a pas été, et alors, relativement à ce code, elle n'est pas exprimée du tout. Lorsque la stylistique se transforme en code rhétorique, elle ne peut plus échapper à ce dilemme. Ce n'est donc pas la superposition à la langue ordinaire d'un espèce de code second, qui permettra ce mode d'expression implicite dont nous cherchons à définir la possibilité.

4. *Implicitation et signification attestée.* Entre la manœuvre stylistique et le code rhétorique, il est possible de définir un état intermédiaire, où la démarche discursive qui produit la signification implicite, sans avoir encore la nécessité que lui confère une rhétorique connotative, ne relève déjà plus de l'initiative des interlocuteurs. A cet état, on a l'impression que l'implicite est vécu beaucoup plus qu'il n'est formulé. Pour tenter de préciser cette impression, nous introduirons la notion de *signification attestée* — par opposition à celle de *signification exprimée.*

On dira qu'un fait est attesté par un acte de parole, lorsque cet acte se présente comme une des conséquences (pas forcément d'ailleurs comme une conséquence nécessaire) de ce fait. Supposons maintenant que l'emploi d'une certaine expression ait toujours pour effet d'attester un type particulier de fait, on pourra dire alors que les caractères communs à ces faits constituent la *signification attestée* de cette expression. Un tel concept nous semble utile pour décrire sémantiquement cette catégorie d'expressions qu'on appelle « interjections » (elle peut sans doute servir aussi au psychologue pour décrire les phénomènes dits d' « expression des émotions »). Comment décrire en effet la différence entre des interjections de peine *(Aïe!* ou *Hélas!)* et des phrases qui énoncent un sentiment de peine *(Je souffre, Je suis triste)*. On sait que les premières ne sont pas moins arbitraires que les dernières, et que, pour un même sentiment, les interjections varient largement d'une langue à l'autre. Il est clair d'autre part que le mensonge, la simulation sont également possibles dans les deux cas, et, inversement, que l'interjection, aussi bien que la phrase, peut souvent être « retenue », qu'elle n'est pas « arrachée » par la situation — cette espèce de décalage étant propre à tout comportement linguistique. Reste cependant, outre la différence de structure syntaxique (qui ne nous concerne pas ici), une différence sémantique fondamentale. C'est que l'interjection, même si elle n'est pas arrachée par la situation réelle, se présente comme telle. Le *Aïe!* et le *Hélas!* se donnent pour des conséquences de la douleur ou de la tristesse (de même le rire se donne pour involontaire — ce qui permet au rieur de prouver, par son rire, le ridicule de son adversaire). En ce sens, on peut dire que les sentiments et émotions qui constituent la signification des interjections sont des significations attestées beaucoup plus qu'exprimées. Lorsque Gide répondait à la question « Quel est le plus grand poète français? » par le fameux « Victor Hugo, hélas » (réponse qu'on imagine accompagnée par un soupir et des yeux au ciel), il ne se contentait pas de signaler son regret, mais il le jouait, donnant son *hélas* autant comme un symptôme que comme une expression du regret. La parole, ici, est appelée à témoigner pour elle même.

Nous pouvons maintenant revenir au problème de la signification implicite discursive, et tenter de définir un statut intermédiaire entre la stylistique et la rhétorique. Nous proposons, pour le décrire, de dire que la signification implicite y est uniquement attestée, seule la signification explicite étant alors exprimée. Tandis que l'acte de parole, s'il est intégré à un langage connotatif, est utilisé pour exprimer sa propre possibilité, il doit apparaître plutôt, pour que sa charge d'implicite puisse se manifester sans se trahir, comme prouvant *de facto* cette possibilité. L'ordre ne sert plus à annoncer que l'on est en situation d'ordonner, mais il est vécu par le locuteur (et, éventuellement, par le destinataire) comme une conséquence naturelle, comme un prolongement, de cette situation. Le *Hélas!*, nous avons essayé de le montrer, veut moins être une affirmation qu'un comportement de tristesse. De même les ordres, avant qu'une rhétorique connotative ne les ait retournés, et transformés en affirmations de supériorité, peuvent être décrits comme des comportements de supériorité. Ordonner, c'est alors prendre le rôle du supérieur, c'est se poser en supérieur. Pour que les rapports humains qui conditionnent l'acte d'ordonner puissent être introduits à l'intérieur de cet acte comme des composants implicites de sa signification, il faut donc éviter à la fois deux interprétations extrêmes, l'interprétation naïve, qui considère l'acte « en lui même », abstraction faite de ses conditions de réalisation, et l'interprétation connotative, qui le prend comme le signifiant de ces conditions. Il faut le considérer à un niveau intermédiaire, où il témoigne, par son existence même, qu'il pouvait être accompli.

A ce stade, on le vérifie facilement, on peut trouver une signification implicite non seulement pour l'ordre, mais pour tous les modes de discours que nous avons étudiés. Il y a un niveau d'interprétation où interroger, c'est déjà plus que simplement demander une information, et où ce n'est pas encore affirmer son intérêt, mais où, comme dit le langage ordinaire, celui qui interroge « témoigne son intérêt » pour tel ou tel sujet. Et de même, avant que l'omission d'une prémisse dans un raisonnement devienne un procédé d'affirmation de cette prémisse, c'est, sur le plan du vécu, une certaine façon de témoigner qu'on admet cette prémisse, et même qu'on la tient pour évidente : si l'on ne dit pas, c'est que cela va sans dire.

Cette possibilité d'interprétation est si générale qu'elle s'applique aussi, quoique d'une façon plus difficile à saisir, à l'acte d'affirmation. Une loi de discours imposant la sincérité, et d'affirmer seulement ce que l'on croit vrai, on peut prévoir une manœuvre stylistique qui consiste à affirmer une proposition, non pas pour informer le destinataire des faits qu'elle exprime, mais pour qu'il sache qu'on adhère à cette proposition. On s'intéresse alors à provoquer en lui, non pas une représentation de la réalité, mais une représentation de l'idée qu'on a de la réalité. Si la rhétorique connotative entre alors en jeu, cette fonction devient, d'une façon ouverte, reconnue, officielle, la fonction principale de l'affirmation — comme lorsqu'on annonce un événement que le destinataire ne peut pas ne pas connaître déjà, mais afin de lui marquer qu'on le connaît soi-même. Sinon, si l'implicite est maintenu sur le plan du vécu, l'affirmation sera interprétée comme témoignage. Dans ce dernier cas, le fait d'affirmer n'a ni sa fonction naïve — qui est de transmettre la connaissance que l'on a —, ni sa fonction stylistique ou rhétorique — qui est de faire savoir que l'on a cette connaissance. La valeur implicite de l'affirmation revient alors à authentifier la croyance de celui qui affirme, l'expression se donnant comme jaillissant de la croyance même, et, par suite, la prouvant — au sens où le cri prouve la douleur. S'il est, de plus, admis par les interlocuteurs que, dans le domaine dont ils parlent, la réalité psychologique de la croyance prouve, ou rend probable, la vérité objective de son contenu, on arrive facilement à comprendre que l'acte d'affirmer, se présentant comme preuve de la croyance, puisse se présenter parfois aussi comme preuve de la chose crue. L'affirmation prend alors pour valeur implicite d'authentifier, non seulement la croyance, mais, par l'intermédiaire de celle-ci, le contenu affirmé, d'authentifier en quelque sorte le dit par le dire (mouvement que le langage ordinaire explicite avec des formules comme « puisque je te le dis »).

C'est sous cette dernière forme — où la signification littérale est vécue comme témoignant pour la signification implicite —, que l'implicite discursif surmonte le mieux les difficultés qui découlent de sa nature. Ces difficultés peuvent se résumer dans une alternative, liée au fait qu'une démarche intellectuelle est requise pour passer d'une signification à l'autre. Ou bien il y a accord tacite des deux interlocuteurs pour opérer cette démarche, (c'est le cas dans le mode d'interrogation appelé ici « rhétorique »), et elle donne naissance alors à un nouveau code où l'implicite est explicité. Ou bien les deux interlocuteurs sont censés opérer cette démarche de façon séparée (éventuellement même, un seul l'accomplit), et on peut difficilement dire que le contenu explicite ait été signifié. Il a été découvert par le destinataire (dans le cas de la « manifestation involontaire »), il a été imposé par le locuteur (dans le cas des « manœuvres stylistiques »). Dans le dernier type d'interprétation, en revanche, le lien unissant l'implicite au littéral ressemble à celui qui unit l'émotion à la mimique ou à l'interjection. Il présente alors à la fois la même régularité que l'on trouve dans un code (ce qui permet de dire que l'implicite a été l'objet d'un acte de signifier), mais sans qu'il y ait besoin de faire référence à un code — puisque la signification littérale se présente, et est vécue, comme produite par l'implicite (au sens où la mimique émotive est vécue comme produit de l'émotion).

Cet inventaire, et cette classification ébauchée, des modes discursifs d'implicitation, n'avaient cependant pas pour objet de décerner un prix à l'un d'entre eux. Il s'agissait de faire apparaître le type de problèmes qu'ils soulèvent les uns et les autres, et qui est lié à leur nature discursive commune, au fait que l'implicite y apparaît essentiellement comme conclu. Par contraste, nous pouvons présenter maintenant un autre type d'implicite, non discursif, auquel cet ouvrage est consacré, et pour lequel nous réservons le nom de « présupposition » (ou « présupposition linguistique »), terme sans doute peu approprié, mais utilisé à l'heure actuelle d'une façon assez générale.

Que l'on compare par exemple les trois énoncés :

1. Pierre pense que Jacques est venu
2. Pierre se doute que Jacques est venu
3. Pierre s'imagine que Jacques est venu

On admettra sans trop de peine que les deux derniers apportent toute l'information véhiculée par (1), à savoir que Pierre a une opinion positive concernant l'éventualité de la venue de Jacques. Mais en outre ils apportent une information supplémentaire : (2), constitué avec le verbe *se douter que*, donne à penser que Jacques est effectivement venu, et (3), constitué avec *s'imaginer*, laisse entendre, au contraire, que Jacques n'est pas venu. Appelons (2') et (3'), respectivement, ces informations supplémentaires apportées par (2) et (3). Si nous appelons (1'), l'information apportée par (1), on peut écrire que :

(2) comporte les informations (1') et (2'), et que
(3) comporte les informations (1') et (3').

Nous voudrions, à propos de ces exemples élémentaires, présenter tout de suite quelques remarques qui seront développées davantage ensuite.

1. Les analyses proposées pour la signification de (2) et pour celle de (3) ne sont pas fondées sur une intuition purement subjective du descripteur, qui considérerait ces phrases isolément, et qui se contenterait de noter les idées qu'elles lui suggèrent. Car la méthode utilisée consiste à comparer les significations de (2) et de (3) à celle, plus simple, de (1). Ce faisant, nous avons appliqué une technique habituelle des phonologues, lorsqu'ils cherchent les traits phoniques constitutifs des phonèmes. S'ils admettent par exemple que le phonème français *d* comprend, outre les traits « dental » et « oral », le trait « sonore », c'est qu'ils l'ont comparé à *t*, et vu que *d* se distingue de *t* seulement parce qu'il possède, en plus, le trait « sonore ». De même, si nous reconnaissons les éléments (2') et (3') dans (2) et dans (3), c'est parce qu'il est nécessaire de le faire pour distinguer ces énoncés de (1).

Nous serions arrivés à la même conclusion par une autre sorte de comparaison, en confrontant (2) et (3), respectivement, aux deux interrogations correspondantes :

4. Est-ce que Pierre se doute que Jacques est venu ?
5. Est-ce que Pierre s'imagine que Jacques est venu ?

Car on remarque tout de suite que l'interrogation (4) comprend encore, au même titre que l'affirmation (2), l'information (2') (« Jacques est venu »), la question portant seulement sur le contenu (1') (« Pierre croit que Jacques est venu »). Une analyse semblable montrerait que (5), de son côté, retient de (3) l'élément sémantique (3'). On en conclura que la distinction des éléments (1') et (2') dans (2), et des éléments (1') et (3') dans (3), est nécessaire pour comprendre un phénomène aussi général que l'interrogation, puisque celle-ci fait un sort différent aux éléments que nous distinguons. Le lecteur vérifiera facilement qu'il en est de même, généralement, pour la négation : la négation de (2) et celle de (3) portent seulement sur l'élément (1'), et maintiennent invariants les éléments (2') et (3').

2. Il nous semble peu contestable également que les deux éléments sémantiques (1') et (2') ne sont pas présentés par (2) de la même façon, avec le même statut. Tout le chapitre qui suit est consacré à mieux formuler cette différence. Nous pouvons seulement, pour l'instant, essayer de décrire l'impression que nous chercherons à expliciter par la suite. Pour nous, l'indication (2') (« Il est vrai que Jacques est venu ») est présentée, lorsqu'on dit *Pierre se doute que Jacques est venu*, comme quelque chose qui ne peut pas être mis en question, et qui n'a donc pas à être l'objet d'un acte d'affirmation particulier. La venue de Jacques est présentée comme une donnée à partir de laquelle on parle, mais qui n'est pas directement en jeu dans la parole. C'est ce que nous exprimons en disant que l'élément sémantique (2') est *présupposé* par (2) (alors que (1') est *posé*) ; de même (3') est présupposé, et (1') est posé, par (3). Grâce au phénomène de présupposition, il est ainsi possible de dire quelque chose tout en faisant comme si cela n'avait pas à être dit, possibilité qui nous amène à ranger la présupposition parmi les formes de l'implicite.

3. L'implicite de la présupposition, à la différence de ceux qui ont été envisagés jusqu'ici, n'a aucun caractère discursif. Pour le saisir, aucune démarche logique ou psychologique n'est nécessaire, qui serait différente par nature des mécanismes utilisés pour comprendre les signi-

fications linguistiques les plus élémentaires. Revenons à (2). Pour y découvrir l'élément sémantique (2'), il ne semble pas qu'il y ait à mettre en jeu un système d'interprétation autre que celui qui fait découvrir (1'). Dès que l'on comprend le sens du verbe *se douter que*, on doit être capable de découvrir dans (2) à la fois la signification (1') et la signification (2'). Et cette connaissance, qui permet de distinguer par exemple les verbes *se douter que* et *penser*, (dont la différence se situe au seul niveau des présupposés), semble bien de même nature que les connaissances permettant de distinguer *penser* et *désirer* (dont l'opposition concerne les contenus posés).

Il y a une raison supplémentaire, d'ailleurs, pour refuser à la description des présupposés le caractère discursif, c'est que, dans de nombreux cas (par exemple dans les énoncés considérés jusqu'ici), le présupposé ne saurait, en aucune façon, se déduire du posé, même si l'on donne au mot *déduire* un sens tout à fait large. Le fait (posé par (2)) que Pierre croit à la venue de Jacques, ne saurait ainsi — sauf dans des circonstances d'énonciation très particulières — amener à penser que Jacques est venu effectivement (ce qui est pourtant, d'une façon absolument régulière, présupposé par (2)). La distinction du posé et du présupposé n'est donc nullement parallèle à celle que l'on observe dans les formes « discursives » de l'implicite. Ce qu'on peut exprimer en disant que le présupposé, au même titre que le posé, fait partie de la signification littérale des énoncés. C'est justement cette introduction de l'implicite à l'intérieur du littéral qui nous semble l'intérêt principal de la notion de présupposition pour une théorie générale de la langue. Elle contribue à dévaloriser la métaphore trop facile qui assimile langue et code, et, par là même, à nuancer, voire à mettre en question, la définition de la langue comme instrument de communication.

2. *La notion de présupposition : présentation historique*

IL N'EST PAS QUESTION de présenter ici une histoire exhaustive de la notion de présupposition : les références historiques que l'on trouvera dans ce chapitre sont destinées seulement à illustrer une alternative théorique que l'on rencontre dès qu'on s'efforce de définir cette notion. Rapidement schématisées, les deux possibilités sont les suivantes. On peut d'une part considérer les présupposés d'un énoncé comme étant, *fondamentalement*, des conditions imposées pour que son emploi soit normal (à charge d'ailleurs de définir cette normalité). Il ne serait « normal » de dire *Pierre se doute que Jacques est venu* que si, effectivement, Jacques est venu (ou, au moins, si l'on pense que l'interlocuteur l'admet). Mais on peut aussi considérer que les présupposés d'un énoncé sont, *fondamentalement*, des éléments de son contenu, des composants de sa signification : d'où il suivrait que l'énoncé pris pour exemple indique, d'une certaine façon, avec une certaine modalité, que Jacques est effectivement venu.

Avant d'entrer dans cette discussion, il n'est pas inutile de justifier le mot *fondamentalement*, deux fois utilisé dans l'alinéa qui précède. Car les tenants des deux conceptions mises en alternative s'accordent bien sûr pour reconnaître à la fois que l'emploi « normal » d'un énoncé impose que ses présupposés soient satisfaits, et, aussi, qu'on utilise souvent un énoncé avec l'intention principale de faire connaître à l'auditeur la vérité de ses présupposés. La divergence entre eux ne concerne pas ces deux faits — que l'on peut tenir pour acquis —, mais la place à leur donner l'un par rapport à l'autre. Dans la première conception, le présupposé est *d'abord* condition d'emploi; s'il peut aussi être l'objet d'une sorte d'affirmation, c'est qu'un procédé rhétorique ou stylistique habituel conduit à accomplir un acte d'énonciation avec l'intention (secondaire ou principale) de faire savoir qu'on est en mesure de l'accomplir (nous avons rencontré ce procédé tout au cours du chapitre précédent). Ainsi s'expliquerait qu'en utilisant un énoncé dont l'emploi exige la vérité de certains présupposés, on laisse entendre qu'on les tient pour acquis.

Quant aux partisans de la deuxième solution, pour qui le présupposé est contenu dans le sens des énoncés, ils sont bien obligés de reconnaître qu'il y a quelque chose de tout particulièrement anormal à employer un énoncé dont les présupposés sont faux. Mais ce phénomène, qui concerne l'emploi, ils le tiennent pour dérivé, et l'expliquent à partir du mode de présentation particulier que constitue la présupposition. Si gratuit qu'il puisse paraître au premier abord, le débat n'est pas sans enjeu. Admettre la première solution, ce serait en effet revenir sur la distinction proposée tout à l'heure entre un implicite discursif et un implicite immédiat, replacer tout l'implicite du côté du discursif, et parer de ce fait une des objections les plus sérieuses qui empêchent de décrire la langue comme un code. Avec la deuxième solution au contraire, on est amené à intégrer certaines formes d'implicite dans la partie la plus centrale de la langue, parmi les constituants immédiats de la signification. Ce qui oblige, par contrecoup, à distinguer les actes de signifier et d'informer, et à considérer l'information comme l'un seulement des modes de la signification — la présupposition en étant un autre.

Les présupposés comme conditions d'emploi

Il n'y a de sens à parler de conditions d'emploi que si on spécifie de quelle sorte d'emploi il s'agit. Car il est bien clair que tout énoncé est susceptible d'être employé dans n'importe quelles conditions : simplement, son emploi aura, selon les conditions, tel ou tel caractère (il sera humoristique, poétique, scientifique, didactique... etc.). Ainsi la thèse qui présente les présupposés comme conditions d'emploi peut — c'est sa forme la plus courante — faire allusion à l'emploi logique. On dira alors que les présupposés d'un énoncé doivent être vrais pour que celui-ci puisse prétendre à une valeur logique quelconque (vérité ou fausseté), pour qu'il puisse être présenté comme une thèse, susceptible de vérification et de réfutation, susceptible aussi d'être conclue d'une autre thèse ou de lui servir d'argument. Lorsque les présupposés sont faux, en revanche, l'énoncé ne peut pas plus être considéré comme faux que comme vrai, et, s'il peut être encore employé, c'est sur un mode non-sérieux, comme plaisanterie ou comme exemple didactique.

C'est dans l'article de G. Frege « Sens et référence » *, que cette attitude est présentée pour la première fois de façon systématique. Dans cet article, Frege donne au moins quatre exemples de phénomènes qui, de nos jours, seraient traités avec la notion de présupposition. Et cependant — c'est le point important pour nous — il n'emploie cette notion que lorsqu'il a besoin, vu l'objet particulier qui est le sien dans cet article, de déclarer un certain contenu extérieur à la signification véritable de l'énoncé, et relatif seulement aux conditions d'énonciation. La présupposition n'apparaît donc que comme un moyen pour expulser du sens, et situer parmi les conditions d'emploi, certains éléments sémantiques embarrassants.

L'objet de Frege, dans le texte sur « Sens et référence », est d'établir un parallèle entre les propositions et les noms. Tout nom (en entendant par là des expressions de forme très diverse, comme *Pierre*, *ce livre*, *l'étoile du soir*) est destiné à désigner un référent, un objet de la réalité distinct de lui. Mais il ne désigne cet objet qu'en en donnant une certaine description. C'est cette description, au moyen de laquelle le nom présente la chose, qui constitue, selon Frege, le « sens » du nom. Ainsi les trois noms cités plus haut n'ont pas le même sens que les trois suivants, mais ils ont — ou peuvent avoir — le même référent : *le cousin de Marie*, *le seul objet rouge sur cette table*, *l'étoile du matin*. Le fait caractéristique permettant de distinguer sens et référence est qu'il y a toute une catégorie d'énoncés (à définir plus précisément) où l'on peut substituer à un mot un autre de même référent mais de sens différent, sans modifier la valeur de vérité de l'énoncé total (prenons pour exemple la phrase *L'étoile du soir a une orbite comprise entre celle de Mercure et celle de la terre ;* sa valeur de vérité ne change pas si l'on substitue à l'expression *étoile du soir* l'expression *étoile du matin*, qui réfère à la même planète, Vénus). L'article « Sens et référence » vise à étendre la même analyse aux propositions constitutives des énoncés. Le sens d'une proposition est une « pensée », en entendant par là un jugement; et son référent est constitué par la valeur de vérité de ce jugement. Chaque proposition n'est donc qu'une certaine façon de nommer le vrai ou le faux. Afin d'autoriser ce parallèle, Frege doit montrer que, pour toute une catégorie d'énoncés, deux propositions de même valeur de vérité — comme deux

* « Sinn und Bedeutung », article de 1892, repris dans *Funktion, Begriff, Bedeutung*, Göttingen, 1962.

noms désignant le même objet — peuvent être substituées l'une à l'autre sans que soit modifiée la valeur globale de l'énoncé.

C'est le cas évidemment pour des phrases constituées par une conjonction ou une disjonction de propositions coordonnées, par exemple pour :

1. Jacques est venu et Louis est parti

Interprétons la conjonction *et* comme signifiant que la vérité de (1) a pour condition nécessaire et suffisante que les deux propositions constituantes soient vraies. Il est alors évident que si l'on substitue à l'une d'entre elles une autre proposition douée d'une valeur de vérité identique, on ne change pas la valeur de vérité globale de (1). Il en est de même — quoique de façon plus paradoxale — pour

2. S'il fait beau demain, Jacques viendra

Pour Frege, la vérité de (2) exige, et exige seulement, que la première proposition (exprimant l'antécédent) ne puisse pas être vraie alors que la seconde (exprimant le conséquent) serait fausse : c'est là tout l'effet *logique* de la conjonction *si*. Ceci admis, si on remplace n'importe laquelle des propositions par une proposition de même valeur de vérité, il est clair alors que la phrase globale résultante aura la même valeur de vérité que (2).

Une première difficulté apparaît avec des énoncés comme *Pierre croit que Jacques viendra*. Supposons cet énoncé vrai, et que la proposition *Jacques viendra* soit vraie de même; il est clair que le remplacement de cette proposition subordonnée par une autre comme *Louis viendra* (que nous supposerons tout aussi vraie) risque de changer la valeur de vérité de l'énoncé total. Dans ce cas, cependant, il n'est pas trop difficile de se tirer d'affaire. On dira que les phrases au style indirect (dont le verbe principal est du type de *croire*, *dire*, *promettre*... etc.) constituent une catégorie particulière de contextes (dits quelquefois « obliques » ou « opaques »). Dans ces contextes la proposition subordonnée représente l'objet de l'attitude intellectuelle ou psychologique exprimée par le verbe principal. Aussi la proposition complétive y a-t-elle pour référent non pas une valeur de vérité, mais une pensée, un jugement (qui, dans le style direct, représenteraient le sens de la proposition). Cette solution est d'ailleurs confirmée par le fait que, dans les contextes obliques, les noms ne peuvent pas toujours, eux non plus, être remplacés par d'autres noms de même référent sans que la valeur de vérité globale change (il n'y a pas nécessairement même valeur de vérité pour *Pierre croit qu'il a vu l'étoile du matin* et pour *Pierre croit qu'il a vu l'étoile du soir*).

Cette solution n'est cependant plus possible pour un autre groupe de phrases, pour lesquelles Frege introduit la notion de présupposition. L'exemple, devenu canonique, est

3. Celui qui a découvert que l'orbite des planètes est elliptique, est mort dans la misère

Cette phrase ne relève certainement pas du style indirect (on vérifie facilement que les noms *planètes, misère, orbite* peuvent être remplacés, *salva veritate*, par des noms de même référent. Il est clair d'autre part que la subordonnée relative exprime un jugement (« quelqu'un a découvert que l'orbite des planètes est elliptique »). Et cependant, il est clair aussi qu'en la remplaçant par une proposition exprimant un jugement de même valeur de vérité (par ex. *Celui qui a découvert la pénicilline*), on risque de transformer la valeur de vérité de la phrase globale.

La réponse de Frege nous semble double, l'important pour nous étant qu'il prend pour équivalents les deux éléments de réponse que nous allons distinguer *. D'une part, Frege fait remarquer que la subordonnée et la principale, dans l'exemple précédent, ne sont pas séparables l'une de l'autre, et que la phrase globale ne saurait, d'une façon quelconque, être paraphrasée par une suite de propositions indépendantes (Certes on peut la transcrire comme *Un homme a découvert que l'orbite des planètes est elliptique, et il est mort dans la misère ;* mais le *il* de la deuxième proposition ne se comprend que par rapport à la première). Frege en conclut que la subordonnée relative, ici, n'est pas une proposition à proprement parler, mais une sorte de nom qui sert de sujet à la principale. Pour cette raison, son référent n'est pas une valeur de vérité, mais, comme c'est le cas pour tous les noms, un être, à savoir Kepler. Et si elle véhicule l'affirmation « Il existe quelqu'un qui a découvert que... », c'est parce que, comme tous les noms, elle ne saurait être employée légitimement s'il n'y a pas un objet qui lui correspond.

Tel est donc le premier élément de réponse donné par Frege : la subordonnée relative n'a aucune valeur indépendante, elle n'exprime

* Le développement qui suit s'inspire d'un article de A. J. Baker : « Presupposition and Types of Clauses », *Mind*, 1956, p. 368-78.

pas un jugement. Mais Frege, pour se débarrasser définitivement du jugement d'existence qui semble bien, d'une certaine façon, attaché à cette subordonnée, ajoute une deuxième remarque. Ce jugement, dit-il, n'est pas vraiment « contenu » *(enthalten)* dans la phrase considérée, il est seulement « présupposé » *(vorausgesetzt)*. La preuve en serait que non seulement cette phrase, mais aussi sa négation (i.e. *Celui qui a découvert que l'orbite des planètes est elliptique n'est pas mort dans la misère*) imposent une attitude positive à l'égard de ce jugement existentiel, l'une et l'autre donnant à entendre que quelqu'un a déterminé l'orbite des planètes. Or si ce jugement était « contenu » dans l'affirmation originelle, la négation devrait le mettre en question, et se comprendre comme « ou bien personne n'a découvert que l'orbite des planètes est elliptique, ou bien celui qui a découvert cela n'est pas mort dans la misère » — ce qui ne semble guère le cas. D'où l'on peut conclure que le jugement existentiel, n'étant pas nié lorsque la phrase est niée, n'est pas affirmé lorsqu'elle est affirmée : c'est dire qu'il n'est pas contenu dans la phrase, mais présupposé lors de son emploi. Il y a donc convergence des deux arguments vers la même conclusion. Il s'agit de montrer qu'un groupe de mots (la subordonnée relative), qui constitue une proposition au sens grammatical du terme, et qui, de plus, semble véhiculer un certain jugement, ne constitue pas, en réalité, une proposition logique. Le premier argument consistait à dire que la phrase totale ne peut pas être conçue comme l'association de deux propositions dont chacune possèderait un sens complet indépendamment de l'autre, et dont l'une exprimerait le jugement en question. Le second argument confirme cette conclusion en montrant que le jugement considéré n'est pas contenu dans la phrase totale, ce qui exclut *a fortiori* qu'un groupe de mots ait pour fonction de l'exprimer. On comprend alors le rôle joué par la notion de présupposition, et pourquoi la qualification du jugement existentiel comme présupposé confirme l'idée que la subordonnée relative, dans (3), n'est pas, du point de vue logique, une proposition. Cette convergence n'est possible que parce que « présupposé » s'oppose, pour Frege, à « contenu », ce qui fait que le jugement présupposé est, *ipso facto*, retranché de la signification.

Une telle analyse peut s'appuyer en outre sur le fait que Frege, qui rencontre plusieurs fois le phénomène de la présupposition, ne le reconnaît que lorsqu'il a effectivement besoin d'éliminer une signification, et de faire apparaître par là que telle ou telle expression de la langue est une pseudo-proposition. Ainsi, passant en revue les différents types de subordonnées, il envisage les relatives dites « explicatives » ou « descriptives », celle qu'on trouve par exemple dans la phrase suivante (que nous modifions légèrement, par souci de brièveté) :

Napoléon, qui avait reconnu le danger, fit donner la garde

Si l'on appliquait ici le même critère de la négation utilisé plus haut, on devrait considérer comme présupposé que Napoléon avait reconnu le danger — puisque cette indication subsiste dans la phrase négative. Mais Frege ne le fait pas, car il n'a nul besoin, dans ce cas, d'expulser ce jugement hors de la phrase. Il n'est pas gênant, en effet, pour sa théorie de la référence, de considérer ici la relative comme l'expression d'une proposition, puisque son remplacement par une autre expression de même valeur de vérité ne changerait pas la valeur de vérité globale de la phrase (aussi vraie, si elle commençait par *Napoléon, qui souffrait du foie*, ...). Le recours à la présupposition est ainsi abandonné dès qu'il n'y a plus la nécessité d'exclure une signification. Cet exemple est d'autant plus significatif qu'il montre que le phénomène de la présupposition (défini par le critère de la négation) n'est pas lié — comme c'était le cas dans la phrase sur Kepler — à la constitution d'un nom qui sert de sujet (ou, au sens logique, d'argument) au verbe principal. Même si l'on retranche de la phrase la subordonnée relative, *Napoléon* peut toujours être sujet de *fit donner la garde*.

Plus caractéristique encore est l'analyse donnée, dans le même article, pour la phrase :

La Prusse et l'Autriche entrèrent en conflit après que le Schleswig-Holstein eut été arraché au Danemark.

Frege note que cette phrase peut avoir deux emplois. Elle peut servir à dater les dissensions entre la Prusse et l'Autriche; elle répondrait alors à une question comme *Quand l'Autriche et la Prusse commencèrent-elles à se quereller?* Dans ce cas la subordonnée constitue un complément circonstanciel à l'intérieur de la principale, et, de ce fait, il n'y a pas, logiquement, deux propositions indépendantes. Mais du même coup, selon Frege, le jugement « Le Schleswig-Holstein a été arraché au Danemark » n'est pas contenu, mais seulement présupposé, par la phrase complète. Dans une deuxième interprétation, en revanche — plus naturelle, d'ailleurs, si on inverse l'ordre des propositions — la phrase peut être considérée comme relatant une série d'événements successifs, et équivalente à deux énoncés indépendants, *Le Schleswig-Holstein a été arraché au Dane-*

mark, puis l'Autriche et la Prusse commencèrent à se quereller. A quoi Frege ajoute que, dans cette deuxième interprétation, le jugement relatif au Schleswig-Holstein redevient une partie constituante de la signification totale : c'est le contenu propre de l'un des deux énoncés dont la phrase est composée. Il est facile de voir, cependant, que toute négation de la phrase maintient toujours que le Schleswig-Holstein a été arraché au Danemark. C'est pourquoi, si la notion de présupposition est définie à l'aide du critère de la négation, il est nécessaire, *dans les deux interprétations*, de reconnaître ce jugement comme présupposé. Mais Frege ne le fait que dans la première. Dans ce cas seulement, en effet, il est important de refuser une existence logique à une proposition douée d'une existence grammaticale, et la présupposition sert essentiellement à justifier un tel refus, en rejetant parmi les conditions d'emploi l'affirmation qui pourrait constituer le sens de cette proposition.

On peut aller plus loin encore dans cette discussion de Frege, et ne pas lui reprocher seulement un emploi trop limité de la notion de présupposition — utilisée uniquement lorsqu'il y a lieu de débarrasser un énoncé d'éléments sémantiques logiquement gênants. On peut se demander en outre si, même dans ces cas, la notion accomplit fidèlement l'office qui lui est confié. Admettons, avec Frege, que les présupposés d'un énoncé subsistent dans la négation de cet énoncé (propriété qui lui sert à définir la notion). Peut-on en conclure immédiatement que les présupposés d'un énoncé n'appartiennent pas à son contenu ? Pour que l'on puisse le faire, il faudrait admettre que la négation *(ne...pas* ou *il est faux que...)* prend en considération l'ensemble du contenu des phrases auxquelles elle s'applique. Mais ce postulat est d'ordre linguistique et non logique : il ne concerne pas le connecteur logique exprimant la contradiction, mais les expressions linguistiques *ne...pas* et *il est faux que....* Or rien n'assure justement que ces expressions marquent la contradiction, la négation totale, et qu'elles soient exactement traduites par l'opérateur que les logiciens leur font correspondre d'habitude. Supposons un instant que *ne...pas* ne soit pas une négation totale. Il reste alors possible de dire que le jugement « Quelqu'un a découvert que l'orbite... » est contenu dans l'énoncé total *Celui qui a découvert que... est mort dans la misère.* Simplement il faudra préciser qu'il y est contenu d'une façon particulière, avec un statut spécifique. On dira par exemple qu'il y est contenu à titre de « présupposé », alors que la fin misérable de Kepler est une indication « posée ». Et il suffira d'énoncer une loi, selon laquelle les expressions négatives, en français, en allemand — et peut-être dans toutes les langues naturelles — s'attaquent seulement à ce qui est posé, et maintiennent le présupposé.

Les remarques qui précèdent n'atteignent, on l'aura remarqué, que l'argumentation de Frege, et ne touchent pas sa thèse elle-même, à savoir que les présupposés d'un énoncé constituent les conditions de son emploi logique. Il s'agit maintenant de décider si un énoncé dont les présupposés sont faux est *nécessairement*, de ce fait, privé de toute valeur de vérité, s'il n'est plus susceptible alors d'être dit ni vrai ni faux. Est-il évident, en d'autres termes, que l'énoncé sur Kepler, qui continuera à nous servir d'exemple, serait logiquement inévaluable si personne n'avait déterminé l'orbite des planètes? Pour qu'il en soit ainsi, deux hypothèses, nous semble-t-il, doivent d'abord être admises.

a) Il faut décider que l'énoncé en question doit être décrit, logiquement, comme l'attribution d'une propriété, désignée par le prédicat (la propriété d'être mort dans la misère), à un être, désigné par le sujet (l'homme qui a déterminé l'orbite des planètes).

b) Il faut admettre, en plus, que la fausseté, pour un énoncé ayant cette structure, consiste en ce que la propriété prédiquée ne convient pas à l'être auquel renvoie le sujet.

Ces deux points une fois admis, il devient impossible de déclarer que notre énoncé est faux au cas où personne n'aurait déterminé l'orbite des planètes — puisque, dans ce cas, le sujet ne renvoie à aucun être. Comme on ne peut pas non plus, dans la même hypothèse, le déclarer vrai, force est de reconnaître que la fausseté des présupposés le dépouille de toute valeur logique, le rend inévaluable, ou encore, selon l'expression de Strawson, « produit un trou » dans sa table de vérité. Mais cette conclusion, rappelons-le, dépend des deux hypothèses *a*) et *b*), dont nous allons montrer maintenant qu'elles n'ont aucune nécessité.

Commençons par l'hypothèse *a*). Est-il évident que l'énoncé sur Kepler possède, du point de vue logique, la structure sujet-prédicat? Certes, considéré du point de vue syntaxique, il semble avoir une telle structure, et il est même probable qu'il doive encore en être ainsi à différents niveaux de l'analyse sémantique. Mais la représentation logique d'un énoncé, celle qui doit rendre compte de ses conditions de validité ou de réfutabilité, et, plus généralement, de son utilisation possible dans le raisonnement, on ne voit pas pourquoi cette représentation devrait être calquée sur ses autres représentations linguistiques, qu'elles soient syntaxiques ou sémantiques. Pourquoi, en termes plus techniques, un énoncé aurait-il une seule structure, qui assurerait l'isomorphie des différentes analyses dont il est justiciable ? A cette exigence, qui rappelle le logicisme de Port-Royal, on peut opposer une conception plus libérale, qui admettrait que l'on attribue différentes structures à un même énoncé, à charge d'établir des lois de correspondance pour passer de l'une à l'autre.

Mais, dès qu'on a ainsi refusé le logicisme, il devient possible de proposer, pour l'énoncé sur Kepler, une représentation *logique* qui ne soit plus du type sujet-prédicat. On sait que Russell (dont l'exemple, devenu illustre, est l'énoncé *L'actuel roi de France est chauve*) le décrirait comme la conjonction des deux propositions « un homme et un seul a découvert que l'orbite des planètes est elliptique », et « cet homme est mort dans la misère ». Si l'on admet une telle représentation, il devient nécessaire que l'énoncé soit faux au cas où personne n'aurait déterminé l'orbite des planètes — puisque, dans ce cas, le premier membre de la conjonction serait faux. La vérité du présupposé d'existence devient alors une condition nécessaire pour que l'énoncé soit vrai, mais elle n'est plus une condition nécessaire pour qu'il ait une valeur logique.

Une objection fréquemment faite à Russell, notamment par P. F. Strawson *, est que cette représentation ne rend pas justice à la réalité linguistique ou psychologique de l'énoncé — car elle met sur le même plan deux affirmations dont on sent bien qu'elles n'ont pas le même statut dans l'énoncé. Mais il est facile de répondre, dans la perspective présentée à l'alinéa précédent, qu'on ne peut pas tout demander à une représentation logique, qu'elle n'a pas à épuiser toutes les propriétés sémantiques des énoncés, mais seulement à être compatible (plus précisément : à pouvoir être mise en correspondance) avec d'autres représentations qui prendraient en charge les éléments qu'elle néglige. Tout le problème est donc de savoir si l'analyse russellienne est contradictoire avec une analyse qui donnerait un statut différent aux deux propositions qu'elle distingue dans l'énoncé étudié.

Dans la formulation que nous lui avons donnée jusqu'ici, il est clair que l'analyse de Russell n'est en rien incompatible avec une autre représentation qui, à un autre niveau d'analyse, affecterait de coefficients

* « On Referring », *Mind*, 1950, p. 320-344.

différents les deux propositions distinguées par Russell, par exemple avec celle que nous avons suggérée p. 32, et qui consiste à considérer l'affirmation d'existence et l'affirmation relative à la mort de Kepler comme constituant respectivement le contenu présupposé et le contenu posé de l'énoncé. Il reste cependant à savoir ce que vaut notre formulation, fort simplifiée, de l'analyse russellienne. Elle consiste, disions nous, à décrire (3) comme la conjonction de deux propositions indépendantes, « Un homme et un seul a découvert... », et « Cet homme est mort dans la misère ». Mais on peut objecter que la deuxième proposition n'est indépendante qu'en apparence, puisque le démonstratif *cet homme* n'a de sens que par rapport à l'affirmation présentée dans la première, et qu'il est ininterprétable si l'on tient celle-ci pour fausse. C'est la raison pour laquelle la traduction russellienne authentique en langage logique comprend en fait une seule proposition, qu'on pourrait paraphraser comme « Il existe **X** tel que 1° **X** est le seul à avoir découvert que l'orbite des planètes est elliptique, et 2° **X** est mort dans la misère ». Or cette représentation par une proposition unique paraît bien incompatible, elle, avec la distinction de deux éléments sémantiques distincts, l'un, posé, et l'autre, présupposé. On semble donc en arriver au dilemme suivant. Ou bien on introduit l'affirmation d'existence dans le contenu, à la manière de Russell, mais on n'est plus capable, alors, de lui donner un statut particulier. Ou bien on veut rendre justice à sa spécificité, mais on doit, dans ce cas, l'exclure du contenu, comme fait Frege.

Nous ne chercherons pas, ici, à justifier en détail la première formulation que nous avons donnée de l'analyse russellienne, c'est-à-dire sa transcription comme une conjonction de propositions indépendantes. Deux remarques suffiront. On notera d'abord que cette transcription ne se heurte à aucune difficulté logique, et que le calcul des prédicats le plus élémentaire donne les moyens de l'opérer. Il suffit de traduire l'énoncé (3) par la conjonction des deux propositions « Il existe un et un seul **X** tel que **X** ait découvert que l'orbite des planètes est elliptique », et « Pour tout **X**, si **X** a découvert que l'orbite..., alors **X** est mort dans la misère » (ces deux propositions sont faciles à écrire en calcul des prédicats). On a, de cette façon, deux propositions strictement indépendantes, susceptibles donc d'être considérées comme des éléments, l'un, présupposé, l'autre, posé, du contenu total de l'énoncé.

Une seconde remarque, plus indirecte, fournit également un élément de réponse à l'objection que nous nous sommes faite. Admettons pour un moment qu'il soit impossible de représenter l'affirmation d'existence et l'affirmation concernant la mort de Kepler comme deux propositions indépendantes. Considérons maintenant l'énoncé

4. J'ai demandé conseil à des amis; ils m'ont dit de venir.

Il va falloir admettre, pour la même raison, qu'il ne peut être analysé, du point de vue logique, comme une conjonction de deux propositions indépendantes — puisque le *ils* de la seconde perd tout sens si la première proposition est fausse. Or il est incontestable qu'on ne saurait représenter (4) par une seule proposition du calcul des prédicats, proposition que l'on devrait paraphraser comme « Il existe des **X** tels que 1° **X** est mon ami; 2° j'ai demandé conseil à **X**; 3° **X** m'a conseillé de venir. Cette transcription est en effet inexacte *du simple point de vue logique*, car elle omet une information présente dans l'énoncé original, à savoir que *tous* les amis à qui j'ai demandé conseil m'ont dit de venir. En d'autres termes, cette transcription est incapable de distinguer l'énoncé (4) de celui-ci, logiquement fort différent :

5. Il y a des amis à qui j'ai demandé conseil et qui m'ont dit de venir.

Pour rendre plus sensible cette différence, on peut faire remarquer que (5) peut être suivi, sans aucune contradiction, de l'énoncé *D'autres amis, à qui j'ai demandé conseil, m'ont dit de ne pas venir*. En revanche il serait contradictoire de faire la même addition après (4), ce qui donnerait : *J'ai demandé conseil à des amis ; ils m'ont dit de venir. D'autres amis, à qui j'ai demandé conseil, m'ont dit de ne pas venir* *.

Conclusion : même si deux énoncés successifs du langage ordinaire sont tels que le second prend un sens dans le cas seulement où le premier est vrai, il peut être nécessaire de les représenter, logiquement, par deux propositions indépendantes. Pourquoi, alors, ne pas utiliser cette même solution lorsqu'il s'agit de représenter logiquement deux éléments sémantiques distincts d'un énoncé grammaticalement unique ? Pourquoi, notamment, ne pas considérer l'énoncé sur Kepler comme juxtaposant une affirmation d'existence et une affirmation sur l'être dont on affirme l'existence ? Rien n'empêche plus, alors, d'attribuer à ces deux affir-

* Sur ce problème, voir notre article « Les indéfinis et l'énonciation », *Langages*, 17, mars 70, p. 105 et 108.

mations un statut différent, en considérant par exemple la première comme présupposée, et la seconde comme posée.

Il ne nous semble donc nullement nécessaire que l'énoncé étudié par Frege ait une structure logique du type sujet-prédicat (c'était l'hypothèse *a*) de la p. 33). Admettons cependant qu'il en soit ainsi. Frege a besoin encore d'une seconde hypothèse pour conclure que cet énoncé n'est pas susceptible d'un emploi logique — c'est-à-dire qu'il ne peut être ni vrai ni faux — si le sujet ne désigne aucun être réel. Il faut admettre en plus (c'était l'hypothèse *b*)) qu'un énoncé sujet-prédicat est faux dans le cas seulement où la propriété prédiquée ne convient pas à l'être désigné par le sujet. Mais cette hypothèse, elle non plus, ne bénéficie d'aucune évidence. On peut tout aussi bien décider, en effet, qu'il y a deux conditions, l'une et l'autre suffisantes, qui entraînent la fausseté d'un énoncé sujet-prédicat : ou bien le sujet ne désigne aucun être, ou bien le prédicat ne convient pas à l'être désigné *. Entre cette définition de la fausseté et celle qu'impose l'hypothèse *b*), le logicien a, nous semble-t-il, toute liberté de choix. A coup sûr, les expressions dites « négatives » des langues naturelles (en français *il est faux que*, *ne...pas*) ont tendance, dans la plupart de leurs emplois, à maintenir l'existence d'un être correspondant au sujet (fait signalé par Frege, cf. p. 30), et même, plus généralement, à maintenir ce que nous appelons les présupposés (cf. p. 23). Mais pourquoi le logicien devrait-il calquer sa notion de fausseté sur l'usage habituellement fait, dans la langue ordinaire, des expressions dites négatives ? Pourquoi s'astreindrait-il à ne prononcer le jugement *La proposition « p » est fausse* que dans les cas où la langue n'hésite pas à dire *Il est faux que p* ou *ne pas p* (cette expression barbare nous sert à indiquer la combinaison de l'énoncé « p » avec la négation *ne...pas*). En d'autres termes, rien n'oblige le logicien à présenter une notion de fausseté qui formalise la négation du langage ordinaire.

On peut d'ailleurs contester l'analyse de Frege même si on admet que les notions de la logique technique doivent le plus possible être fondées sur une sorte de logique naturelle, manifestée de façon privilégiée par les langues réelles. Car la négation possède, *à l'intérieur même de ces langues*,

* Cette thèse est soutenue par exemple, au Moyen Age, par Occam, *Summa logica*, 1re partie, chap. 72, réponse à la 2e objection.

un statut très ambigu. Elle remplit au moins, en effet, deux fonctions assez différentes, que nous appellerons « descriptive » et « métalinguistique ». Que l'on compare par exemple (6) et (7) :

6. Il n'y a pas un nuage au ciel.
7. Ce mur n'est pas blanc.

Ce dernier énoncé sera très rarement utilisé pour décrire un mur, et, de fait, il renseigne peu sur le mur considéré. La plupart du temps, on l'emploiera pour marquer qu'on s'oppose à une affirmation antérieure *Ce mur est blanc* (affirmation qui peut d'ailleurs n'avoir pas été formulée explicitement par le destinataire de (7), mais lui être seulement prêtée par le locuteur, par exemple si l'énoncé est adressé au peintre qui aurait dû blanchir le mur). C'est ce que nous résumons en disant que (7) est surtout utilisé d'une façon *métalinguistique*, comme énoncé sur un énoncé. On voit tout de suite que la situation de (6) est à peu près inverse. En annonçant qu'il n'y a pas un nuage dans le ciel, on entend la plupart du temps donner une description du ciel, dire comment il est — ce qui n'empêche pas, d'ailleurs, que le même énoncé puisse avoir aussi, parfois, une utilisation polémique, et servir à contredire une opinion précédemment avancée. Nous dirons donc que (6), par opposition à (7), a une fonction surtout descriptive : il sert à parler de choses et non pas d'énoncés.

Une fois admise cette distinction, on peut mieux définir l'effet de la négation sur les présupposés. Lorsque la négation est employée de façon descriptive, il ne fait guère de doute qu'elle conserve les présupposés, notamment les présupposés d'existence. Si, engagé dans une description des grands hommes de notre époque, je signale que le roi de France, à la différence de tel ou tel, n'est pas chauve, je maintiens à coup sûr que ce personnage existe. De même, si je me hasarde à écrire, dans une « Vie des astronomes illustres », que celui qui a déterminé l'orbite des planètes n'est pas mort dans la misère, je maintiens encore son existence. Mais la situation change lorsqu'on envisage les emplois métalinguistiques de la négation. Pour me convaincre que la calvitie n'exclut pas la réussite, on m'assure que le roi de France est chauve; je peux très bien répondre que le roi de France ne peut pas être chauve — puisqu'il n'existe pas. Ce qui fausse ici la discussion, et contribue à faire croire que les présupposés sont nécessairement maintenus, c'est que les exemples habituellement choisis concernent des personnages (le roi de France, Kepler) dont l'existence est rarement objet de discussion. Il est préférable de prendre des exemples plus neutres. Supposons qu'on me menace de contravention sous prétexte que ma voiture est mal garée, je peux répondre que ma voiture n'est pas mal garée — puisque je n'ai pas de voiture. On construirait facilement beaucoup d'autres exemples sur ce modèle, surtout si l'on prend pour négation *il est faux que...*, expression particulièrement apte à l'usage métalinguistique.

Aussi schématique que soit cette analyse, elle montre que le logicien ne trouve pas dans la langue un modèle contraignant pour son concept de fausseté — car le langage est quelque peu hésitant sur ce point. Et même, dans la mesure où la fausseté peut sembler d'ordre métalinguistique, le langage suggérerait plutôt qu'elle peut tenir aussi bien à la fausseté des présupposés (au fait par exemple que le sujet ne désigne aucun être réel) qu'à la fausseté du contenu posé (par exemple à l'inadéquation du sujet et du prédicat).

C'est peut-être P. F. Strawson qui a donné contre la thèse de Frege l'objection la plus convaincante *. Le fait est d'autant plus remarquable que Strawson avait d'abord soutenu cette thèse, en l'opposant à l'analyse russellienne présentée plus haut **. Revenant donc sur ses affirmations premières, Strawson est amené à nier qu'elles décrivent d'une façon assez scrupuleuse l'usage fait habituellement, dans le langage ordinaire, du mot *faux*. Il réexamine, sur ce point, les critiques qu'il avait d'abord adressées à Russell. Peut-on soutenir sans restriction que, s'il n'y a pas de roi en France, une phrase qui affirme la calvitie de ce roi n'est ni vraie ni fausse? Tout dépend, reconnaît Strawson, de l'utilisation de la phrase. Supposons qu'on pose la question *Y a-t-il, dans le monde, des hommes importants qui soient chauves?* La réponse *Oui, le roi de France est chauve*, où le roi de France est invoqué comme exemple, serait habituellement tenue pour franchement fausse s'il se révèle qu'il n'y a pas de roi en France. Ou encore, si, dans un procès, un témoin de la défense déclare avoir rencontré l'accusé, à l'heure du crime, à la représentation de telle pièce dans tel théâtre, et si on peut démontrer que, ce soir là, la représentation n'a pas eu lieu, on n'hésitera guère à considérer le témoignage comme faux.

* Cf. « Indentifying reference and truth-values », *Theoria*, 1964, p. 96-118.
** Cf. « On Referring ».

Pour tenir compte des objections qu'il adresse lui-même à sa première thèse, Strawson propose de limiter cette thèse au cas où l'être dont l'existence est présupposée constitue le thème (« topic ») du discours. C'est donc seulement si l'énoncé *Le roi de France est chauve* s'intègre à une conversation ou à un discours à propos du roi de France que l'inexistence de ce roi prive l'énoncé de valeur logique. Nous discuterons plus loin, p. 59, les rapports entre thème et présupposition. Mais il est possible de mettre en question dès maintenant cette version atténuée de la thèse de Frege. Supposons que deux personnes, **A** et **B**, aient une conversation dont le thème est le roi de France. L'un d'eux, **A**, lance l'affirmation *Le roi de France est chauve*. Ce n'est certainement pas **B** qui peut penser qu'il n'y a pas de roi en France : s'il a accepté sérieusement cette conversation, c'est qu'il croit à son existence. Ce genre de contestation ne peut venir que d'un troisième personnage, **C**, qui assiste de l'extérieur au dialogue. Mais **C** ne peut plus dire, lui, que la conversation « porte sur le roi de France » (il dira tout au plus, en la rapportant, qu'elle concernait un « prétendu roi de France »). La thèse de Frege, dans la forme réduite que lui donne Strawson, est donc rigoureusement invérifiable, car elle concerne un cas impossible : un interlocuteur ne saurait estimer inexistant l'être qui constitue le thème d'une conversation à laquelle il participe. Ou bien il participe vraiment à la conversation, et accepte son thème : mais alors il croit à l'être en question. Ou bien il nie cette existence, mais c'est qu'il n'est pas intégré à la conversation. Dans ce dernier cas, d'ailleurs, entendant deux personnes parler d'un objet à ses yeux chimérique, il peut certes, par une sorte de tolérance non dénuée de mépris, estimer que leur discours n'est ni vrai ni faux, mais il peut aussi bien le condamner comme radicalement faux (ainsi l'athée, en présence d'un discours théologique, peut le traiter comme mythe — en le situant hors de toute évaluation logique —, mais il n'est pas rare non plus qu'il le déclare tout bonnement faux).

Nous n'avons pas, dans cette longue discussion, *prouvé* que la fausseté des présupposés d'existence entraîne la fausseté des énoncés. Nous voudrions seulement avoir montré que la thèse inverse (selon laquelle les énoncés deviendraient logiquement inévaluables) ne s'appuie sur aucune évidence linguistique ni sur aucun « sentiment naturel » : si un logicien choisit de l'adopter, et de n'attribuer de valeur de vérité (vraie ou fausse) qu'aux énoncés dont les présupposés sont vrais, c'est en tant que logicien, par une libre décision. Ce faisant, il construit un concept de fausseté, beaucoup plus qu'il ne décrit un concept préexistant. Mais l'opposition du posé et du présupposé, cette différence de statut entre les diverses informations apportées par un énoncé, il y a là, en revanche, un phénomène indépendant des décisions du logicien, un phénomène qui se révèle à l'intuition linguistique immédiate, et qui est nécessaire d'autre part pour comprendre des phénomènes linguistiques très généraux comme l'interrogation ou la négation (descriptive). D'où l'on peut conclure que la spécificité du présupposé par rapport au posé n'a certainement pas pour fondement le fait que les présupposés seraient des conditions d'évaluation logique. Certes on a le droit, si on le désire, de considérer leur vérité comme la condition nécessaire de l'évaluation logique, mais leur spécificité est tout à fait indépendante de cette décision *.

Un énoncé — même assertif — peut avoir bien d'autres fonctions que de soumettre une affirmation à une évaluation logique en faisant d'elle un candidat à la vérité ou à la fausseté. Prenons par exemple l'acte de renseigner : il ne peut s'accomplir que si le destinataire reconnaît d'avance au locuteur compétence et honnêteté — de sorte que le renseignement est situé d'emblée hors de l'alternative du vrai et du faux. Il en est ainsi, à plus forte raison, des énoncés non-assertifs comme l'ordre, la question, le conseil, la menace... etc. Aussi peut-on, tout en admettant que le phénomène de la présupposition n'est pas fondé sur l'emploi logique des énoncés, maintenir toujours qu'il concerne uniquement les conditions d'emploi — à condition d'envisager d'autres formes d'utilisation de la langue. C'est le cas, par exemple, pour Strawson, une fois abandonnée la conception fregienne qu'il avait d'abord défendue; et c'est le cas, d'une façon plus générale, pour la plupart des philosophes de l'école d'Oxford. Pour eux, les présupposés d'un énoncé, ce sont les conditions qui doivent être satisfaites pour que l'énoncé remplisse la fonction à laquelle il prétend.

Avant même que la thèse de Frege ne soit reprise par Strawson pour traiter le problème de la référence, le philosophe anglais R. G. Collingwood utilisait la notion de présupposition dans une perspective

* Pour une discussion plus approfondie de la première thèse de Strawson, voir : J. C. Pariente, « Sur la sagesse du roi de France », *L'âge de la science*, 1969, p. 129-44.

plus générale *. Pour lui, la présupposition des énoncés représente un cas particulier d'un phénomène beaucoup plus étendu — qui concerne toute activité humaine. Tout acte se présente comme orienté vers une certaine fin. En l'accomplissant, on admet donc implicitement qu'il est susceptible de conduire à cette fin, c'est-à-dire qu'il n'y a pas d'impossibilité *a priori* à sa réussite. Supposons que je mesure à l'aide d'un mètre la distance de deux objets : mon activité a pour fin d'obtenir une mesure (approximativement) exacte. Ceci n'étant possible que si mon instrument de mesure est lui-même (grossièrement) exact, je manifeste, par ma simple action, que j'admets cette exactitude. Pour cette raison, on doit considérer l'exactitude du mètre utilisé comme la présupposition nécessaire de l'acte de mesurer. Quand on parle des présuppositions d'un énoncé, il faut entendre, selon Collingwood, un phénomène analogue. Il s'agit des conditions requises pour que l'énoncé puisse atteindre le résultat auquel il prétend.

Collingwood considère essentiellement les énoncés assertifs. Lorsqu'on les emploie, c'est-à-dire lorsqu'on effectue l'acte d'affirmer, on prétend toujours donner à l'interlocuteur une information qu'il désire. Autrement dit, toute affirmation se présente comme réponse à une question (il est possible d'ailleurs que la question n'ait pas été réellement posée par le destinataire, mais lui soit seulement prêtée; souvent même le locuteur est peu conscient de cette question, et c'est la tâche de la réflexion scientifique de la faire apparaître). Second moment dans la démonstration : pour qu'une question se pose, il faut toujours admettre au préalable certaines données qui, seules, la rendent possible, et sans lesquelles elle n'a aucune raison d'être *(does not arise)*. Puisqu'elles sont conditions de possibilité de la question, ces données le sont donc aussi, *a fortiori*, de l'affirmation. En les appelant les « présuppositions » de l'affirmation, Collingwood peut ainsi attribuer à ce mot le même sens qu'il lui donnait dans l'analyse d'une activité non directement linguistique comme la mesure.

Deux exemples de Collingwood sont particulièrement nets à cet égard (le premier est devenu presque « canonique » dans la littérature concernant la présupposition). Il s'agit des énoncés :

8. Il a cessé de battre sa femme.
9. Cette corde est destinée à pendre le linge.

* « *An Essay on Metaphysics* », Oxford, 1940, p. 21-33.

Ils ne sont utilisables que s'ils répondent, respectivement, aux questions

8'. A-t-il cessé de battre sa femme?
9'. A quoi cette corde est-elle destinée?

Or il est bien clair que ces deux questions ne sauraient être posées si certaines conditions préalables ne sont pas remplies. On n'aurait pas l'idée de poser la question (8') si la personne désignée par le *il* était connue pour un « mari indulgent ». Il faut même qu'il passe pour un mari brutal, qui a l'habitude de battre sa femme. De même, on ne demande pas à quoi est destinée une corde si l'on ne pense pas au préalable qu'elle a une destination, qu'elle a été placée intentionnellement. D'où cette conclusion, que les énoncés (8) et (9) présupposent respectivement :

8". Il avait l'habitude de battre sa femme et
9". Cette corde est destinée à quelque chose.

L'important, vu notre propos, dans l'analyse de Collingwood, c'est que les présupposés des énoncés, grâce au détour par l'interrogation, sont mis en parallèle avec les présupposés de pratiques non-linguistiques. Si un énoncé a des présupposés, c'est donc en tant qu'acte (plus exactement : en tant qu'il peut être objet d'un acte), et non pas en tant qu'acte proprement linguistique. Par suite, les présupposés d'un énoncé n'ont aucun titre à être considérés comme des éléments de son contenu — puisque des actes non-linguistiques, de pures pratiques dépourvues de contenu sémantique, sont, eux aussi, affectés de présupposés. La notion a ainsi la même fonction pour Frege et pour Collingwood : elle sert à expulser de la signification des énoncés certains éléments qui pourraient sembler lui appartenir.

N.B. Cette fonction est encore plus apparente si l'on se rappelle quel rôle Collingwood confie à la notion de présupposition dans l'économie de sa philosophie. Il distingue deux catégories de présupposés. Certains sont dits relatifs — lorsque, dans d'autres énoncés, ils peuvent faire l'objet d' « affirmations indépendantes » (c'est le cas pour les présupposés de (8) et de (9), affirmés de façon indépendante dans les énoncés (8") et (9")). D'autres, au contraire, sont dits absolus — car ils ne peuvent jamais être directement affirmés : en effet ils ne sauraient, sans absurdité, faire l'objet d'une question, étant présupposés par toute question quelle qu'elle soit, et notamment par les questions qui porteraient sur eux. Il en résulte que leur affirmation et leur négation sont également privées de sens, puisque l'une présupposerait, comme condition de sa propre possibilité, la vérité de ce qu'elle affirme, l'autre, la vérité de ce qu'elle nie. C'est à ces présupposés absolus que s'intéresse essentiellement Collingwood : il définit la métaphysique « la science des présupposés absolus ». Mais, dans la mesure où il a présenté les présupposés d'un énoncé comme de simples conditions d'emploi, et non pas comme des éléments de contenu, il peut justifier du même coup sa conception de la métaphysique (discipline uniquement réflexive, qui cherche seulement à déterminer les conditions de possibilité de l'activité humaine, et qui se trahirait elle-même dès qu'elle entreprendrait d'affirmer) : si les présupposés ne sont pas des éléments sémantiques positifs, et si les présupposés absolus, par définition, peuvent seulement se manifester en tant que présupposés, il est impossible que leur étude soit présentée sous forme de thèses. La conception du présupposé comme condition d'emploi permet ainsi d'épurer la métaphysique de toute prétention dogmatique.

Avant de discuter la conception de Collingwood, il peut être utile de rappeler les développements qui lui ont été donnés dans la philosophie anglaise ultérieure. C'est elle qu'on retrouve par exemple dans la deuxième théorie de Strawson, lorsque Strawson, ayant abandonné l'idée que les présupposés s'expliquent comme des conditions d'emploi logique, veut maintenir qu'ils sont, fondamentalement, des conditions d'emploi. Sa démarche nous semble à peu près la suivante. Il note d'abord que chaque énoncé prétend toujours remplir un certain nombre de fonctions, et qu'il n'est employé de façon correcte que lorsqu'on pense qu'il peut effectivement les remplir. Or une des fonctions auxquelles prétendent le plus souvent les phrases du langage ordinaire, est la fonction « informative » : elles se présentent comme susceptibles d'apprendre quelque chose à l'auditeur, de lui apporter des connaissances. Il est d'autre part presque nécessaire, lorsque ces connaissances concernent des objets du monde, que ces phrases comprennent, comme partie intégrante, une description des objets auxquels elles se réfèrent, et sur lesquels elles prétendent informer (à moins qu'elles ne se contentent d'un démonstratif, d'un « nom propre », dans la terminologie de Russell). Si donc l'auditeur n'est pas capable de repérer l'objet dont on lui parle à l'aide de la description qu'on lui en donne, il ne pourra, à plus forte raison, rien apprendre de cet objet, et la phrase perdra toute valeur informative. Ainsi une phrase qui prétend informer de telle ou telle propriété possédée par un objet, et qui se réfère à cet objet au moyen d'une description, ne joue son rôle que si l'auditeur possède les connaissances nécessaires pour passer de la description à la chose décrite. Parmi ces connaissances, que Strawson nomme « identificatoires », se trouve, au premier chef, l'idée qu'il existe un objet répondant à la description, ou, pour revenir à nos exemples, qu'il existe un roi de France, et que quelqu'un a déterminé l'orbite des planètes. Les présupposés d'une phrase comptent ainsi parmi les connaissances que je dois présumer chez mon auditeur, si je veux que mon énoncé remplisse en fait la fonction informative à laquelle il prétend.

Pour rattacher encore plus nettement l'idée de présupposition à l'idée de condition d'emploi, Strawson met en parallèle la présomption de connaissance liée aux présupposés, et les « présomptions d'ignorance » qui conditionnent au même titre la valeur informative. Je ne peux en effet informer quelqu'un que de ce qu'il ignore auparavant : l'énoncé de Russell n'a plus de valeur informative si l'auditeur connaît déjà la calvitie du roi. Pour que l'emploi d'une phrase soit efficace, il faut donc qu'il y ait chez l'auditeur à la fois certaines ignorances — concernant ce que la phrase affirme —, et certaines connaissances — concernant l'objet de l'affirmation : les présuppositions font partie de ces connaissances qui doivent être présumées chez l'auditeur, au même titre que les ignorances, dans toute utilisation légitime de la phrase.

Réduite ainsi à ses grandes lignes, la thèse de Strawson nous paraît assez proche de celle de Collingwood, sa principale originalité étant de recourir à la notion d'informativité — que nous discuterons par la suite. Certes, on aura remarqué aussi cette différence, que Collingwood donne pour condition d'emploi la *vérité* des présupposés, alors que Strawson exige aussi que l'on présume chez l'auditeur la *connaissance* de cette vérité. Mais cette addition explicite seulement une conséquence de la conception de Collingwood. Pour celui-ci, en effet, une affirmation a comme condition de possibilité une interrogation préalable, et présuppose ce que présuppose cette interrogation. Or, si l'affirmation en question fait partie d'un dialogue réel (avec un interlocuteur en chair et en os), et non pas d'un monologue dialogué, la question à laquelle elle doit répondre est une question dont on croit l'auditeur capable. Mais, pour pouvoir lui prêter cette question, il ne suffit pas de tenir soi-même pour vraies les opinions qui la rendent possible, il faut encore présumer qu'il les accepte également. On passe donc de la formulation de Collingwood à celle de Strawson dès qu'on envisage un dialogue effectif : et inversement, s'il s'agit d'un dialogue intérieur dont on tient soi-même les deux rôles, la conception de Strawson se ramène à celle de Collingwood, puisque, dans ce cas, les opinions de l'interlocuteur, ce sont celles justement que l'on considère comme vraies.

Jusqu'ici, c'est surtout pour les phrases assertives (affirmatives ou négatives) que nous avons découvert des présupposés. Mais, si on tient ces derniers pour des conditions d'emploi, on les considère comme relatifs à l'énonciation plus qu'à l'énoncé, à l'acte d'asserter, plus qu'au contenu asserté. Dès lors, il devient possible de chercher un phénomène semblable à propos d'autres actes linguistiques. C'est Austin, principalement, qui est à l'origine de cette généralisation. Un des premiers objectifs des leçons qui ont été rassemblées et publiées sous le titre *How to do things with words* * est de montrer la parenté existant entre l'assertion et des actes de parole comme l'interrogation, la menace, la promesse, le commandement... etc.; il s'agit, en quelque sorte, de donner à l'assertion le statut d'un acte de parole parmi d'autres. Pour ce faire, Austin montre que l'assertion, comme tout acte de parole, ne saurait s'accomplir sans que soient remplies un certain nombre de conditions, en l'absence desquelles il est sujet à divers malheurs *(infelicities)* qui empêchent sa réalisation parfaite. Or Austin croit pouvoir établir, *jusque dans le détail*, un parallèle exact entre les conditions d'accomplissement de l'assertion et celles qui commandent les autres actes : notamment, il discerne, pour ceux-ci, certaines exigences tout à fait comparables à la présupposition des assertions — ce qui corrobore l'idée que la vérité des présupposés est, avant tout, une condition d'emploi de l'énoncé assertif.

Pour qu'un acte de parole, quel qu'il soit, remplisse parfaitement sa fonction, Austin distingue deux sortes d'exigences, que l'on pourrait appeler « subjectives » et « objectives ». Les premières sont constituées par un ensemble de sentiments, désirs, intentions. Ainsi, pour promettre à un destinataire X qu'un certain état de choses A sera réalisé, je dois avoir l'intention effective de réaliser A. Pour lui ordonner A, il faut que je désire qu'il réalise A, pour le menacer, je dois être prêt à produire

* Oxford, 1962, traduction française : « Quand dire, c'est faire », Paris, Le Seuil, 1970.

effectivement A... etc. Ces conditions, dites « de sincérité », sont nécessaires pour que l'acte puisse être considéré comme sérieux. Mais il y a plus. Certaines conditions objectives sont nécessaires pour que l'acte soit tout simplement accompli : il ne peut avoir lieu réellement que dans un type particulier de situations, hors desquelles il est nul et non avenu. J'aurai beau dire « Je déclare la séance ouverte », je n'accomplirai effectivement l'acte d'ouvrir la séance que si j'ai, institutionnellement, qualité pour le faire. Et de même, j'aurai beau multiplier les impératifs, je ne donnerai effectivement un ordre que si je suis, vis-à-vis du destinataire, dans une situation hiérarchique permettant de commander.

Or on retrouve ces deux types de conditions à propos de l'assertion. A la condition de sincérité correspond, pour l'assertion, l'obligation où je suis de croire ce que je dis : Austin l'exprime en disant que l'assertion d'une proposition p « implique » *(implies)* que le locuteur croit que p .

N.B. Cette implication, on le voit, n'a rien de commun avec les relations logiques : pour celles-ci Austin réserve le terme *entailment.*

Quant aux conditions objectives, leurs parallèles dans l'assertion, ce sont les présuppositions. Car si les présupposés sont faux, l'acte d'assertion n'est pas effectivement accompli — quelles que soient les phrases prononcées. S'il n'y a pas de chat dans la pièce où je me trouve, j'aurai beau déclarer, avec l'intonation la plus affirmative, que le chat est sur le tapis, je n'aurai pas réussi, ce faisant, à accomplir l'acte d'affirmation, je n'aurai rien affirmé, ni informé personne de rien. Et de même, s'il n'y a pas de roi en France, aucun énoncé, de quelque forme qu'il soit, ne pourra accomplir ce tour de force d'affirmer sa calvitie.

Une fois qu'on a mis dans une catégorie unique les présupposés de l'assertion et les conditions de possibilité des autres actes de parole, on doit, logiquement, faire un pas de plus. Il est clair, en effet, que les phrases utilisées pour ces actes sont constituées avec les mêmes éléments que les phrases servant à l'assertion : ainsi l'expression *le roi de France* peut se trouver aussi bien dans un ordre que dans une assertion. Supposons donc que nous ayons à faire l'analyse d'un ordre, nous y retrouverons la plupart des présupposés de l'énoncé assertif correspondant (les présupposés d'existence, par exemple). Et ces présupposés que l'ordre a en commun avec l'assertion, nous devrons les mettre sur le même plan que les présupposés dus au caractère particulier de l'acte d'ordonner (sur le même plan, par exemple, que la condition de supériorité hiérarchique).

Cette conséquence, qui met en évidence le caractère assez paradoxal de la thèse que nous décrivons, apparaît nettement dans l'analyse suivante, due à C. J. Fillmore, de l'énoncé impératif :

10. Fermez la porte.

« Pour cette phrase, on a un ensemble relativement complet de « conditions de succès », parmi lesquelles :

(i) Le locuteur et l'allocutaire de cette phrase sont dans une relation telle qu'elle permet à celui-ci d'adresser sa demande à celui-là.

(ii) L'allocutaire est dans une situation qui lui permet de fermer la porte.

(iii) Le locuteur a dans l'esprit une certaine porte et il a des raisons de supposer que l'allocutaire peut l'identifier sans description supplémentaire de sa part.

(iv) La porte en question est ouverte au moment de l'énonciation.

(v) Le locuteur veut qu'on ferme cette porte » *.

Fillmore considère les quatre premiers éléments comme des présupposés de (10). Le cinquième seul, où l'on reconnaît une « condition de sincérité » (au sens de Austin) a un statut différent (Fillmore n'appuie d'ailleurs pas cette décision sur Austin, mais sur ce critère de négation que nous avons déjà rencontré plusieurs fois : la négation de (10), c'est-à-dire *Ne fermez pas la porte,* comporte encore les éléments (i), (ii), (iii) et (iv), et ne supprime que (v). Ce qui est révélateur, pour nous, c'est que les quatre premières conditions de succès de (10) soient mises sur le même plan, et que Fillmore traite de la même façon, notamment, le présupposé d'existence, exprimé, sous une forme atténuée, par (iii), et la condition hiérarchique, exprimée par (i).

Pour faire apparaître le caractère paradoxal de cette assimilation, on notera qu'un test analogue au critère de négation (qui a contraint à exclure (v)) conduirait à donner un statut particulier au présupposé existentiel (iii). Ce présupposé a en effet cette particularité d'être conservé quel que soit l'acte de parole où apparaît l'expression *la porte* (à condition que *la* joue toujours le rôle d'une sorte de démonstratif). Qu'il s'agisse en effet d'une menace *(Si tu ne viens pas, je vais fermer la porte),*

* « Verbes de jugement », *Langages,* 17, mars 1970, p. 59.

d'une question *(Avez-vous fermé la porte?)*, d'un souhait *(S'il pouvait fermer la porte!)*, ... etc., il est toujours maintenu qu'il existe une porte identifiable par les interlocuteurs — alors que les conditions (i), (ii) et (iv) sont au contraire susceptibles de disparaître (ni l'acte de souhaiter, ni celui de menacer ne requièrent par exemple de condition hiérarchique).

Il y a donc une différence très apparente entre les présupposés « traditionnels » (comme celui d'existence) — qui sont liés à tout acte de parole — et les autres — qui concernent seulement tel acte particulier. Et cela pourrait suggérer que, s'ils fonctionnent les uns et les autres comme des conditions d'emploi, ils n'ont pas cette propriété au même titre. L'universalité des premiers montrerait qu'avant d'être des conditions d'emploi, ils ont, à un niveau plus profond, un autre type d'existence, qui explique ensuite, d'une façon indirecte, que leur vérité soit nécessaire à tout emploi « normal » des énoncés où ils apparaissent. Mais Fillmore n'envisage pas cette possibilité. Il prend pour primitif le fait que ces présupposés jouent le rôle de condition d'emploi, et les assimile pour cela aux autres — malgré leur extension très différente. D'où cette définition d'ensemble de la présupposition, où l'on peut voir le point extrême de l'évolution que nous avons retracée depuis Collingwood : « Par les aspects présuppositionnels d'une situation de communication verbale, j'entends les conditions qui doivent être satisfaites pour qu'un acte illocutionnaire précis soit effectivement accompli en prononçant certaines phrases (*ibid.* p. 59) ». C'est cette conception qui va être maintenant discutée : notre objectif est de faire apparaître au contraire la présupposition comme un acte de parole particulier, et les présupposés, comme les contenus sémantiques visés par cet acte. Nous aurions montré par là que l'introduction de l'implicite entre le locuteur et le destinataire représente un des types de relations humaines dont la possibilité est inscrite dans la langue (au même titre que le commandement, la promesse... etc.). Ce que nous retiendrions alors de la philosophie analytique anglaise, ce serait surtout une conception d'ensemble, l'idée que la langue constitue comme un genre théâtral particulier, offrant au sujet parlant un certain nombre d'emplois institutionnels stéréotypés (ordonner, affirmer, promettre... etc.). Mais, au lieu de considérer les présupposés comme des conditions à remplir pour que ces rôles puissent être joués, nous voudrions faire de la présupposition elle-même un rôle — peut-être le plus permanent — dans la grande comédie de la parole.

Deux difficultés frappent surtout dans la thèse qui fait du présuppositionnel la condition de réalisation de l'illocutionnaire. D'une part, on arrive mal à définir ce qui, à proprement parler, serait « condition ». Est-ce la vérité des présupposés, ou leur connaissance par les interlocuteurs, ou leur vraisemblance... etc. ? Et d'autre part, cette idée d'un « accomplissement », dont le présupposé serait condition, n'est pas non plus parfaitement claire. Quand peut-on dire qu'un acte de parole a ou n'a pas été réalisé ?

En ce qui concerne le premier point, on peut d'abord considérer comme condition la *vérité* des présupposés. Si donc je dis à quelqu'un de fermer une porte que, lui et moi, nous croyons exister, mais qui n'existe pas, je n'aurais en réalité donné aucun ordre. Et de même, je n'aurais pas accompli un acte d'assertion si, croyant qu'il existe actuellement un roi en France, je vous annonce sa calvitie (calvitie que je conclus par exemple de la loi française interdisant les emplois représentatifs aux personnes non-chauves). On voit facilement combien il est peu admissible de faire dépendre la réalité d'un acte de parole de conditions qui peuvent être inconnues des interlocuteurs (ou, en d'autres termes, de calquer la définition de l'acte linguistique sur la conception religieuse du sacrement — dont la réalité est censée dépendre de conditions extérieures aux participants). Certes on pourrait essayer de relativiser cette exigence de vérité, tout en en conservant l'essentiel. Elle deviendrait à peu près : « pour considérer qu'un acte de parole a été accompli, il faut tenir pour vrais ses présupposés ». Ainsi, dans le premier cas envisagé, il faudrait admettre d'une part que mon interlocuteur et moi, persuadés que la porte existe, nous avons le droit de croire qu'un ordre a été donné, mais qu'un observateur qui nierait cette existence, devrait nier aussi l'existence de l'ordre. Mais, cette fois, l'excès est dans la subjectivisation, car on admettra difficilement que l'opinion de l'observateur sur la réalité extérieure ait un rapport quelconque avec le fait que l'ordre ait été donné ou non.

Pour se tirer d'affaire, on peut remplacer l'exigence de vérité par l'exigence que le locuteur *croie à cette vérité* : pour accomplir réellement un acte de parole, il faut admettre les présupposés de l'énoncé utilisé. Supposons donc que, n'ayant pas de voiture, et le sachant, je vous annonce : *Ma voiture est une Mercedes*. Dans ce cas, ma parole ne saurait compter comme un acte d'assertion, et je ne vous ai, directement au moins, apporté aucune information. Mais si je vous dis simplement

J'ai une Mercedes (phrase qui ne comporte pas de présuposés d'existence), j'ai réellement affirmé, j'ai directement apporté une information — qui est fausse. Certes les deux énoncés précédents relèvent d'attitudes différentes (et la notion de présupposition est justement destinée à permettre leur distinction). Mais la définition de la présupposition que nous discutons en ce moment donne à cette opposition une forme beaucoup trop brutale — en lui donnant pour fondement l'existence ou l'inexistence d'un acte de parole.

C'est pour parer à ce genre d'objections que Strawson, dans le texte commenté p. 39, formule l'exigence d'une façon assez différente : pour que l'énoncé soit employé correctement, c'est-à-dire pour qu'il accomplisse la fonction dont il est chargé, le locuteur doit présumer, chez le destinataire, une connaissance préalable des présupposés. Pour que je puisse vous informer de la calvitie du roi de France, je dois croire que vous croyez à son existence. Certes, sous ce nouvel avatar, la thèse évite les difficultés signalées tout à l'heure, mais c'est pour en rencontrer d'autres. En effet, lorsque l'auditeur ne connaît pas déjà l'existence de l'objet dont on lui parle, il peut très bien l'apprendre par le seul fait qu'on lui parle de cet objet — de telle sorte que l'énoncé lui communique une information complète. L'exemple du roi de France est ici un peu trompeur, car, vu l'importance du personnage, ne pas être informé de son existence, c'est savoir qu'il n'existe pas (« s'il existait, ça se saurait »). Remplaçons donc la phrase de Russell par « Le sous-secrétaire d'état aux Eaux et Forêts est chauve ». Je n'ai nullement besoin, pour tirer une information de cette phrase, de savoir *déjà* qu'il existe un tel sous-secrétaire. Si je n'ai aucune idée sur la question, et aucune raison de me méfier, j'admettrai l'existence de ce personnage, et je saurai gré à mon interlocuteur de m'avoir appris à la fois son existence et sa calvitie. On rencontre même des contextes où l'auditeur *ne peut pas* avoir une connaissance préalable des objets auxquels il est fait allusion. Pour reprendre, avec des modifications purement superficielles, un exemple de I. Bellert *, supposons que mon interlocuteur me demande des renseignements sur telle personne qu'il ne connaît pas du tout, mais dont j'ai prononcé le nom. Je réponds que son fils est camarade de classe de mes enfants. Ma réponse — qui présuppose que la personne en question a un fils — constitue un acte d'information complet, que ne frappe

* « On a condition of coherence of texts », *Congrès de Sémiologie de Varsovie*, 1968.

aucune « infelicity ». Et pourtant mon interlocuteur, d'après le contexte, ne pouvait pas connaître le présupposé — puisqu'il ne savait rien de la personne en question. Il est donc tout à fait courant, et tenu pour légitime, de présupposer, dans un acte d'affirmation, des connaissances que l'auditeur n'a pas encore. De même pour l'ordre. Rien ne m'empêche d'ordonner à quelqu'un « Va chercher le paquet que j'ai oublié dans ma voiture », même si l'interlocuteur ignore qu'un paquet a été oublié.

D'où la nécessité de modifier encore la formulation de Strawson : le locuteur ne doit plus présumer chez l'auditeur qu'une disposition à admettre les présupposés, ou même simplement l'absence d'objections préalables à leur égard. Cette modification est d'ailleurs suggérée dans un des premiers articles de Strawson * : on demande seulement que le sujet parlant « ne croie pas que l'auditeur croit » que le présupposé est faux. Une telle description, à première vue assez satisfaisante, nous semble pourtant, elle aussi, manquer son but. Si la précédente le manquait par excès (la présomption de connaissance nous a semblé trop forte), la présomption d'acceptabilité le manque par défaut. Elle va en effet émousser la différence entre le présupposé et ce qui est directement affirmé. Dans beaucoup de collectivités linguistiques, en effet, une loi de discours interdit d'affirmer *ex abrupto* ce dont on pense que cela heurtera de front l'auditeur. On n'impose pas, « de but en blanc », ce qui risque de heurter une conviction établie. Contredire cet usage, c'est commettre une véritable incorrection et s'exposer au ridicule. La langue a même prévu des formules d'atténuation (cf., en français, certains emplois du conditionnel, ou des expressions comme « si je ne me trompe ») afin d'adoucir les affirmations qui, telles quelles, pourraient choquer le destinataire. Lorsqu'on choisit de ne pas recourir à ces modalités d'atténuation, on laisse donc entendre du même coup qu'on n'envisage pas d'opposition déclarée à ce qu'on dit (sauf quand on tient à situer le dialogue dans le cadre de rapports humains hiérarchisés, et à présenter sa propre parole comme faisant par elle même autorité). Il est donc insuffisant d'exiger pour le présupposé une simple acceptabilité, la présomption qu'il sera toléré par l'auditeur. Car cette présomption est requise en fait (sauf dans le cas du discours autoritaire) pour toutes les informations présentées sous forme catégorique.

Résumons cette première objection. Si l'on veut décrire le phéno-

* « A Reply to Mr Sellars », *Philosophical Review*, 1954.

mène de la présupposition dans le cadre des conditions d'emploi des énoncés, on a le plus grand mal à préciser quelle est la condition exigée. Ce n'est pas la vérité des présupposés; ce doit être plutôt une certaine attitude des interlocuteurs à leur égard. Mais on n'arrive pas à définir cette attitude. De sorte que l'on découvre beaucoup d'obscurités dans cette notion de condition d'emploi, qui, à première vue, se recommande pourtant par sa simplicité, et dont on attend souvent qu'elle « démystifie », qu'elle « naturalise », pour ainsi dire, le problème, à plaisir obscurci par les philosophes, des présupposés existentiels.

Supposons cependant cette difficulté surmontée, et prenons pour claire la notion de condition d'emploi. Il reste la question générale : peut-on établir un rapport direct entre les présupposés et l'accomplissement des actes de parole? Nous examinerons d'abord les actes autres que l'assertion, en prenant pour exemple, comme Fillmore, l'ordre. Le problème, finalement, se ramène à ceci. L'absurdité qu'il y a à dire à quelqu'un « Fermez la porte » alors qu'on se promène sur la Mer de Glace, cette absurdité tient-elle d'abord à ce qu'on a employé une formule impérative dans une situation où elle ne pouvait pas réellement constituer un ordre? Ou tient-elle à ce qu'on a pris pour accordé quelque chose qui, de toute évidence, ne peut l'être (l'existence de la porte)?

En faveur de la première solution, nous voyons un seul argument possible, c'est que l'action prescrite devient, si le présupposé est faux, impossible à exécuter. Mais il s'agit justement de savoir si un ordre cesse d'être tel, du fait qu'il est inexécutable. Pour le nier, il n'est pas nécessaire de rappeler des souvenirs militaires, ni même de signaler que, si Fillmore avait raison, l'expression *Cet ordre est inexécutable* contiendrait une contradiction interne. Il est plus intéressant de comparer

10. Fermez la porte! et
11. S'il y a une porte, fermez la!

Au cas où il n'y aurait pas de porte dans le lieu dont parle le locuteur, l'énoncé (11) est, lui aussi, strictement inexécutable. Ce qui n'empêche personne de le considérer, même dans ce cas, comme un ordre, et d'en conclure par exemple qu'il implique certains rapports hiérarchiques entre les interlocuteurs. En d'autres termes, on ne peut dire que (11) soit un ordre dans le cas seulement où il y a une porte : c'est un ordre de toute façon, mais son exécution n'est possible que dans certains cas.

Ce qui montre que les conditions d'applicabilité d'un ordre ne constituent pas ses conditions d'existence. Pourquoi en serait-il donc autrement lorsque la condition d'applicabilité (l'existence de la porte) est présupposée, et ne fait pas l'objet — comme c'est le cas dans (11) — d'une simple hypothèse ?

Cette comparaison permet maintenant, d'une façon positive, de proposer une analyse pour l'impératif catégorique *Fermez la porte!* On y verra la coexistence de deux actes (plus exactement, on le décrira par le fait que son énonciation consiste à accomplir deux actes). D'une part un acte de présupposition, dont l'objet est la proposition existentielle « Il y a une porte ». Et d'autre part un acte de commandement, identique à celui de l'énoncé conditionnel (11). Nous attribuerons donc à (10) et à (11) la même valeur « jussive », et, par suite, les mêmes conditions d'applicabilité. S'ils s'opposent, c'est dans la mesure seulement où le premier, et lui seul, contient en outre la présupposition qu'il existe une porte. Quant à son absurdité au cas où ceci serait faux, elle s'explique par une propriété générale des présupposés — dont l'invalidation a toujours un effet polémique très particulier.

Reste à examiner maintenant le cas des énoncés assertifs — en entendant d'ailleurs l'assertion en un sens non strictement logique, en la considérant, d'une façon générale, comme la présentation d'une information, et non pas seulement comme la formulation d'une thèse. Il s'agit pour nous de montrer que la spécificité des éléments présupposés ne tient pas à ce que leur vérité serait nécessaire pour que l'énoncé accomplisse sa fonction informative. L'argument principal qui permet à Collingwood et à Strawson de soutenir le contraire, est fondé sur l'interrogation. Une affirmation *A* ne remplit son rôle que si elle répond à une question. Or la question à laquelle *A* doit répondre n'a elle même de raison d'être que si les présupposés de *A* sont satisfaits. Pour juger cette argumentation, il faut dissocier le fait lui-même sur lequel elle s'appuie, et les conséquences qu'elle en tire.

Le fait, très peu contestable, est que la plupart des énoncés communiquent certaines informations que l'on pourrait tirer aussi bien de la question obtenue en leur préfixant *Est-ce que*. L'existence du roi de France est ainsi manifestée aussi bien par *Est-ce que le roi de France est chauve?* que par *Le roi de France est chauve ;* et de même, la brutalité antérieure du mari apparaît autant dans *A-t-il cessé de battre sa femme?* que dans *Il a cessé de battre sa femme*. Cette résistance à l'interrogation (qui converge avec une résistance à certaines formes de la négation) nous a d'ailleurs servi pour caractériser la notion de présupposition p. 23. Mais peut-on en conclure que les présupposés représentent primitivement des conditions d'emploi de l'énoncé assertif? Pour le faire, il faut admettre deux prémisses supplémentaires : *a*) que toute assertion répond à cette question précise qui est obtenue en lui préfixant *Est-ce que*, *b*) que les présupposés communs à la question et à l'assertion doivent être décrits, dans la question déjà, comme de pures conditions d'emploi.

Nous commencerons par la seconde hypothèse, *b*). Pour la justifier, Strawson fait une sorte de raisonnement par l'absurde *, implicite seulement dans Collingwood. Si on la refuse, il faut admettre, dit-il, que le présupposé est affirmé lorsqu'on emploie l'énoncé interrogatif. Or personne n'admettra qu'une question comporte des affirmations comme éléments constituants. Si donc une question est véritablement une question, ses présupposés ne peuvent être que des conditions d'emploi. — A quoi on peut répondre que ce raisonnement prend pour accordé ce que justement nous voudrions mettre en doute, à savoir que l'emploi d'un énoncé interrogatif revient uniquement à accomplir l'acte de questionner. Certes, questionner et affirmer constituent deux attitudes absolument différentes, mais nous soutenons que l'emploi de certaines formules interrogatives amène à accomplir, outre l'acte de questionner, un autre acte, non pas d'ailleurs exactement celui d'affirmer, mais celui que nous appelons présupposition, et que nous tenterons de mieux caractériser par la suite. Autrement dit, Strawson fait ce que nous avons reproché à Frege. Celui-ci, ayant défini un concept de négation où la négation est totale, prend pour évident qu'elle se manifeste dans les énoncés négatifs de la langue : si donc ceux-ci ont les mêmes présupposés que les affirmatifs correspondants, c'est que ces présupposés ne sont contenus ni dans les uns ni dans les autres. De même Strawson définit un acte de questionner qui serait totale mise en doute, et suppose qu'il se réalise dans les interrogations de la langue. Puis, comme celles-ci ne concernent pas les présupposés, il conclut que les présupposés sont extérieurs aux énoncés interrogatifs. Mais tout le problème est de savoir si une phrase interrogative ne sert pas à faire autre chose que questionner.

L'hypothèse *a*), également nécessaire à Strawson et à Collingwood, peut tout autant être contestée. Elle contient deux propositions : *a1*) que

* A Reply to Mr. Sellars.

toute affirmation est réponse à une question, et *a2*) que cette question est celle obtenue par la préfixation de *Est-ce que*. Admettons un instant *a1*). Même alors, *a2*) est peu défendable. Car il ne fait nul doute que l'affirmation :

12. Il est venu avec son frère.

répond tout autant à la question :

12'. Avec qui est-il venu? qu'à la question :
12". Est-ce qu'il est venu avec son frère?

Or le présupposé existentiel de (12), à savoir « Il a un frère », ne se retrouve que dans la question (12"), et nullement dans (12'). Si donc (12) répond aussi bien à (12'), il faut conclure qu'un énoncé peut parfaitement introduire des présupposés étrangers aux questions qui l'ont suscité.

Il faut maintenant aller plus loin, et mettre en doute — ce qui est beaucoup plus important dans le cadre d'une théorie générale du langage — la proposition *a1*). Généralement bien reçue, l'idée qu'une énonciation assertive doit toujours s'interpréter comme réponse à une question préalable, nous semble relever d'une conception quelque peu angélique de l'activité linguistique. Il y a, à coup sûr, dans notre collectivité linguistique, une loi (signalée p. 9), qui exige, dans de nombreuses situations de discours, que ce qui est dit intéresse l'auditeur, le concerne, l'aide à trouver une réponse à des questions qu'il se pose. Mais, d'une part, cette loi, dont l'application est liée à des situations particulières, n'est peut-être pas assez générale pour entrer dans une définition de l'affirmation. Rien, d'autre part, dans cette loi, n'implique que le contenu affirmé doive constituer *directement*, par lui-même, la réponse désirée. Il peut très bien ne fournir que des indications partielles, d'où le destinataire pourra tirer, en raisonnant sur elles, et en les complétant au besoin par d'autres, le savoir dont il a besoin. Enfin, et surtout, en admettant même que le contenu affirmé soit réponse à une question, rien n'asssure que l'acte total d'énonciation où se réalise l'affirmation ne fasse pas autre chose que d'affirmer. Comme les phrases négatives et interrogatives, nous l'avons vu, peuvent avoir d'autres fonctions que de nier ou d'interroger, il est possible que les phrases affirmatives accomplissent d'autres actes que celui d'affirmer. Si l'on peut présenter l'acte de présupposer comme s'ajoutant à l'acte d'affirmer, rien n'empêche alors que la présupposition n'ait fonction initiatrice, qu'elle serve, non pas seulement à continuer un dialogue ancien, mais à établir le cadre d'un dialogue nouveau.

La thèse Collingwood-Strawson-Austin ne trouve donc finalement qu'un faible secours dans l'argument de l'interrogation. Considérée en elle même, maintenant, elle soulève de grosses difficultés, car elle limite, d'une façon très arbitraire, le phénomène de la présupposition. Si en effet, dans les exemples comme celui du roi de France, où le présupposé est existentiel, on peut à la rigueur considérer que sa fausseté prive l'énoncé d'informativité, et prendre cette propriété comme définissant le phénomène, il y a une multitude de cas où des éléments sémantiques qu'on a tout lieu de reconnaître comme des présupposés, n'ont aucun lien direct avec l'informativité. Supposons qu'on prenne pour critère de la présupposition la résistance à l'interrogation simple (celle obtenue par la préfixation de *Est-ce que*) et à la négation descriptive (cf. p. 37). Il faut alors admettre que

13. Jacques se doute que Marcel viendra présuppose :
13'. Marcel viendra. De même
14. Jacques déteste encore Marcel présuppose :
14'. Jacques a détesté Marcel autrefois.

(N.B. Dans le cas de (14), la négation devrait se former avec *ne ... plus*). De même encore

15. Si Jacques avait actuellement une voiture, il partirait présuppose :
15'. Jacques n'a pas de voiture actuellement.

Dans tous ces exemples, qui peuvent être multipliés, et qui le seront dans les chapitres suivants, la fausseté des présupposés laisse subister des informations tout à fait complètes, à savoir

13". Jacques pense que Marcel viendra.
14". Jacques déteste actuellement Marcel.
15". Dans l'hypothèse où Jacques a une voiture, il va partir.

Contrairement à ce qu'exige la définition de la présupposition comme condition d'emploi, il apparaît nettement qu'un auditeur qui refuserait les présupposés (13'), (14'), (15'), reste encore susceptible de tirer des énoncés une information non-négligeable (les exemples ont même été choisis de façon à ce que (13″), (14″) et (15″) puissent s'enchaîner). A coup sûr, sachant qu'il a été trompé sur les présupposés, il aurait peu tendance à croire le reste, mais il en serait de même si les indications fausses étaient l'objet d'affirmations catégoriques.

Ainsi donc, si on utilise, dans la recherche des présupposés, les critères signalés par Strawson et Collingwood, on ne peut pas les considérer comme des conditions d'informativité. La réciproque est d'ailleurs vraie. D'incontestables conditions d'informativité ne possèdent pas cette résistance à la négation et à l'interrogation qui est une des manifestations les plus spectaculaires de la présupposition. Que l'on considère par exemple :

16. Pierre a acheté un magnétophone à Paris.

Si vous êtes convaincu que Pierre n'a pas acheté de magnétophone, de quoi pourriez-vous être informé lorsqu'on vous dit qu'il en a acheté un à Paris ? Or on vérifie facilement que la négation « Pierre n'a pas acheté de magnétophone à Paris », et l'interrogation « Est-ce que Pierre a acheté un magnétophone à Paris ? » ne maintiennent en rien qu'il a acheté un magnétophone. La négation, par exemple, devrait être paraphrasée ici par « Ou bien Pierre n'a pas acheté de magnétophone, ou bien il l'a acheté ailleurs qu'à Paris ».

On se convaincra encore mieux de l'indépendance entre l'informativité et la vérité des présupposés si l'on compare (16) et

17. Pierre a acheté un magnétophone avec enthousiasme.

La vérité de l'achat est ici condition d'informativité au même titre que pour (16). Or, en ce qui concerne (17), la négation et l'interrogation maintiennent que Pierre a acheté un magnétophone, et portent seulement sur son enthousiasme. Il se trouve en effet qu'en français, les compléments de lieu, cf. « à Paris », ne se comportent pas comme les compléments de manière, cf. « avec enthousiasme », lorsque la phrase est niée ou transformée en interrogation. La confrontation de (16) et de (17) montre donc que le phénomène de la présupposition, si on le définit par rapport à l'interrogation et à la négation, est lié à un conditionnement étroitement grammatical. Cela nous semble une raison supplémentaire pour qu'il ne puisse pas être mis en rapport régulier avec les conditions d'informativité, conditions qui, elles, relèvent de nécessités logiques beaucoup plus difficiles à relier au détail des distinctions syntaxiques.

Il reste à coup sûr possible, par une décision terminologique, de réserver le titre de présupposés aux informations liées de façon nette à l'informativité de l'énoncé, et, parmi ces informations, à celles-là seules qui concernent l'existence d'un objet référé, cf. l'existence du roi, en excluant celles qui ont trait à la réalité du fait principal (cf. l'achat du magnétophone dans (16) et (17)). Mais une telle manœuvre n'aurait guère d'intérêt explicatif. La notion de présupposition qu'on aurait ainsi isolée ne serait plus utilisable ensuite, car on voit mal avec quelles catégories syntaxiques ou sémantiques on pourrait la mettre en rapport. Une démarche inverse nous semble plus fructueuse, qui consisterait à parler de présupposés chaque fois que les transformations négative et interrogative laissent un invariant dans le contenu de l'énoncé, et à chercher ensuite, par induction, un caractère commun à tous les cas de présupposition. Quel que doive être ce caractère général, il est dès maintenant certain qu'il ne pourra pas être défini en termes d'informativité.

Si, après l'avoir critiquée, on cherche une explication à la thèse des principaux philosophes analytiques, on peut y trouver, sous-jacente, une confusion entre l'opposition du présupposé et du posé d'une part, et celle du thème et du propos, de l'autre. Cette dernière, fréquemment utilisée dans la linguistique américaine actuelle (cf. *topic* vs *comment*) a sans doute son origine dans la très vieille distinction, signalée déjà par Platon, entre ce dont on parle et ce qu'on en dit. Mais, alors que la grammaire traditionnelle (par exemple Port-Royal) croit pouvoir utiliser cette distinction pour caractériser le sujet grammatical par rapport au groupe verbal, les néo-grammairiens (notamment H. Paul) * la détachent de la structure syntaxique, pour y voir un fait de parole, ou, comme ils disent, un fait psychologique : elle exprimerait la présence nécessaire, dans tout acte de communication, de deux moments différents, l'un où on mentionne ce dont il est question, l'autre où on apporte, sur cette question, une information nouvelle. D'où les termes de *sujet* et de *prédicat psychologiques*. D'où aussi la reconnaissance de cette structure dans des constructions grammaticales très diverses, par exem-

* *Principien der Sprachgeschichte*, 2e édition, Halle, 1886, chap. 6.

ple dans des proverbes « binomiaux » du type *Point d'argent, point de Suisse*, où le premier terme indique la situation dont on va parler, et le second, l'opinion qu'on a sur elle. D'où, enfin, la possibilité que, dans un énoncé donné, par exemple *Pierre va venir*, le même terme puisse être soit sujet, soit prédicat psychologique (*Pierre* est sujet si la phrase répond à la question *Que fait Pierre?* prédicat, si c'est à la question *Qui va venir?* et que le mot *Pierre* représente l'information nouvelle).

La liaison entre ces notions et le phénomène de présupposition apparaît dans les recherches sur l'analyse du discours entreprises par l'école de Prague. Il s'agit alors de trouver, pour l'opposition du thème et du propos, une définition qui évite le psychologisme de Paul, passé de mode. On essaie d'abord des définitions purement formelles, en recourant par exemple à l'ordre des mots : le thème précéderait nécessairement le propos. Mais il est clair qu'on décrit seulement par là la réalisation de l'opposition dans telle langue ou tel groupe de langues, sans caractériser en elles mêmes les notions utilisées. Cherchant, au contraire, une définition intrinsèque, V. Mathesius propose de définir le thème comme ce qui est déjà connu *(schon gekannt)* par les interlocuteurs, et qui est mentionné sous forme de rappel (il ne nous semble d'ailleurs pas évident qu'une telle définition soit moins « psychologique » que celle de Paul). Tirant les conséquences de cette définition, Mathesius en conclut que certaines phrases peuvent ne pas avoir de thème, par exemple lorsqu'un récit s'ouvre par une série d'indéfinis (« Il y avait autrefois, dans un pays lointain... »). Ou bien l'existence du thème est simplement simulée : on fait comme si l'auditeur savait déjà de quoi on lui parle (c'est le cas lorsque la phrase d'ouverture d'un récit comporte des articles définis, suspendus pour ainsi dire dans le vide, cf. « L'homme s'arrêta et regarda la route »). Ici *L'homme* représente un pseudo-thème, dans la mesure où l'article défini donne comme déjà connu le référent de cette expression, le plaçant fictivement dans l'univers antérieur de l'auditeur *.

A coup sûr, les travaux de Mathesius comportent pas mal d'obscurités. On ne sait jamais notamment si le concept de « thème » désigne des expressions (dans l'exemple précédent, *L'homme*), ou les êtres auxquels elles font référence (la personne désignée par *L'homme*), ou encore les propositions affirmant l'existence de ces êtres (« Il y avait un homme

* Travaux linguistiques de Prague, 1964, p. 267-80.

au lieu et au temps dont il est question dans le récit »). Mais il en ressort cependant un fait important, à savoir que l'existence d'un thème dans un discours entraîne toujours l'existence d'un accord, d'une complicité préalable des interlocuteurs. Nous avons signalé d'autre part que la langue comporte de son côté des mécanismes permettant de présenter certaines propositions comme déjà admises, comme impossibles à remettre en question (nous disons alors qu'elles sont présupposées) : c'est le cas notamment pour les propositions existentielles qui peuvent être présupposées à l'aide d'articles définis. Il est donc naturel que la présentation du thème soit très souvent accompagnée par l'introduction de présupposés. Tel est d'ailleurs généralement le cas dans les exemples envisagés jusqu'ici : la méthode utilisée par Collingwood pour repérer ce qu'il appelle présuppositions, à savoir de chercher à quelle question le locuteur répond ou veut répondre, peut même être considérée comme donnant le meilleur accès au thème, si le thème est ce dont on parle.

N.B. certaines expressions du langage ordinaire suggèrent d'ailleurs ce rapport, cf. *La personne en question*, pour *La personne dont nous parlons.*

Il est donc très explicable que les caractéristiques du thème aient été reportées sur les présupposés. Schématisée, la démarche nous apparaît la suivante : lorsqu'il y a thème, il y a, presque toujours, présupposé. Or le thème est, par définition, ce sur quoi les interlocuteurs doivent s'accorder pour que leurs paroles constituent un échange d'information. Donc la présupposition est, elle aussi, une condition d'informativité.

C'est cette démarche que nous avons voulu, justement, mettre en doute. Certes il y a une affinité du thème pour le présupposé, mais les deux notions restent distinctes et ne s'impliquent même pas l'une l'autre. La plupart des présupposés non-existentiels pris jusqu'ici en exemples (cf. les énoncés (13), (14), (15)) sont ainsi strictement étrangers aux thèmes des phrases où ils apparaissent. Et il en va de même quelquefois pour des présupposés existentiels. (En répondant *Je suis venu avec mon frère* à la question *Avec qui es-tu venu?* on présuppose bien que l'on a un frère, mais il ne saurait passer pour le thème du discours). Réciproquement, mais de façon plus rare, il y a des cas où l'accord impliqué par l'existence d'un thème ne repose pas sur des présupposés, mais plutôt sur une sorte d'expérience commune. Il peut en être ainsi (cf. p. 240) lorsque le thème est introduit par un démonstratif, et, quelquefois aussi, lorsque le thème est une proposition. Voulant montrer que les subordonnées complétives, en français, sont au subjonctif lorsqu'elles expriment le thème de la phrase complète, un continuateur de Paul (E. Lerch) prend des exemples comme :

18. Que Pierre vienne demain, cela me semble impossible.

Le subjonctif de *vienne* tiendrait à ce que la venue éventuelle de Pierre est le thème de l'énoncé. Quelle que soit la valeur de cette description du subjonctif, l'important, pour nous, est que l'énoncé ait un thème, alors qu'il n'a aucun présupposé correspondant. L'accord, la complicité nécessaires pour qu'il y ait thème (la « connaissance préalable » dont parle Mathesius) tiennent seulement à ce que les interlocuteurs ont dû déjà soulever le problème de la venue de Pierre, qu'ils ont une certaine familiarité avec ce problème — sans qu'aucune opinion soit présupposée relativement à lui.

Que cette familiarité soit une condition d'emploi de (18), que, sans elle, l'énoncé apparaisse fort déplacé, on l'admettra volontiers. Plus généralement même, on considérera comme condition d'emploi une certaine familiarité avec le thème (que celui-ci soit un être ou un événement présentés comme réels, ou bien une simple hypothèse). Par suite, lorsque le thème est un être ou un événement présentés comme réels, la vérité des présupposés existentiels attachés à cette présentation peut apparaître aussi comme une condition d'emploi. Mais on n'a pas expliqué par là le phénomène général de la présupposition; on ne saurait lui donner pour trait fondamental un caractère lié simplement à certaines utilisations dont il est susceptible.

Les présupposés comme éléments de contenu

Si les auteurs, relativement récents, qui ont apporté la contribution la plus importante à l'étude de la présupposition, l'ont généralement intégrée à une étude des conditions d'emploi des énoncés, une conception inverse se dégage d'une tradition philosophico-logique beaucoup plus ancienne. La plupart des traités de logique — depuis les *Summulae Logicales* de Pierre d'Espagne (XIIIe siècle) jusqu'à la *Logique* de Kant, en passant par celle de Port-Royal — consacrent un chapitre aux énoncés dits « exponibles ». On appelle « exponible » un énoncé qui, tout en étant grammaticalement simple, comprend en réalité plusieurs jugements différents coordonnés (Port-Royal le définit comme « composé selon le sens »). De sorte qu'il est nécessaire de l' « exposer », c'est-à-dire de faire apparaître les propositions cachées qui, pour le sens, le constituent,

si l'on désire comprendre sa signification et déterminer les raisonnements valides dans lesquels il peut entrer. Sont présentés comme exponibles les énoncés :
exclusifs, comme :

19. Seul Dieu est aimable qui s'analyse en
19′. Dieu est aimable et
19″. Aucun être différent de Dieu n'est aimable.

exceptifs, comme :

20. Tous sauf Pierre sont venus qui s'analyse en
20′. Pierre n'est pas venu et
20″. Toutes les personnes autres que lui sont venues.

comparatifs, comme :

21. Perdre un ami est le plus grand des maux qui s'analyse en
21′. Perdre un ami est un mal et
21″. Aucun autre mal n'est aussi grand.

inceptifs et *désitifs* (c'est-à-dire, qui marquent le début ou la fin d'un état ou d'une action), cf. :

22. Il commence à travailler qui s'analyse en
22′. Il ne travaillait pas et
22″. Il travaille.

Pierre d'Espagne signale aussi les « reduplicatifs », très utilisés dans le langage philosophique, où foisonnent les *en tant que, dans la mesure où,* cf. :

23. Il sait cela en tant que mathématicien qui s'analyse en
23′. Il sait cela et
23″. La cause de son savoir est sa qualité de mathématicien.

Kant considère aussi comme exponibles les énoncés comprenant *peu :*

24. Peu d'hommes sont savants s'analyse en
24′. Quelques hommes sont savants et
24″. Beaucoup d'hommes ne le sont pas.

N.B. Nous dirions plutôt : « Il n'y a pas beaucoup d'hommes qui le soient. »

Bien qu'il n'utilise pas le mot « exponible », Lewis Carroll est dans la tradition classique, lorsqu'il analyse *.

25. Tous les hommes sont mortels en
{ 25'. Certains hommes sont mortels et
{ 25". Aucun homme n'est immortel.

Dans la même liste prend place, tout naturellement, la description russellienne, présentée p. 34, des énoncés comportant un article défini *(Le roi de France est chauve)*.

Pour que toutes ces remarques puissent être réunies en une théorie de la présupposition, deux points devraient être explicités, qui apparaissent de façon seulement fugitive chez les auteurs cités. D'abord il faudrait montrer que ces analyses ne concernent pas le seul logicien, préoccupé d'établir des schémas d'inférence, mais tout autant le linguiste ou le grammairien (Kant dit bien qu'il s'agit là d'analyses grammaticales, mais ce n'est pas son problème d'expliquer pourquoi). D'autre part il faudrait établir une hiérarchie entre les diverses propositions distinguées dans un même énoncé, montrer qu'elles n'ont pas exactement le même statut (cette divergence contribuerait, d'ailleurs, à fonder le caractère linguistique de la distinction). Or nous n'avons pu relever qu'assez peu d'indications sur ce point. Pierre d'Espagne traite de la même façon les diverses propositions qui servent à l' « exposition » d'un énoncé. Il précise même que la négation d'un énoncé *a*, exponible en *a'* et *a"*, devrait être « ou bien non-*a'*, ou bien non-*a"* » — ce qui revient à mettre sur le même plan *a'* et *a"*. Le sentiment d'une différence de statut apparaît à un endroit seulement du *Tractatus Exponibilium* (ligne 105), où il est dit qu'un énoncé réduplicatif comme (23) « praesupponit » la proposition (23') et « denotat » la proposition (23"). Sans cacher notre satisfaction de découvrir ces termes chez Pierre d'Espagne, il faut bien reconnaître qu'ils restent isolés.

Beaucoup plus importante est une remarque de Port-Royal, qui signale que lorsqu'un énoncé exponible est nié, la négation « tombe naturellement » sur un seul des jugements constitutifs. Ainsi la négation d'un énoncé exclusif comme (19), ne concerne d'habitude que l'exclu-

* Cf. *Logique sans peine*, Paris, Hermann, 1966, p. 75.

sion (19″). De même pour les énoncés désitifs. Si je nie que tel juge « ne vende plus la justice », je donne à penser en même temps que « je reconnais qu'il l'a autrefois vendue ». On trouve donc, dans ce texte, mais noté seulement en passant, le critère de négation dont nous avons vu l'utilisation systématique chez Frege, critère qui aurait pu amener à établir une opposition radicale entre les éléments distingués. (Ce n'est d'ailleurs pas dans le chapitre sur les exponibles, mais dans une des études consacrées au syllogisme, que nous avons trouvé l'indication la plus utile pour une théorie de la présupposition, voir ici-même, p. 82).

Pour résumer la situation : l'analyse traditionnelle des exponibles aboutit à mettre en évidence un grand nombre d'éléments sémantiques cachés que nous serions tentés d'appeler des présupposés (c'est le cas pour les éléments (19′), (20′)... etc.). Ces éléments, d'autre part, elle les considère comme des parties intégrantes du sens. Mais elle n'arrive pas, sauf d'une façon épisodique, à leur donner un statut original, à les distinguer systématiquement des autres constituants sémantiques de l'énoncé. Nous avons trouvé en revanche cette distinction systématique dans la philosophie analytique anglaise. Mais le prix payé était d'expulser les présupposés hors de l'énoncé, en les reléguant parmi les conditions d'emploi — conception dont nous avons montré les difficultés. Ce que nous voudrions, quant à nous, c'est concilier la spécificité des présupposés et leur caractère de constituants sémantiques. Et cette conciliation, par contre-coup, amènerait à reconnaître une certaine forme d'implicite marquée dans la langue elle-même.

Dans une communication au Congrès de Sémiotique de Varsovie (1968), une linguiste polonaise, A. Wierzbicka, a présenté une tentative très intéressante pour intégrer les présupposés à l'énoncé tout en les distinguant du contenu proprement affirmé (ou, dans notre vocabulaire, posé). Elle introduit, pour cela, une modalité particulière dont elle affecte, dans la description sémantique, les indications présupposées. Alors que ce qui est posé est offert au destinataire sous le mode du « Je voudrais que vous sachiez... », le présupposé est présenté comme un rappel, sur le mode du » Je pense que vous savez... » Ainsi Wierzbicka analyse :

26. Il s'est réveillé comme
26′. Je pense que vous savez qu'il dormait avant et
26″. Je désire que vous sachiez qu'il ne dort pas en ce moment.

A quoi il a été tout de suite objecté que l'on peut très bien présupposer des connaissances dont on *sait* que l'auditeur ne les a pas (c'est pour étayer cette objection que I. Bellert a imaginé des exemples comme celui de la p. 51). Plus généralement même, toutes les difficultés rencontrées par la philosophie analytique pour préciser ce qui est exactement exigé pour que l'emploi des énoncés soit normal (vérité ou admissibilité des présupposés), toutes ces difficultés se retrouvent dans la thèse de Wierzbicka, lorsqu'il s'agit d'expliciter, noir sur blanc, ce que le locuteur dit au destinataire concernant son attitude vis-à-vis des présupposés.

Mais, dans ce dernier cas, la difficulté nous semble plus facile à cerner et à éliminer. Ce qui reste ambigu, en effet, dans la thèse de Wierzbicka, c'est la modalité dont il faut affecter chacune des deux formules (26′) et (26″). Ainsi, la phrase globale commençant par « Je pense que... », est-ce qu'elle est, elle, posée, ou bien présupposée, ou bien l'objet d'un acte d'affirmer qui ne serait ni position ni présupposition. C'est cette dernière solution que suggère la présentation de Wierzbicka : l'acte d'affirmer semble y avoir pour objet, à la fois et de la même façon, l'annonce qu'on désire informer le destinataire du contenu posé, et l'annonce qu'on le pense déjà informé du présupposé. En d'autres termes, Wierzbicka attribue aux expressions « Je désire vous faire savoir », et « Je pense que vous savez », le même statut que les auteurs de logiques modales donnent aux symboles du possible ou du nécessaire : ils constituent des éléments de l'énoncé (= ils appartiennent au langage-objet), et sont donc tout à fait différents du symbole de l'affirmation (le « ⊢ » de Frege), qui, lui, appartient au métalangage. D'où la nécessité, pour Wierzbicka, de dire qu'en présupposant un certain contenu, on affirme que l'on prête au destinataire une certaine attitude vis-à-vis de ce contenu. Réapparaissent alors toutes les difficultés qu'a rencontrées la philosophie analytique pour définir cette attitude.

Une rapide réflexion sur l'insuffisance des logiques modales pour la description de la langue pourra donc aider à mieux saisir le problème de la présupposition. Que l'on compare les deux énoncés :

27. La venue de Pierre est possible.
28. Peut-être Pierre va-t-il venir.

Une logique modale leur donnerait même description (« ◇ Pierre vient »), et représenterait l'énonciation de l'un ou de l'autre comme affirmant la possibilité de la venue de Pierre. Or il est important, pour un linguiste, de noter que les deux énonciations correspondent en général à des actes de parole différents *. Dans le cas de (27), il y a effectivement affirmation d'une possibilité. Dans le cas de (28), en revanche, le locuteur prend une certaine attitude, qui n'est ni affirmation ni refus, vis-à-vis de l'événement envisagé. Autrement dit, la possibilité est affirmée par (27), et jouée par (28). (La différence entre (27) et (28) nous semble ainsi analogue à celle signalée, p. 18, entre *Je suis triste* et *Hélas !* On remarquera d'ailleurs que les phrases comportant *Peut-être*, comme celles comportant *Hélas !* peuvent difficilement être niées.)

De même qu'une logique modale place la possibilité dans le contenu, et en fait un objet d'affirmation, la théorie de Wierzbicka aboutit à placer la présupposition (au sens actif du terme, c'est-à-dire le fait de présupposer) à l'intérieur de l'énoncé, à faire de la présupposition elle-même un élément du contenu, et non pas une attitude vis-à-vis du contenu. En ce sens, elle est strictement opposée à la thèse de Strawson, pour qui le présupposé lui-même ne fait pas partie du contenu. Ce que nous proposerons, en revanche, ce sera de décrire la présupposition, non pas comme une modalité (au sens technique des logiciens), mais comme un acte de parole particulier, au même titre que l'affirmation, l'interrogation ou l'ordre. De même qu'affirmer, ce n'est pas dire que l'on veut faire savoir, mais faire savoir, accomplir l'acte d'informer, tenir le rôle de celui qui informe, de même présupposer, ce n'est pas dire que l'auditeur sait, ou que l'on pense qu'il sait ou devrait savoir, mais placer le dialogue dans l'hypothèse où il saurait déjà, tenir le rôle de quelqu'un dont l'auditeur sait que... Notre espoir est donc que la spécificité du présupposé par rapport au posé, difficile à décrire aussi bien en termes de conditions d'emploi que de modalités affirmées, se laissera mieux caractériser en termes d'attitude linguistique, de jeu de parole.

* Sur cette distinction de la modalité intérieure au contenu et de la modalité comme attitude vis-à-vis du contenu, on peut consulter l'article » Temps et modalité dans la langue » du *Dictionnaire Encyclopédique des sciences du Langage* (Ducrot, Todorov), Le Seuil, 1972.

3. *La notion de présupposition : l'acte de présupposer*

LE BUT du présent chapitre est de décrire la présupposition comme un acte de parole particulier — ce qui revient à utiliser la théorie générale des actes de parole élaborée par les philosophes d'Oxford, contre leur conception, à nos yeux trop restrictive, de la présupposition.

Il est donc nécessaire de rappeler cette théorie générale — en lui imposant d'ailleurs une certaine réinterprétation. Son point de départ — personne ne le conteste — est la découverte par Austin des énoncés performatifs. Un énoncé est dit performatif s'il satisfait à la fois à deux conditions : 1. interprété littéralement, il décrit une action présente de son locuteur, 2. son énonciation a pour fonction spécifique d'accomplir cette action. Ainsi, en disant *Je vous promets de venir*, je signale d'une part que je suis en train d'accomplir l'acte de promettre (tout verbe d'action, employé à la première personne du présent de l'indicatif, signale de même une activité de celui qui parle : en disant *Je me promène*, j'annonce qu'au moment où je parle, je suis en train de me promener). Mais d'autre part, en même temps que je signale ma promesse, je l'effectue, je promets : je fais ce que je dis faire — par le simple fait que je dis le faire. Enfin on remarquera que l'accomplissement de l'acte de promettre est, pour l'expression *Je promets*, une fonction *spécifique*, et non une conséquence accidentelle. C'est ce qui permet d'opposer *Je promets* à *J'écris* ou *Je parle*, que l'on ne considère pas comme performatifs. Bien sûr, en écrivant que j'écris, ou en disant que je parle, je fais aussi ce que j'annonce faire, mais, sauf dans des situations quelque peu pathologiques, la fonction de ces phrases n'est pas de permettre la parole ou l'écriture; et, de toute façon, même si elles reçoivent cette fonction, ce n'est pas en vertu de leur nature particulière — de sorte qu'elles pourraient être remplacées, dans ce rôle, par n'importe quel autre énoncé oral ou écrit.

La confrontation de *Je promets* avec *Je parle* ne tient pas seulement à un souci de minutie, à cette espèce de perfectionisme qui amène les philosophes d'Oxford, comme Socrate, à envisager tous les contre-exemples, aussi artificiels soient-ils, qui pourraient menacer leurs définitions. Elle permet surtout de mieux faire apparaître l'originalité des performatifs, et leur importance pour une réflexion sur le langage. Leur existence prouve en effet, lorsqu'ils sont soigneusement définis, qu'il y a des expressions, dans la langue, qui ont pour trait *spécifique* que leur énonciation vise à accomplir tel ou tel acte particulier. Il y a donc des éléments de la langue qui semblent avoir une relation privilégiée (il faudra définir laquelle) avec des formes bien déterminées d'action. Ce qui suggère déjà qu'il faut atténuer l'opposition saussurienne entre une linguistique de la langue, déterminant le rapport, intérieur au signe, du son et du sens, et une linguistique de la parole, étudiant l'usage que les sujets parlants font des signes.

Arrivé à ce point, où conduit nécessairement la considération des performatifs, on se trouve devant une alternative. Tout en reconnaissant le lien très fort existant entre l'expression performative et l'acte accompli lorsqu'on l'emploie, on peut estimer cependant que cet acte est la simple conséquence de la signification particulière de ces expressions. On peut donc proposer pour elles une description sémantique qui ne se réfère pas à leur utilisation — à charge cependant qu'elle permette de comprendre cette utilisation. Mais on peut, à l'opposé, penser que leur valeur d'action est constitutive de leur sens, et que leur description sémantique doit indiquer, dès le départ, quel(s) acte(s) on effectue lorsqu'on les emploie.

C'est la première solution que semble préférer Benveniste — qui, sans utiliser le terme « performatif », avait présenté la notion, indépendamment de Austin, dès 1958 *. Selon lui, en effet, l'existence d'énoncés à valeur performative n'est qu'une manifestation parmi d'autres du phénomène plus général qu'il décrit comme la présence de la « subjectivité » dans le langage. Dire que la subjectivité est inhérente au langage, c'est dire que certaines expressions ne désignent leur référent que 1. *par rapport à*, et surtout 2. *à l'intérieur de* l'instance de discours où elles sont

* Cf. *Problèmes de linguistique générale*, chap. 21.

employées. C'est le cas pour les pronoms marquant la première et la deuxième personne, c'est le cas aussi pour le temps « présent ». Dans la mesure où ces morphèmes constituent, selon l'expression de Jakobson, des « shifters », on ne peut déterminer leur référent que *par rapport* à la situation de discours : *je*, prononcé par Paul et par Pierre, désigne des personnes différentes. Mais il y a plus (et c'est l'apport propre de Benveniste que d'avoir insisté sur ce point). Leur référent n'est caractérisé que comme un élément de la situation de discours, il est non seulement repéré grâce à elle, mais il est défini *à l'intérieur* d'elle : *je*, c'est celui qui est en train de dire *je*, c'est, dit Benveniste, celui qui « s'énonce *je* »; et de même, le temps présent, c'est le temps de celui qui parle, en tant qu'il est en train de parler.

Ce sont, selon Benveniste, ces propriétés « sui-référentielles » du *je* et du présent qui sont responsables du caractère performatif de *Je promets*, caractère que ne possèdent ni *il promet*, ni *je promettais*, ni à plus forte raison *il promettait*. Seule la subjectivité du discours peut rendre possible une telle identification entre l'énonciation *je promets* et l'acte de promettre. Benveniste n'indique malheureusement pas de façon détaillée comment la subjectivité produit la performativité, et il faut donc conjecturer les chaînons intermédiaires. Nous ne pensons pas trahir sa pensée en imaginant la transition suivante.

Première étape. Par le fait de sa subjectivité, l'énoncé *je promets* doit être compris comme un commentaire sur sa propre énonciation, sur l'instance de discours que constitue son emploi. Dire *Je promets*, c'est donc dire : « la parole que j'accomplis en ce moment (= celle qui consiste à dire *je promets*) est une promesse, ou encore, « ce que je fais en disant *je promets*, c'est promettre » (de même l'amateur de paradoxes qui dit *je mens* dénonce cette parole comme mensonge). *Deuxième étape*. Supposons que *promettre de* se définisse, dans le lexique, comme « accomplir un acte de parole dont la seule fonction est de vous rendre obligé de... ». Il résulte alors de ce qui précède qu'en disant *Je promets de...*, je déclare que la seule fonction de ma parole présente est de m'obliger; je la présente comme n'étant rien d'autre qu'une source d'obligation. D'où cette *troisième étape :* se présentant comme destinée uniquement à me créer une obligation, ma parole doit être, et être uniquement, une source d'obligation. Elle doit donc accomplir effectivement l'acte de promesse, tel qu'il vient d'être défini; elle doit être une promesse.

Dès la première étape, dans cette dérivation que nous prêtons à

Benveniste, des problèmes délicats apparaissent. Peut-on prendre pour accordé, en effet, que l'existence d'un verbe à la première personne du présent rend l'énonciation « sui-référentielle »? Tout dépend du sens donné à cette dernière expression. Si elle signifie seulement que l'énonciation se réfère à des éléments de la situation de discours, il est incontestable qu'une énonciation à la première personne du présent est sui-référentielle. Mais Benveniste dit plus, lorsqu'il présente *je promets* comme sui-référentiel. Il veut dire que cette phrase, à chacune de ses occurrences, se réfère à son énonciation (prise globalement), qu'elle a pour objet l'événement constitué par son énonciation, bref, qu'elle se commente elle-même. Or le caractère sui-référentiel, pris en ce sens fort, n'est nullement impliqué par la première personne du présent. Pour interpréter *Je mens* de cette façon, il faut la mauvaise foi linguistique propre aux logiciens en quête de paradoxes. L'interprétation naturelle serait plutôt « Je suis menteur », proposition générale qui n'est plus sui-référentielle. Ne le sont pas davantage des phrases comme *Je te réconforte*, *Je te méprise*, *Je t'estime*, *Je me moque de toi*. Et tout le problème est de savoir pourquoi, en revanche, *Je contre* ou *Je passe* (dits dans une partie de bridge), *Je te félicite*, *Je te blâme* et (peut-être) *Je te plains* se trouvent être sui-référentiels.

Benveniste a d'ailleurs clairement conscience de la difficulté, car il précise que le verbe principal, dans les phrases performatives, appartient toujours à une classe lexicale particulière : il faut qu'il dénote, par son sens, « un acte individuel de portée sociale », ou encore, que « les actes dénotés par ces verbes soient regardés comme contraignants ». Que la pression de l'institution sociale soit nécessaire pour produire le phénomène du performatif, nous ne le nions pas, et nous insisterons même sur ce point. Mais ce n'est pas, selon nous, dans le type d'action indiquée par le verbe que se marque l'insertion sociale. Car la moquerie et le mépris ont autant de « portée sociale » que le défi ou le blâme. Là où la société intervient, c'est pour attribuer à la formule *Je te défie* un pouvoir particulier, pour donner à son emploi cet effet que le destinataire « perd la face » (ou, simplement, doit s'avouer inférieur) s'il n'est pas capable d'accomplir l'action en question, avec la contrepartie que le locuteur doit le reconnaître pour son égal s'il en est capable. Et de même pour *Je te blâme*, formule qui possède son efficacité propre, au moins dans son emploi officiel, lorsqu'elle est dite par un supérieur à un inférieur : l'inférieur est alors marqué d'une certaine qualification qui, désormais, fait partie de sa personnalité juridique. Il se trouve en revanche que *Je me moque de toi*, ou *Je t'estime* ne sont pas, dans notre société, cataloguées parmi les formules efficaces, dont l'énonciation modifie d'emblée la situation respective des interlocuteurs.

Nous sommes donc amenés à renverser le schéma proposé par Bensiste. Le phénomène de la « sui-référence » (pris au sens fort où il signifie qu'une énonciation traite d'elle-même) nous semble si exceptionnel qu'il demande lui-même explication. Or, si on se sert de lui pour rendre compte de la performativité, on le laisse définitivement mystérieux. C'est donc la démarche inverse que nous proposons. Prendre pour fait premier et irréductible que certains énoncés sont socialement consacrés à l'accomplissement de certaines actions, et expliquer par là qu'ils soient interprétés comme sui-référentiels lorsqu'ils comportent des morphèmes subjectifs. Nous devons donc accepter cette conséquence — et cela ne nous semble pas contraire à l'intuition — que la formule *Je te réconforte*, si, institutionnellement, elle était considérée comme constituant un réconfort, comme apportant au destinataire le soutien du locuteur, que cette formule serait interprétée alors de façon sui-référentielle, et satisferait par suite à la définition du performatif. De même pour *Je t'estime*, si une convention sociale voulait qu'en prononçant ces mots, on accroisse *ipso facto* le prestige social du destinataire.

La mise en forme de cette proposition, seulement esquissée ici, exigerait au moins les deux démarches suivantes. D'abord il faudrait décrire d'une façon très particulière (et que beaucoup jugeront paradoxale) les verbes intervenant dans les énoncés performatifs (*promettre*, *ordonner*, *féliciter*, *blâmer*... etc.). On serait amené à considérer comme premier et fondamental leur emploi dans les formules performatives *(je promets, je te félicite...)*. Et il faudrait tenir le verbe lui-même *(promettre, féliciter...)*, pris dans la généralité de ses emplois possibles à toutes les personnes et à tous les temps, comme dérivé par rapport à son emploi à la première personne du présent. On pourrait, pour ce faire, utiliser la notion de « délocutif » mise au point par Benveniste (*Problèmes*, chap. 23) : un verbe *a* est délocutif s'il est dérivé d'une expression *a'*, et qu'il signifie « accomplir l'action que l'on accomplit en prononçant *a'* », cf. *saluer* (= « dire : *Salut* »), *remercier* (= « dire : *Merci* »), bisser (= « dire : *Bis* »)... etc. De la même façon, nous définirions *promettre* comme « faire l'action que l'on effectue en disant *Je promets* », *contrer*, comme « faire l'action que l'on effectue en disant *Je contre* ».

N.B. La grande difficulté de cette démarche consisterait à définir une notion de dérivation qui soit purement synchronique, et qui n'implique pas qu'à une certaine période une langue ait possédé *Je promets* sans avoir le verbe *promettre*. Si, en effet, cette préexistence de la première personne du présent est facilement acceptable dans le cas de l'expression *Je contre*, qui précède sans doute, dans le langage technique du bridge, le verbe *contrer*, on imagine mal, en général, que des verbes aient pu être créés pour n'être utilisés qu'à une seule personne d'un seul temps. La notion de délocutif, chez Benveniste, échappe à cette difficulté, car elle peut être présentée comme diachronique : dans la mesure en effet où les expressions originales, *bis*, *salut*, *merci*, n'entrent pas dans une catégorie syntaxique précise, leur existence à l'état isolé ne pose pas de problème; on conçoit mal en revanche que l'expression *Je promets*, syntaxiquement caractérisée comme la jonction d'un sujet et d'un verbe, ait pu préexister au verbe *promettre*.

Si l'on admet cette première démarche, on ne rencontrera plus de grosses difficultés dans la seconde, destinée à expliquer que *Je promets*, *Je contre* soient interprétés comme sui-référentiels. Une fois admis en effet que promettre, c'est faire l'action accomplie en disant *Je promets*, il va de soi désormais que cet énoncé est performatif, c'est-à-dire que l'on promet en disant *Je promets*. D'où l'on dérive facilement son caractère sui-référentiel. Étant à la première personne du présent, l'énoncé *Je promets* doit signifier en effet que le locuteur accomplit, au moment où il parle, l'acte de promettre. Comme il se trouve d'autre part, en vertu d'une institution sociale, qu'en utilisant cet énoncé, on accomplit effectivement cet acte, il devient naturel que la parole prononcée soit interprétée comme parlant d'elle-même. Résumons le schéma proposé (où la succession des étapes ne doit pas être entendue chronologiquement) :

1. Certains énoncés à la première personne du présent ont le pouvoir de servir à accomplir certaines actions.

2. Ces actions sont nommées d'après le verbe utilisé dans les énoncés en question.

3. Ces énoncés dénotent donc que le locuteur accomplit une certaine action au moment où il parle — action qu'il se trouve d'autre part accomplir effectivement en les prononçant. Par suite ils sont compris comme se référant à eux-mêmes.

Si l'on admet notre critique de Benveniste, et les grandes lignes de la conception proposée en alternative, on doit tenir l'existence de performatifs pour l'indice d'un phénomène plus général : elle nous amène en effet à isoler toute une classe d'actions qui ont en commun cette propriété d'être accomplies, d'une façon conventionnelle et institutionalisée, par l'emploi de mots : actions de promettre, féliciter, ordonner, interroger, contrer... etc. (appartiennent aussi à cette classe les actions qui interviennent dans les délocutifs, tels que Benveniste les a définis). Seuls peuvent entrer dans un énoncé performatif les verbes qui désignent des actions de cette classe — de sorte qu'il faut, pour comprendre le phénomène de la performativité, étudier le phénomène général de l'action accomplie par la parole. C'est la raison pour laquelle Austin — peu après avoir explicité la notion de performatif — a été amené à la dissoudre lui-même dans une théorie, beaucoup plus vaste, des actes de langage.

Essayons donc de définir quel type d'action un verbe doit désigner pour qu'on le rencontre comme thème d'un performatif. Il ne suffit pas de répondre « une action accomplie par la parole », car il est clair que toute parole est en elle-même une action, et, d'autre part, que toute action peut s'accomplir par l'intermédiaire d'une parole. Nous allons donc, en suivant Austin, classer les différents types d'actes linguistiques, et chercher un point commun à ceux qui correspondent à des performatifs.

Le fait même de parler exige toute une activité psycho-physiologique (évoquer et combiner des idées, leur trouver des correspondants lexicaux et grammaticaux, faire le travail d'écriture ou de prononciation nécessaire). Toute cette activité, que Austin appelle « locutoire », n'a à coup sûr aucun rapport avec les performatifs. Certes, lorsqu'on dit *Je fais une phrase*, on se trouve effectivement faire une phrase, mais ce n'est pas, nous l'avons noté, la fonction *spécifique* de l'énonciation en question.

Autre niveau d'activité linguistique : les actes dont la parole est l'instrument. On parle à quelqu'un *pour* le consoler, l'amuser, le flatter, se faire admirer, craindre, aimer de lui... etc. Cette stratégie, dont la parole est le moyen tactique, Austin l'appelle « perlocutoire ». Ce n'est pas elle, non plus, qui peut fournir le thème des performatifs. Affirmer en effet que l'énoncé *Je fais l'action A* est performatif, c'est affirmer notamment qu'il est sui-référentiel (au sens fort). Et ceci n'est concevable, nous l'avons vu, que si son énonciation suffit, par elle-même, à accomplir A : A ne doit donc pas être une conséquence indirecte — perlocutoire — de l'énonciation. Pour que l'énoncé *Je fais A* soit performatif, il faut ainsi qu'il y ait au moins une parole (à savoir *Je fais A*) qui constitue directement l'accomplissement de A, et il faut par suite que cette action, relativement à cette parole au moins, ne soit pas perlocutoire. A coup sûr, lorsqu'on dit *Je promets*, on peut viser une multitude de résultats perlocutoires (rassurer, inquiéter, montrer sa bonne volonté...). Et de même, en disant, lors d'une partie de bridge, *Je contre*, on peut viser cet effet perlocutoire d'impressionner l'adversaire en faisant monter l'enjeu de la partie. Mais ces actes perlocutoires se réalisent seulement comme conséquences d'actes accomplis primitivement par la parole — comme conséquences du fait que l'on a promis ou que l'on a contré.

Le type d'activité linguistique qui donne naissance aux performatifs ne doit donc être, par rapport à la parole, ni une condition de possibilité (car on n'atteindrait alors que le locutoire), ni un effet second (qui serait d'ordre perlocutoire). Pour exprimer son rapport intime avec l'acte de parole, Austin appelle cette action « illocutoire », et la définit comme ce que l'on fait *en* parlant, ce que l'on fait par le fait même que l'on parle. Promettre, ordonner, questionner, féliciter, contrer, sont des actes illocutoires. Mais, une fois dégagé ce type d'activité, responsable des performatifs, il apparaît beaucoup plus général que ceux-ci. Car on peut promettre sans dire *Je promets*, et en recourant à une simple intonation, ordonner ou demander sans dire *J'ordonne* ou *Je demande*, et en utilisant des morphèmes (l'impératif, l'interrogation) destinés à cet effet. L'étude des performatifs introduit donc à une étude plus vaste, qui aurait pour objet l'activité illocutoire, l'ensemble des actes qui s'accomplissent, immédiatement et spécifiquement, par l'exercice de la parole. C'est parmi ces actes que nous allons essayer de situer la présupposition. [On voit déjà une des raisons qui ont motivé la longue discussion qui précède : l'absence d'un énoncé performatif *Je présuppose que...* nous rendait nécessaire de faire apparaître le performatif comme un simple cas particulier — particulièrement spectaculaire d'ailleurs — de l'illocutoire.]

Si la différence entre illocutoire et perlocutoire est assez facile à sentir, et si on peut trouver, pour l'illustrer, des exemples assez frappants, sa définition rigoureuse pose des problèmes très délicats. On a souvent reproché à Austin de se contenter finalement de critères d'ordre impressioniste, voire littéraire (cf. l'opposition entre ce que l'on fait *en parlant* et *en se servant de la parole*). Aussi différentes tentatives ont-elles été faites pour expliciter davantage les critères, tentatives dues notamment à Strawson et à Searle *. En nous inspirant, librement, de ces recherches, nous présenterons l'interprétation suivante — pour laquelle nous devons poser d'abord quelques définitions générales dont l'application déborde largement le domaine linguistique.

Nous appellerons *action* toute activité d'un sujet lorsqu'on la caractérise d'après les modifications qu'elle apporte, ou veut apporter, dans le monde (y compris les modifications apportées à la situation, physique ou sociale, du sujet agissant) : le même ensemble de mouvements peut ainsi être décrit comme activité pure ou comme action selon qu'on le considère en lui-même, ou comme modifiant le rapport au monde de celui qui l'accomplit.

On parlera d'*action juridique* lorsque l'activité est caractérisée par une transformation des rapports légaux existants entres les individus concernés. On envisage, par exemple, une activité sous la forme d'une action juridique, lorsqu'on la décrit comme criminelle ou méritoire, comme un acte d'autorité ou comme une reconnaissance d'obligation.

L'*acte juridique* peut se définir maintenant comme cas particulier de l'action juridique. Cette nouvelle notion s'applique lorsque l'on considère la transformation des rapports légaux comme l'effet premier de l'activité, et non comme une conséquence d'un effet logiquement ou chronologiquement antérieur. Qualifier une action de crime (vol, abus de confiance, chantage... etc.), ce n'est donc pas, au sens que nous donnons à ce terme, la présenter comme un acte, puisque la situation juridique de culpabilité, qui définit le crime, est censée découler de telles ou telles autres conséquences de l'activité décrite : telle activité est considérée comme punissable parce qu'elle nuit à autrui, à l'ordre, à la société... etc. L'énoncé d'une sentence par un magistrat peut au contraire facilement être considéré comme un acte juridique, puisqu'aucun effet ne vient s'intercaler entre la parole du magistrat et la transformation de l'accusé en condamné — puisque c'est la parole qui condamne. De même pour le coup de marteau du commissaire-priseur, dans une vente aux enchères, si on considère qu'il constitue immédiatement le contrat de vente, qu'il oblige la dernière personne qui a enchéri à payer le prix annoncé, et le vendeur, à accepter ce prix.

* Voir notamment J. R. Searle, *Les actes de langage*, traduction française Hermann, 1972, chap. 2.

L'étude de Mauss sur le don * nous fournira un dernier exemple. Traduite dans notre terminologie, elle revient en effet à présenter le don comme un acte juridique. Le prototype du don, selon Mauss, c'est l'institution du potlatch, telle qu'elle fonctionne dans certaines sociétés amérindiennes. Or la fonction première du potlatch, cette réception fastueuse qu'une tribu offre à une autre tribu, est de créer, pour la tribu invitée, l'obligation de rendre l'invitation. « L'obligation de rendre est tout le potlatch. » Mauss veut dire par là qu'il n'y a pas d'intermédiaire entre l'invitation et la création d'un devoir pour les invités : il serait donc absurde d'appliquer au potlatch la représentation du don qu'ont élaborée les sociétés « policées », et qui se schématise comme une succession de phases distinctes : **X** fait un cadeau à **Y** — **X** fait (veut faire) plaisir à **Y** — **Y** doit éprouver de la gratitude — **Y** doit faire plaisir à **X** — **Y** doit faire un cadeau à **X**. Bien loin de pouvoir être considéré comme un bienfait qui se trouverait, par ailleurs, en vertu d'une loi générale de gratitude, l'origine d'une obligation, le potlatch est d'emblée, selon Mauss, l'acte cérémoniel par lequel une obligation est créée. Le propre de cette institution — et la finalité profonde du don — serait ainsi de donner aux individus la possibilité (exorbitante selon les normes d'une pensée libérale) de s'imposer les uns aux autres des devoirs. Dans la description de Mauss, l'organisation d'un potlatch est donc un acte intrinsèquement juridique, au même titre que le coup de marteau du commissaire-priseur ou la parole du juge : elle a pour effet immédiat de transformer le bilan de droits et de devoirs existant dans la société.

Pour définir maintenant l'illocutoire, il suffit d'appliquer la définition précédente à l'activité linguistique. L'acte illocutoire apparaît alors comme un cas particulier d'acte juridique, comme un acte juridique accompli par la parole. Nous en avons déjà vu un exemple, l'énoncé d'une sentence par un juge, c'est-à-dire par quelqu'un dont la parole donne efficacité à cette sentence (même si la sentence n'est pas immédiatement exécutoire, elle suffit pour transformer, provisoirement au moins, la situation juridique de l'accusé). Mais les exemples abondent aussi dans la conversation quotidienne. Une promesse ne peut, selon nous, être décrite que comme un acte illocutoire, dans la mesure où elle crée une obligation pour son auteur, et que cette obligation

* « Essai sur le don », *L'année sociologique*, 1923-4, p. 30-186.

découle directement de la parole prononcée, et non d'un effet préalable. Il en est de même pour tout ordre et pour toute question (nous retrouvons ici nos analyses de la p. 3). En donnant un ordre à quelqu'un, je le mets dans une situation juridique nouvelle — la juridiction en question étant ici une déontologie propre à l'acte linguistique. S'il fait ce que j'ai ordonné, son action recevra la qualification d'obéissance, et s'il ne le fait pas, il devra être considéré comme ayant désobéi. Avant mon ordre, il se trouvait, vis-à-vis de l'acte en question, dans l'alternative de faire ou de ne pas faire, alternative que ma parole a transformée en une alternative nouvelle « obéissance — désobéissance ». Or cette transformation ne peut pas se déduire d'un effet antérieur de ma parole, et ne peut pas notamment se déduire du fait que j'ai informé mon interlocuteur de mon désir — car la création de l'alternative obéissance-désobéissance constitue justement le trait spécifique propre à l'ordre, et qui permet de le distinguer de la simple expression du désir (il est d'ailleurs possible d'ordonner tout en laissant entendre qu'on ne désire pas être obéi).

Nous avons proposé une analyse semblable pour l'interrogation. Si elle se distingue de la simple expression d'une incertitude, c'est qu'elle constitue, avant toute chose, un acte juridique : elle met l'interlocuteur devant le choix ou de répondre, fût-ce par un aveu d'ignorance, ou de commettre un acte estampillé comme impoli. La convention qui taxe d'impolitesse le fait de ne pas répondre, appartient ainsi à la définition même de la question. Sans elle il n'y aurait pas de question, comme il n'y aurait pas de promesse si l'on n'avait pas l'obligation de tenir ses promesses, pas de « contre » au bridge, si, en disant « Je contre », on ne doublait pas l'enjeu. (C'est ce que Searle exprime en disant que la règle, ici, est « constitutive ».)

Un dernier maillon, dans cette chaîne de définitions. On dira qu'une expression de la langue (phrase, construction, morphème, éventuellement intonation) a *valeur illocutoire*, lorsque son utilisation entraîne régulièrement l'accomplissement d'un acte illocutoire d'un type bien défini. Il en est ainsi, d'après ce qui précède, des phrases performatives, du mode « impératif », des différents tours marquant l'interrogation, de l'intonation spéciale qui transforme en promesse un énoncé à l'indicatif (il faudrait mettre dans la même catégorie le mode « indicatif », si on peut dire qu'il marque l'affirmation et que celle-ci constitue, comme le veut Austin, un acte illocutoire). La transformation juridique qui définit l'acte illocutoire doit être, avons nous vu, un effet premier, non dérivable, de l'énonciation. Il faut donc que la valeur illocutoire de l'expression (c'est-à-dire le type d'acte illocutoire dont elle permet l'accomplissement) ne puisse pas se dériver d'une « signification » de l'énoncé, signification qui pourrait être formulée indépendamment de cette valeur. C'est pourquoi nous avons insisté sur l'idée qu'il n'y a pas un « sens » de l'énoncé interrogatif, impératif ou promissif qui permettrait d'expliquer que, lorsqu'on l'emploie, on interroge, on ordonne ou on promet : au contraire toute description sémantique d'un tel énoncé doit comporter, comme partie intégrante, l'indication de l'acte juridique accompli en l'employant.

N.B. C'est pourquoi, aussi, il était important de nous démarquer par rapport à la conception de la présupposition présentée par A. Wierzbicka (cf. p. 65). Selon celle-ci, la présupposition est une sorte de modalité, définie en termes représentatifs, modalité d'où l'on dérive ensuite les particularités d'emploi des énoncés à présupposés. Si nous voulons décrire la présupposition comme un acte illocutoire, elle doit avoir au contraire pour fondement certaines règles concernant l'emploi — ce qui, on le notera, ne nous oblige pas non plus à identifier, avec Strawson et Fillmore, les présupposés d'un énoncé et les conditions qui légitiment son utilisation : car les règles d'emploi, telles que nous les avons définies, sont tout autre chose que des conditions d'emploi.

Une fois ces généralités assénées, il reste à faire entrer l'acte de présupposition dans la définition donnée plus haut de l'acte illocutoire — ce qui revient à faire de l'énoncé à présupposés une expression à valeur illocutoire. Nous partirons de l'idée que la plupart des phrases prononcées se donnent comme parties intégrantes d'un discours plus large, comme continuant l'échange de paroles qui les a précédées (elles sont alors réponses, objections, confirmations...), et d'autre part comme appelant un débat ultérieur, comme demandant à être complétées, confirmées, compensées, à servir de base à des déductions... etc. De même que la syntaxe structurale caractérise un morphème par ses combinaisons possibles avec d'autres morphèmes, on peut envisager une analyse structurale du discours qui définirait les énoncés par rapport aux autres énoncés qui peuvent les environner. Simplement, il ne peut pas s'agir de leur environnement réel — car il est patent qu'on rencontre à peu près n'importe quelle phrase précédée ou suivie par n'importe quelle autre. Il est nécessaire de considérer une sorte d'environnement idéal, défini par des règles de discours, par une sorte de déontologie linguistique tacite. C'est cette étude combinatoire du discours qui permet le mieux, selon nous, de caractériser la présupposition.

Le fait sur lequel nous insisterons surtout, est ce que nous appelons « loi d'enchaînement ». Supposons que les présupposés soient répérés à l'aide des critères de la négation et de l'interrogation utilisés plus haut : le présupposé, c'est l'élément sémantique commun à un énoncé *A* et à sa transformation interrogative *Est-ce que A?* ainsi qu'à sa négation *Il est faux que A* (lorsque la négation est de type descriptif et non pas métalinguistique). Les éléments ainsi isolés ont d'autre part cette caractéristique que, lorsque *A* est enchaîné, par une conjonction de coordination ou de subordination (en exceptant *et* et *si*), ou par un lien logique implicite, à un autre énoncé *B*, le lien ainsi établi entre *A* et *B* ne concerne jamais ce qui est présupposé, mais seulement ce qui est posé par *A* et par *B*.

Admettons par exemple que

1. Jean ne prend plus de caviar au petit déjeuner

comporte le présupposé (par abréviation : « pp ») :

1′. pp « Jean prenait autrefois du caviar au petit déjeuner »

et le posé (par abréviation : « p ») :

1″. p « Jean ne prend pas actuellement de caviar au petit déjeuner ».

Si l'on fait suivre (1) de *parce que...*, la proposition introduite par *parce que* sera destinée, et destinée seulement, à expliquer (1″), c'est-à-dire le posé. On aurait ainsi *parce qu'il a peur de grossir, parce qu'il a payé ses impôts...* etc. Supposons de même que l'on veuille tirer la conséquence de (1) en lui adjoignant un énoncé commençant par *donc*. On aurait *donc il va maigrir, donc il va pouvoir payer ses impôts...* Autrement dit, la conclusion de (1) se présentera comme la conclusion du posé (1″) et non pas du présupposé (1′).

N.B. Une démonstration complète, facile, mais fastidieuse, devrait envisager les cas où c'est le second énoncé qui comporte les présupposés, et ceux où les deux en comportent.

La même remarque peut se faire si l'on considère des raisonnements formellement plus structurés. En voici un exemple, tiré de la *Logique* de Port-Royal (III, chap. 9), qui montre que, si Port-Royal n'a pas isolé théoriquement la notion de présupposition, il l'utilise en fait. Soit le raisonnement :

a. Tout bon pasteur est prêt à donner sa vie pour ses brebis.
b. Or il y a peu aujourd'hui de pasteurs prêts à donner leur vie pour leurs brebis.
c. Donc il y a peu aujourd'hui de bons pasteurs.

Ce raisonnement fait problème, car, senti intuitivement comme correct, il ne peut être rapporté à aucune des figures du syllogisme. Il faudrait notamment, pour qu'il soit rattaché à la seconde figure, que (*b*) et (*c*) soient négatives. Port-Royal fait alors observer que (*b*) et (*c*) fonctionnent en fait comme des négatives et que le raisonnement réel prend pour deuxième prémisse et pour conclusion, respectivement :

b'. Or aujourd'hui les pasteurs prêts à donner leur vie pour leurs brebis ne sont pas nombreux.
c'. Donc, aujourd'hui, les bons pasteurs ne sont pas nombreux.

Cette argumentation revient à considérer (*b*) et (*c*) comme des exponibles, à en extraire les éléments négatifs (*b'*) et (*c'*) — que nous qualifierions, pour notre part, de posés —, et à décider que seuls interviennent dans le syllogisme les éléments posés.

Si l'on désire un exemple moins fabriqué, nous avons relevé ce passage, dans l'*Épistémologie génétique* de J. Piaget *. Piaget veut montrer que la non-coordination des actions chez l'enfant entraîne une indifférenciation du sujet et de l'objet, et, d'abord, l'impossibilité pour l'enfant de s'affirmer lui-même comme sujet. Il écrit : « Il s'ensuit [= de la non-coordination] alors un manque de différenciation, car le sujet ne s'affirmera dans la suite qu'en coordonnant librement ses actions ». Pour schématiser ce mouvement de pensée, nous proposons les abréviations :

C : il y a coordination des actions;
D : il y a différenciation du sujet et de l'objet;
S : le sujet s'affirme lui-même.

Nous convenons d'autre part d'écrire « $\sim$ » pour la négation, et « $\rightarrow$ » pour l'implication.

La phrase citée peut alors s'écrire : « $\sim C \rightarrow \sim D$, car on n'a S que

* *Que sais-je ?* Paris, P.U.F., 1970, p. 14.

si C ». Pour décrire la proposition qui suit *car*, et qui comporte l'expression exclusive *ne...que*, portant sur *si C*, nous proposons l'analyse suivante, qui s'accorde avec les analyses déjà données pour d'autres phrases exclusives :

pp : S si C, c'est-à-dire, dans notre notation, C → S;
p : on n'a pas S si on n'a pas C, c'est-à-dire ∼ C → ∼ S.

Or cette formule « ∼ C → ∼ S » — qui traduit le posé de la proposition suivant *car* — fournit, on le remarquera, une preuve de la proposition qui précède *car*, proposition à démontrer : il suffit de faire intervenir cette prémisse supplémentaire, évidente pour Piaget, « ∼ S → ∼ D » (= « s'il n'y a pas affirmation du sujet, il n'y a pas différenciation du sujet et de l'objet »). On voit en même temps que le présupposé de la proposition introduire par *car* ne peut jouer aucun rôle dans la déduction, pour laquelle il est absolument inutile de savoir que « C → S ». Ce qui vérifie la loi générale selon laquelle l'enchaînement des énoncés s'opère au niveau du seul posé, et laisse de côté les présupposés.

Deux objections sont immédiatement possibles. On fera remarquer d'abord que l'énoncé qui nous a servi de premier exemple, à savoir

1. Il ne prend plus de caviar à son petit déjeuner

peut très bien donner l'occasion d'une réplique comme :

2. Donc il en a pris autrefois.

Or (2) doit nécessairement prendre appui sur le présupposé (1′) de (1), dont il constitue la simple explicitation.

A cela on répondra que le type de conclusion illustré par (2) est tout à fait particulier. En ceci d'abord qu'une loi générale « anti-tautologie » condamne comme ridicules, dans notre collectivité linguistique au moins, les inférences où la conclusion se contente de reformuler les prémisses. Or l'inférence donnée en exemple est tautologique (Il suffit de savoir le français pour conclure de *Il ne fait plus* à *Il faisait*). Bien plus, toutes les inférences de ce type (c'est-à-dire fondées sur le seul présupposé) sont tautologiques et ne peuvent jamais avoir pour ressort une liaison empirique, par exemple une relation de cause à effet. Ainsi on conclut difficilement de (1) à *Donc il a dû être riche* (alors que l'on peut très bien conclure, en vertu de la même relation empirique, mais en s'appuyant cette fois sur le posé, *Donc il ne doit pas avoir d'argent*).

Une seconde particularité du contre-exemple allégué explique sans doute la première. L'interlocuteur qui réplique à *Il ne mange plus* par *Donc il mangeait*, accepterait sans doute comme une paraphrase, lourde mais fidèle, de sa réponse, l'énoncé *Si tu dis cela, c'est que tu crois qu'il mangeait*. Or une paraphrase semblable est peu envisageable quand la conclusion est fondée sur le posé (*Donc il va maigrir* ne se laisse guère paraphraser en *Si tu dis cela, c'est que tu penses qu'il va maigrir*). On en conclura que l'inférence fondée sur le présupposé prend pour point de départ, non pas le contenu sémantique de l'énoncé, mais le fait même que l'énoncé ait pu être l'objet d'un acte d'énonciation. De ce point de vue, elle nous semble illustrer le même mouvement argumentatif qui conduirait, à partir de (1), à des conclusions comme *Tu es donc bien renseigné sur son compte*, ou *Tu t'intéresses donc à sa nourriture*. En résumé, nous reconnaissons que les répliques enchaînées à un énoncé peuvent être en rapport avec ses présupposés, mais ce sur quoi se fonde alors la réplique, c'est sur l'acte de présupposition accompli, sur le fait que ceci ou cela ait été présupposé, et non pas sur la vérité des informations présupposées. On peut donc maintenir la règle que le contenu présupposé par les énoncés reste extérieur à leur enchaînement (même si la présupposition est prise en compte).

Deuxième objection, beaucoup plus grave : souvent, dans la conversation quotidienne, certains enchaînements d'énoncés se présentent comme des raisonnements, et pourtant, pour que la proposition qui leur sert de conclusion se laisse déduire des propositions jouant le rôle de prémisses, il est nécessaire de tenir pour vrais, conjointement, les présupposés et les posés de ces dernières. Revenons à notre énoncé

1. Il ne prend plus de caviar à son petit déjeuner.

   Il est assez naturel d'en tirer la conclusion :

3. Il est donc capable de se priver.

Or la conclusion (3) prend en considération aussi bien le présupposé que le posé de (1) : ce qui prouve l'esprit de sacrifice de la personne considérée, ce n'est pas son abstinence actuelle, mais que l'abstinence succède à la consommation. Les exemples analogues sont innombrables. Nous avons ainsi proposé d'analyser

4. Seule Marie est venue

   comme :

4'. pp. « Marie est venue »
4''. p. « Aucune personne différente de Marie n'est venue ».

Imaginons maintenant l'enchaînement :

5. Jean a dû être content puisque seule Marie est venue.

La raison attribuée à la satisfaction de Jean risque de n'être pas la simple absence de personnes autres que Marie, mais, de façon aussi nécessaire, la présence de Marie. Or cette présence, selon nous, n'est que présupposée. Est-il donc possible, devant des faits de ce genre, de maintenir que les présupposés n'interviennent pas dans les enchaînements d'énoncés?

A cette objection on répondra d'abord qu'il y a une dissymétrie indiscutable entre le rôle du posé et celui du présupposé. La preuve en est qu'il y a de nombreux cas (cf. p. 82) où seul le posé intervient, et qu'on n'en voit pas, en revanche, où seul interviendrait le pp. (à moins que l'inférence soit fondée sur l'énonciation comme dans le cas examiné p. 83). Ce fait, qui n'est guère contestable, laisse au moins présumer que, dans les exemples où les deux interviennent, ils n'interviennent pas au même titre. Présomption que renforce, nous semble-t-il, une analyse directe des exemples précédents. Certes, d'un point de vue strictement logique, la conclusion implique, comme conditions également nécessaires, qu'il y ait eu et qu'il n'y ait plus consommation de caviar. Mais, d'un point de vue psychologique (il s'agit, hélas, d'une psychologie purement introspective), ce qui déclenche l'inférence, c'est le fait qu'actuellement la personne considérée ne prenne plus de caviar. Autrement dit, la démarche argumentative nous semble la suivante « Étant donné qu'il en prenait, alors le fait qu'il n'en prenne pas maintenant prouve qu'il sait se priver ». Tout le monde tiendrait en revanche pour moins admissible la paraphrase « Étant donné qu'il n'en prend pas actuellement, le fait qu'il en prenait autrefois prouve que... ». C'est dire que le raisonnement, comme le veut la loi d'enchaînement, va du posé à la conclusion : simplement il se place dans le cadre, absolument nécessaire ici, de ce qui est présupposé.

N.B. Il est possible de représenter formellement la différence entre « conclure du posé et du présupposé » et « conclure du posé, dans le cadre du présupposé », bien que les deux démarches soient logiquement équivalentes. On peut, par exemple, utiliser le mode de présentation des raisonnements mis au point par J. B. Grize, dans la perspective d'une théorie de la déduction naturelle *. Il permet de distinguer en effet les hypothèses d'un raisonnement (ou prémisses) et les hypothèses dans lesquelles se fait un raisonnement. Une inférence où interviennent les pp. pourrait alors se schématiser ainsi :

| pp. Il prenait du caviar (hypothèse dans laquelle on raisonne)
| | p. Il ne prend pas de caviar
| | (hypothèse du raisonnement)
| | Il sait se priver
| | (conclusion du raisonnement)

Cette présentation met en évidence le caractère privilégié du rapport entre le posé et la conclusion; il reste que le présupposé, qui représente l'hypothèse supérieure, joue souvent un rôle nécessaire dans la déduction allant du posé à la conclusion : selon les termes de Grize, le pp. peut être réitéré au cours de la déduction.

Si les pp. des énoncés élémentaires ne sont pas mis en rapport par les liens logiques constituant la chaîne du discours, que deviennent-ils au cours de cet enchaînement? Les exemples donnés jusqu'ici, faciles à multiplier, nous semblent autoriser cette conclusion que les pp. sont dans la majorité des cas simplement reportés de l'énoncé élémentaire à l'énoncé complexe. Soit x un lien logique quelconque; l'énoncé complexe *A* x *B* comprendra au moins les éléments :

{ pp. Ce que pp. *A* et ce que pp. *B*
{ p. Ce que pose *A* x ce que pose *B*.

Considérons ainsi

6. Jean a cessé de boire parce que Marie a cessé de fumer.

Il nous semble contenir, entre autres choses,

{ 6'. pp. « Jean buvait et Marie fumait »
{ 6". p. « Jean ne boit pas parce que Marie ne fume pas ».

(On voit, sur cet exemple, que le lien n'est pas du tout entre les pp. : rien n'assure que Jacques buvait parce que Marie fumait. Il concerne seulement les faits présents posés, mais, d'autre part, il doit se comprendre dans le cadre des faits passés présupposés : le rapport causal indiqué par (6) exige que les états présents puissent être comparés aux

* *Logique Moderne*, Gauthier-Villars, Mouton, Paris, La Haye, 1970.

états passés, et interprétés comme cessations. Le sens est « Si Jacques, qui buvait, ne boit pas maintenant, c'est que... »)

Nous pouvons donc lever une des restrictions apportées à la loi d'enchaînement, et qui concerne la conjonction *et* (la deuxième restriction, concernant *si*, sera traitée dans le chapitre 6). Cette restriction était motivée par le fait suivant : si A et B sont liés par un *et*, le texte résultant de leur assemblage contient à la fois les pp. de *A* et ceux de *B*. D'où l'on est tenté de conclure que le *et*, à la différence de *parce que* ou de *donc*, a le même effet sur les p. et les pp., celui qu'exprime, en gros, l'opérateur logique de conjonction. Le paragraphe qui précède permet de voir qu'il s'agit en fait de deux opérations différentes, même si elles se trouvent avoir le même effet totalisant. Car la totalisation des pp., dans l'énoncé complexe *A et B*, ne tient pas précisément à *et*, mais à une loi générale, valable pour tout enchaînement, alors que la totalisation des p. est spécifiquement due à *et*. Nous pouvons donc admettre que *et*, en tant que conjonction particulière, ne concerne pas les pp.; s'il se trouve amener leur addition, c'est parce qu'il est, au sens le plus général du terme, un enchaînement, et que les présupposés, d'une façon régulière, s'additionnent au fur et à mesure du discours.

Avant d'utiliser la loi précédente pour définir la déontologie fondant l'acte de présupposer, il nous faut la compléter en signalant deux phénomènes de même nature, et qui concernent aussi la fonction de la présupposition dans le discours. Il est admis généralement qu'un discours (monologue ou dialogue) tend à satisfaire aux conditions suivantes :

a) Une condition de progrès. Il est interdit de se répéter : chaque énoncé est censé apporter une information nouvelle, sinon il y a rabâchage.

b) Une condition de cohérence. Nous n'entendons pas seulement par là l'absence de contradiction logique, mais l'obligation, pour tous les énoncés, de se situer dans un cadre intellectuel relativement constant, faute duquel le discours se dissout en coq à l'âne. Il faut donc que certains contenus réapparaissent régulièrement au cours du discours, il faut, en d'autres termes, que le discours manifeste une sorte de redondance *.

La conciliation de ces deux exigences pose le problème d'assurer la

* Cf. la notion d'isotopie, définie par A. J. Greimas. *Sémantique structurale*, Paris, Larousse, 1966, p. 69-98.

redondance nécessaire tout en évitant le rabâchage. Ce problème, la distinction des éléments sémantiques posés et présupposés contribue sans doute à la résoudre. Rappelons que nous avons proposé, p. 22, d'analyser

7. Jean se doute que Marie viendra en
{ 7′. pp. « Marie viendra »
{ 7″. p. « Jean croit que Marie viendra »

(cette analyse s'appuie, de façon convergente, sur les critères de négation et d'interrogation, ainsi que sur la loi d'enchaînement). Que l'on compare maintenant :

8. Marie viendra et Jean s'en doute et
9. Jean croit que Marie viendra, et il s'en doute.

Alors que (8) semble assez normal, (9) donne l'impression d'un certain rabâchage. Si l'on se réfère à l'analyse proposée pour (7), on donnera respectivement à (8) et à (9) les descriptions

8*a* p. « Marie viendra »
et { p. « Jean croit que Marie viendra »
{ pp. « Marie viendra »
9*a* p. « Jean croit que Marie viendra » et { p. « Jean croit que Marie viendra »
{ pp. « Marie viendra »

Il apparaît donc tout de suite, quand on analyse (8) et (9), que, dans chacun de ces « discours », la seconde proposition comporte à la fois des informations déjà présentées par la première et des informations nouvelles. Et cependant, on a le sentiment d'un rabâchage dans le cas, et dans le cas seulement, de (9). Pour expliquer ce fait, il faut noter que, dans (8*a*), ce qui est répété (= « Marie viendra »), l'est sous forme de présupposé, alors que, pour (9*a*), le contenu répété est répété comme posé. Vu la multitude des exemples analogues, il est possible, nous semble-t-il, de hasarder cette règle générale : il est considéré comme normal de répéter un élément sémantique déjà présent dans le discours antérieur — pourvu qu'il soit repris sous forme de présupposé (il peut d'ailleurs être présupposé dès le début). Il semble ainsi que la satisfaction simultanée des deux exigences signalées tout à l'heure soit directement liée à la distinction du posé et du présupposé. La redondance est assurée par la répétition des éléments présupposés. Quant au progrès, c'est au niveau du posé qu'il doit se faire, par la présentation, à chaque énoncé, d'éléments posés inédits.

N.B. Cette remarque corrobore la distinction, suggérée tout à l'heure, entre la totalisation des posés et celle des présupposés quand elles sont obtenues à l'aide de la conjonction *et*. Car l'addition des posés au moyen de *et* a cette caractéristique, dans la langue, d'opérer seulement sur des éléments distincts (en termes mathématiques, c'est une opération qui n'est pas définie sur les couples composés d'un élément et de lui-même) : il est considéré comme absurde de juxtaposer en les reliant par *et*, deux énoncés comportant les mêmes posés *(Il n'est pas mort et il est encore en vie)*. La totalisation des présupposés, en revanche, qu'elle soit obtenue par un *et* ou par tout autre enchaînement, n'est nullement bloquée par l'identité des éléments à totaliser.

Une dernière remarque, qui concernera la fonction de la présupposition — non plus dans le discours en général — mais dans une espèce particulière de discours, le couple question-réponse. Pour reconnaître les pp. d'un énoncé *A*, nous avons souvent utilisé ce critère qu'ils doivent apparaître aussi dans la question *Est-ce que A?*. Par une extension de la notion, nous proposons de considérer les éléments communs comme étant également les présupposés de la question *Est-ce que A?*. Ce qui légitime cette extension, c'est le fait — qu'on peut appeler introspectif ou, si on est indulgent, intuitif — que les éléments considérés semblent avoir le même statut psychologique dans l'énoncé assertif et dans l'interrogation : dans un cas comme dans l'autre, ils sont présents sans faire l'objet d'une véritable affirmation. Une autre extension semble maintenant nécessaire. Car les questions de la catégorie *Est-ce que...?* (c'est-à-dire celles qui admettent les réponses *oui* et *non*) ne sont pas les seules à inclure en elles un certain type d'information. Les questions introduites par *Qui*, *Où*, *Quand* en comportent de façon encore plus évidente (pour le marquer, on les appelle parfois « questions d'ignorance partielle », en appelant les autres — bien à tort, nous l'avons vu — « questions d'ignorance totale »). Nous proposons de tenir également pour des présupposés les croyances véhiculées par ces questions.

10. Où avez-vous mis le corps de votre femme? et
11. Qui vous a fourni l'arme?

ont donc pour pp. respectifs « Vous avez mis quelque part le corps de votre femme » et « Quelqu'un vous a fourni l'arme ».

Comment justifier cette décision terminologique qui groupe sous la rubrique générale de présupposés les connaissances inhérentes aux questions de type *Est-ce que...?* et aux questions de type *Où...?* Un recours direct à l'introspection est, ici encore, possible, mais il se trouve converger avec des remarques moins immédiatement subjectives. Nous avons dit qu'une question du type *Est-ce que...?* n'admet que deux réponses *Oui* et *Non* (en entendant par là que la déontologie linguistique oblige le destinataire à choisir entre *oui* et *non* — ou à avouer son incompétence). Toute autre attitude reviendrait à « ne pas répondre », ce que cette même déontologie tient pour une faute (faute dont l'existence, nous l'avons dit, est constitutive de la notion de question). Il n'y a donc que deux réponses possibles à *Est-ce que A? : oui*, qui équivaut à *A*, et *non*, qui équivaut à *non-A*. Si l'on admet, selon nos critères habituels, que *A* et *non-A* ont les mêmes présupposés, qui sont aussi ceux de *Est-ce que A?* on peut dire que les présupposés de cette question constituent le point commun aux différentes réponses qu'elle admet. Mais cette définition vaut aussi — et c'est ce qui justifie notre assimilation — pour les questions de type *Où...?* ou *Qui...?*. Les réponses admises par la question *Qui est venu?* sont en effet du type *Pierre* (est venu), *Jacques* (est venu)... Elles ont donc pour point commun de comporter l'information « Quelqu'un est venu », proposition qui est, en termes logiques, équivalente à leur disjonction. Or c'est justement cette proposition que nous donnons pour présupposé à la question *Qui est venu?*. On vérifie donc, pour les questions introduites par *Qui* ou *Où*, la caractéristique observée à propos des questions en *Est-ce que :* le présupposé de la question est l'élément commun (formulé éventuellement sous la forme d'une disjonction logique) à toutes les réponses qu'elle admet. Cette propriété peut valoir, par suite, comme une définition générale des présupposés des questions — ce qui permet de formuler la règle : les seules réponses admises par une question sont celles qui conservent ses présupposés.

Les trois remarques qui précèdent concernent la fonction des présupposés dans l'activité de parole : leur conservation dans le jeu des questions et des réponses, leur redondance dans le discours (dont ils assurent la cohésion), l'extériorité qu'ils gardent par rapport à l'enchaînement des énoncés (auquel ils fournissent seulement un cadre). C'est à partir de ces remarques que nous tenterons de définir l'acte de présupposition — conçu comme un acte illocutoire, transformant immédiatement la situation « juridique » des interlocuteurs.

Nous nous servirons d'abord des lois d'enchaînement et de redondance. Si on les admet l'une et l'autre, on arrive, en les réunissant, à cette conclusion, que tout le mouvement de la pensée, dans un discours, est *censé* se produire au niveau du posé. Qu'il s'agisse de la mise en rapport des idées, ou de leur présentation successive, les seules démarches *reconnues* sont celles opérées sur les contenus posés. Quant aux présupposés, s'ils ont une fonction, c'est comme condition de cohérence. Ils assurent (en commun avec d'autres conditions, mal connues) que les paroles prononcées appartiennent bien au même dialogue, qu'elles constituent un seul texte — et non pas une collection d'énonciations indépendantes. En d'autres termes, en choisissant un énoncé qui comporte tel et tel présupposés, on définit de ce fait une catégorie d'énoncés susceptibles de le continuer (ou, en tout cas, une catégorie d'énoncés incapables de le continuer). Par là même, on établit les limites du dialogue offert à l'interlocuteur. Présupposer un certain contenu, c'est placer l'acceptation de ce contenu comme la condition du dialogue ultérieur. On voit alors pourquoi le choix des présupposés nous apparaît comme un acte de parole particulier (que nous appelons acte de présupposer), acte à valeur juridique, et donc illocutoire, au sens que nous avons donné à ce terme : en l'accomplissant, on transforme du même coup les possibilités de parole de l'interlocuteur. Et il ne s'agit pas là d'une transformation de type causal, liée au fait que toute énonciation influe sur les croyances, désirs, intérêts de l'auditeur. Il s'agit au contraire d'une transformation institutionnelle, juridique : ce qui est modifié, chez l'auditeur, c'est son droit de parler — dans la mesure au moins où il veut que sa parole s'inscrive à l'intérieur du dialogue précédent. Pour comprendre le phénomène de la présupposition, nous avons dû ainsi le relier à l'idée que le discours (et non pas seulement l'énoncé) a une structure, et que la conservation des présupposés est une des lois définissant cette structure. C'est pourquoi leur choix limite la liberté de l'auditeur, en l'obligeant — s'il veut poursuivre le discours amorcé — à les prendre pour cadre de sa propre parole. Lorsqu'on introduit des présupposés dans un énoncé, on fixe, pour ainsi dire, le prix à payer pour que la conversation puisse continuer.

On objectera sans doute qu'il est toujours possible à l'auditeur de contester les présupposés, et de répliquer à *Pierre se doute que Jacques viendra* par une phrase comme *Mais non ; Jacques ne viendra pas*. Il faut voir cependant qu'une telle réplique possède, dans le jeu de la parole, une valeur bien particulière. Il est facile, notamment, d'observer qu'elle sera toujours vécue comme aggressive, et contribuera largement à personnaliser le débat, à le transformer en querelle — de sorte qu'on essaie de l'éviter si on veut éviter cette transformation. Attaquer les présupposés de l'adversaire, c'est, bien plus encore que lorsqu'on nie ce qu'il pose, attaquer l'adversaire lui-même (pour cette raison, sans doute, l'énoncé contestant les présupposés du premier locuteur est difficile à introduire par des coordinations strictement logiques ou argumentatives, comme *pourtant*, *cependant*... Il s'introduit plutôt par un *mais*, conjonction susceptible de marquer toute opposition, aussi bien personnelle qu'intellectuelle).

Comment expliquer, maintenant, que le refus des présupposés possède cette agressivité ? Selon la philosophie analytique, c'est parce qu'il revient à déclarer inutile, sans objet, l'énoncé auquel il s'oppose. Mais nous avons justement choisi un exemple où l'énoncé initial garde sa valeur informative lorsqu'on refuse ses présupposés. L'important, pour nous, c'est que ce refus aboutit à rejeter le dialogue offert par l'interlocuteur au moment où il parlait. Il aboutit donc aussi à accuser l'adversaire — non seulement d'avoir dit des choses fausses — mais d'avoir agi de façon absurde. Sa parole, en effet, comme toute parole, posait la structure d'un dialogue ultérieur, et, de ce fait, appelait une suite, ouvrait un échange. Mais, en même temps, elle mettait à cet échange des conditions inacceptables, elle rendait impossible la suite qu'elle demandait et dont elle avait besoin pour s'accomplir comme parole significative. Si l'on admet cette explication, on peut donc maintenir la définition juridique donnée à la présupposition — comme fixant le cadre obligatoire du dialogue ultérieur : le dialogue qui, matériellement, continue après la contestation des présupposés, n'est plus le même dialogue que le locuteur avait envisagé et offert. Ce n'est donc pas une objection à notre définition de dire que l'auditeur a le droit de nier les présupposés. Car cette négation entraîne l'arrêt du dialogue ébauché, et, par suite, une transformation d'ensemble des relations de discours entre les interlocuteurs.

On arrivera aux mêmes conclusions si l'on considère les présupposés des questions. La différence essentielle, et qui rend particulièrement paradoxal le rôle de l'interrogation dans les relations de discours, c'est que la question ne se contente pas d'offrir le dialogue, mais l'impose : pour la définir, nous l'avons vu plusieurs fois, il faut mettre en évidence le fait qu'elle oblige l'auditeur à parler à son tour. Si donc les phrases interrogatives comportent elles aussi des présupposés, et si les présupposés, d'une façon générale, se définissent comme des conditions mises à la poursuite du dialogue, la phrase interrogative a cette propriété remarquable d'obliger le destinataire à reprendre à son compte telle ou telle proposition que l'on a présupposée dans la question. Tel est bien, en fait, le résultat auquel nous a conduit notre analyse des questions. Les éléments sémantiques que nous considérions, intuitivement, comme présupposés dans une question, ces éléments se sont révélés équivalents à la disjonction des réponses possibles, c'est-à-dire comme impliqués par chacune de ces réponses. En obligeant le questionné à choisir une des réponses que la question admet, on l'oblige du même coup à prendre à son compte les présupposés de la question. De même que l'organisateur d'un potlatch oblige, par son geste même, les invités à rendre le potlatch, le questionneur, en introduisant des présupposés dans sa question, oblige du même coup le questionné à répondre selon les présupposés — c'est-à-dire, si l'on prend au sérieux la comparaison classique de la parole et de l'échange, à rendre les présupposés.

On objectera sans doute que l'obligation de répondre selon les présupposés — contrairement à l'obligation de rendre le potlatch — n'est pas absolue. Dans le cas du potlatch, en effet, l'invité était déjà obligé d'accepter l'invitation (aussi, comme dit un proverbe cité par Mauss, l'avare a peur de recevoir des cadeaux). En revanche, il est généralement admis que le questionneur peut refuser la question, en contestant ses présupposés. Rien n'interdit par exemple de répondre à *Qui est venu?* ou à *As-tu cessé de fumer?* par *Mais personne n'est venu* ou *Mais je n'ai jamais fumé.* La légitimité de telles répliques limite le pouvoir du questionneur, et, du même coup, l'analogie avec le potlatch. — Mais elle ne condamne pas pour autant l'idée générale que les présupposés de la question modifient la situation du destinataire au regard de la juridiction linguistique. Ce qui est vrai des présupposés de l'énoncé assertif l'est plus encore, en effet, des présupposés de la phrase interrogative. Leur contestation a une valeur polémique très prononcée, aboutissant à disqualifier l'acte de parole accompli par le locuteur. En déclarant faux les présupposés, on déclare impossible toute réponse à une parole dont la caractéristique majeure est justement d'imposer la réponse. De sorte qu'on peut toujours maintenir l'idée d'un acte illocutoire de présupposition, posant les conditions obligatoires à une continuation du dialogue. Et, dans la mesure où un énoncé (assertif, et, plus encore, interrogatif) tire sa raison d'être de son éventuelle continuation, dans la mesure où son sens comporte, comme partie intégrante, une invitation à répondre, le destinataire, s'il veut refuser les présupposés, doit transporter le débat sur le terrain polémique, et transformer la discussion en affrontement.

A partir de cette description générale, on comprend mieux les effets particuliers obtenus, dans le discours, à l'aide de la présupposition. Il arrive assez souvent que les présupposés apparaissent comme des évidences, comme des vérités qui vont de soi et ne sauraient être mises en question. Et cependant, ce caractère ne peut pas être inscrit dans la définition de la notion, puisqu'il est très possible (cf. l'exemple donné p. 51) de présupposer des connaissances dont on sait que l'auditeur ne les a pas. D'autre part, cette présentation de certaines idées comme évidentes ne saurait se confondre avec l'affirmation de leur évidence. C'est une des raisons pour lesquelles il nous a été impossible de considérer la présupposition comme une modalité. Il est très différent de dire :

12. Il est évident que Jacques viendra, et Pierre le croit et
13. Pierre se doute que Jacques viendra.

Même si l'on se place dans un contexte tel que la venue de Pierre peut apparaître comme allant de soi, il reste que cette évidence est directement *annoncée* par (12) et qu'elle est seulement *jouée* par (13) : dans ce dernier énoncé, on *parle comme si* Jacques ne pouvait pas ne pas venir. Cet effet se comprend assez bien si la présupposition a pour fonction fondamentale d'instaurer un cadre pour le discours ultérieur. Le présupposé, placé au-delà de l'enchaînement du discours, a des chances d'apparaître comme hors de question — puisqu'il est justement ce qu'on refuse de mettre en question. Si l'évidence d'une idée se présente comme l'impossibilité de la mettre en cause, la présupposition d'un certain contenu lui confère une sorte de pseudo-évidence, dans la mesure où elle organise un discours où il ne pourra plus être mis en cause. Ce qui produit l' « évidence » du présupposé, ce n'est donc pas une nécessité logique ou empirique, mais une nécessité interne au discours, une nécessité que le locuteur crée par sa parole même, en instaurant à partir d'elle un discours dont le présupposé constitue la charte.

Le rapport, publié il y a quelques années, du jury d'un concours de grande école fournit un bon exemple de cette création de pseudoévidences, d' « évidences de discours », par la présupposition. Le sujet de l'épreuve de philosophie était le suivant « La justice a-t-elle pour fonction de compenser les inégalités naturelles ? ». L'intention des examinateurs, en formulant ainsi la question, était d'inciter les candidats à discuter la notion même d'inégalité naturelle (cette discussion s'imposait d'autant plus que le programme du concours comportait des textes de Platon et de Rousseau consacrés à la question). Comme écrit le rapporteur, il s'agissait de « provoquer » les candidats. Provocation, malheureusement, sans effet sur les intéressés. Tout en sachant cette notion d'inégalité naturelle contestable, la plupart se sont contentés de présenter, dans l'introduction, quelques réserves; mais ils ont cru nécessaire ensuite, pour traiter le sujet, de faire comme si, à un certain point de vue, il y avait de telles inégalités, et de chercher quelle est la fonction de la justice à leur égard. Cette résignation des candidats, qui a déçu le jury, nous semble illustrer assez clairement le pouvoir des présupposés. Car la question, comportant l'expression « les inégalités naturelles », devait nécessairement, vu la présence d'un article défini, introduire le présupposé « Il y a des inégalités naturelles ». Et il devenait prévisible que cette existence apparaîtrait à de nombreux candidats comme la charte même du discours qui leur était imposé : pour eux, leur copie ne serait réponse à la question posée que si elle admettait l'existence d'inégalités naturelles. D'où l'idée qu'on ne pouvait pas, dans le cadre de l'examen, mettre en cause cette idée, et qu'elle devait, le temps au moins d'une copie, jouer le rôle d'une évidence (ce que les examinateurs demandaient en fait aux candidats, c'était de mettre en pratique la conception socratique de la philosophie, comme subversion du discours naïf. Mais un candidat peut-il se représenter un sujet d'examen comme un discours naïf?).

La définition juridique de l'acte de présupposer permet de même de comprendre que la présupposition joue un rôle de premier plan dans la stratégie des rapports linguistiques, c'est-à-dire, en termes austiniens, que l'acte illocutoire de présupposition soit utilisé à de multiples fins perlocutoires. Si, en effet, le refus des présupposés apparaît nécessairement comme polémique et agressif, il y a beaucoup de situations où le destinataire l'évitera (soit qu'il soit en situation d'infériorité hiérarchique, soit qu'il tienne à ne pas trop « faire monter le ton » de la conversation). Ce dont le locuteur peut profiter pour faire passer dans le discours certaines propositions qui, affirmées directement, seraient plus faciles à mettre en cause. On sait que l'interrogatoire policier ne répugne pas à cette ficelle, et qu'une de ses « habiletés » consiste à poser des questions présupposant ce qu'il veut faire avouer. Ce qui permet d'accuser l'interrogé de ne pas répondre, ou de répondre « à côté » — avec toutes les conséquences que cela implique lorsque la « déontologie linguistique » porte l'uniforme. Quant au discours politique, il en resterait fort peu de chose si l'on en retirait les présupposés. Si l'on observe par exemple les débats radiophoniques, qui tendent actuellement, en France, à remplacer les « réunions publiques et contradictoires » d'autrefois, on s'aperçoit que les participants présentent généralement les opinions auxquelles ils tiennent le plus sous forme de présupposés : elles apparaissent notamment, et d'une façon privilégiée, dans les descriptions définies (*le comportement scandaleux de* X..., *l'inévitable déclin du parti* Y..., avec les présupposés « X s'est conduit de façon scandaleuse » et « Le déclin du parti Y est inévitable »), ainsi que dans les subordonnées relatives dites descriptives ou qualificatives (*Notre ville, qui a été gérée huit ans par des incapables, souhaite un nouveau maire*, avec le pp. « Notre ville a été gérée huit ans par des incapables »). L'astuce d'une telle présentation est que l'interlocuteur, du simple fait qu'il continue le dialogue, est placé devant un dilemme. Ou bien il « laisse passer », et il semble par là souscrire au présupposé, dont il renforce ainsi, par son abstention même, l'apparente évidence; ou bien il s'y oppose, mais on peut l'accuser alors d'interrompre la conversation, de sortir du sujet, voire de chercher à « envenimer le débat ».

Ce même mécanisme polémique, qui consiste à introduire dans le discours des présupposés dont l'adversaire devient pour ainsi dire prisonnier, peut être utilisé d'une façon plus raffinée et plus roublarde, lorsque les deux interlocuteurs sont d'accord au niveau des posés, mais que l'un d'eux introduit, « par la bande », des présupposés que l'autre refuserait, mais auxquels il ne peut pas s'opposer sous peine d'interrompre le dialogue. Nous en avons trouvé un exemple particulièrement frappant dans un entretien radiophonique récent. Il réunissait deux journalistes catholiques représentant l'un et l'autre le courant « intégriste » actuel, mais dont l'un, **A**, limite son intégrisme au domaine du dogme et défend des opinions politiques et sociales libérales, alors que l'autre, **B**, affiche des opinions politiques d'extrême droite. Dans ce dialogue, toute la tactique de **B** consistait à laisser **A** mener la conversation, qui portait sur des points religieux sur lesquels les interlocuteurs étaient d'accord, à l'approuver même avec modestie et chaleur, mais à introduire dans ses phrases d'approbation des présupposés d'ordre politique, que A ne pouvait pas relever — car ils se situaient, comme tous les présupposés, hors de l'enchaînement du discours — et qu'il semblait ainsi prendre à son compte.

Bien que ces utilisations polémiques de la présupposition n'appartiennent pas à la notion elle-même, et ne puissent pas servir à la définir (pas plus que l'existence de chèques sans provision ne relève de la définition du chèque), leur possibilité nous semble éclairante, dans la mesure où elles exploitent un caractère qui, lui, est essentiel : ce droit, reconnu au locuteur, dans la déontologie linguistique, d'imposer un cadre idéologique à l'échange de paroles dont son énonciation est l'origine, de modeler l'univers du discours. Ce droit, à vrai dire, se manifeste par d'autres phénomènes que la présupposition. Nous avons vu, par exemple, que l'interjection, puisqu'elle se donne comme conséquence de l'émotion éprouvée, puisqu'elle atteste cette émotion, la fait apparaître comme un donné, comme un fait, impossible à mettre en doute. On peut remarquer d'autre part que toute affirmation, une fois qu'elle a été posée par le locuteur, a tendance à prendre, si le destinataire n'a pas émis d'objection, le statut de ce qui est admis, établi, de ce à quoi on peut se référer et sur quoi on ne saurait revenir. Le présupposé a donc finalement le même statut que prend, après coup, tout posé qui n'a pas été discuté par l'interlocuteur (avec cette différence que, dans le cas du pp., le destinataire n'a pas eu à se prononcer, et qu'on fait, pour ainsi dire, l'impasse sur son accord). Ce qui nous semble cependant conférer à la présupposition une importance particulière pour la théorie linguistique, c'est qu'elle ne constitue pas un phénomène isolé comme l'interjection (elle se manifeste au contraire à peu près partout dans le lexique et dans la syntaxe). Elle ne saurait d'autre part, s'expliquer par des considérations de type psychologique : alors qu'on peut espérer expliquer dans une psychologie du discours l'espèce d'autorité que prennent les affirmations non réfutées, il semble parfaitement arbitraire, et lié immédiatement à l'institution linguistique, que l'emploi de telle expression présuppose telle proposition qui, dans un autre énoncé, apparaîtrait avec les caractères du posé. Si donc on prend en considération le phénomène de la présupposition, et si on le définit, à notre façon, comme un pouvoir juridique donné au locuteur sur le destinataire, il faut alors admettre que l'action des interlocuteurs les uns sur les autres n'est pas un effet accidentel de la parole, mais qu'elle est prévue dans l'organisation même de la langue. Celle-ci est donc bien plus qu'un simple instrument pour communiquer des informations : elle comporte, inscrit dans la syntaxe et le lexique, tout un code de rapports humains.

Un tel résultat ne constitue, en un certain sens, qu'une simple confirmation des thèses générales de la philosophie analytique concernant la valeur illocutoire du langage : il conduit seulement à donner à ces thèses une application nouvelle — et imprévue. Mais cette extension, si elle est légitime, a des conséquences assez importantes. D'abord les actes de parole envisagés jusqu'ici (ordre, interrogation, parole, assertion..., etc.) avaient toujours pour indice dans l'énoncé un « marqueur » facile à localiser (qu'il s'agisse d'un morphème, d'une intonation, ou d'une construction), et prenaient pour objet tout le reste de l'énoncé. C'est pourquoi la théorie classique des actes de parole est assez facile à intégrer dans la description linguistique, et notamment dans la grammaire générative. Il suffit, comme cela devient la mode, d'introduire dans la « structure profonde » de chaque énoncé un constituant indiquant l'acte de parole qu'il permet d'accomplir. Soit par exemple à représenter les énoncés *Partiras-tu?*, *Je te permets de partir*, *Pars*, *Tu partiras* (avec intonation de promesse), *Tu partiras* (avec intonation d'assertion). On leur ferait correspondre la structure attribuée à la proposition « tu partiras », mais précédée, respectivement, des « marqueurs » *Question*, *Permission*, *Ordre*, *Promesse*, *Assertion*. Mais, s'il existe un acte de présupposition, sa représentation linguistique soulève beaucoup plus de difficultés. Car cet acte affecte une partie seulement du contenu sémantique de la phrase où il est effectué, partie à laquelle ne correspond pas, la plupart du temps, un segment délimitable de l'énoncé — que ce dernier soit considéré dans sa réalité physique ou dans sa représentation syntaxique habituelle. Nous esquisserons dans le chapitre 5 une méthode de représentation des présupposés. Mais ce que nous devons noter dès maintenant, c'est que l'acte de présupposition, loin de se surajouter de l'extérieur, comme semblent le faire les autres actes de parole, à une structure linguistique qui pourrait être définie indépendamment de lui, est impliqué dans l'organisation interne de l'énoncé.

Cette difficulté ne concerne pas seulement la technique de la description linguistique. Car elle entraîne une seconde particularité de la présupposition — qui touche d'une façon très générale la théorie du langage. Les actes de parole dont traite le plus souvent la philosophie analytique semblent liés surtout à un type d'utilisation de la langue, celui que Benveniste appelle le « discours » par opposition à l' « histoire ». Une énonciation relève du discours lorsqu'elle suppose « un locuteur et un auditeur, et chez le premier l'intention d'influencer l'autre en quelque manière » *. A l'opposé, lorsque la parole se présente comme un constat, impersonnel et objectif, de la réalité, oubliant à la fois de qui elle vient et à qui elle est adressée, on se trouve dans le type d'énonciation que Benveniste appelle « histoire ». Mais une telle histoire est-elle possible, qui échapperait à ses propres conditions d'énonciation? La conception habituelle des actes de parole prouve peu contre elle, car il est bien sûr que l'historien, apparemment au moins, ne promet pas, n'ordonne pas, n'interroge pas. Le seul acte « illocutoire » qu'il accomplisse est celui d'asserter : or c'est sans doute celui dont la valeur intersubjective est la plus difficile à déterminer, et où le dire et le dit tendent le plus à se confondre. Supposons en revanche qu'on ait admis un acte de présupposition, par lequel le locuteur impose au destinataire un certain univers de discours — distinct des affirmations posées à l'intérieur de cet univers. Dans la mesure où cet acte, à la différence des autres, est impossible à isoler de l'énoncé, mais s'incorpore à sa structure interne, dans la mesure d'autre part où la plupart des énoncés rendent inévitable de l'accomplir, il devient impossible d'admettre l'existence d'une histoire au sens de Benveniste, sinon comme l'horizon mythique de certains discours. Dans la mesure où il contient des présupposés, le texte contient en effet, au centre de lui-même, un appel à autrui, et doit se comprendre par rapport à un destinataire. Même s'il ne vise pas à « influencer » (ce qui relève de considérations perlocutoires), il instaure entre ce destinataire (réel ou virtuel) et l'auditeur, certaines relations originales, arbitraires, garanties uniquement par l'autorité d'une institution, relations analogues, nous semble-t-il, à ce que Mauss appelle « échange », et Wittgenstein, jeu.

N.B. Signalons rapidement deux difficultés que soulèverait l'hypothèse d'un acte illocutoire de présupposition :

1. Les énoncés interrogatifs, assertifs, impératifs... etc., lorsqu'ils comprennent des présupposés, servent à accomplir plusieurs actes

* *Problèmes de linguistique générale*, Paris, Gallimard, 1966, p. 242.

illocutoires à la fois. — Mais n'est-il pas évident, de toute façon, que de nombreux énoncés sont dans ce cas? cf. *Viens, puisqu'il fait beau* (quelle que soit la description adoptée pour *puisque*, il est clair qu'on fait plus, ici, que de donner un ordre). *S'il vient — ce qui est peu probable — que fera-t-il?* (supposition + assertion + interrogation). *Bien que cela m'ennuie, je te promets de venir* (il y a au moins là une assertion + une promesse). Cf. aussi le *Victor Hugo, hélas!* commenté p. 19.

2. L'acte de présupposition aurait cette particularité de ne pas être accompli seul, mais toujours en même temps qu'un autre (ce qui suggère l'idée que le pp. est seulement condition de l'illocutoire). Mais il n'y a plus que très peu d'actes de parole, si on admet un acte de présupposition, qui ne soient pas accompagnés par lui, donc par un autre acte. De plus, il existe bien des moyens, dans les langues naturelles, pour présenter ses idées sous une forme qui ne peut guère être représentée comme assertion, et constituerait plutôt un acte de présupposition. Cf. l'utilisation de morphèmes comme *certes*, *naturellement*, *bien sûr*, et des intonations, difficiles à décrire exactement, qui permettent de faire apparaître l'opinion exprimée comme condition *sine qua non* du dialogue ultérieur. Il se peut, alors, que le locuteur ne fasse rien d'autre que de présupposer.

ANNEXE : Logique et théorie de la présupposition

En renonçant à définir les présupposés d'un énoncé comme les conditions qui lui permettent d'avoir une valeur de vérité, nous refusons à la notion de présupposition un statut proprement logique (si on entend par « logique » la théorie du raisonnement valide). La présupposition n'a un statut logique que si on donne à ce mot un sens plus large, et si on appelle « logique du langage » une étude d'ensemble des relations entre énoncés, relations dont les rapports inférentiels sont seulement un cas particulier. De ce fait, nous évitons, nous semble-t-il, un certain nombre d'objections — qui ne concernent que la conception de Frege, ou la première conception de Strawson. Il en est ainsi de l'objection suivante, qui nous a été faite, dans une communication orale, par R. Zuber.

Supposons qu'un énoncé A présuppose une proposition A' (en ce sens que la fausseté de A' prive A de valeur de vérité). Il faut admettre alors (si on se réfère toujours à cette définition de la présupposition) que A présuppose tout ce qui est déductible de A'. Si en effet A'' se déduit de A', la fausseté de A'' entraîne, par contraposition, celle de A', et elle entraîne donc que *A* n'est ni vrai ni faux : *A"* est donc un présupposé de *A*. On tirerait aisément de là des conséquences peu acceptables pour un linguiste. Il faudrait dire, par exemple, que l'énoncé *A" Pierre se doute que Jacques viendra* entretient le même rapport de présupposition avec *A'* « Jacques viendra », et avec *A"* « Jacques ne sera pas chez lui demain, il prendra le train, il ne rencontrera pas Jean... etc » (en supposant que le contexte rende *A"* déductible de *A'*). Or on sent bien qu'il faut donner à *A'*, dans la description de *A*, un statut tout à fait différent de celui de *A"*. Une telle difficulté disparaît tout de suite, en revanche, si le présupposé n'est pas défini comeme condition d'existence d'une valeur de vérité.

D'une façon positive, maintenant, nous admettons volontiers qu'une théorie du raisonnement donne même fonction aux présupposés d'un énoncé et à ses implications (au sens habituel du mot). Autrement dit, nous compterions parmi les propositions déductibles d'un énoncé, les présupposés de cet énoncé, ainsi que les implications de ces présupposés. Si, cependant, la théorie du raisonnement cherche à déterminer non seulement quelles sont les inférences valides et celles qui ne le sont pas, si elle se préoccupe de représenter les démarches effectivement suivies dans l'exercice quotidien du langage (où il n'est pas habituel de conclure aux présupposés ni non plus à partir des présupposés), elle devra chercher une présentation de la déduction qui permette de donner aux présupposés une place particulière parmi les autres implications d'un énoncé. Il nous semble que la théorie de la déduction naturelle, telle que la présente J. B. Grize, donne sur ce point des indications très utilisables (voir ici même p. 86).

N.B. Dans un article de 1966 (« Le roi de France est sage, implication logique et présupposition linguistique »)*, nous avions tenté de définir le présupposé par opposition à l'implication. Les chapitres 2 et 3 du présent ouvrage amènent à abandonner cette tentative.

* *Etudes de linguistique appliquée*, 1966, p. 39-47.

4. La présupposition dans la description sémantique

LES TROIS RÈGLES (de négation, d'interrogation, d'enchaînement) dont nous nous sommes servis jusqu'ici pour distinguer posés et présupposés sont bien insuffisantes — on l'aura sans doute remarqué — pour établir, à propos de chaque énoncé particulier, ce qu'il pose et ce qu'il présuppose. Ce n'est d'ailleurs pas cette fonction que nous leur avons donnée : elles étaient seulement destinées à prouver la nécessité d'une telle distinction et à permettre une caractérisation globale de la présupposition, définie comme un acte de langage particulier. Pour trois raisons au moins, en effet, ces règles ne sauraient constituer une procédure de découverte qui produirait, immédiatement, des analyses linguistiques de détail. D'une part, si elles fournissent à la rigueur des conditions nécessaires pour qu'un contenu soit dit « présupposé », il serait fort dangereux de les considérer comme des conditions suffisantes. Elles obligeraient à tenir pour présupposées une foule d'indications sémantiques si hétéroclites qu'il deviendrait impossible d'élaborer une théorie tant soit peu systématique pour la prévision des présupposés. Ainsi l'énoncé *Seul Pierre est venu* devrait avoir pour pp., outre celui que nous lui avons reconnu (à savoir : « Pierre est venu »), les propositions suivantes, qui résistent à la négation et à l'interrogation, et restent extérieures à l'enchaînement : « D'autres avaient des chances de venir », « La venue de Pierre n'était pas impossible » (= « Pierre n'est pas paralytique, en voyage »... etc.), « Le mot *Pierre* désigne une personne déjà connue du destinataire », « Le destinataire comprend le français », « Il est intéressé par la venue de Pierre » ... D'une façon générale, la mise en rapport de deux expressions dans un énoncé affirmatif présupposerait qu'elle est « normale », « acceptable », puisqu'on retrouve la même liaison dans la négation et dans l'interrogation relatives à cet énoncé. Nous ne nierons certes pas qu'une théorie linguistique achevée doive rendre compte de tous ces éléments, mais il semble utopique de vouloir les traiter tous au même niveau de description.

Une deuxième raison empêche les trois règles précédentes de constituer une procédure d'analyse, c'est que chacune, à strictement parler, peut être considérée comme circulaire. Pour maintenir, par exemple, que la négation conserve les présupposés, nous avons dû distinguer deux types de négation, l'une, descriptive, l'autre, métalinguistique. Mais, bien que cette distinction nous semble intuitivement assez justifiée, il y a très certainement un grand nombre de cas où il est impossible de décider devant quel type de négation on se trouve. Et la meilleure présomption que l'on fait alors pour déclarer que telle négation, par exemple, est métalinguistique, c'est justement qu'elle met en cause des éléments que l'on souhaiterait considérer comme présupposés. De plus il existe beaucoup d'expressions qui ne peuvent guère, dans la langue, être niées d'une façon directe, c'est-à-dire à l'aide des morphèmes de négation habituels *(ne ... pas, il est faux que...)* ; cf. :

1. Pierre, lui, est venu.
2. Nous sommes enfin arrivés.
3. Pour un français, il sait beaucoup de logique.

Pour décider quelles sont leurs négations, nous ne pouvons même pas nous confier aux « réactions spontanées » du sujet parlant (qui ne sont, ici, guère assurées). En fait, c'est la loi de négation elle-même qui fournira, dans ces cas, l'argument le plus probant, et nous chercherons des énoncés qui conservent ce que nous croyons les présupposés des énoncés primitifs, par exemple :

1'. Pierre non plus n'est pas venu.
2'. Nous ne sommes toujours pas arrivés.
3'. Même pour un français, il ne sait pas beaucoup de logique.

Ce mouvement circulaire ne nous semble pas illégitime — pourvu que les résultats obtenus quant à la négation et à la présupposition soient intuitivement acceptables, et puissent être corroborés par ailleurs. Mais il montre en tout cas qu'on ne saurait attendre de la règle de négation un critère automatique pour la détermination des présupposés. Il est facile de voir qu'il en est de même pour les autres règles.

Une dernière raison, qui conduit toujours à une conclusion identique, est que les règles utilisées jusqu'ici, en supposant même qu'elles avertissent régulièrement de l'existence d'un présupposé, ne suffisent pas à dire quel est ce présupposé. De sorte qu'elles laissent souvent subsister, pour un énoncé donné, la possibilité d'analyses fort différentes. Prenons par exemple :

4. Même Jacques est venu.

On a souvent proposé, notamment Fillmore *, d'y voir le présupposé :

4'. « On ne s'attendait pas à la venue de Jacques. »

Une telle analyse est vérifiée par les trois règles habituelles, puisque ce pp. se retrouve aussi bien, par exemple, dans la question :

5. Est-ce que même Jacques est venu ?

Mais rien n'assure au fond que l'on n'est pas victime de la même illusion quand on introduit (4') à la fois dans le contenu de (4) et dans celui de (5). Nous proposons, pour notre part, de donner à (4) et à (5) un pp. analogue à :

4''. « La venue de Jacques est plus significative que la venue de quiconque. »

Cette nouvelle version (qui demanderait à être élaborée : significative de quoi ? pour qui ? quiconque dans quel ensemble de référence ?) s'accorde aussi bien, mais pas mieux, que celle de Fillmore avec les trois règles canoniques. Si nous la choisissons, c'est pour des raisons tout autres. D'une part, elle permet de comprendre des phrases comme *Il n'est pas étonnant que même Jacques soit venu*, difficiles à interpréter dans la théorie de Fillmore. D'autre part, et surtout, elle permet de donner, pour *même*, une règle d'interprétation unique, mais qui laisse cependant prévoir les sens différents obtenus selon le syntagme sur lequel porte *même* (Ainsi *Pierre est même venu* aura, en vertu de la même règle, un pp. tout à fait différent de celui de (4), pp. qu'on pourrait rendre comme « La venue de Pierre est plus significative qu'une quelconque autre action de sa part. »

Pour ces différentes raisons, la notion de présupposé ne peut pas être

* « Entailment Rules in a Semantic Theory », Ohio State University, *Research Foundation Project in Linguistic Analysis*, report n° 10, 1965.

appliquée de façon isolée, mais seulement à l'intérieur d'une entreprise globale de description sémantique. Dans bien des cas, c'est la cohésion d'ensemble de cette description qui fournit le seul motif contraignant pour attribuer à tel énoncé tel présupposé plutôt que tel autre.

La description sémantique

Que faut-il entendre lorsqu'on parle de la description sémantique d'une langue? Pour notre part, nous entendons par là un ensemble de connaissances qui permettent de prévoir le sens que reçoit effectivement chaque énoncé de la langue dans chacune des situations où il est employé (le caractère utopique de cet objectif ne prouve pas qu'il ne soit pas utile comme horizon de travail). Soit *A* un énoncé de la langue *L*, et *X*, une situation d'emploi : la description de *L* doit donner le sens de *A* employé dans les circonstances *X*

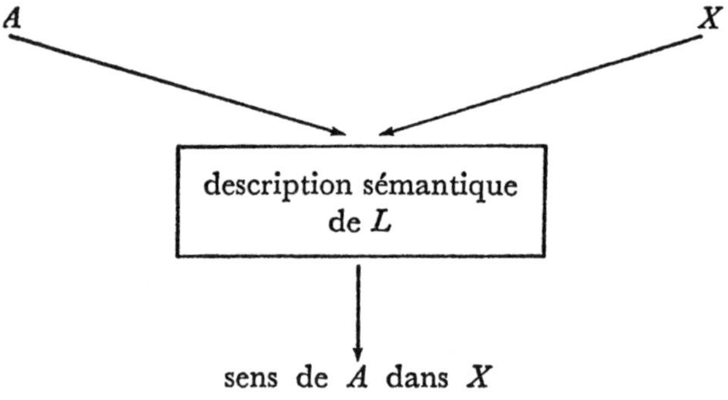

Deux remarques préliminaires à propos de cette définition. Pour qu'on puisse parler de prévision, il faut que la chose prévue puisse être connue par ailleurs (par exemple observée), indépendamment des démarches par lesquelles on a pu la prévoir. C'est pourquoi nous ne demandons pas à la description sémantique de prévoir la signification des énoncés pris indépendamment de leur situation d'emploi. Car cette signification ne saurait constituer une donnée, un fait, susceptibles d'être observés ou établis en dehors de la théorie linguistique. Les seules données que fournit l'expérience concernent non pas l'énoncé lui-même, mais ses occurrences dans les diverses situations d'emploi : dans la mesure où je comprends une langue, je suis capable d'attribuer un sens, et, par suite, de trouver des paraphrases, aux énoncés prononcés *hic et nunc*. Mais décider quelle est *la* signification de l'énoncé hors de ses occurrences possibles, c'est là dépasser le terrain de l'expérience et de la constatation, et faire une hypothèse — peut-être justifiable, mais qui a besoin d'être justifiée.

Croire qu'on peut éviter cette difficulté à l'aide d'une espèce d'expérience imaginaire, qui consiste à essayer de se représenter l'effet éventuel de l'énoncé s'il était prononcé hors contexte, c'est se tromper soi-même. Car ce qu'on appelle une occurrence hors contexte, ce n'est qu'une occurrence dans un contexte artificiellement simplifié, et il n'est nullement nécessaire que la signification constatée dans ces conditions permette de comprendre celles qui sont enregistrées dans les contextes naturels. C'est une illusion de ce genre, nous semble-t-il, qui est à l'origine de la description de *même* par Fillmore. Il est bien sûr, en effet, qu'on sera amené à une description de ce type si on essaie, artificiellement, de se placer hors de tout emploi effectif. Que peut indiquer, dans ce cas, l'énoncé *Même Pierre est venu*, sinon que la venue de Pierre a de quoi étonner? Mais ce résultat nous semble typiquement un artefacte, produit de la pseudo-situation où l'observation se déroule. Si on examine, au contraire, les emplois réels de cette phrase, on s'aperçoit que la venue de Pierre sert toujours au locuteur à prouver quelque chose (l'affluence à la réunion décrite, son intérêt, son absence d'intérêt, ou encore son caractère révolutionnaire — ou anodin, ou indécent...). C'est la raison qui nous a fait choisir, dans notre description, le mot « significatif ». Certes ce choix nous semble apte à faire comprendre toute la variété des emplois de *même* (lorsque le contexte vient spécifier de quoi la venue de Pierre est significative). Mais il ne prétend nullement décrire — nous nous permettons d'insister sur ce point — une signification qui pourrait s'observer lorsqu'on s'abstrait de tout contexte. Car la notion de significativité, prise hors contexte, est tout à fait absurde (ou tautologique). Notre analyse de *Même Pierre est venu* ne vise donc pas à reproduire un fait quelconque — qui serait la signification de l'énoncé employé hors situation (c'est-à-dire, lorsqu'on n'a aucune raison de l'employer). Les seuls faits, pour nous, sont les emplois *hic et nunc*, et pour juger de la réussite ou de l'échec d'une description sémantique, et il faut se demander d'abord si elle est capable ou non de les prévoir.

Une deuxième remarque, à propos de la notion de sens utilisée dans tout ce qui précède. Qu'est-ce que ce « sens », que la description sémantique doit assigner aux énoncés — plus exactement, nous venons de le voir, aux occurrences d'énoncés? Si, comme y invite le schéma de la page 106, on compare la description sémantique à une machine, qu'est-ce qui doit sortir de la machine? Une première réponse serait : « une traduction dans un métalangage universel ». Mais, à supposer qu'un tel métalangage soit possible, sa mise au point relève, pour le moins, d'un avenir éloigné (Chomsky note, sans sourciller, que la question est encore « mal comprise »). Aussi de simples considérations pratiques suggèrent-elles de chercher une approche un peu différente — qui permette de ne pas attendre que la question du métalangage universel ait été « mieux comprise ». Une deuxième solution, de type plus saussurien, consisterait à indiquer, pour chaque occurrence d'énoncé (ou, au moins, pour les principaux types d'occurrence de chaque énoncé, c'est-à-dire pour ses formes d'emploi les plus caractérisées), les relations qui le relient aux autres (la description d'un morphème, pour Saussure, consiste à montrer ses rapports paradigmatiques et syntagmatiques avec les autres, rapports qui constituent « sa valeur »). La difficulté, même si l'on s'en tient à quelques relations sémantiques particulièrement importantes (*A* s'infère de *B*, *A* est contradictoire avec *B*, *A* est une paraphrase de *B*), consistera à formuler ces relations d'une façon un peu compacte. Il ne peut pas être question, par exemple, de se contenter de listes, comme on pourrait le faire pour des paradigmes de morphèmes. Le sens d'une énonciation doit donc être formulé au moyen de règles d'où l'on peut tirer de quelles autres énonciations elle s'infère, lesquelles elle contredit... etc.

Mais, là encore, un simple souci d'économie conseillerait, au lieu de donner des règles pour chaque occurrence ou chaque type d'occurrence, de donner des règles tout à fait générales, qui s'appliqueraient à ces occurrences comme à des cas particuliers. C'est ici que réapparaît, mais sous une forme moins ambitieuse que dans la première solution, la nécessité d'un métalangage. La description sémantique des occurrences d'énoncés d'une langue L consisterait bien à leur faire correspondre une formule d'une langue L′. Mais au lieu de considérer L′ comme un métalangage universel, on lui imposerait seulement des conditions analogues à la suivante. Soit R une relation, intuitivement attestée, entre occurrences d'énoncés de L; il faut alors que l'on puisse définir sur les formules de L′ une relation R′ calculable (= telle que l'on puisse déterminer par des procédés purement formels quelles formules sont dans la relation R′), et qui corresponde à R (nous entendons par là que, si deux occurrences *A* et *B* d'énoncés de L sont, intuitivement, dans la relation R, leurs traductions *A′* et *B′* doivent être dans la relation formelle R′).

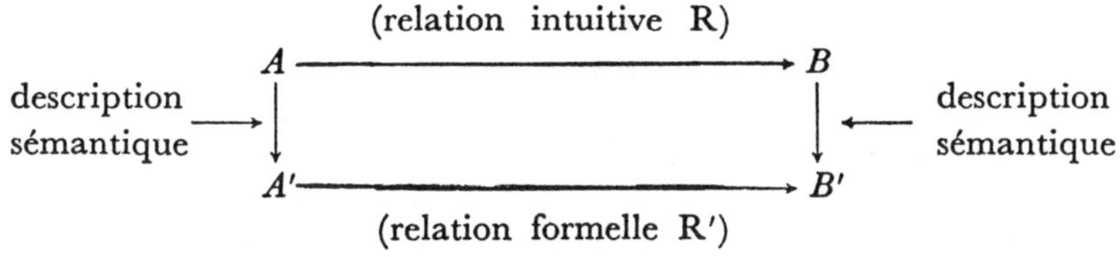

Bien que cette version de la solution saussurienne impose de recourir à un métalangage, elle ne ramène pas exactement à la première. Car le métalangage, ici, n'a pas à être d'emblée universel, mais doit se constituer selon les besoins de chaque langue décrite (une convergence finale n'étant pas plus nécessaire à la recherche qu'elle n'est exclue à l'avance). D'autre part, il n'est même pas nécessaire, pour que la méthode soit praticable, que l'on puisse, sur le même métalangage L′, définir toutes les relations formelles R′, S′, T′..., correspondant aux relations intuitives R, S, T... Peut-être est-il nécessaire, pour décrire S, de recourir à un autre métalangage L″, où l'on définira S″, et de fabriquer L‴ pour donner une image T‴ de T. A coup sûr, on cherchera toujours à exprimer dans un seul métalangage le plus grand nombre de relations intuitives différentes, mais l'existence d'un métalangage unique où toute relation serait exprimable (et pour toute langue), existence qui était, pour la première solution envisagée, un préalable à la description sémantique des langues particulières, n'est plus, maintenant, qu'une conclusion éventuelle, indépendante de la recherche elle-même.

Non seulement la description sémantique n'est plus suspendue alors au préalable d'un métalangage universel, mais il devient possible de l'entreprendre avant même d'avoir à sa disposition l'un des métalangages particuliers, L′, L″, L‴, envisagés plus haut — situation, on l'aura deviné, qui se trouve être la nôtre. Plus exactement, on peut essayer de construire le métalangage en même temps qu'on établit la description sémantique de la langue L. Le sémanticien devra alors — et c'est ce que nous entendons faire — se contenter de propositions hypothétiques dont le schéma général serait : si le métalangage L′ doit conserver la relation R, et si la traduction de L en L′ doit obéir à telle et telle condition, alors le langage L′ doit avoir telle et telle caractéristique. Or, pour définir ces caractéristiques du métalangage L′, il n'est pas nécessaire de l'avoir constitué lui-même dans le détail. Supposons par exemple que nous ne sachions pas traduire en L′ les énoncés français *Pierre reviendra*, *Pierre est venu*, et *Pierre viendra*. Il est possible néanmoins de prouver la proposition suivante — qui découle de nos lois d'interrogation et de négation : « Si L′ doit représenter la relation entre questions et réponses, et si, d'autre part, il doit y avoir une règle générale pour la traduction en L′ des morphèmes interrogatifs du français, alors la traduction de *Pierre reviendra* doit comprendre comme constituants les traductions de *Pierre est venu* et de *Pierre viendra*, affectées de coefficients différents, les mêmes coefficients qui distinguent, en général, présupposés et posés. Résumons cette discussion. Si on admet la conception saussurienne du sens comme ensemble de relations, le recours à un (ou à des) métalangage(s), tout en étant pratiquement nécessaire, deviendra purement instrumental. Il est alors possible de le (ou les) construire au fur et à mesure de la recherche, et de ne pas attendre la constitution d'un métalangage sémantique universel, où toute nuance de sens pourrait recevoir sa marque, constitution qui introduit, comme partie intégrante de la linguistique, une philosophie des philosophies, dont nous ne voyons ni la possibilité ni l'intérêt.

Les deux remarques qui précèdent étaient destinées à déterminer ce qui est, pour nous, le point d'arrivée de la description sémantique (appelé « sens » dans le schéma de la p. 106) et quel est son point de départ (qui n'est pas constitué par les énoncés eux-mêmes, mais par leurs occurrences dans des situations particulières). Il reste à voir maintenant l'organisation interne à donner à cet ensemble de connaissances qui constitue la « description sémantique ». Elles risquent en effet d'être très hétérogènes, voire hétéroclites. Car on devra y loger, outre des connaissances habituellement appelées « linguistiques », un certain nombre de lois d'ordre psychologique, logique ou sociologique, un inventaire des figures de style employées par la collectivité qui parle la langue décrite, avec leurs conditions d'application, des renseignements, aussi, sur les différentes utilisations du langage dans cette même collectivité. Comment rendre compte autrement du fait que l'énoncé *Quel beau temps!* puisse, dans certaines circonstances, avoir à peu près la même valeur que *Le mauvais temps!*, dans d'autres, être compris comme *Nous n'avons rien à nous dire...* etc. Ou encore, comment expliquer que l'étiquette *Ouvert le mardi*, à la devanture d'un magasin, se comprend tantôt comme « ouvert même le mardi », tantôt comme « ouvert seulement le mardi ». Si l'on veut, pour chaque énoncé, prévoir l'infinité des significations que lui donne l'infinité des contextes possibles, il faut introduire dans le rectangle par lequel nous avons figuré la description sémantique, des renseignements traitant, à peu de chose près, *de omni re scibili*. Qu'est-ce que la linguistique va gagner à cette confusion?

Une hypothèse nous semble indispensable pour mettre un peu d'ordre dans ce chaos, hypothèse sous-jacente aux chapitres précédents, et explicite dans les suivants. Il s'agit de penser que le rectangle en question doit être divisé en deux comportiments principaux. Un premier composant, c'est-à-dire un premier ensemble de connaissances (nous l'appellerons *composant linguistique*) assignerait à chaque énoncé, indépendamment de tout contexte, une certaine description, que nous appelons *signification*, et, par exemple, à A, la signification A'. Et un deuxième composant (le *composant rhétorique*) aurait pour tâche, étant donné la signification A' attachée à A, et les circonstances X dans lesquelles A est prononcé, de prévoir le sens effectif de A dans la situation X.

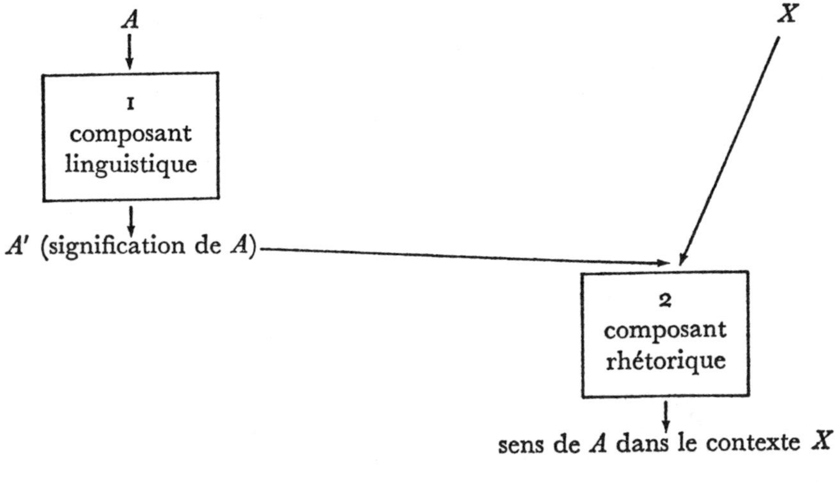

L'hypothèse incorporée dans ce schéma est que les circonstances de l'élocution n'entrent en jeu, pour expliquer le sens réel d'une occurrence particulière d'un énoncé, qu'après qu'une signification a été attribuée, indépendamment de tout contexte, à l'énoncé lui-même.

Comment pourrait-on justifier cette hypothèse, qui n'a par elle-même aucune évidence (car il ne va pas du tout de soi que l'on puisse isoler l'une de l'autre la contribution de l'énoncé et celle du contexte à la formation du sens) ? Il faudrait d'abord qu'elle ait permis de constituer effectivement une description sémantique complète pour au moins une langue — et nous n'en sommes certes pas là. Supposons cependant cette condition remplie. Il faudrait encore prouver qu'il était utile, pour l'économie générale de la description, de constituer un composant linguistique indépendant. Pour apporter cette preuve, nous ne voyons guère d'autre possibilité que de soumettre ce composant aux deux conditions auxquelles, selon Saussure, satisfait la langue — opposée à la parole. La langue, pour Saussure, est à la fois un « tout en soi » et un « principe de classification » *. La première exigence, rapportée à notre problème, implique que le composant linguistique puisse être présenté sous une forme systématique. Il ne doit donc pas consister en une liste d'associations reliant énoncés et significations, mais il faut que ces significations puissent être « produites », calculées par l'application de règles générales (sans pourtant exiger *a priori*, comme le font les chomskistes, que ces règles soient en nombre fini). A elle seule, cependant, cette exigence est bien insuffisante, puisque — nous avons insisté sur ce point — les significations des énoncés pris hors contexte ne constituent nullement des faits ou des données, mais relèvent d'une libre décision du linguiste : il serait trop facile alors de choisir justement les significations que l'on sait pouvoir calculer par des procédés relativement simples.

Une deuxième condition est donc nécessaire : les significations produites par le composant linguistique doivent avoir un pouvoir explicatif (c'est ainsi que nous lirons la formule saussurienne, trop liée à une conception classificatoire de la science, et qui demande seulement que la langue soit « principe de classification »). En d'autres termes, les significations attribuées aux énoncés doivent être telles que l'on puisse construire un composant rhétorique qui prévoit, compte tenu de ces significations et des conditions d'emploi, le sens effectif de l'énoncé dans les différents contextes où il est employé. Mais il faut maintenant nous prémunir contre la tentation de construire le composant rhétorique

* *Cours de linguistique générale*, Introduction, chap. 3.

d'une façon purement *ad hoc*, et destinée seulement à « sauver » le composant linguistique : il serait commode en effet de masquer le simplisme et le caractère artificiel des significations attribuées aux énoncés, en faisant intervenir au dernier moment un *deus ex machina* psycho-sociologique qui les métamorphoserait en sens contextuels à peu près conformes à la réalité empirique.

Supposons ainsi que le composant linguistique donne une seule description à l'énoncé *Ouvert le mardi*, pris plus haut pour exemple, et que cette description spécifie seulement que le magasin en question se trouve ouvert le mardi. Le composant rhétorique va être chargé d'expliquer que cette signification, pour ainsi dire « neutre », soit attirée, selon les contextes, vers le sens « seulement le mardi » ou « même le mardi ». Mais encore faut-il que les lois utilisées pour produire cette transformation soient justifiables indépendamment de l'utilisation qui en est faite ici (tel nous semble d'ailleurs le cas dans cet exemple, cf. p. 136). Ce qui implique ou bien qu'elles peuvent expliquer aussi les effets de sens contextuels liés à d'autres énoncés, ou bien qu'elles aient déjà une application attestée en dehors du domaine linguistique proprement dit, par exemple dans les questions de rhétorique, de psychologie ou de sociologie.

Le composant linguistique

On trouvera dans le chapitre 5 l'esquisse de certains mécanismes formels qui pourraient être intégrés au composant linguistique. Nous voudrions seulement présenter ici, d'une façon informelle, quelques remarques générales.

1. Tel qu'il apparaît dans le schéma de la p. 111, le composant linguistique prend pour point de départ les énoncés considérés hors de tout contexte, et leur assigne des significations. En quoi consistent donc ces « énoncés » ? Il ne saurait s'agir des suites de sons ou de lettres perceptibles. Pour deux raisons au moins. La première est que nous serons souvent obligés d'admettre qu'une même forme matérielle manifeste plusieurs énoncés distincts : nous dirons en ce cas qu'elle est ambiguë. Pour prendre un exemple grossier, la suite, phonique ou écrite, correspondant à *J'ai vu des cousins* doit recouvrir au moins deux énoncés différents, selon que les cousins sont des insectes ou des parents. Mais, bien que cette décision

semble relever du « bon sens », et s'appuyer sur une espèce d'évidence, elle ne se justifie en fait que par sa nécessité dans la construction effective de la description sémantique : on voit mal comment le composant linguistique pourrait attribuer à l'énoncé une signification unique, intermédiaire, signification que le composant rhétorique transformerait ensuite, selon le contexte, en l'une ou l'autre des deux acceptions usuelles. Ou bien il faudrait que cette signification unique soit simplement la disjonction de ces acceptions, et que le composant rhétorique se borne à choisir entre elles : mais cette solution (qui autoriserait le premier composant à donner des descriptions du type « S_1 ou S_2 », à charge pour le second d'éliminer un des termes de l'alternative) ne nous semble qu'une variante du recours à l'ambiguïté. Car ce « ou » éliminable, qui signifie « Il faut choisir S_1 ou S_2 », n'a pas d'autre utilisation que de marquer les énoncés ambigus : il est très différent, notamment, du « ou » proprement sémantique, nécessaire pour décrire les énoncés disjonctifs du type *Vaincre ou mourir*. Le « ou », dans ce dernier cas, ne sera certainement pas éliminé par le composant rhétorique, mais pourra tout au plus être transformé, en vertu d'effets contextuels : *Vaincre ou mourir* deviendra peut-être « celui qui ne peut pas vaincre doit mourir » (alors que *Marche ou crève* deviendrait « celui qui ne veut pas crever doit marcher »). Ainsi donc, la décision de considérer un énoncé particulier comme ambigu ne peut se justifier, même dans l'exemple grossier qui vient d'être pris, que par rapport à la description globale de la langue. Il en va de même, à plus forte raison, lorsque la différence des sens est plus subtile. Dans le cas de *Ouvert le mardi*, nous opterons pour l'existence d'un seul énoncé, mais ce qui nous y conduit, c'est simplement la possibilité d'expliquer l'apparition des deux sens par des lois générales du composant rhétorique (cf. p. 136).

Voici enfin un exemple pour lequel nous sommes encore incapables de justifier une décision plutôt que l'autre. Il s'agit de la phrase par laquelle on a traduit en français une déclaration célèbre du président Johnson :

6. Je ne serai pas le premier président à perdre une guerre.

On peut songer à lui donner, dès le composant linguistique, deux significations différentes, analogues à

a) « Je ne perdrai pas la guerre; si je la perds, je serai le premier président à le faire. »

b) « Je perdrai la guerre ; si je la perds, je ne serai pas le premier président à le faire. »

Mais on peut aussi ne donner à (6) qu'une seule signification. Elle signifierait simplement la fausseté de la conjonction des deux propositions A_1 et A_2 :

A_1 = « Je perdrai la guerre »

A_2 = « Si je perds une guerre, alors je serai le premier président à le faire. »

Quant au composant rhétorique, qui recevrait cette signification « non (A_1 et A_2) », il en tirerait, vu les circonstances dans lesquelles la phrase a été employée, « non A_1 ». Pour cela, il devrait utiliser, outre une loi logique élémentaire, la connaissance que A_2 ne saurait être présenté comme faux dans le contexte d'énonciation, connaissance à tirer soit de l'histoire des États-Unis, soit d'une rhétorique du discours patriotique. En faveur de cette deuxième solution, l'argument essentiel serait que le savoir extra-linguistique postulé est nécessaire de toute façon, même si l'on admet la première, pour comprendre que les auditeurs peuvent en fait facilement choisir celui des deux sens qui est visé par le locuteur.

Comment pourrait-on maintenant justifier la solution qui consiste à admettre, dès le départ, l'existence de deux significations différentes pour (6) ? On notera que cette dualité est très facile à prévoir, d'après les règles générales de la négation, si on affecte déjà de deux significations différentes l'énoncé positif :

6'. Je serai le premier président à perdre une guerre.

Les deux significations de (6') diffèreraient seulement par la répartition du posé et du présupposé. L'une, (a'), serait

{ pp. « Si je perds une guerre, je serai le premier président à le faire ».
{ p. « Je perdrai la guerre. »

L'autre, (b'), comporterait les mêmes éléments, mais avec interversion des coefficients « pp. » et « p. », soit :

{ pp. « Je perdrai la guerre. »
{ p. « Si je perds une guerre, je serai le premier président à le faire. »

Dans l'énoncé positif (6') la différence entre les interprétations (a') et (b') sera nécessairement peu sensible, vu que l'on trouve toujours, au total, les mêmes éléments sémantiques. Mais, puisque la négation, dans son usage habituel, porte seulement sur le posé, on peut prévoir, pour l'énoncé négatif (6), deux significations très différentes selon que le posé et le présupposé de l'énoncé positif correspondant (6′) ont la répartition (a′) ou la répartition (b′). Dans un cas il doit être nié, et, dans l'autre, maintenu, que Johnson perdra la guerre (on retrouve ainsi les significations (a) et (b) de (6)). La difficulté qui subsiste, reste cependant de justifier la double description donnée à l'énoncé positif (6′). Le seul argument vraiment décisif, à notre sens, serait de montrer que les deux interprétations (a′) et (b′) sont liées à des intonations nettement différentes, et que ces intonations, au surplus, ne sont pas relatives à ce seul énoncé, mais permettent, dans beaucoup d'autres cas analogues, le repérage du posé et du présupposé. Or, sur ce point, on ne dispose encore, à notre connaissance, d'aucune étude sérieuse. Ce qui oblige à laisser en suspens le problème de l'ambiguïté présuppositionnelle. Mais si nous avons présenté cette discussion, c'est justement parce qu'elle se termine par un point d'interrogation. L'important, pour nous, était de faire voir que la question « Tel énoncé a-t-il une ou plusieurs significations ? » ne saurait se trancher au niveau du « bon sens ». L'unicité ou la pluralité des significations ne sont pas des données, mais doivent être établies dans et par la constitution de la description sémantique.

Cette conclusion nous permet de passer plus vite sur une deuxième propriété de ces « énoncés » qui sont le point de départ de la description sémantique. Il va de soi que nous devons nous les donner déjà pourvus d'une certaine structuration syntaxique. Ce serait un tour de force que de passer directement de la transcription phonétique ou graphique à la traduction sémantique. Mais quelle syntaxe choisir ? Plutôt que de nous engager dans ces discussions sur « syntaxe et sémantique » qui occupent actuellement les revues de linguistique, nous demandons qu'on nous accorde, par pure charité, le point suivant. Sur un très grand nombre de problèmes d'analyse syntaxique, il n'y a pas, pour l'instant, de solution qui s'appuie sur des critères « purement syntaxiques » (bien que Chomsky, dès *Syntactic Structures*, ait postulé la nécessité de tels critères). Nous décidons donc, arbitrairement, de nous donner au départ une analyse des énoncés qui nous facilite leur description sémantique. Tant mieux si cette analyse se trouve conforme à la syntaxe le jour où celle-ci aura assuré ses propres critères. Sinon, il nous restera d'avoir établi quelques propositions hypothétiques de la forme « Si on admet telle structure de départ, alors le composant linguistique de la description sémantique peut, à l'aide de tel mécanisme, arriver à prévoir telle signification ». Nous avouons volontiers ne pas demander à la linguistique autre chose que des propositions hypothétiques de ce genre (encore un aveu : nous ne croyons personne capable de découvrir, au cas où elle existerait, *la* structure de la langue). Pour résumer : nous traitons le problème de la syntaxe de départ comme nous avons traité celui de la pluralité des énoncés. Il s'agit, pour nous, d'une question opératoire. Nous donnons aux énoncés le nombre de lectures et la structure syntaxique qui nous semblent le mieux convenir à leur description sémantique.

2. Une deuxième remarque, maintenant, pour préciser la structure de départ sur laquelle nous ferons travailler le composant linguistique. Nous nous servirons pour cela d'un texte de Bally (*Linguistique générale et linguistique française*, Berne, 1944, première partie, chap. 2), distinguant trois modes de composition possible entre énonciations. Le premier est la simple juxtaposition de deux actes d'énonciation parfaitement indépendants quant à leurs conditions et à leurs intentions. C'est le coq à l'âne : *Il fait beau ; passe moi le sel ; j'ai rencontré un tel*... Bally en distingue soigneusement un deuxième type d'association, qu'il appelle « coordination » (noter qu'il s'agit d'une notion d'ordre sémantique et non pas morphologique : la coordordination dont parle Bally peut se réaliser sans aucune conjonction apparente, et se réaliser aussi — nous tenterons de le montrer — lorsque les deux énonciations sont reliées par une conjonction dite de « subordination »).

Deux énonciations *A* et *B* sont coordonnées si :

1. *A* est une proposition indépendante.

2. *B* prend *A* pour thème.

La première condition implique que *A* corresponde à un acte d'énonciation complet, qui reste identique à lui-même que *A* soit ou ne soit pas suivi par *B*. Ce qui exclut de la coordination une suite de propositions comme *Quand on veut, on peut :* ici, en effet, la première proposition n'est pas l'objet d'un acte de parole achevé indépendamment de la seconde. Quant à la deuxième condition, elle exclut les coq à l'âne, qui relèvent du groupement par juxtaposition. Les deux conditions sont en revanche satisfaites par les emplois habituels d'une phrase comme *Il fait beau ; je vais sortir*. La première proposition, ici, effectue un acte d'assertion tout à fait indépendant de la seconde. Mais il n'y a pas une simple juxtaposition (malgré l'absence de conjonctions explicites), car l'annonce de la sortie présente celle-ci comme une conséquence du beau temps. Une fois opérée, et de façon indépendante, l'assertion relative au temps, le locuteur s'y réfère, dans la seconde proposition, pour annoncer, à partir de là, qu'il va sortir : *B* comprend donc, comme partie intégrante, un renvoi à *A*. Nous avons utilisé cette notion de coordination pour expliquer certains emplois de pronoms personnels renvoyant à des expressions indéfinies *. Dans *Des amis sont venus me voir ce matin ; ils m'ont parlé de toi*, la première proposition sert à annoncer que le locuteur a reçu la visite d'amis. Et la deuxième proposition, prenant ce fait pour accordé, peut désormais affirmer quelque chose de ces visiteurs amis dont l'existence résulte de la première. Ce qui permet de comprendre à la fois : 1° que la première proposition soit de type purement existentiel, et que l'expression *des amis* ne réfère à aucun ami particulier, 2° que le *ils* de la deuxième soit, lui, référentiel, tout en ayant pour antécédent l'expression non référentielle *des amis*.

Le troisième mode d'association, enfin, produit ce que Bally appelle des « phrases liées ». Ici, ni l'une ni l'autre des deux propositions ne fait l'objet d'un acte d'énonciation compréhensible indépendamment de l'autre. On n'affirme pas successivement *A* et *B*, mais on annonce un rapport entre *A* et *B*. L'énoncé *Quand on veut, on peut* est ainsi un exemple de phrase liée. Il ne sert pas à affirmer un vouloir, puis, en rapport avec ce vouloir, un pouvoir (ce que ferait une coordination). Mais il affirme un rapport entre vouloir et pouvoir.

La distinction de la coordination et de la phrase liée nous semble fort utile pour distinguer des conjonctions que la grammaire habituelle classe les unes et les autres dans la rubrique de la subordination. Considérons par exemple les quatre énoncés :

7. Pierre est venu pour que Jacques parte.
7'. Pierre est venu de sorte que Jacques est parti.
8. Pierre est venu parce que Jacques est parti.
8'. Pierre est venu puisque Jacques est parti.

Si on devait décrire les oppositions *pour que/de sorte que* et *parce que/puisque*, on devrait à coup sûr noter des différences dans la nature même des rapports exprimés (but/consécution, cause/preuve). Mais il existe aussi, selon nous, des différences dans l'organisation interne des phrases.

* « Les indéfinis et l'énonciation », *Langages*, 17, mars 1970.

On notera ainsi que (7′), à la différence de (7), ne peut pas être l'objet d'une interrogation ni d'une négation (on n'a pas *Est-ce que Pierre est venu de sorte que Jacques est parti?*, ni *Pierre n'est pas venu de sorte que Jacques est parti ;* ou bien, lorsqu'on rencontre ces énoncés, la négation et l'interrogation ne portent pas sur le rapport consécutif lui-même). On ne peut pas non plus modifier *de sorte que* avec *seulement (Pierre est venu seulement de sorte que Jacques est parti)*, ni non plus introduire la proposition consécutive dans le tour *C'est... que (C'est de sorte que Jacques est parti que Pierre est venu)*. Toutes ces transformations, on le vérifiera facilement, ne sont pas davantage applicables à la phrase (8′) (comportant *puisque*). En revanche elles ne font aucune difficulté avec les phrases (7) et (8) (construites avec *pour que* et *parce que*). Ces particularités suggèrent de donner à (7′) et (8′) une structure commune, différente de celle de (7) et (8). (S'agit-il de structure sémantique ou syntaxique? Nous avouons ne pas voir l'importance de cette question).

En quoi consiste donc la différence entre les deux types de phrases? Nous proposons de dire que (7) et (8) sont des exemples de phrases liées. Le locuteur qui les emploie a pour intention principale de signaler le rapport existant entre les deux propositions dont chacune est constituée : il indique le but ou la cause de la venue de Pierre (d'où la possibilité d'introduire des expressions comme *seulement* ou *c'est... que* qui prennent directement pour objet ce rapport, rapport que l'on peut aussi nier ou mettre en doute grâce à une négation ou une interrogation). La situation est tout à fait différente pour (7′) et (8′), fabriqués avec *de sorte que* et *puisque*. Nous parlerons ici de coordination (au sens de Bally), en entendant par là que l'emploi de ces phrases revient à accomplir deux énonciations successives. On annonce que Pierre est venu, et on annonce ensuite, ce premier fait étant admis, un autre fait, que l'on présente comme une conséquence ou comme une preuve. On n'asserte donc pas le rapport existant entre deux faits; on asserte deux faits, en introduisant le second par l'intermédiaire de son rapport au premier. Nous comprenons par suite qu'il soit impossible d'ajouter à la phrase initiale un morphème comme *seulement*, qui aurait pour objet le rapport entre les deux propositions. Car cette phrase initiale, justement, n'a pas pour objet d'affirmer un rapport. (On comprend aussi qu'on ne puisse pas mettre en doute ou nier une relation qui n'a pas été, à proprement parler, affirmée).

Nous pouvons cependant aller un peu plus loin, et chercher à traduire la différence entre les deux types de phrases comme une différence structurale, marquée dans leur organisation interne, dans la façon dont sont articulés leurs constituants sémantiques. Le fait suivant laisse entrevoir une solution. Accolons au sujet, à savoir *Pierre*, des phrases (7) et (8), un déterminant du type de *seul*, *même*, *aussi*. On a, par exemple :

9. Seul Pierre est venu parce que Jacques est parti.

(9) a deux lectures possibles :

9*a*. « Seul Pierre est venu : la cause en est que Jacques est parti. »

(ce dont le départ de Jacques est cause étant, conformément à la règle d'enchaînement, que personne d'autre que Pierre ne soit venu).

Une autre lecture serait :

9*b*. « Le seul qui soit venu à cause du départ de Jacques, c'est Pierre. »

On trouverait la même dualité avec *même*, *aussi*, et en prenant (7) pour énoncé de départ. En revanche, il n'y a plus qu'une seule de ces lectures qui soit envisageable pour les énoncés construits de la même façon à partir de (7′) et (8′). Ainsi :

10. Seul Pierre est venu de sorte que Jacques est parti.
se comprend nécessairement comme :

10*a*. « Seul Pierre est venu : la conséquence en est que Jacques est parti. »

Pour représenter ces faits, il semble naturel de décrire (10) comme constitué des deux propositions *Seul Pierre est venu* et *Jacques est parti*, reliées par la coordination *de sorte que*. Il faut donc une description analogue pour (7′), qui contiendrait ainsi les propositions *Pierre est venu* et *Jacques est parti*, reliées, là encore, par *de sorte que* (une solution identique vaudrait pour (8′), construite avec *puisque*). C'est dire que les phrases où nous avons parlé, avec Bally, de coordination, comporteraient dans leur structure sémantique une succession de deux propositions; et il faudrait en dire autant de (9), envisagée dans sa lecture (9*a*), qui est parallèle à l'unique lecture possible pour (10). En revanche, nous décrirons (9), lu comme (9*b*), comme une proposition unique, en entendant par là qu'elle a un seul prédicat « venir parce que Jacques est parti », et un seul sujet « Pierre », modifié par « seul ». Pour obtenir la signification (9*b*), il suffit d'appliquer la même règle générale qui nous a donné la signification de phrases plus simples comme *Seul Pierre est venu*, et selon laquelle ces phrases présupposent que le prédicat vaut du sujet, et posent qu'il ne vaut de rien d'autre. Quant aux phrases (7) et (8), où l'insertion de « seul » donne une phrase analogue à (9), il faut admettre qu'elles ont, comme (9), tantôt l'une, tantôt l'autre de ces deux structures — ce qui n'entraîne aucune différence sémantique criante tant que le sujet n'est pas modifié par un déterminant tel que « seul ». Il suffira donc de dire, pour expliquer les diverses transformations (interrogative, négative) que (7) et (8) peuvent subir alors que (7′) et (8′) les refusent, que (7) et (8), lorsqu'elles se prêtent à ces modifications, ont alors la structure sujet-prédicat, celle de (9) dans sa lecture (9*b*). Ce qui n'empêche nullement de penser que (7) et (8) ont aussi quelquefois une structure de coordination (celle de (9) dans sa lecture (9*a*)), et qu'alors elles ne peuvent plus être soumises aux modifications en question.

Tout en reprenant la thèse de Bally, nous avons ainsi été amené à lui apporter certaines précisions —que nous voudrions résumer :

a) Nous avons tenté de donner à la notion de phrase liée une définition de type structural : une phrase liée est une phrase comportant un seul prédicat, constitué par la fusion de prédicats élémentaires, ou bien, comme lorsque (9) est lu (9*b*), par la fusion d'un prédicat « venir » et d'une proposition « Jacques est parti ». D'où la notion, essentielle pour nous, et qui va être développée tout de suite, de prédicat complexe.

b) Si certains énoncés (cf. (7), (8), (9)) peuvent être compris tantôt comme phrases liées, tantôt comme produits d'une coordination, il en est d'autres qui ne peuvent se comprendre que comme des coordinations (cf. les énoncés construits avec *puisque* ou *de sorte que*). Et d'autres doivent nécessairement s'interpréter comme des phrases liées, attribuant un prédicat complexe unique à un sujet unique (cf. les énoncés négatifs ou interrogatifs comportant *parce que* ou *pour que : Pierre viendra-t-il pour que Jacques parte?*) Ce lien nécessaire entre certains énoncés et l'une ou l'autre des deux structures, nous oblige à introduire ces structures *dès le composant linguistique*, c'est-à-dire dans une analyse de l'énoncé, avant qu'intervienne le contexte. Il faudra par suite admettre, lorsque les deux structures sont possibles (cf. (8) *Pierre est venu parce que Jacques est parti*), qu'il y a ambiguïté, c'est-à-dire qu'on se trouve devant deux énoncés homonymes.

3. La notion-clef, pour établir une différence structurale entre coordination et phrase liée, est celle de « prédicat complexe ». Pour l'introduire, nous devons l'opposer à la thèse, souvent attribuée à Chomsky, selon laquelle toute complexité, dans un énoncé, tient à ce qu'il comporte, dans sa structure profonde, une multitude d'énoncés imbriqués les uns dans les autres. Ce qu'on exprime de façon plus technique en disant que le seul symbole récursif de la grammaire est le *S* (= sentence, « phrase »). A l'inverse, nous allons soutenir qu'il y a une autre source de complexité — manifestée particulièrement dans les phrases liées — qui tient à la structure interne du prédicat. Celui-ci, que nous appellerons « complexe », est alors constitué soit par un prédicat élémentaire sur lequel ont agi différents opérateurs, soit par l'amalgame de prédicats élémentaires, ou de prédicats élémentaires et de propositions (ces possibilités se combinant mutuellement).

Le philosophe et logicien P. T. Geach a été un des premiers à signaler la difficulté, sémantique, que soulève l'analyse transformationnelle habituelle des pronoms réfléchis, analyse qui dérive *Satan a pitié de lui-même* de la structure profonde correspondant à *Satan a pitié de Satan.* Car il est impossible de dériver, *sémantiquement* au moins,

11. Seul Satan a pitié de lui-même.

de *Seul Satan a pitié de Satan*, ni davantage

12. Certains philosophes ont pitié d'eux-mêmes

de *Certains philosophes ont pitié de certains philosophes.* Les énoncés (11) et (12), en revanche, ne font plus difficulté si l'on admet qu'ils attribuent à leurs sujets respectifs *(Seul Satan, Certains philosophes)* le prédicat « avoir pitié de soi ». Mais il faut admettre alors que ce prédicat n'est pas primitif, mais produit par l'action d'un opérateur, appelons le *REFL*, sur le prédicat « avoir pitié de ». On dira que *REFL* transforme un prédicat à deux arguments comme « avoir pitié de » en un prédicat à un argument comme « avoir pitié de soi », défini par le fait que « avoir pitié de soi » peut se dire d'un objet x si « avoir pitié de » peut se dire du couple d'arguments (x, x). On obtient alors sans difficulté la signification de (11) et de (12). En appliquant par exemple la règle relative à « seul », on interprétera (11) comme présupposant « Satan a pitié de lui-même », et comme posant « Pour toute personne autre que Satan, il est faux qu'elle ait pitié d'elle-même ».

On est amené, pour les mêmes raisons, à définir un deuxième type de prédicat complexe, obtenu par l'amalgame de prédicats plus simples. Certains propagandistes de la grammaire transformationnelle présentent comme un progrès décisif de l'analyse linguistique, l'attribution à l'énoncé *Pierre a promis de venir* de la structure dite profonde « Pierre a promis que Pierre viendrait ». L'énoncé « superficiel » proviendrait donc de l'enchâssement d'un énoncé *Pierre viendra* dans un énoncé *Pierre a promis* (ou dans le prédicat de cet énoncé). Mais, ici encore, l'introduction de « seul » ou de « certains » oblige à admettre une analyse *sémantique* différente. On ne saurait comprendre, par exemple,

13. Certains de mes amis ont promis de venir

à partir de :

13'. Certains de mes amis ont promis que certains de mes amis viendraient.

On ne gagne rien à décider que, dans la structure profonde (13'), les deux *certains* sont affectés d'un même indice, signifiant qu'ils ont le même référent. Supposons, sans enthousiasme, qu'il y ait un sens quelconque à parler du référent des expressions indéfinies. L'énoncé (13) ne signifie cependant pas que toutes les personnes qui ont fait l'acte de promettre sont celles dont la venue a été promise; il ne dit pas, en d'autres termes, que les personnes d'un groupe ont promis que ce groupe viendrait. Il dit, au moins dans son acception habituelle, que chaque personne d'un groupe a promis qu'*elle-même* viendrait. Ce sens est assez facile à prévoir si on admet que les prédicats élémentaires « promettre » et « venir » peuvent, dans certaines conditions, constituer un prédicat complexe « promettre de venir », prédicat dont l'énoncé (13) indiquerait qu'il s'applique à certains de mes amis (nous proposerons même, on le verra dans la chapitre 5, de considérer *certains* et *seuls* comme les représentants d'opérateurs qui transforment le prédicat « promettre de venir » en un prédicat encore plus complexe, ce qui donnerait pour sujet sémantique à l'énoncé (13) le seul terme « amis »).

Armé de cette notion de prédicat complexe, on peut plus facilement caractériser la tripartition des énoncés, que nous avons empruntée à Bally. Considérons les trois énoncés :

14. Certaines voitures sont confortables; certaines voitures sont sûres

(si on désire placer (14) dans un contexte qui le rende vraisemblable, on peut imaginer qu'il soit suivi par *Aucune n'est à la fois sûre et confortable*, ou bien *Les nôtres sont à la fois...*)

15. Certaines voitures sont confortables; elles sont aussi sûres

(contexte possible : *parce que le confort du conducteur le rend prudent*)

16. Certaines voitures sont sûres et confortables

(contexte possible : *mais elles sont chères*).

(14) constitue, à nos yeux, une simple juxtaposition. On a deux énoncés parfaitement indépendants. Ce qui entraîne que l'énoncé ne pose aucun rapport entre la classe des voitures sûres et celle des voitures confortables (classes qui peuvent être incluses l'une dans l'autre, identiques, disjointes, sécantes...). L'énoncé (15), quant à lui, illustre pour nous la coordination. On a deux propositions dont la seconde se fonde sur la première. De sorte que le pronom *elles* désigne toutes les voitures confortables, voitures dont l'existence a été affirmée par la première proposition. La preuve en est qu'il serait contradictoire de faire suivre (15) par *Mais il y a des voitures confortables qui ne sont pas sûres*). L'énoncé (16), enfin, est un exemple de phrase liée. Il ne comporte qu'un seul prédicat, le prédicat complexe « être sûr et confortable », formé par un opérateur de conjonction agissant sur les deux prédicats élémentaires « être sûr » et « être confortable ». Pour définir cet opérateur, nous proposons de dire que tout objet vérifie le prédicat « P et Q » si, et seulement si, il vérifie à la fois « P » et « Q ». L'énoncé (16) doit donc signifier qu'il y a certaines voitures dont on peut dire à la fois qu'elles sont sûres et qu'elles sont confortables. Ce qui nous semble bien le cas dans la plupart des emplois de (16) (incompatibles avec *Le confort exclut la sécurité*, mais compatibles avec *Certaines voitures sûres ne sont pas confortables*). Nous voyons mal comment la distinction entre (14) ou (15) d'une part, et (16) d'autre part, pourrait être expliquée sans admettre la notion de phrase liée et sa traduction structurale à l'aide de l'idée de prédicat complexe.

A titre de vérification, nous pouvons maintenant revenir sur les phrases contenant *parce que* et *pour que* (cf. p. 118) : nous avons décidé de les tenir pour structurellement ambiguës, en disant qu'elles peuvent être interprétées tantôt comme des coordinations de propositions, tantôt comme des phrases liées comportant un unique prédicat complexe. S'il en est ainsi, leur ambiguïté doit devenir beaucoup plus nette (et même logiquement décelable) lorsqu'on leur donne pour sujet *certains*. Selon l'interprétation choisie, elles devront avoir des significations aussi différentes entre elles que le sont les significations des énoncés (15) et (16) analysés plus haut. Une telle prévision nous semble justifiée, si l'on considère :

17. Certains élèves ont été félicités parce qu'ils avaient séquestré le proviseur.

Il nous semble, intuitivement, que deux interprétations sont possibles. Dans l'une, on indique une cause ayant amené à distribuer des félicitations dans le lycée. On n'exclut donc nullement (sans cependant l'affirmer) que d'autres élèves aient été félicités pour avoir délivré le proviseur, ou pour avoir crié *Vive le roi!* Cette interprétation est prévisible lorsque la structure est celle d'une phrase liée : alors (17) énonce qu'il y a des élèves auxquels peut s'appliquer le prédicat complexe « être félicité parce qu'on a séquestré le proviseur ». On pourrait visualiser cette structure comme :

17'. Certains élèves (ont été félicités parce qu'ils avaient séquestré le proviseur).

Une deuxième interprétation est cependant possible : l'énoncé (17) impliquerait que tous les élèves félicités (dans le lycée et à l'époque en question) l'ont été pour le même motif. Il ne peut plus alors être suivi, sans contradiction, par *D'autres ont été félicités pour d'autres motifs.* Pour imposer cette interprétation, il faudrait d'ailleurs une pause avant *parce que*, et que la deuxième proposition apparaisse comme une réponse à une question implicitement soulevée par la première. Ce qui se représente comme :

17". Certains élèves (ont été félicités) — parce qu'ils (avaient séquestré le proviseur).

On a alors ici une coordination au sens de Bally. La première proposition est énoncée pour elle-même : elle annonce que des élèves ont été félicités. Puis la seconde, prenant pour thème ces élèves félicités dont l'existence a été préalablement posée, fait à leur sujet une assertion nouvelle, présentée comme explication de ce que la première proposition a annoncé. Pour compléter la démonstration, il faudrait vérifier (et c'est facile à faire) que des phrases analogues à (17), mais construites avec *de sorte que* ou *puisque*, phrases auxquelles nous avons reconnu une seule structure possible, n'ont aussi qu'une seule interprétation, comparable à (17″).

Cette distinction de la coordination et de la phrase liée, et l'introduction corrélative de la notion de prédicat complexe, sont d'une grande importance lorsqu'il s'agit de construire effectivement le composant linguistique, et de calculer la signification des énoncés. Nous espérons l'avoir montré en ce qui concerne l'interprétation de *certains*. Mais il en est de même en ce qui concerne le calcul des présupposés. Supposons qu'une phrase *A* ait été obtenue par la coordination de *a1* et de *a2*. Sa description consistera à totaliser les descriptions de ses composants *a1* et *a2*, et à ajouter l'indication sémantique apportée par l'enchaînement — en précisant que cet enchaînement, selon la règle habituelle, concerne les seuls posés. *A* comportera donc les présupposés de *a1* et ceux de *a2*, les posés de *a1* et ceux de *a2*, plus l'indication d'un lien entre les posés de *a1* et ceux de *a2* (ce lien lui-même ne nous semble ni posé ni présupposé, et exiger la définition d'un autre statut sémantique, que nous ne saurions pas préciser actuellement, mais qui nous semble proche de celui proposé pour les interjections, cf. p. 18 : un certain contenu est attesté par son expression même).

Si, maintenant, on se trouve en présence d'une phrase liée, le calcul sémantique devra mettre en jeu, pour calculer les posés et présupposés de la phrase totale, des lois particulières, propres à l'opérateur qui a produit le prédicat complexe. Soit, par exemple, l'énoncé suivant, interprété comme phrase liée :

18. Jean est venu parce qu'il s'ennuyait.

Il est constitué par le sujet « Jean », et par le prédicat complexe « venir parce que l'on s'ennuie ». La description à obtenir nous semble, grossièrement, la suivante (en faisant abstraction des difficultés dues au temps et à l'aspect) :

pp. « Jean est venu »

p. « Jean s'ennuyait, et son ennui est cause de sa venue ».

Nous introduirons dans le composant linguistique un opérateur

« parce que », qui transforme deux prédicats « Pr1 » et « Pr2 » en un prédicat complexe « Pr1 parce que Pr2 », défini de la façon suivante : dire que « Pr1 parce que Pr2 » s'applique à un objet « a », c'est, d'une part, présupposer que « Pr1 » s'applique à « a », d'autre part poser que « Pr2 » s'applique à « a » et que le deuxième de ces faits est cause du premier. (En prenant « venir » pour « Pr1 », « s'ennuyer » pour « Pr2 », et « Jean » pour « a », on obtient immédiatement la description désirée.) Ce que cet échantillon d'analyse voudrait montrer, c'est que les notions de prédicat complexe et de coordination ne se fondent pas seulement sur une sorte d' « intuition sémantique », qui fait « sentir » l'existence de types d'organisation différents. Elles ont (ou plutôt, elles sont destinées à recevoir) un rôle opératoire dans le fonctionnement du composant linguistique, et c'est de là surtout qu'elles peuvent tirer leur éventuelle justification.

4. Nous voudrions enfin prévenir un malentendu que soulève facilement le schéma de la p. 111. Ce schéma implique que le composant linguistique prend pour objet les énoncés et non pas les emplois des énoncés. Mais on ne saurait en conclure que les descriptions produites par ce composant (appelées, par convention, « significations ») doivent nécessairement passer sous silence tous les actes de parole dont les énoncés peuvent fournir le moyen. Que le point de départ du composant linguistique soit constitué par des énoncés et non par des énonciations, cela n'entraîne pas — bien que la confusion soit fréquente — que les « significations » qui constituent son point d'arrivée soient purement représentatives, et ne mentionnent pas le type d'acte accompli lors de l'énonciation. Tel que nous l'avons décrit au chapitre 3, l'énoncé à valeur illocutoire a justement pour caractère distinctif de posséder une efficacité, une force pragmatiques, qui constituent des phénomènes premiers, impossibles à dériver d'un contenu représentatif préalable. Le fait, par exemple, qu'un énoncé performatif comme *Je promets de...* serve à accomplir l'acte de promettre, est impossible à déduire, nous avons essayé de le montrer, d'un noyau significatif qui serait antérieur et plus fondamental. Aussi ne gagnerions nous rien à confier la prévision des valeurs illocutoires au composant rhétorique — puisque celui-ci déduit le « sens » à partir des « significations » livrées par le composant linguistique, et que la valeur illocutoire ne se laisse déduire d'aucune donnée sémantique préalable.

Nous pourrions même donner une sorte de formalisation à la distinction austinienne de l'illocutoire et du perlocutoire, en spécifiant que le premier doit être déterminé au niveau du composant linguistique, et le second, dans le composant rhétorique seulement. Notamment l'acte de présupposition, que nous avons présenté comme illocutoire, devra être marqué dans les significations produites par le composant linguistique, décision qu'exige parallèlement la cohérence même de ce composant (cf. § 3). Certes il arrive qu'une suite de mots à laquelle la syntaxe donne d'habitude une description unique, puisse recevoir des valeurs illocutoires très différentes : ainsi *Je viendrai* peut servir à faire une assertion ou une promesse. Nous devrons donc le considérer comme manifestant deux énoncés différents. Par suite, le composant rhétorique n'aura pas à engendrer les sens « promesse » ou « assertion » en se fondant, d'une part, sur le contexte, et, d'autre part, sur une signification intermédiaire qu'aurait livrée le composant linguistique. Il aura seulement — ce qui est, théoriquement au moins, tout à fait différent — à préciser, d'après le contexte, lequel des deux actes était visé par le locuteur (quand cette désambiguïsation est possible — ce qui est loin d'être toujours le cas, les malentendus étant fréquents, dans la vie quotidienne, sur les actes de parole accomplis). C'est dans un esprit analogue que seraient traitées les ambiguïtés présuppositionnelles, si on admet (comme nous l'avons suggéré, à titre d'hypothèse, p. 116) qu'une même suite de mots puisse manifester deux énoncés différents selon la répartition en elle du posé et du présupposé.

Les indications sur la valeur illocutoire ne sont pas d'ailleurs les seuls éléments, dans les « significations », à contenir une allusion à l'énonciation. Il y a, en effet, un très grand nombre de morphèmes, tours ou expressions, qui, sans être eux-mêmes illocutoires, ne peuvent se décrire que par rapport à l'orientation pragmatique du discours, à l'affrontement des interlocuteurs, à leur façon d'agir l'un sur l'autre par la parole. Un exemple éclairera peut-être cette formulation très floue. Soit à décrire la conjonction française *mais*, c'est-à-dire à prévoir la signification des énoncés *p mais q* (où *p* et *q* sont des propositions) à partir des significations « p » et « q » de *p* et de *q*. Une description semble possible, qui éviterait tout recours au fait de l'énonciation. La signification de *p mais q* comporterait les trois éléments : 1° « p », 2° « q », 3° « *p* et *q* sont difficiles à concilier » (ou encore « certains croient *p* et *q* incompatibles »).

Il est facile de trouver des exemples où cette description donne un résultat satisfaisant. R. Lakoff note ainsi qu'elle rend compte facilement des implications (en un sens non-logique de ce mot) d'une phrase comme *Il est républicain, mais honnête*, qui laisse supposer une sorte d'incompatibilité (apparente, au moins) entre l'honnêteté et l'appartenance au parti républicain. Malheureusement, on trouve encore plus de contre-exemples, cf. *Il faisait beau, mais j'étais fatiqué* ou *Elle est venue, mais sa mère était avec elle.* La notion d'incompatibilité, aussi atténuée qu'on le voudra, est ici inutilisable. Il serait plus exact, nous semble-t-il, de décrire le *mais* de la façon suivante. Le locuteur, après avoir prononcé la première proposition *p*, prévoit que le destinataire en tirera une conclusion « r » (qui peut être, dans les deux derniers exemples, « tu as dû être content »). La deuxième proposition, *q*, précédée d'un *mais*, tend alors à empêcher cette éventuelle conclusion, en signalant un nouveau fait, qui la contredit. Le mouvement total serait : « p; tu songes à en conclure r; il ne faut pas le faire, car q » (ce mouvement est presque explicite dans le ἀλλα γαρ, « mais en effet », du grec ancien).

Si cette description est bonne, elle doit cependant rendre compte aussi de l'énoncé pris en exemple par Lakoff. On remarquera d'abord qu'elle s'impose pour certains usages de cet énoncé. Supposons que le destinataire cherche à embaucher — pour quelque basse besogne — un homme qui aurait ces deux propriétés, rarement conjointes, d'être républicain et malhonnête. Le locuteur pourrait très bien employer la phrase en question pour lui déconseiller tel candidat : « Il est républicain, mais honnête. » Ici notre description générale conviendrait : « ne tire pas de son républicanisme cette conclusion qu'il fait l'affaire, car il est honnête ». Bien plus, cette description permet de comprendre, comme un cas particulier, l'emploi auquel pense Lakoff. On supposera que, dans ce cas, la conclusion « r » est une évaluation de type moral. Le mouvement de la phrase serait alors : « ne conclus pas de son républicanisme à sa valeur (ou à son absence de valeur), car il est honnête » (dans la mesure où l'honnêteté passe pour une qualité, il devient prévisible que l'évaluation envisagée à partir du républicanisme est défavorable; et ce serait l'inverse si l'honnêteté était jugée un défaut). Si, dans ce cas, on a l'impression d'une incompatibilité directe entre *p* et *q*, rendant inutile le détour par *r*, c'est sans doute que le bien et le mal sont fréquemment considérés comme inhérents aux caractères tenus pour bons ou mauvais : si deux caractères s'opposent par leur valeur morale, on a l'impression qu'ils doivent, en eux mêmes, s'opposer.

La nécessité de faire intervenir, *dès le composant linguistique*, ce « r », représentant les conclusions tirées par les interlocuteurs de ce qu'ils disent, apparaît dans bien d'autres cas *. Comment décrire le *même* de *Il est venu et même il m'a parlé.* Tout ce qu'on peut dire, c'est qu'il y a une certaine conclusion, appelons la encore « r », que la deuxième proposition est censée fonder plus encore que ne le fait la première (« r » peut être, dans notre exemple « il est gentil », « il a du culot », « il s'ennuyait... etc.). Le mouvement de pensée dénoté par *même* est ainsi à peu près l'inverse de celui exprimé par *mais*. Mais l'un et l'autre ont en commun de faire allusion à la stratégie du discours, à la façon dont les paroles prononcées orientent, ou risquent d'orienter, le débat des interlocuteurs.

En introduisant ainsi « r » dans le composant linguistique, nous rompons donc définitivement avec la croyance, signalée p. 127, selon laquelle prendre pour point de départ les seuls énoncés, c'est renoncer à considérer l'énonciation. Car le « r » des exemples précédents marque, dans la description de l'énoncé lui-même, une place à la fois bien déterminée et vide, qui devra être remplie par le composant rhétorique, à l'aide des indications fournies par le contexte d'énonciation. C'est là, nous semble-t-il, une des différences essentielles entre les langues naturelles et les langages logiques. Il y a, pour un langage logique, toute une étude possible, syntaxique et sémantique à la fois, qui ne tient pas compte de son emploi éventuel (= de sa pragmatique). Pour les langues naturelles au contraire, on ne peut imaginer aucun niveau de description sémantique où l'on ferait comme si ces langues n'étaient pas destinées à être parlées. La notion austinienne de valeur illocutoire, l'idée, corrélative, d'acte de présupposition, l'introduction, enfin, de cette variable « r » qui représente les intentions possibles des interlocuteurs, tout ceci montre l'insertion nécessaire de l'énonciation dans l'énoncé. Mais il n'en résulte pas pour autant que l'énoncé n'ait pas sa valeur sémantique propre, antérieure aux spécifications et transformations qu'il recevra dans les actes particuliers d'énonciation. Et il nous a même semblé que des faits d'énonciation (la différence, par exemple, de l'illocutoire et du perlocutoire) ne sauraient être décrits de façon fidèle, si l'on n'admettait pas d'abord qu'il y a des valeurs attachées en propre à l'énoncé. C'est pour concilier ces idées, en apparence contradictoires, que nous avons défini, avant qu'intervienne le composant dit « rhétorique », un

* Cf. notre préface à la traduction française de *Speech Acts (Les actes de langage)*, de Searle, Paris, Hermann 1972.

composant linguistique, qui caractérise les énoncés indépendamment de toute énonciation, mais par rapport au rôle qu'ils peuvent jouer dans l'énonciation.

Le composant rhétorique

Si l'on sait peu de choses sur le composant linguistique, le drame est qu'on en sait trop sur le composant rhétorique : on voit mal comment borner les connaissances qui lui seront nécessaires pour prévoir, à partir de la signification de l'énoncé et d'une description de la situation de discours, l'effet de sens réellement produit.

Nous nous bornerons, ici, à indiquer quelques règles générales qui doivent certainement être introduites dans ce composant : nous les avons choisies, parmi bien d'autres possibles, parce que nous pouvons montrer la nécessité de les faire agir sur des « significations » préexistantes : elles servent donc à justifier la distinction des deux composants et l'ordre établi entre eux.

Les règles dont il va être question ont en commun de produire un effet de sens que nous avons proposé ailleurs d'appeler « sous-entendu » *. Une première caractéristique du sous-entendu est sa dépendance par rapport au contexte, son instabilité. En disant au patron d'un hôtel *Ce matin, les croissants étaient frais*, on laisse entendre qu'ils étaient secs les jours précédents. Mais il est impossible de formuler une règle : « En employant un énoncé de la forme *Au moment t, l'objet A a la propriété P*, on donne toujours à penser que A a la propriété P à ce seul moment. » Car l'énoncé précédent peut très bien être utilisé par le patron, sur le point d'annoncer que le lendemain, par suite de la grève des boulangers, il ne pourra pas, exceptionnellement, servir des croissants frais. On peut d'autre part facilement imaginer un client qui, après une journée passée à l'hôtel, énumère ses griefs : « Ce matin, les croissants étaient secs; au déjeuner, la viande était dure... » C'est une des raisons pour lesquelles nous réservons au composant rhétorique, qui connaît les contextes, le calcul des sous-entendus. Si nous introduisions dès le composant linguistique la règle précédente, il faudrait donner au composant rhétorique le moyen de prévoir les exceptions imposées par le contexte — ce qui ne simplifierait en rien la description totale.

Seconde caractéristique, moins négative, du sous-entendu. Il existe

* « Présupposés et sous-entendus », *Langue française*, décembre 1969, nº 4.

toujours, pour chaque énoncé, un « sens littéral » dont ses sous-entendus éventuels sont exclus. Ceux-ci apparaissent donc comme surajoutés. Dans de nombreux emplois, l'énoncé *La situation n'est pas excellente* donne à penser qu'elle est franchement mauvaise. Mais un locuteur qui aurait prononcé cette phrase et se verrait accuser de défaitisme, peut toujours se retrancher derrière le sens littéral de ses paroles (« Je n'ai pas dit ça »), prétendre qu'on lui en fait dire plus qu'il n'a dit, et laisser à l'auditeur la responsabilité de l'interprétation. Le sous-entendu a ainsi la particularité — et l'inestimable avantage — de pouvoir toujours être renié.

Comment le locuteur découvre-t-il le sous-entendu, si celui-ci est extérieur au sens « littéral ». C'est toujours, selon nous, par une démarche discursive, par une sorte de raisonnement. Mais ce raisonnement ne peut pas avoir pour point de départ le seul énoncé (sans quoi le sous-entendu serait nécessairement impliqué par ce qui est dit, et impossible alors à renier). Il s'appuiera donc sur l'événement que constitue l'énonciation, sur le choix de l'énoncé par le locuteur à tel moment et dans telles circonstances. Le mouvement de pensée qui produit le sous-entendu nous semble du type « Si X a cru bon de dire Y, c'est qu'il pensait Z ». Z est ainsi conclu — c'est un troisième caractère des sous-entendus — non pas de ce qui a été dit, mais du fait qu'on l'a dit : « S'il me dit que la situation n'est pas excellente, alors que l'habitude est de donner des rapports favorables, c'est qu'il croit la situation vraiment mauvaise. »

Le caractère qu'a le sous-entendu d'être conclu à partir de l'énonciation, permet de le rapprocher d'une certaine forme d'implicite — l'implicite discursif décrit dans le chapitre I. C'est une des raisons aussi de le distinguer du présupposé, qui ne satisfait, on le vérifiera facilement, aucun des trois critères précédents. Car les présupposés, sauf effet de style particulier, sont présents dans *toutes* les énonciations de l'énoncé. Ils ne peuvent pas, d'autre part, être opposés à un « sens littéral ». (Celui qui dit *Pierre se doute que Jacques viendra* ne peut pas nier, en même temps, que Jacques, réellement, doive venir.) Enfin, on ne voit pas quel raisonnement de l'auditeur pourrait être à leur origine. Si c'était un raisonnement qui faisait conclure de *Pierre se doute que Jacques viendra* à *Jacques viendra*, le même raisonnement devrait tirer la même conclusion de *Pierre s'imagine que Jacques viendra*, ou de *Pierre croit que Jacques viendra.* Nous marquerons cette différence entre présupposés et sous-entendus (c'est-à-dire entre un implicite immédiat et un implicite discursif) en faisant apparaître les présupposés dès le composant linguistique, et en réservant au composant rhétorique la découverte des sous-entendus.

Pour illustrer le fonctionnement du composant rhétorique, voici, à titre d'échantillon, quelques-unes des lois qui peuvent permettre la prévision des sous-entendus (elles seront utilisées, de façon systématique, dans les études suivantes, notamment dans le chapitre consacré à l'opposition de *peu* et *un peu*).

Nous appelons *loi d'informativité* une condition à laquelle se soumet, par définition, toute énonciation ayant pour but de renseigner l'auditeur. On ne peut en effet arriver à ce résultat que si l'auditeur ne connaît pas déjà le fait qu'on lui signale. Aussi tout énoncé *A*, s'il est présenté comme source d'information, induit le sous-entendu que le destinataire ignore *A*, ou même, éventuellement, qu'on s'attendrait plutôt à *non-A* (ce qui augmente encore la valeur informative de l'acte accompli). Pour justifier la distinction des deux composants, il faut montrer maintenant que cette loi ne concerne pas la totalité du contenu sémantique de *A*, mais seulement ses éléments posés — ce qui exige que le composant rhétorique travaille sur des significations où le composant linguistique aurait déjà discerné posés et présupposés. Considérons donc, une fois de plus, un énoncé du type :

19. Seul Pierre est venu.

Nous l'avons décrit comme :

{ 19′. pp. « Pierre est venu »
{ 19″. p. « Personne d'autre que Pierre n'est venu ».

Ce faisant, nous laissons de côté un élément sémantique très souvent véhiculé par (19) à savoir :

19° « On pouvait penser que d'autres viendraient ».

Cet élément, nous ne pouvons pas le considérer comme présupposé, car il disparaît souvent dans la négation. Si je nie que seul Pierre soit venu, j'affirme en effet que d'autres sont venus, renseignement que je présente donc comme nouveau, et pas du tout comme prévisible.

En revanche, il est possible de calculer (19°) grâce à la loi d'informativité. Mais à condition, on le notera, que cette loi porte sur le posé de (19) : (19°) revient en effet seulement à affirmer (19″) surprenant, c'est-à-dire à affirmer surprenant que personne d'autre ne soit venu. Quant au présupposé de (19), « Pierre est venu », il n'est en rien déclaré surprenant — ce qui serait d'ailleurs contraire à la nature du présupposé. Que les sous-entendus produits par la loi d'informativité concernent le seul posé, cela prouve que la loi d'informativité doit prendre appui sur une analyse préalable en posés et présupposés, et cela constitue un des arguments les plus sérieux, à notre avis, pour faire apparaître leur distinction dans un composant dit « rhétorique », postérieur à celui, « linguistique », qui aura traité de la présupposition.

Une conclusion analogue se tirerait de ce que nous nommons *loi d'exhaustivité*. Cette loi exige que le locuteur donne, sur le thème dont il parle, les renseignements les plus forts qu'il possède, et qui sont susceptibles d'intéresser le destinataire. Une formulation rigoureuse exigerait que soient définis précisément les notions de « thème » et de « force d'un renseignement ». Mais, à défaut de ces précisions, des exemples aideront à comprendre ce que nous voulons dire. On trouvera anormal qu'un enfant avoue avoir renversé son verre, alors qu'il l'a aussi cassé, ou qu'un général annonce avoir perdu un village alors qu'il a aussi perdu une ville. Par suite, le destinataire, supposant que le locuteur a respecté cette règle, aura tendance, si la réserve du locuteur ne peut pas être attribuée à une absence d'information, à interpréter toute affirmation restreinte comme l'affirmation d'une restriction (s'il ne dit que cela, alors qu'il sait ce qui s'est passé, c'est qu'il n'y a que cela). C'est en vertu de la loi d'exhaustivité, nous semble-t-il, qu'un automobiliste, voyant en un point A du trottoir le panneau « Interdit de stationner », tend à conclure que le stationnement est interdit seulement à partir de A. Pour éviter cette inférence coupable, les Ponts et Chaussées assortissent le panneau de l'indication « Rappel », qui décourage les plus optimistes. Les chapitres qui suivent utilisent à plusieurs reprises cette règle pour des analyses de détail (cf. notamment p. 170 et p. 196). C'est son rôle théorique que nous voudrions faire apparaître maintenant, en l'appliquant à l'étude de *quelques* et de *certains*. Il nous semble peu contestable que l'énoncé

20. Certains chapitres sont intéressants dans ce livre

donne à entendre d'habitude :

20° « Certains chapitres ne le sont pas ».

Cet élément (20°) ne peut cependant pas être décrit comme posé, car les enchaînements où l'on introduit (20) laissent entièrement de côté (20°). C'est le cas, par exemple, si l'on forme une phrase conditionnelle : *Je ne te ferai lire ce livre que si certains chapitres sont intéressants.* Il est clair que la condition présentée comme nécessaire pour que le livre vaille la lecture n'est pas que certains chapitres seulement soient intéressants. On pourrait donc songer à présenter (20°) comme un présupposé, en arguant aussi qu'on retrouve (20°) dans la négation de (20), c'est-à-dire dans :

21. Il est faux que certains chapitres soient intéressants.

Mais on peut répondre que (20°), s'il est présent dans (21), n'y a pas le statut d'un présupposé, et qu'il y apparaît plutôt comme partie intégrante de ce que pose (21), à savoir qu'aucun chapitre n'est intéressant. Il y a, de plus, une raison générale pour ne pas considérer (20°) comme contenu dans (20), ni comme posé, ni comme présupposé. On peut très bien faire suivre (20) d'un énoncé introduit par *et même*, et qui contient la négation de (20°) : cf. *Certains chapitres sont intéressants, et même tous.* Or *et même* a pour caractère général de surenchérir sur ce qui a déjà été dit, sans le nier en aucune manière. De sorte que l'énoncé précédent serait incompréhensible si (20) contenait l'idée qu'il y a des chapitres inintéressants.

C'est ici que la loi d'exhaustivité peut intervenir. Dans la mesure où (20) est une affirmation limitée, son énonciation implique que l'on ne saurait dire davantage. Si donc on suppose que le locuteur est à même d'énoncer un jugement sur tous les chapitres, le fait qu'il restreigne son éloge à certains laisse entendre que les autres ne le méritent pas. Le composant rhétorique est donc à même de prévoir le glissement qui amène à interpréter *certains* comme *certains seulement.* Pour faire obstacle à ce glissement, il faudrait que l'énoncé soit du type *certains au moins...* Car les expressions *au moins* ou *en tout cas* présentent explicitement l'énoncé comme le maximum de ce que le locuteur peut dire (elles transportent donc au niveau du sens littéral ce que la loi d'exhaustivité fait apparaître au niveau implicite). Par suite, en insistant lourdement sur le fait qu'il ne saurait dire plus, le locuteur peut exorciser l'idée que ce fait tient à une limitation de la chose, et accréditer au contraire l'idée qu'il s'agit d'une insuffisance d'information de sa part. (Une telle manœuvre est fréquente dans le discours : supposons qu'un fait *A* puisse être facilement compris comme le signe d'un autre fait *B*, défavorable à un sujet **X**. Pour éviter cette interprétation, **X** aura tendance, *urbi et orbi*, à proclamer *A*, espérant que les auditeurs feront le raisonnement : « s'il parle tant de *A*, c'est que *A* n'est pas signe de *B* ».)

Cet exemple nous semble illustrer une des fonctions principales du composant rhétorique dans l'économie de la description sémantique. Il a permis de retarder l'apparition de l'élément sémantique (20°), exclu de l'énoncé et rapporté à l'acte d'énonciation. Par suite il devenait possible de décrire la façon dont l'énoncé (20) se comporte dans divers contextes (négation, phrase conditionnelle, coordination avec *et même*), comportements incompréhensibles les uns et les autres si l'on attribuait déjà à (20) la valeur (20°). Mais, une fois ces comportements décrits au niveau de la *signification* (c'est-à-dire, dans le cadre de l'énoncé), l'élément (20°) a pu être introduit dans une phase ultérieure (au moment de l'énonciation), et prévu comme constituant fréquent du *sens*. Plus généralement, l'échelonnement des deux composants permet de mettre provisoirement entre parenthèses certains éléments sémantiques qui se trouvent indésirables pour certains calculs, et de les insérer seulement une fois ces calculs effectués (il nous semble que la juxtaposition du composant de base et des transformations, en grammaire générative, a souvent cette fonction).

(N.B. On trouvera, dans notre article sur « Les indéfinis et l'énonciation » *, une utilisation analogue du composant rhétorique : il explique que l'emploi de phrases comprenant *certains* soit souvent compris comme une allusion à telle ou telle personne, alors qu'il est indispensable de traiter ces phrases, au niveau de l'énoncé, comme purement existentielles et dépourvues de toute valeur référentielle.)

Nous pouvons revenir maintenant à la pancarte « Ouvert le mardi », prise comme exemple plus haut (p. 113). Les deux lois précédentes, combinées, permettent de prévoir, dans le composant rhétorique, qu'elle reçoive, selon la situation, les sens « Ouvert même le mardi » ou « Ouvert seulement le mardi », alors que le composant linguistique lui attribue une signification neutre « Ce magasin est ouvert le mardi ». Imaginons une société, comme la nôtre, où les magasins sont normalement ouverts le mardi. La loi d'informativité rendra difficile de conserver, pour la pancarte, l'interprétation neutre — qui n'aurait, dans ce contexte, aucune

* *Langages*, 17, mars 70.

fonction informative. Et la loi d'exhaustivité, intervenant alors, laissera entendre que la pancarte dit le maximum possible en ce qui concerne les jours d'ouverture du magasin, favorisant ainsi l'interprétation « seulement le mardi ». La situation serait toute différente si le mardi était jour habituel de fermeture, car la loi d'informativité ne pourrait plus jouer, et une interprétation comme « même le mardi » serait très possible — sans que la valeur neutre soit formellement exclue. Nous pouvons ainsi expliquer la polysémie effective de l'énonciation, sans considérer que l'énoncé est ambigu au départ (i.e. dans le composant linguistique) — ce qui aurait empêché de comprendre les constructions plus complexes où cet énoncé peut être enchâssé.

Un dernier exemple de loi rhétorique sera fourni par la *litote*, qui amène à interpréter un énoncé comme disant *plus* que sa signification littérale. Plusieurs raisons amènent à n'introduire cette loi que dans le composant rhétorique. L'une, qui apparaît dès la formulation de la loi, est que celle-ci se réfère à un contenu « littéral », qui doit donc être constitué indépendamment d'elle, et avant elle : la dualité des constituants fournit un moyen simple pour représenter cet ordre.

Une deuxième raison, qui sera illustrée dans le chapitre consacré à *peu* et *un peu*, est que la loi de litote, comme celle d'exhaustivité, porte seulement sur le posé : l'énoncé, interprété de façon litotique, dit plus que ce qu'il pose lorsqu'il est pris littéralement, mais les présupposés restent identiques lorsqu'on passe d'une interprétation à l'autre. D'où la nécessité d'avoir dissocié posé et présupposé avant l'intervention de la litote.

On peut montrer, d'autre part, que le déclenchement de l'interprétation litotique est étroitement lié au contexte d'énonciation. On aura remarqué que, dans bien des cas, loi de litote et loi d'exhaustivité tireraient l'énoncé vers des interprétations opposées. Cela apparaît par exemple dans les énoncés comportant *certains*, que la loi d'exhaustivité fait glisser vers *certains seulement...*, mais qui peuvent aussi être compris comme des litotes, et suggérer des propositions universelles *Tous...* En déclarant que « certains » points d'un exposé étaient obscurs, on peut vouloir faire entendre, d'une façon polie, qu'on a trouvé l'ensemble totalement hermétique. Il y a au moins une condition nécessaire à l'apparition de l'interprétation litotique, c'est que certaines raisons (peut-être des conventions sociales) s'opposent, dans la situation de discours donnée, à l'emploi d'un énoncé plus fort. La démarche du destinataire est alors la suivante : « si le locuteur a choisi *A*, qui est le plus fort des énoncés permis, c'est sans doute qu'il voulait en dire plus, mais ne le pouvait pas ». Que la conclusion de ce pseudo-raisonnement puisse avoir au mieux, en bonne logique, le statut d'une présomption, cela explique peut-être que notre condition nécessaire — tout en étant favorable à la formation d'une litote — ne soit nullement suffisante. De cet exemple nous retiendrons seulement que l'existence d'une litote est liée à des conditions contextuelles. Il faut, pour prédire son apparition, savoir ce que le locuteur a le droit de dire au moment où il parle (éventuellement même, ce qu'il croit avoir le droit de dire, ou ce qu'on croit qu'il croit). C'est une raison de plus pour confier au seul composant rhétorique le calcul des effets de sens ainsi obtenus.

Il reste que, dans certains cas, il est difficile de décider si un effet de sens donné est dû à une litote, ou se trouvait déjà dans la « signification » de l'énoncé. Ainsi pour le fameux *Je ne te hais point.* Ce qui rend le problème délicat, c'est qu'il y a une tendance assez générale à comprendre la négation d'un verbe ou d'un adjectif comme l'affirmation du verbe ou de l'adjectif contraires : *Je ne veux pas = Je refuse, Tu n'es pas gentil = Tu es méchant, Ce n'est pas beau = C'est laid.* Ne serait-il pas possible d'introduire dans la même série *Je ne te hais pas = Je t'aime*, et de traiter tous ces faits, en bloc, dans le composant linguistique ? Cette généralisation est, en tant que telle, intéressante, mais elle nous semble masquer un phénomène qui, dans l'état actuel du français, a encore une certaine netteté. S'il est vrai que *pas gentil* est peu discernable de *méchant*, et *pas beau*, de *laid*, il reste en revanche que *pas laid* et *pas méchant* sont très rarement équivalents à *beau* et à *gentil* (de même *ne pas refuser* ne signifie pas *vouloir*, mais, tout au plus, *vouloir bien*). Plus généralement, si la négation d'un terme positif (ou « non marqué », cf. p. 215) équivaut à peu près au négatif (« marqué ») correspondant, la négation de ce négatif est loin de ramener au positif — règle qui semble assez constante pour avoir sa place dans le composant linguistique :

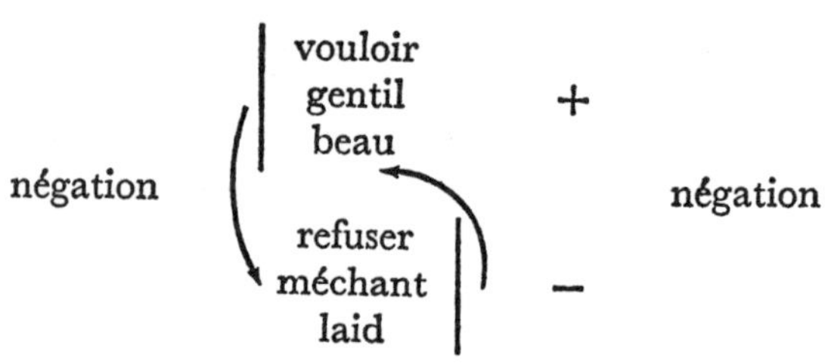

On pourrait donc obtenir une généralisation aussi systématique que la première — et qui force beaucoup moins les faits —, en répartissant le couple *aimer/haïr* entre les deux pôles, positif et négatif, du schéma précédent. On expliquerait ainsi que *Je ne l'aime pas* soit très proche de *Je le hais* (ou *Je le déteste*). Mais on devrait admettre alors une différence nettre entre *ne pas haïr* et *aimer*. Et, pour rendre compte du *Je ne te hais point*, on devrait l'attribuer à une litote, le traiter à l'intérieur du composant rhétorique, et l'assimiler par suite aux effets de sens clairement litotiques qui rendent quelquefois un *Ce n'est pas laid* admiratif, l'équivalent d'un *C'est beau*. Sans prétendre avoir réglé la question, nous aimerions avoir montré, par cette discussion, que le choix de traiter tel phénomène dans l'un ou l'autre des composants ne se justifie finalement que dans une considération globale de la description sémantique.

Pour faire voir comment s'articulent, dans le détail du travail descriptif, la distinction des deux composants et celle, corrélative, du présupposé et du sous-entendu, nous donnerons rapidement deux échantillons des problèmes techniques qu'elle soulève.

Une description classique de *même*, à laquelle nous avons déjà fait allusion, décrit

22. Même Jacques est venu

(où *même* porte sur *Jacques*) de la façon suivante :

{ 22'. pp. « On ne s'attendait pas à la venue de Jacques »
{ 22". p. « Jacques est venu ».

Il est peu contestable que (22) indique également :

22'''. « D'autres que Jacques sont venus ».

On pourrait songer alors à considérer cet élément (22''') comme un sous-entendu. Il suffit d'admettre que le composant rhétorique conclut de (22') et de (22") à (22''') en vertu d'un raisonnement du type « Qui peut le plus, peut le moins » (= « si le plus étonnant s'est produit, le moins étonnant a dû aussi se produire »). Ce qui ne fait pas grand problème, car il est nécessaire de toute façon d'introduire dans le composant rhétorique ce schéma de raisonnement, qui semble faire partie, dans notre civilisation au moins, des modes d'inférence les plus constamment et les plus naïvement utilisés (cf. p. 259).

Ce qui empêche cette solution, c'est la remarque que (22''') subsiste dans les énoncés négatifs et interrogatifs *(Est-ce que même Jacques est venu? Il est faux que même Jacques soit venu.)* Or, dans ces deux derniers énoncés, le posé (22") est mis en question ou nié. On ne peut donc plus imputer, ici, la présence de (22''') au raisonnement imaginé pour l'énoncé affirmatif. Conclusion : si l'on ne veut pas avoir à postuler un mécanisme spécial qui jouerait seulement dans le cas de l'interrogation et de la négation, il faut considérer (22''') comme un pp., calculable par le seul composant linguistique — à moins qu'on n'introduise dans le composant rhétorique un nouveau mode d'inférence, qui puisse déduire (22''') des seuls pp. de (22).

Deuxième et dernier exemple. Dans la très grande majorité des cas, un énoncé comportant *même* véhicule tous les posés et présupposés qu'il aurait s'il était amputé de *même* (l'énoncé obtenu avec *même* se distinguant seulement par des éléments sémantiques additionnels). On n'hésiterait pas à intégrer ce fait dans la description générale de *même*, si on ne trouvait quelques contre-exemples du type :

23. Jacques est petit même pour un français.

Cet énoncé, comme l'a noté Fillmore, véhicule l'indication « Les français sont petits ». Or c'est l'indication contraire que l'on trouve dans l'énoncé (24), qui est égal, pourtant, à (23) amputé de *même :*

24. Jacques est petit pour un français.

D'habitude, en effet, (24) laisse entendre :

24'. « Les français ne sont pas petits. »

La seule façon de maintenir la règle générale avancée plus haut est de dire que (24') n'est pas un présupposé de (24), mais un sous-entendu, produit du composant rhétorique. On dira alors que (24), au niveau du composant linguistique, a la seule signification « Jacques est petit par rapport à la moyenne des français ».

Pour expliquer, maintenant, qu'il apporte souvent aussi l'indication (24'), nous supposerons que (24) est alors employé pour formuler un jugement absolu sur la taille de Jacques, considérée en elle même — mais en utilisant, comme repère, la moyenne nationale. Dans ce cas, pour que l'addition « pour un français » soit informative, pour que la comparaison avec la moyenne des français apporte un renseignement que ne contiendrait pas l'énoncé simple *Jacques est petit*, il faut que la taille moyenne des français ne soit pas petite; sans cela, la fin de la phrase est redondante *(étant donné l'intention de discours envisagée ici)*. D'où la nécessité d'admettre (24'). Cet élément sémantique peut ainsi être prévu par le composant rhétorique, si ce dernier applique la loi d'informativité non seulement aux énoncés entiers, mais à leurs constituants (ici à « pour un français »). Débarrassé ainsi de (24'), qui n'a plus à être introduit dans la « signification » de (24), on peut maintenir la règle générale, selon laquelle, *au niveau du composant linguistique*, les énoncés comportant *même* signifient (entre autres choses) tout ce qu'ils signifient sans *même*.

N.B. La démarche utilisée ici pour engendrer (24') fait partie, en fait, des mécanismes interprétatifs les plus fréquemment utilisés. Mis en présence du proverbe « Une bonne pomme vaut mieux qu'une mauvaise poire », un étranger, ignorant la classification hiérarchique des fruits en France, peut néanmoins conclure du seul proverbe, que les poires, dans l'échelle des valeurs, sont considérées comme supérieures aux pommes, car, sinon, si les poires étaient égales, ou inférieures, aux pommes, l'énoncé serait une pure lapalissade, dépourvue de toute informativité.

Deux difficultés subsistent cependant : *a*) Comment se fait-il que (24) ne comporte pas *toujours* l'élément (24') ? Comment se fait-il, par exemple, que le même locuteur, parlant de Jacques, qui est très petit, puis de Jean, qui est très grand, puisse dire successivement *Jacques est petit pour un français*, et *Jean est grand pour un français*. On répondra que l'expression *pour un français*, dans les derniers emplois envisagés, ne sert plus à formuler un jugement sur la taille de Jacques ou de Jean, mais à les situer par rapport à la moyenne française. Il est naturel que ne joue plus alors le mécanisme imaginé tout à l'heure pour produire (24'), mécanisme impliquant que l'énoncé vise à décrire, d'une façon absolue, la taille du sujet considéré. *b*) Comment se fait-il que l'énoncé *Il est petit même pour un français* laisse *toujours* entendre que les français sont petits? Répondre à cette question, ce serait posséder une description générale de *même* — et nous n'en sommes pas encore là.

5. *Exercices formels*

DEUX MOTS, d'abord, sur la fonction que peut avoir la tentative de formalisation présentée ici. Cette fonction est purement *instrumentale*. Comme il a été plusieurs fois indiqué dans les chapitres précédents, nous ne sommes pas à la recherche de « l'essence du langage », ni même de *la* structure sous-jacente à toute langue, ou simplement à une langue particulière. Nous sommes à la recherche de propositions hypothétiques du type : « si on veut décrire tel phénomène dans tel cadre formel, on peut, ou on doit, le représenter de telle façon » (il est d'ailleurs tout aussi important d'arriver à montrer que tel phénomène ne peut pas être décrit dans tel cadre formel : la possibilité de démonstrations de ce genre nous semble, pour un formalisme, la meilleure justification. Et nous reprocherions volontiers au modèle transformationnel, sous sa forme actuelle, d'être si peu contraignant qu'il se met en-deçà de tout échec possible). Autrement dit, la formalisation est, pour nous, une sorte d'expérimentation, qui vise, en confrontant certains phénomènes linguistiques avec un système formel, à produire des faits inédits, que l'on pourrait appeler « linguistico-mathématiques », et qui ont trait à l'adéquation ou à l'inadéquation de ces phénomènes et de ce système. Lorsqu'un corpus suffisant de tels faits aura été rassemblé, on pourra songer à élaborer une théorie, d'ordre métalinguistique, qui expliquerait ces faits et les relierait les uns aux autres.

L'étude qu'on va lire vise seulement à apporter un élément de réponse à la question suivante : les indications sémantiques très diverses que nous appelons les unes et les autres « présupposés » méritent-elles d'être toutes rangées dans la même rubrique? Les trois premiers chapitres ne les réunissaient que par des analogies, somme toute, assez vagues (leur comportement commun dans la négation, l'interrogation et l'enchaînement). Le chapitre 4 est allé un peu plus loin : il a montré qu'une division de la description sémantique en deux composants, linguistique et rhétorique, amène à traiter les présupposés les plus divers dans le même constituant — car ils doivent tous être séparés du posé avant l'intervention des lois rhétoriques. Nous allons maintenant proposer, pour le composant linguistique, un modèle formel (tout à fait partiel d'ailleurs), et nous montrerons que ce modèle, qui satisfait aux exigences formulées jusqu'ici pour le composant linguistique, amène effectivement à donner un traitement identique à des présupposés d'allure très différente.

Présentation du modèle

Le calcul qui va être esquissé doit être capable d'accomplir, sur une partie au moins de la langue française, le travail suivant. On lui donne, comme point de départ, des énoncés (munis déjà d'une certaine structure, qui va être précisée) et il les transforme en formules d'un type particulier, dont il doit être possible de tirer, selon des lois simples, une traduction des énoncés primitifs en calcul des prédicats, traduction où seraient distingués posés et présupposés.

N.B. Cette tâche fixée au modèle, et qui constitue, pour ainsi dire, sa finalité interne, n'est nullement, nous insistons sur ce point, sa justification externe, c'est-à-dire la raison qui nous l'a fait construire. Nous ne pensons nullement qu'il soit essentiel de traduire les langues naturelles en calcul des prédicats; ce qui est intéressant pour nous — cf. début du chapitre — c'est de voir comment une telle traduction peut se faire.

Les énoncés de départ seront présentés comme l'application à un ou plusieurs arguments d'un prédicat unique (c'est-à-dire que nous considérons seulement des « phrases liées », en laissant de côté les « coordinations »). *Seul Pierre est gentil* sera ainsi considéré comme l'attribution à l'argument « Pierre » du prédicat « être seul à être gentil ». *Certains français sont allés sur la lune* sera considéré comme attribuant au couple d'arguments (français, lune) un prédicat à deux places du type « Il existe des éléments du groupe X à être allés en Y ».

1° *Les éléments primitifs* du système sont :

— des prédicats élémentaires à 1, 2 ... n places; ils sont écrits en italiques;

— des opérateurs prédicatifs (en majuscules) transformant un ou plusieurs prédicats en un prédicat nouveau (ce jeu de prédicats et d'opérateurs doit permettre de reconstruire les prédicats complexes des énoncés de départ). Aux prédicats élémentaires du système sont associés des prédicats du calcul des prédicats (par abréviation : C.P.) dans lequel les énoncés français doivent être traduits (par convention nous associons à un prédicat *P* du système le prédicat P′ du C.P.). A chaque opérateur prédicatif est associée une règle indiquant comment traduire en calcul des prédicats les formules où intervient cet opérateur. Exemples :

— REFL (utilisé pour représenter, dans le système, les pronoms réfléchis du français). Soit *P* un prédicat à deux places; REFL *P* est un prédicat à une place, et on spécifie qu'une formule REFL *P* (a) se traduit P′ (a, a), si P′ est le prédicat du C.P. associé à *P*.

— NEG (utilisé pour représenter la négation) :
NEG *P* $(a_1, a_2, \ldots a_n)$ se traduit $\sim$ P′ $(a_1, a_2, \ldots a_n)$.

— ET (utilisé pour représenter la conjonction)
ET *P*, *Q* $(a_1, a_2, \ldots a_n)$ se traduit : P′ $(a_1, a_2, \ldots a_n) \wedge$ Q′ $(a_1, a_2 \ldots a_n)$.

(N.B. Nous pouvons négliger, *vu l'utilisation qui sera faite ici du système*, les difficultés techniques liées au fait que *P* et *Q* n'ont pas forcément le même nombre de places.)

— INV (utilisé pour représenter le passif) :
INV *P* $(a_1 \, a_2)$ se traduit P′ $(a_2 a_1)$.

(Nous négligeons le fait que *P* peut avoir plus de deux arguments, ce qui nécessiterait de spécifier les arguments qui peuvent être inversés.)

— EX (utilisé pour traduire *quelqu'un*, *certains*, *quelques*). Supposons que le prédicat *P* prenne pour arguments des individus; dans ce cas, EX *P* aura pour argument des classes d'individus :

EX *P* (a) se traduit : « il existe des individus de la classe a satisfaisant au prédicat P′ (où P′ est, comme plus haut, la traduction de *P*) », c'est-à-dire, dans le symbolisme usuel : $\exists x \, (x \in a \wedge$ P′ (a)).

N.B. Dans les exemples traités ici, il nous arrivera d'appliquer EX à des prédicats à plus d'une place. Mais EX ne concernera jamais que la première place du prédicat (correspondant au sujet grammatical). Nous pouvons donc, pour simplifier l'écriture, ne considérer qu'un seul opérateur EX. Pour des applications plus étendues, il faudrait distinguer EX_1, EX_2 ... EX_n, selon que la quantification concerne la 1re, 2eme ... ... nieme place du prédicat.

Pour traduire une formule comportant une succession d'opérateurs, on commence par développer l'opérateur le plus à gauche, et ainsi de suite vers la droite. On aura ainsi le développement successif suivant (qui n'est donné que pour illustrer le fonctionnement formel du système) :

NEG-EX-INV *C* (langue, Jean)

(formule qui correspond à « aucune langue n'est connue de Jean »).

$\sim$ EX-INV *C* (langue, Jean).

$\sim \exists x\ (x \in \text{langue}) \wedge \text{INV}\ C\ (x, \text{Jean})$.

$\sim \exists x\ (x \in \text{langue}) \wedge C'\ (\text{Jean}, x)$.

N.B. Le tiret entre les opérateurs sert uniquement à la clarté typographique.

2° *La notion de couple prédicatif.* Les prédicats de la langue de départ — dans la mesure où ils introduisent à la fois, généralement, des posés et des présupposés — n'auront pas pour correspondants, dans le système, des prédicats (qu'ils soient élémentaires ou constitués à l'aide d'opérateurs), mais des *couples prédicatifs*. Nous entendons par là une figure à deux cases, dont chacune peut être remplie par un prédicat (élémentaire ou complexe) :

« *X* | *Y* »

On fera la convention suivante. Si un énoncé français est représenté comme

« *X* | *Y* » $(a_1 \ldots a_n)$

son correspondant en calcul des prédicats comportera deux propositions : l'une, représentant le présupposé, est la traduction de *X* $(a_1 \ldots a_n)$, l'autre, représentant le posé, est la traduction de *Y* $(a_1 \ldots a_n)$. Pour cette raison, la case de gauche est dite « case du présupposé » (ou « présuppositionnelle »), et la case de droite, « case du posé ».

Remarque. Il peut se trouver qu'une des deux cases soit vide; on écrira alors

« — | *X* » $(a_1 \ldots a_n)$.

Et la traduction sera celle de *X* $(a_1 \ldots a_n)$, affectée du coefficient « posé » ou « présupposé », selon que *X* est dans la case du posé ou dans celle du présupposé.

Exemple. Supposons que le verbe français *rester* ait pour correspondant, dans le système, le couple prédicatif : « *Em* | *Ef* », où *Em* et *Ef* correspondent à « être maintenant » et « être dans le futur »).

Jean va rester à Paris sera représenté alors dans le système par :

« *Em* | *Ef* » (Jean, Paris).

Et cette formule pourra être traduite comme :

$$\begin{cases} \text{pp.} & \text{Em}'\ (\text{Jean, Paris}) \\ \text{p.} & \text{Ef}'\ (\text{Jean, Paris}). \end{cases}$$

Remarque. Il va de soi que le traitement, plus que désinvolte, qui vient d'être proposé pour les indications temporelles, est juste destiné à éliminer les difficultés liées à ces indications — dont le présent travail fait abstraction. (Notre objet, rappelons-le, est simplement d'établir un lien entre différents types, à première vue très éloignés, de présupposés.) Il est tout à fait possible 1° que les indications temporelles ne puissent pas être représentées, de façon tant soit peu adéquate, dans le modèle décrit; 2° que tout système où elles seraient représentées, amène à des conclusions opposées aux nôtres quant à la notion de présupposé, et, par exemple, à distinguer ce que nous nous efforçons de réunir. Mais ceci même serait un résultat d'une grande importance quant aux rapports du temps et de la présupposition.

3° *La notion d'opérateur copulatif.* Si les prédicats de la langue naturelle ont pour correspondants, dans le système, des couples prédicatifs — et non pas des prédicats —, les opérateurs de ces langues (*seul, certains...*) ne peuvent pas être directement reliés aux opérateurs prédicatifs. D'où l'introduction dans le système d'***opérateurs copulatifs***, écrits en caractères gras. Un opérateur copulatif, transformant un couple prédicatif en un autre, est défini par le type de transformation qu'il induit. D'où la formule générale de définition :

O « *X* | *Y* » = « *U* | *V* ».

Dans la plupart des cas, il se trouvera, heureusement, que *U* et *V* pourront être définis par l'application d'opérateurs prédicatifs à *X* et à *Y*. Sans cette possibilité, d'ailleurs, il n'y aurait plus guère de sens à employer la notion d'opérateur copulatif. Il faudrait plutôt faire correspondre un couple différent à chaque prédicat complexe de la langue ordinaire — ce qui, par contre-coup, retirerait à l'idée même du prédicat complexe une bonne partie de sa crédibilité.

Exemples :

— **NEG** (qui correspond à la « négation descriptive » du langage ordinaire). Nous avons admis que la négation « descriptive » conserve les présupposés, (alors que la négation métalinguistique — ou réfutatrice — peut les contester). On pourra rendre cette négation par **NEG**, qui sera défini :

NEG « *X* | *Y* » = « *X* | NEG *Y* »

— **REF** (correspondant à la « négation métalinguistique) pourrait alors être défini :

REF « *X* | *Y* » = « — | NEG-ET *X*, *Y* ».

Application aux quantificateurs existentiels français

Avant de donner, avec quelque détail, une étude des expressions restrictives en français — étude qui servira à montrer les relations existant entre des présupposés de type apparemment très différent —, nous voudrions faire apparaître, sur un exemple traité plus brièvement, le mode d'utilisation assigné au modèle, et illustrer cette conception « instrumentale » de la formalisation, qui commande tout le travail présenté ici.

Il s'agit de définir un opérateur copulatif qui puisse représenter les mots français *certains*, *des*, *quelques-uns*, *quelqu'un*... etc. Cet objectif est lié à notre décision de ne pas considérer les syntagmes *des amis*, *quelques amis*, *certains amis* comme des expressions référentielles, ou même « quasi-référentielles », qui désigneraient quelque chose *. Plus brutalement, nous ne les considérons pas, *au point de vue sémantique*, comme des syntagmes, c'est-à-dire comme des expressions ayant une unité : pour nous, si une proposition contient *certains amis*, *amis* constitue un des arguments de la proposition, et *certains* fait partie du prédicat (complexe). Nous voudrions justement savoir si cette conception peut être intégrée au modèle représenté, et, si oui, à quel prix.

Nous nous donnons, d'entrée, trois facilités. D'abord, nous faisons comme si toutes ces expressions étaient au singulier, et signifiaient « au moins un » (peut-être que des problèmes délicats surviendraient au moment d'introduire l'opposition *quelqu'un/quelques uns*, car il n'est pas sûr qu'elle soit assimilable à l'opposition logique, facile à décrire, entre « au moins un » et « au moins deux »).

Deuxième lâcheté : on n'envisagera que les cas où l'expression contenant le quantificateur est sujet. Il en résultera une simplification d'écriture considérable, car nous n'aurons pas à distinguer plusieurs opérateurs différents selon la place du prédicat à laquelle ils s'appliquent (cette convention avait déjà été faite à propos de l'opérateur prédicatif EX).

On ne s'occupera pas, enfin, des énoncés où *certains*, *quelques*, ... etc. concernent le seul posé (ex. *Certains se doutent que Jean viendra :* ici *certains* n'agit en aucune façon sur le présupposé « Il est vrai que Jean viendra »).

Lorsque la quantification introduite par *certains* se manifeste à la fois dans le posé et dans le présupposé, il peut sembler naturel de penser

* Cf. « Les Indéfinis et l'énonciation », *Langages*, 17, mars 1970.

qu'elle affecte de la même façon le prédicat correspondant au posé et celui qui correspond au présupposé. D'où :

1° *Première définition :* **EX** « *X* | *Y* » = « EX *X* | EX *Y* »

On voit tout de suite que cette définition est insuffisante. Soit à décrire :

1. Certains français vont rester sur la lune.

(= « certains, qui sont actuellement sur la lune, vont y rester »).
On aura, en admettant la description de *rester* donnée plus haut :
EX « *Em* | *Ef* » (français, lune). D'où l'on tire :
« EX *Em* | EX *Ef* » (français, lune). Ce qui se traduit en C.P. :

$$\begin{cases} \text{pp. } \exists x\,[(x \in \text{français}) \wedge \text{Em}'\,(x, \text{lune})]. \\ \text{p. } \exists x\,[(x \in \text{français}) \wedge \text{Ef}'\,(x, \text{lune})]. \end{cases}$$

Une telle traduction, qui signifie qu'il y a et qu'il y aura des français sur la lune, ne précise pas, comme le fait l'énoncé (1), que certains, *parmi ceux qui y sont*, y seront encore plus tard. D'où :

2° *Deuxième définition* **EX** « *X* | *Y* » = « EX *X* | EX-ET *X*, *Y* ».
On en tire, pour l'énoncé (1) :
« EX *Em* | EX-ET *Em*, *Ef* » (français, lune).
On arrive de là à la traduction :

$$\begin{cases} \text{pp. } \exists x\,[(x \in \text{français}) \wedge (\text{Em}'\,(x, \text{lune}))]. \\ \text{p. } \exists x\,[(x \in \text{français}) \wedge (\text{Em}'\,(x, \text{lune})) \wedge (\text{Ef}'\,(x, \text{lune}))]. \end{cases}$$

[On objectera que *rester*, ce n'est pas seulement « être maintenant et être à l'avenir ». Mais cette objection ne concerne pas la traduction de *certains :* elle s'adresse à notre représentation de *rester*, dont nous avons reconnu d'emblée le caractère insatisfaisant.]

On objectera aussi — et cela nous semble beaucoup plus grave — que le présupposé obtenu à partir de notre définition est redondant, car il se déduit du posé, dans lequel il est explicitement contenu. Nous pouvons répondre que cette redondance ne concerne que l'énoncé affirmatif, et disparaît lorsqu'il s'agit de traduire la négation de (1), c'est-à-dire :

2. Aucun français ne va rester sur la lune.

Cet énoncé sera en effet représenté comme :
NEG-EX « *Em* | *Ef* » (français, lune). D'où l'on tire :
« EX-*Em* | NEG-EX-ET *Em*, *Ef* » (français, lune).
La traduction est alors :

pp. $\exists x\, [(x \varepsilon \text{ français}) \wedge (\text{Em}'\,(x, \text{lune}))]$ (= « des français sont sur la lune »).
p. $\sim \exists x\, [(x \varepsilon \text{ français}) \wedge (\text{Em}'\,(x, \text{lune})) \wedge (\text{Ef}'\,(x, \text{lune}))]$.
(= il n'y a pas de français qui à la fois soient maintenant et soient dans le futur sur la lune).

Or cette traduction nous semble à peu près satisfaisante — au moins s'il s'agit des propriétés logiques de l'énoncé considéré.

Il reste cependant que la redondance apparue dans la traduction de l'énoncé affirmatif est peu admissible dans le cadre de notre théorie générale de la présupposition. Comment définir l'acte de présupposition, si un même contenu peut être à la fois posé et présupposé? Pour nous tirer d'affaire, il faudrait (et la mise en évidence de cette nécessité nous semble intéressante en elle-même) introduire dans le modèle une représentation de la coordination et admettre que, dans les phrases liées, le posé est coordonné au présupposé. On notera d'ailleurs que cette coordination est d'un type assez compliqué. La description suivante de (1) serait, par exemple, inexacte :

pp. Certains français sont...
p. *Ils* seront...

La phrase (1) ne dit pas, en effet, que tous resteront. Il faudrait, pour la décrire correctement, que le posé, comme le présupposé, contienne un quantificateur existentiel, mais que le quantificateur existentiel du présupposé prenne pour univers de référence les personnes dont l'existence a été affirmée dans le posé. Ce qui donne, à peu près :

pp. Certains français sont...
p. Certains d'entre *eux* seront...

Pour obtenir en C.P. une représentation logiquement exacte, et dans laquelle, cependant, le posé n'implique pas le présupposé, il faudrait une formule comme :

pp. Certains français sont sur la lune
p. S'il existe des français qui sont sur la lune, alors et alors seulement il existe des français qui sont et seront sur la lune.

Le posé s'écrit, dans le symbolisme usuel :

$[\exists x\, (x \varepsilon \text{ français}) \wedge (\text{Em}'\,(x, \text{lune}))] \Leftrightarrow$
$[\exists y\, (y \varepsilon \text{ français}) \wedge (\text{Em}'\,(y, \text{lune})) \wedge \text{Ef}'\,(y, \text{lune}))]$.

Comment, maintenant, définir l'opérateur **EX** du système, de façon à ce qu'il permette d'obtenir, lors de la traduction en C. P., des formules analogues à la précédente? On pourrait songer à la démarche suivante :

On définit d'abord un opératif prédicatif EQ, tel que :

EQ *P*, *Q* (x_1 ... x_n) se traduit : P′ (x_1 . . . x_n) ⇔ Q′ (x_1 . . . x_n).

Il suffit alors de donner pour l'opérateur **EX** une troisième définition :

3° *Troisième définition :*

EX « *X* | *Y* » = « EX *X* | EQ-EX-*X*, EX-ET *X*, *Y* »

On peut vérifier que cette dernière définition permet également de rendre compte de la négation. En effet, d'après la règle donnée pour **NEG**, on doit avoir :

NEG EX « *X* | *Y* » = « EX *X* | NEG-EQ-EX *X*, EX-ET *X*, *Y* »

Quand on aura à traduire (2), on aura donc le posé suivant :

$\sim$ [(∃x (x ε français ∧ Em′ (x, lune)) ⇔

(∃y (y ε français) ∧ Em′ (y, lune) ∧ Ef′ (y, lune))].

La traduction de cette formule dans le sabir franco-C. P. utilisé souvent par les mathématiciens serait : « Il n'y a pas même valeur de vérité pour *Des français sont sur la lune* et pour *Des français sont et seront sur la lune.* »

Étant donné que l'on a toujours, dans la traduction de (2), le présupposé « Des français sont sur la lune », la formule précédente amène bien au résultat cherché pour (2), à savoir « Aucun des français qui sont actuellement sur la lune n'y sera encore à l'avenir ».

(On se demandera peut-être pourquoi nous avons introduit l'opérateur EQ, qui est traduit par l'équivalence logique, au lieu de recourir à l'implication matérielle. La raison est la suivante. Si nous avions utilisé l'implication, le posé de (2) aurait été « Il n'y a pas implication entre *Des français sont sur la lune* et *Des français sont et seront sur la lune* », ce qui équivaut, vu les règles de l'implication matérielle, à « Des français sont sur la lune, et il est faux que des français soient actuellement sur la lune et y soient encore à l'avenir ». On aurait ainsi eu, pour (2), le présupposé inclus dans le posé, situation que nous avions justement voulu éviter pour (1).

Nous ne songeons pas à nier la lourdeur de la définition, et nous avouons volontiers que l'introduction de l'opérateur EQ relève quelque peu du bricolage. Mais nous ne pensons pas que ce soit là une objection sérieuse contre la démonstration qui vient d'être proposée. Car toute explicitation, par vocation, est lourde et artificielle — et notre modèle nous a justement contraint à une explicitation. Le seul point important, selon nous, est de savoir si les procédés qui ont dû être employés ici sont également nécessaires pour d'autres situations linguistiques. Nous aurions rendu possible alors des analogies qui passent inaperçues à l'observation directe. (Que ces analogies soient relatives au modèle utilisé, qu'elles soient subordonnées à l'ensemble d'hypothèses constituant ce modèle, cela leur enlève sans doute de leur valeur émotionnelle, mais non pas de leur réalité.)

N.B. On trouvera p. 228 une autre application de **EX**.

Étude des restrictifs (ou exclusifs)

Le modèle ayant été rôdé dans l'analyse des indéfinis, nous l'utiliserons pour l'étude des énoncés restrictifs en français. Nous espérons pouvoir montrer, ici, qu'il fait effectivement apparaître certaines analogies, et possède ainsi un pouvoir généralisateur.

Les énoncés étudiés seront du type *Seul Pierre aime Marie, Pierre n'aime que Marie (= aime seulement Marie)*. On remarquera, d'après ces échantillons, que nous considérons seulement les énoncés où l'expression restrictive, dans le langage de départ, porte sur un nom (sujet ou complément). Une étude complète devrait envisager les cas où c'est le verbe, et, plus généralement, le syntagme prédicatif, qui est l'objet de la restriction *(Je ne fais que relire)*. Nous ne pensons pas que l'on puisse, dans le système ici construit, donner une définition générale des restrictifs, qui s'appliquerait à la fois à ces deux types d'emplois. Mais il serait intéressant de savoir quelle modification du système formel serait nécessaire pour obtenir cette extension (l'important n'étant pas de savoir, pour nous, s'il faut, ou ne faut, pas faire cette extension, mais à quel prix on peut la faire).

1° *Définitions préliminaires.* Il sera nécessaire, dans ce qui suit, d'utiliser une série d'opérateurs prédicatifs : $UNIC_1$, $UNIC_2$, ...

La règle de traduction correspondante est la suivante. Soit A un prédicat à n places :

$UNIC_1\ A\ (a_1, a_2, \ldots a_n)$ doit se traduire :

$\forall x\ [(x \neq a_1) \Rightarrow (\sim A'\ (x, a_2 \ldots a_n)]$, ou, par abréviation :

$\forall_{x \neq a_1} \sim A'\ (x, a_2 \ldots a_n)$ (= pour aucun être x différent de a_1, le prédicat A′ ne vaut de $(x, a_2, \ldots a_n)$).

On définit de même $UNIC_2$ ... $UNIC_n$, portant sur la seconde ...nième place.

On voit tout de suite que ces opérateurs prédicatifs ne suffisent pas à représenter *seul.* Dire que seul Jacques est venu, ce n'est pas dire seulement « personne d'autre n'est venu », mais aussi « Jacques est venu ». $UNIC_i$ ne sera donc qu'un instrument dans la définition de l'opérateur copulatif $\mathbf{SOL}_i$, destiné à représenter les divers restrictifs français.

2° *Première définition.* $\mathbf{SOL}_i$ « X | Y » = « ET X, Y | $UNIC_i$ Y ».

Cette définition est satisfaisante pour des énoncés simples comme :

3. Seul Jacques aime Marie.
4. Jacques n'aime que Marie.

Analysons, par exemple, l'énoncé (3). Le résultat cherché est le suivant (en admettant que le prédicat A′ du C. P. traduise la notion « aimer ») :

$$\begin{cases} \text{pp. A}'\ (\text{Jacques, Marie}). \\ \text{p.} \underset{\neq \text{ Jacques.}}{\forall y} \sim \text{A}'\ (\text{y, Marie}). \end{cases}$$

On arrive facilement à ce résultat si on représente le verbe français *aimer* par le couple prédicatif « — | A » (avec la case présuppositionnelle vide).

On représentera en effet (3) par :

$\mathbf{SOL}_1$ « — | A » (Jacques, Marie).

= « A | $UNIC_1$ A » (Jacques, Marie).

D'où l'on tire tout de suite la traduction en C. P. qui était cherchée.

Nous allons maintenant montrer que cette définition est inacceptable dans le cas de phrases plus compliquées où l'opérateur $\mathbf{SOL}_i$ doit être appliqué deux fois (cf. *Seul Jacques n'aime que Marie)*, et nous lui apporterons diverses modifications. Nous nous demanderons alors — — c'est le point central de toute cette démarche — pourquoi la première définition échoue lorsque — et seulement lorsque — $\mathbf{SOL}_i$ est appliqué plusieurs fois. La cause — nous essaierons de le montrer — tient à ce que $\mathbf{SOL}_i$, lors de sa deuxième application, opère sur un couple prédicatif dont la case présuppositionnelle n'est pas vide (elle a été remplie par la première application de $\mathbf{SOL}_i$). Nous montrerons en effet que l'on trouve la même insuffisance si $\mathbf{SOL}_i$ s'applique une seule fois, mais à un couple prédicatif dont la case présuppositionnelle est, pour une tout autre raison, déjà remplie. Ce qui nous permettra d'établir une analogie entre les présupposés introduits par **SOL**$_i$ et des présupposés qui, à première vue, sont d'une tout autre nature.

3° *Critique de la première définition.* Appliquons la première définition à :

5. Seul Jacques n'aime que Marie.

Ce que nous voudrions obtenir, intuitivement, c'est une description équivalente à :

5′ pp. Jacques n'aime que Marie (= aime Marie et nulle autre fille).

5″. p. Aucun garçon différent de Jacques ne se trouve aimer Marie et aucune autre fille.

La traduction de (5′) et de (5″) en C. P. serait, en prenant j et m pour Jacques et Marie, le prédicat A′ pour la notion « aimer », et en décidant que les variables x et y parcourent, respectivement, l'ensemble des filles et celui des garçons :

5′a. pp. $A'(j, m) \wedge \underset{\neq m}{\forall x} \sim A'(j, x)$.

5″a. p. $\underset{\neq j}{\forall y} \sim [A'(y, m) \wedge \underset{\neq m}{\forall x} \sim A'(y, x)]$

Or ce résultat, nous ne pouvons pas l'obtenir avec la première définition de **SOL**$_i$.

(5) doit, en effet, être décrit à l'aide de deux applications successives de **SOL**$_i$, c'est-à-dire en appliquant d'abord **SOL**$_2$ (qui concerne la deuxième place du prédicat *aimer*, celle du complément d'objet), puis **SOL**$_1$ (qui concerne la place du sujet). On aurait alors :

SOL$_1$ - **SOL**$_2$ « — | *A* » (Jacques, Marie).

= **SOL**$_1$ « *A* | UNIC$_2$ *A* » (Jacques, Marie).

= « ET*A*, UNIC$_2$ *A* | UNIC$_1$-UNIC$_2$ *A* » (Jacques, Marie).

Si l'on traduit cette formule en C. P., on trouve, pour le présupposé :

pp. $A'(j, m) \wedge \underset{\neq m}{\forall x} \sim A'(j. x)$.

C'est exactement le résultat (5′a) cherché. Mais les difficultés commencent lorsqu'on développe la case du posé. Il vient :

UNIC$_1$-UNIC$_2$ *A* (j, m).

= $\underset{\neq j}{\forall y} \sim$ UNIC$_2$ *A* (y, m).

c'est-à-dire :

6. $\underset{\neq j}{\forall y} \sim [\underset{\neq m}{\forall x} \sim A'(y, x)]$.

Ce résultat, on le voit, est assez différent de celui qui était cherché, à savoir (5″a) : $\underset{\neq j}{\forall y} \sim [A'(y, m) \wedge \underset{\neq m}{\forall x} \sim A'(y, x)]$.

Le crochet de (5″a) contenait une conjonction, et nous n'avons obtenu, dans le crochet de (6), que le second élément de cette conjonction. En termes plus intuitifs, nous avons obtenu « Aucun garçon autre que Jacques ne se trouve n'aimer aucune fille autre que Marie », alors que nous cherchions « Aucun garçon autre que Jacques ne se trouve aimer Marie et aucune fille autre que Marie ».

La différence n'est pas une simple affaire de nuance; il s'agit d'une différence logique, qui se répercute dans les conditions de vérité des énoncés comparés. Pour la faire apparaître, il suffit de remarquer que tout garçon se trouve, vis-à-vis de Marie, dans l'une des quatre situations :

a) ne pas l'aimer et n'aimer personne;
b) ne pas l'aimer mais en aimer d'autres;
c) l'aimer, et elle seule;
d) l'aimer, et d'autres.

L'énoncé original posait (cf. (5″a)) qu'aucun garçon autre que Jean n'est dans la situation *c*). Ce que pose, en revanche, la formule (6) obtenue, c'est qu'aucun garçon autre que Jacques n'est dans l'une des deux situations *a*) ou *c*). Si on préfère un diagramme pour faire apparaître la même différence : supposons que la collectivité dont parle l'énoncé comporte trois garçons, Jacques, Georges, André, et trois filles, Marie, Valérie, Françoise, et représentons par une flèche la relation « **X** aime **Y** ». On peut imaginer la situation suivante :

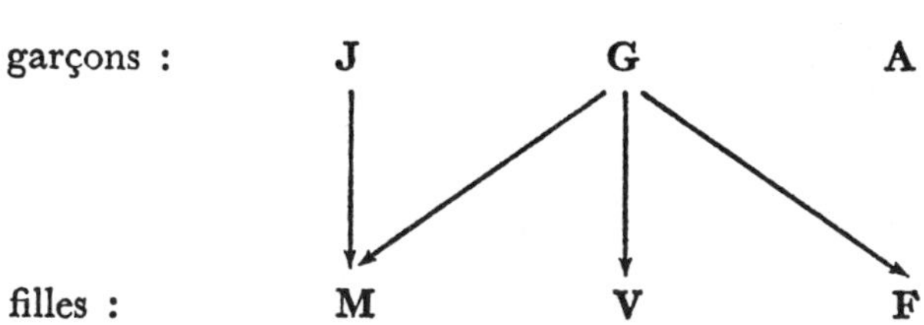

(**J.** n'aime que **M**, **G.** aime les trois, **A** n'aime personne).

Cette situation est parfaitement compatible avec l'énoncé (5) original, *Seul Jacques n'aime que Marie*, mais elle incompatible avec la formule (6) obtenue au terme du calcul.

Il serait, à la rigueur, possible de se contenter de cette description, en chargeant le composant rhétorique — qui a bon dos — de corriger l'erreur. On peut imaginer une loi en vertu de laquelle — puisque l'énoncé a comme thème les sentiments éprouvés pour Marie, on considère seulement les garçons qui aiment Marie — en faisant abstraction des autres : l'univers du discours serait ainsi réduit aux amoureux de Marie. Il nous semble intéressant, cependant, d'éviter cette manœuvre — qui sent le désespoir —, et de voir si une nouvelle description de l'opérateur **SOL**$_i$ ne donnerait pas, dans le composant linguistique lui-même, la solution recherchée.

4° *Deuxième définition :*

SOL$_i$ « X | Y » = « ET X, Y | UNIC$_i$ - ET X, Y »

On vérifiera d'abord que cette nouvelle description donne, comme la première, un résultat satisfaisant dans le cas d'énoncés simples du type *Seul Jacques aime Marie.* On le prévoit d'ailleurs facilement : puisque « aimer » est représenté par un prédicat dont la case présuppositionnelle est vide, **SOL**$_1$ « — | A » aura, d'après la deuxième définition de **SOL**$_i$, la valeur « A | UNIC$_1$ A », valeur que lui donne aussi la première définition (cf. p. 153).

N.B. Ce raisonnement suppose qu'on traite les cases vides des couples prédicatifs comme si elles étaient remplies par un prédicat tautologique U, de sorte que ET U, $X = X$.

Reste à montrer maintenant que nous obtenons la solution désirée pour (5) *Seul Jacques n'aime que Marie,* tout en représentant cet énoncé comme :

SOL$_1$-**SOL**$_2$ « — | A » (Jacques, Marie).

On a, successivement,

SOL$_1$ « A | UNIC$_2$ A » (Jacques, Marie).

« ET A, UNIC$_2$ A | UNIC$_1$ -ET A, UNIC$_2$ A » (Jacques, Marie).

La case présuppositionnelle est identique à celle obtenue au moyen de la première définition (et qui apparaissait adéquate). Nous nous occuperons donc seulement de la case du posé, qui se développe successivement :

$\forall_{\neq j} y \sim$ [ET A, UNIC$_2$ A (y, m)].

$\forall_{\neq j} y \sim$ [A' (y, m) $\wedge$ UNIC$_2$ A' (y, m)].

$\forall_{\neq j} y \sim$ [A' (y, m) $\wedge$ $\forall_{\neq m} \mathbf{x} \sim$ A' (y, $\mathbf{x}$)].

On obtient donc exactement la formule (5″a) qui était désirée, et qui pose qu'aucune personne différente de Jacques ne peut à la fois aimer Marie et n'aimer personne d'autre.

5° *Troisième définition.* Il est possible, maintenant, de remettre en question la description de (5) *Seul Jacques n'aime que Marie,* qui nous a servi jusqu'ici de cible, manquée par la première, et atteinte par la seconde définition de $\mathbf{SOL}_i$. Cette description, en effet, telle qu'elle est présentée dans (5′) et (5″), ne dit en rien que des garçons différents de Jacques aiment Marie. Elle exige seulement que personne d'autre que lui l'aime et n'aime qu'elle. En d'autres termes, elle est compatible avec la situation suivante (représentée selon les conventions du schéma de la p. 155).

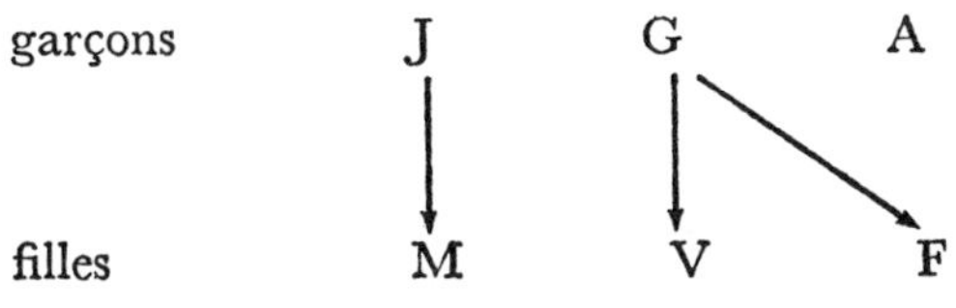

Or il peut sembler que l'énoncé (5) est, dans cette situation, sinon faux, du moins peu acceptable. Il donne à penser en effet que d'autres que Jacques aiment Marie, Jacques étant le seul de ceux-là à n'aimer qu'elle.

Nous allons donc modifier le pp. (5′) attribué à (5), en y ajoutant l'indication que des garçons autres que Jacques aiment Marie. Le pp. de (5) sera donc :

6′. Jacques aime Marie, et Jacques n'aime aucune autre fille, et d'autres que Jacques aiment Marie, c'est-à-dire, en C. P. :

6′a. $A'(j, m) \wedge \underset{\neq m}{\forall} x \sim A'(j, x) \wedge \sim \underset{\neq j}{\forall} y \sim A'(y, m)$.

On obtient ce résultat, si on admet, pour $\mathbf{SOL}_i$, la définition suivante, troisième et dernière :

$\mathbf{SOL}_i$ « $X \mid Y$ » = « ET X, Y, NEG-UNIC$_i$ $X \mid$ UNIC$_i$ -ET-X, Y »

(en admettant, pour simplifier l'écriture, que l'opérateur prédicatif ET puisse lier trois prédicats).

La seule différence avec la deuxième définition concerne la case présuppositionnelle. On vérifiera facilement que cette différence :

a) n'entraîne aucun effet lors de la première application de $\mathbf{SOL}_i$ sur un couple dont la case présuppositionnelle est vide;

b) produit, lors de la deuxième application, le résultat souhaité.

(Cette troisième définition, et les considérations qui la justifient intuitivement, sont dues, pour une très large part, à F. Danjou, que je remercie vivement de sa collaboration).

6° *Application de* **SOL**$_i$ *à un autre couple prédicatif.* La discussion qui précède n'aurait guère de justification si elle ne dépassait pas le problème des énoncés doublement restrictifs, problème dont elle est directement issue. Toutes les difficultés rencontrées sont apparues, on l'aura noté, lors de la deuxième application de **SOL**$_i$. Si nous nous en étions tenus à une application unique, la première définition suffisait. A quoi sont dues ces difficultés? Nous voudrions montrer qu'elles ne sont pas liées à la réitération en tant que telle, mais au fait que, lors de son second emploi, l'opérateur **SOL**$_i$ est appliqué à un couple dont la case présuppositionnelle est remplie — alors qu'au premier emploi, dans l'exemple étudié ici, la case présuppositionnelle était vide. Pour fonder cette thèse, nous ferons agir **SOL**$_i$ sur un couple prédicatif dont le prédicat présuppositionnel n'est pas dû à une opération antérieure de **SOL**$_i$, et nous montrerons que, dans ce cas, on est contraint à la même kyrielle de définitions que tout à l'heure.

Nous prendrons pour exemple l'énoncé :

7. Seul Jacques restera à Paris.

Pour les besoins de la démonstration, nous utiliserons, comme il a été déjà fait p. 146, une analyse ultra-simplifiée du verbe *rester*. Nous le représenterons par un prédicat à deux places, celle du sujet et celle du complément de lieu, et nous lui attribuerons pour contenu sémantique la simple juxtaposition des deux idées « être maintenant », « être dans le futur ». Ceci admis, nous allons d'abord nous fixer pour cible l'analyse suivante de (7) :

7′. pp. Jacques restera à Paris (= Jacques est à Paris, et Jacques sera à Paris).

7″. p. Il n'est vrai d'aucune personne différente de Jacques qu'à la fois elle est maintenant et sera ultérieurement à Paris.

(N.B. Nous supposons que le quantificateur « aucune » opère sur un groupe de personnes délimité, explicitement ou implicitement, par le discours antérieur ou par la situation de discours).

Transcrite en C. P., la description précédente devient :

$\left\{ \begin{array}{ll} 7'\text{a.} & \text{pp. Em}'\,(\text{j, p}) \wedge \text{Ef}'\,(\text{j, p}). \\ 7''\text{a.} & \text{p. } \forall_{\neq j} \text{x} \sim [\text{Em}'\,(\text{x, p}) \wedge \text{Ef}'\,(\text{x, p})]. \end{array} \right.$

(avec : Em' = être maintenant, Ef' = être dans le futur, j = Jacques, p = Paris).

Si on utilise la première définition de $\mathbf{SOL}_i$, on obtient $\mathbf{SOL}_1$ « *Em* | *Ef* » (j, p).

= « ET *Em, Ef* | UNIC_1 *Ef* » (j, p).

La traduction en C. P. donnerait le pp. (7'a) cherché, mais une difficulté apparaît au niveau du posé. On obtiendra seulement :

$\forall_{\neq j} \text{x} \sim [Ef'\,(\text{x, p})].$

Nous ne retrouvons donc pas la totalité du crochet de (7"a) : nous disons qu'aucune des personnes considérées, si elle est différente de Jacques, ne sera à Paris par la suite, alors qu'il fallait restreindre cette affirmation aux personnes qui y sont actuellement. Il est facile d'établir une analogie entre cet échec et celui rencontré lorsque nous appliquions la même définition de $\mathbf{SOL}_i$ aux cas de double restriction. *Formellement*, ce qui manque dans la description obtenue, c'est, dans les deux cas, le même élément de la description cherchée (la première partie du crochet). *Intuitivement*, la description obtenue nie le prédicat posé (« n'aimer personne d'autre que Marie », « être à Paris à l'avenir ») de tous les êtres compris dans l'univers du discours (sauf, bien sûr, du sujet, Jacques). En fait, il fallait le nier des seuls êtres de l'univers du discours auxquels s'applique le prédicat présupposé (« aimer Marie », « être actuellement à Paris »). Ce que nous retiendrons de cette discussion, c'est que, pour décrire les échecs précédents, il faut traiter de la même façon le « présupposé » introduit par la première application de $\mathbf{SOL}_i$, et le « présupposé » qui appartient au sémantisme du verbe *rester*. D'où nous conclurons que le modèle nous justifie de les appeler, les uns et les autres, « présupposés »; il nous impose, à un certain niveau de description, de les traiter de la même façon.

Ce qui précède laisse prévoir que la deuxième définition de $\mathbf{SOL}_i$ permet de retrouver la description (7'a) — (7"a), que nous nous étions donnée pour but. On le vérifie sans difficulté en développant, d'après cette définition :

$\mathbf{SOL}_1$ « *Em* | *Ef* » (j, p).

= « ET *Em, Ef* | UNIC_1 - ET *Em, Ef* » (j, p).

Il reste à remarquer maintenant, pour faire descendre du ciel la troisième définition de **SOL**$_i$, que notre description-cible était insuffisante. Car elle ne contenait, à aucun titre, l'indication « D'autres que Jacques étaient à Paris », indication présente sans conteste dans l'énoncé (7). Et il va de soi qu'on la retrouvera, à titre de présupposé, si on admet la troisième définition; la case du présupposé, dans la représentation de (7), contiendra en effet alors :

« ET *Em*, *Ef*, NEG-UNIC$_1$ *Em* | ... »

Comme pour la première définition, l'échec de la deuxième est parallèle dans le cas de (5) et dans celui de (7). Dans les deux cas, la deuxième définition n'arrive pas à prédire que d'autres personnes que le sujet possèdent une certaine propriété (« être maintenant à Paris », « aimer Marie »). Et, pour prévoir ce fait, il suffit, dans un cas comme dans l'autre, du même additif à la définition de **SOL**$_i$: on exige que cet opérateur introduise, dans la case présuppositionnelle, le prédicat NEG-UNIC$_i$ *X*, où *X* est le prédicat remplissant cette case avant l'intervention de **SOL**$_i$. Le point essentiel, dans toute cette discussion, est que l'addition réussit aussi bien lorsque ce *X* est le prédicat « être maintenant », présupposé par *rester*, ou le prédicat « aimer » présupposé par *aimer seulement*, et introduit lors d'une première intervention de **SOL**$_i$. Ce qui confirme l'analogie fonctionnelle — déjà établie lors du passage à la deuxième définition, mais nullement évidente d'emblée — entre les « présupposés » lexicaux inclus dans la signification d'un verbe comme *rester*, et les « présupposés » syntaxiques produits par l'introduction d'expressions restrictives.

Était-il nécessaire, pour arriver à cette conclusion, d'utiliser l'appareil formel, excessivement lourd, que nous avons présenté ? Nous aurions sans doute pu dire la même chose en utilisant un langage approximativement identique à celui de tout le monde. Le résultat aurait été le suivant. « Supposons qu'on introduise *ne... que* ou *seulement* dans un énoncé *A*. Dans ce cas :

a) la restriction obtenue est toujours intérieure à l'ensemble des êtres satisfaisants le présupposé de *A* (c'est là ce que signifie le passage de la première à la deuxième définition de **SOL**$_i$).

b) l'énoncé total (*A* + *ne... que*) présuppose que cet ensemble comporte au moins deux éléments (c'est là ce que signifie le passage de la deuxième à la troisième définition). »

Le détour par le système formel n'était quand même peut-être pas inutile. Car c'est lui qui a fait découvrir les deux règles précédentes, assez difficiles, autrement, à apercevoir : on arrive mal, notamment, à saisir, tant qu'on raisonne d'une façon informelle, pourquoi la première définition, satisfaisante lorsqu'il s'agit d'exemples simples, échoue si on l'applique à des exemples plus complexes, et pourquoi les versions ultérieures, nécessaires pour les énoncés complexes, n'empêchent pas de traiter les énoncés simples. D'autre part, et surtout, les règles (a) et (b) ne sont rien d'autre que des abréviations, compréhensibles seulement par rapport au modèle formel, et qui seraient, prises isolément, tout à fait inintelligibles. Prenons pour *A*, par exemple, *Jacques n'aime que Marie*. Selon (a), la restriction obtenue en introduisant *Seul* devant *Jacques* est « intérieure à l'ensemble des êtres satisfaisant le présupposé de *A* ». Mais cette formulation est, en elle-même, dénuée de sens. Que peut signifier en effet l'expression « les êtres satisfaisant le présupposé »? Il faut la comprendre « l'ensemble des x tels que les couples (x, Marie) satisfont un certain prédicat, « aimer », prédicat qui constitue la case présuppositionnelle du couple prédicatif représentant « n'aimer que ». Les lois (a) et (b) ne sont donc même pas formulables tant qu'on s'en tient à l'observation dite « immédiate ». On doit, pour les formuler, utiliser des notions qui concernent, non pas l'énoncé lui-même, mais sa représentation dans le modèle (ce qui n'exclut pas qu'on puisse formuler, dans le cadre fourni par un autre modèle, des lois équivalentes).

D'après notre déclaration liminaire, la seule justification du modèle, considéré comme un instrument, est son pouvoir généralisateur. Résumons les deux généralisations obtenues :

a) Nous avons relié le présupposé « Jacques aime Marie » de *Jacques n'aime que Marie*, et le présupposé « Jacques est maintenant à Paris » de *Jacques restera à Paris*. Relation nullement évidente au premier abord; beaucoup refuseraient même de considérer la première comme un présupposé authentique, sous prétexte qu'on peut très bien annoncer *Jacques n'aime que Marie* à quelqu'un qui ignore totalement la vie sentimentale de Jacques. Ce qui confirme notre décision (cf. chap. 2) de ne pas considérer les présupposés comme des conditions d'emploi.

b) Nous avons relié trois faits, en les prévoyant tous les trois à partir de la case présuppositionnelle de « n'aimer que » :

— Le fait que *Jacques n'aime que Marie* présuppose « Jacques aime Marie ».

— Le fait que *Seul Jacques n'aime que Marie* présuppose « D'autres que Jacques aiment Marie ».

— Le fait que ce dernier énoncé n'exclut pas que certains, dans le groupe considéré, ne s'intéressent pas à Marie.

Ce qui confirme l'idée que les présupposés ne se surajoutent pas à des significations déjà constituées, mais participent, de façon systématique, à leur constitution.

Restrictifs et passivation

A titre de curiosité, et en marge de la démonstration précédente, nous aimerions signaler que le modèle construit rend compte de certains phénomènes bizarres qui se produisent lorsqu'on associe restrictifs et construction passive. Il y a équivalence logique (c'est-à-dire « identité de conditions de vérité ») entre :

8. Seul Jacques aime Marie et
9. Marie n'est aimée que de Jacques.

Même équivalence entre :

10. Jacques n'aime que Marie et
11. Seule Marie est aimée par Jacques.

Mais l'actif et le passif ne produisent plus d'équivalence lorsqu'il y a une double restriction, qui atteint à la fois le sujet et l'objet. Les deux énoncés suivants sont, par exemple, discernables du simple point de vue logique :

12. Seul Jacques n'aime que Marie.
13. Seule Marie n'est aimée que de Jacques.

En effet (12) est compatible avec le fait que d'autres garçons aiment Marie : ce fait (cf. p. 157) est même présupposé par (12). En revanche (13) exclut cette possibilité — puisque (13) présuppose que Marie n'est aimée que de Jacques.

Cette bizarrerie s'explique aisément à l'intérieur de notre modèle, si on admet, outre notre troisième définition de **SOL_i**, la traduction du passif par l'opérateur prédicatif INV décrit p. 145, qui inverse l'ordre des places du prédicat.

Rendons compte, d'abord, de l'équivalence entre (8) et (9) : (8) est représenté (quelle que soit d'ailleurs la description de $\mathbf{SOL}_i$ utilisée) comme :

$\mathbf{SOL}_1$ « — | *A* » (j, m).
= « *A* | $UNIC_1$ *A* » (j, m)

(9) est représenté comme :

$\mathbf{SOL}_2$ « — | INV *A* » (m, j).
= « INV *A* | $UNIC_2$-INV *A* » (m, j).

On calcule facilement que les deux énoncés auront même traduction en C.P. Montrons, par exemple, que les posés seront traduits de façon identique :

(8) pose : $\forall_{x \neq j} \sim [A'(x, m)]$

(9) pose : $\forall_{x \neq j} \sim \text{INV } A(m, x)$

$= \forall_{x \neq j} \sim [A'(x, m)]$

On ferait la même démonstration pour les présupposés de (8) et de (9), et on montrerait aussi l'équivalence entre (10) et (11). En ce qui concerne (12) et (13), la démonstration de leur non-équivalence est un peu plus longue. (12), identique à (5), a déjà été analysé pp. 154 et 157. Quant à (13), il se représente comme :

$\mathbf{SOL}_1$-$\mathbf{SOL}_2$ « — | INV *A* » (m, j).
= $\mathbf{SOL}_1$ « INV *A* | $UNIC_2$-INV *A* » (m, j).

Pour éviter des formules trop longues, nous développerons successivement la case du présupposé et celle du posé.

a) Pour le présupposé, on a (avec la troisième définition de $\mathbf{SOL}_i$) :
« ET-INV *A*, $UNIC_2$-INV *A*, NEG-$UNIC_1$-INV *A* | ... »

Cette formule donne, appliquée au couple (m, j), la conjonction des trois propositions suivantes :

— INV *A* (m, j) = A' (j, m) (= Jacques aime Marie)
— $\forall_{x \neq j} \sim \text{INV } A(m, x) = \forall_{x \neq j} \sim A'(x, m)$
(= aucun garçon différent de Jacques n'aime Marie)
— $\sim \forall_{y \neq m} \sim \text{INV } A(y, j) = \sim \forall_{y \neq m} \sim A'(j, y)$ (= Jacques aime d'autres filles que Marie).

b) pour le posé de (13), on trouve :
« ... | $UNIC_1$-ET-INV *A*, $UNIC_2$-INV *A* » (m, j).
Ce qui donne :
$\forall_{y \neq m} \sim [\text{INV } A(y, j) \wedge UNIC_2\text{-INV } A(y, j)$

$$= \forall_{\neq m} y \sim [A'(j, y) \wedge \forall_{\neq j} x \sim \text{INV}\, A(y, x)]$$

$$= \forall_{\neq m} y \sim [A'(j, y) \wedge \forall_{\neq j} x \sim A'(x, y)]$$

(= aucune fille différente de Marie ne peut à la fois être aimée de Jacques et n'être aimée d'aucun autre garçon).

Dans la mesure où les formules a) et b) précédentes ne sont pas logiquement équivalentes à celles obtenues pour (12), c'est-à-dire pour (5), on peut estimer que le modèle rend compte du fait qu'il y a *une* différence de valeur logique entre (12) et (13) (Pour montrer qu'il rend compte de *la* différence, réelle, il faudrait étudier dans le détail les propriétés logiques de a) et de b).)

Il est possible que l'on arrive, en grammaire transformationnelle, à donner des structures profondes différentes à (12) et à (13). Un problème se posera cependant pour les couples (10)-(11) et (8)-(9). Dans la perspective de la « sémantique générative », on s'arrangerait pour donner même structure à (10) et à (11), et à trouver une identité de structure également pour (8) et (9). Ce qui est assez gênant, dans la mesure où les énoncés de chaque couple, tout en étant logiquement équivalents, ont cependant des différences sémantiques certaines — celles qui séparent en général l'actif du passif correspondant. Quant à la théorie transformationnelle orthodoxe, dite souvent « théorie standard », elle établira une différence de structure syntaxique à l'intérieur de chacun des trois couples, et laissera le « composant sémantique » calculer que la différence existant entre (8) et (9), et celle existant entre (10) et (11), n'entraînent aucune divergence dans la valeur logique, alors que la différence entre (12) et (13) en entraîne une.

Personne ne peut dire actuellement comment le « composant sémantique » s'y prendra. Mais il nous semble intéressant que le modèle sémantique présenté ici obtienne un tel résultat, *alors qu'il prend pour point de départ une représentation des énoncés très proche de la structure superficielle.* Le passif y est en effet représenté par un opérateur portant sur le prédicat. D'autre part l'ordre superficiel des arguments y est conservé. Enfin l'ordre superficiel des expressions restrictives y est également conservé : le premier opérateur à gauche (= le dernier à agir) est un **SOL$_1$**, c'est-à-dire qu'il concerne la place du sujet, aussi bien dans la construction passive que dans la construction active. Certes ce modèle n'est pas donné ici comme *la* structure sémantique du français, et on indiquerait facilement une multitude de faits dont il ne peut rendre compte. Mais ses réussites locales n'en restent pas moins significatives. Dans le dernier exemple traité, la réussite du modèle suggère qu'il existe des relations étroites entre les propriétés logiques des énoncés et certains aspects de leur structure dite « superficielle » .

6. *Supposition et présupposition*

COMMENT REPRESENTER, dans le composant linguistique, les énoncés français comportant une proposition conditionnelle introduite par *si*, énoncés construits selon le schéma *si p, q?* La plupart des descriptions habituelles disent qu'ils servent à affirmer l'existence d'une certaine relation entre les propositions « p » et « q », relation très difficile d'ailleurs à expliciter, car ce peut-être celle de la cause à l'effet, du principe à la conséquence, de la condition au fait. Le dictionnaire Robert suggère une autre voie (que nous allons suivre), en disant que le *si*, dans son usage hypothétique, « introduit une donnée d'hypothèse ». L'idée nouvelle qui apparaît ici — malgré l'embarras de la formulation — est que la définition de *si* doit indiquer l'acte accompli quand on l'emploie, et non pas une représentation intellectuelle (en l'occurrence, une relation) dont *si* serait l'expression. Cet acte, que nous appellerons « supposition », consiste à demander à l'auditeur d'accepter pour un temps une certaine proposition « p » qui devient, provisoirement, le cadre du discours, et notamment de la proposition principale, « q ».

Cette description voudrait faire apparaître à la fois les différences et les ressemblances entre la phrase conditionnelle et la phrase à présupposés, telle que nous l'avons étudiée jusqu'ici. Dans la phrase à présupposés, ceux-ci sont imposés à l'auditeur, qui n'est pas sollicité, mais contraint, de les accepter. Cette contrainte, d'autre part, est implicite : elle tient seulement au fait qu'on ne peut, sans admettre les contenus présupposés, poursuivre le dialogue inauguré par le locuteur. Elle se fonde donc seulement sur une convention générale du discours, qui veut que l'on réponde aux paroles dont on a été le destinataire, qui veut que l'on rende la parole (comme une règle de politesse veut que l'on rende les cadeaux ou les invitations). Enfin il résulte du caractère implicite de la contrainte qu'elle ne peut pas se fixer de limites temporelles, ou simplement envisager sa propre fin, car cela exigerait qu'elle se dénonce elle-même. Le *si*, en revanche, n'a aucune de ses malhonnêtetés : l'auditeur est clairement sollicité de faire une hypothèse, présentée comme hypothèse, et dont l'annulation éventuelle est de ce fait envisagée au moment même où le *si* est prononcé.

Nous n'insisterons pas davantage sur ces différences, qui ne sont guère contestées, nous semble-t-il, mais bien plutôt sur les ressemblances, beaucoup plus cachées, entre la phrase conditionnelle et la phrase à présupposés. L'hypothèse de la proposition conditionnelle, bien qu'elle ne soit pas présentée à la manière des présuppositions (puisqu'elle est sollicitée et non pas imposée) est traitée, une fois qu'elle est présentée, comme un présupposé ordinaire. En d'autres termes, ce que le locuteur demande à l'auditeur dans une conditionnelle, c'est exactement ce à quoi il l'oblige dans les phrases que nous avons jusqu'ici analysées, à savoir de se mettre dans une certaine situation intellectuelle, qui servira de toile de fond au dialogue. Nous le montrerons en faisant voir que l'hypothèse de la subordonnée conditionnelle se comporte en beaucoup de points, lorsque la phrase conditionnelle subit diverses modifications, selon les règles habituelles de la présupposition.

Pour résumer, la thèse principale défendue ici est qu'une proposition de type *si p, q* n'a pas pour *signification* première « p est cause de q », ni « p est condition de q » (bien qu'elle puisse servir à indiquer ces relations). Sa valeur fondamentale est de permettre la réalisation successive de deux actes illocutoires : 1° demander à l'auditeur d'imaginer « p », 2° une fois le dialogue introduit dans cette situation imaginaire, y affirmer « q ». (Ce qui explique immédiatement qu'il y ait une déontologie du *si* : il y a des situations dont il est indécent de demander à l'auditeur de les envisager).

Justifier cette description, c'est montrer qu'elle permet de comprendre, à titre d'effets de sens, prévisibles dans le composant rhétorique, les diverses utilisations de *si* dans le discours : à la fois celles qui dérivent directement de la définition traditionnelle de *si* comme marque d'une relation, et d'autre part un certain nombre d'emplois peu compatibles avec la description classique, et qui exigent d'habitude la création d'une multitude de *si* homonymes.

Le si « standard »

Il est peu contestable que le *si*, dans beaucoup de ses emplois, donne à entendre qu'il y a une relation de dépendance entre les propositions qu'il réunit. En disant :

1. Si Pierre vient, Jacques partira

on laisse entendre que le départ de Jacques « a quelque chose à voir » avec la venue de Pierre : il est déductible de l'arrivée de Pierre, ou déclenché par elle, ou encore produit, plus ou moins directement, par la même cause qui amène cette arrivée. Cette relation de dépendance apparaît même dans l'usage « naïf » que les mathématiciens font de *si*. Un mathématicien n'aurait pas de répugnance particulière à dire « Si $2 + 2 = 4$, alors $2 + 3 = 5$ », car on peut envisager que la deuxième proposition se démontre à partir de la première. Mais il hésiterait à dire « Si $2 + 2 = 4$, alors 2 n'a pas de racine carrée rationnelle », car la démonstration de la deuxième proposition, dans ce cas, n'utilise pas, habituellement, la première. C'est là, on le sait, une des raisons qui empêchent l'implication matérielle des logiciens de traduire adéquatement aussi bien le *si* des mathématiciens que celui du langage ordinaire. Cette implicitation peut s'affirmer, en effet, de n'importe quel couple de propositions, si éloignées l'une de l'autre qu'elles soient, pourvu que la première ne soit pas vraie alors que la seconde est fausse (il y a implication, par exemple, entre « $2 + 2 = 5$ » et « La somme des angles d'un triangle = 167° »).

Que l'affirmation d'une relation entre « p » et « q » (en prenant « relation » dans son sens ordinaire, non ensembliste) soit ainsi véhiculée par l'énoncé *si p, q*, nous pouvons le prévoir (au niveau du composant rhétorique, il est vrai) à partir de notre description de *si*. Dans la mesure, en effet, où on demande à l'auditeur de se placer dans l'hypothèse « p » avant de lui annoncer « q », on donne à penser qu'il y a une certaine dépendance entre « p » et « q » : sinon, on comprendrait mal que le locuteur ait cru bon de faire précéder l'acte d'affirmation d'un acte de supposition. La dépendance entre les deux propositions apparaît ainsi comme un contrecoup de la dépendance entre les deux actes accomplis.

En allant un peu plus loin dans la même voie, on peut expliquer un phénomène linguistico-psychologique bien connu, qui désespère les enseignants préoccupés de former leurs élèves à un minimum de pensée logique. Alors qu'on voudrait réserver l'expression *si p, q* pour indiquer que « p » est une condition suffisante de « q », les élèves, et pas mal d'autres, tendent à comprendre la même expression comme désignant une condition non seulement suffisante mais nécessaire — ou, au moins, très favorable. La loi générale d'exhaustivité — que le chapitre 4 a introduite dans le composant rhétorique — permet de prévoir cette interprétation. Si le locuteur a restreint son affirmation de « q » à la supposition préalable que « p » est vrai, il est naturel de croire, puisqu'il est censé dire le maximum de ce qu'il sait, qu'il ne pouvait pas affirmer « q » d'une façon catégorique. Si, de plus, on refuse d'attribuer cette incapacité à une limitation de son savoir, on doit interpréter cette restriction de l'affirmation comme l'affirmation d'une restriction. On introduit donc l'idée que « q » est vrai seulement si « p » est vrai. Et on glisse ainsi vers la notion de condition nécessaire, selon le même mouvement en vertu duquel *certains* tend à s'interpréter *certains seulement* (= pas tous). Supposons par exemple qu'un constructeur d'automobiles annonce que ses voitures sont garanties pendant un an « si, pendant cette durée, elles sont toujours entretenues par des agents de la marque ». Étant donné qu'un constructeur est censé connaître les garanties qu'il offre, et comme on ne le soupçonne pas de masquer leur étendue, il est raisonnable de penser que la condition indiquée est aussi une condition nécessaire.

Plutôt que de multiplier les exemples, nous voudrions noter que l'explication précédente est étroitement liée à notre définition de *si*. Pour qu'elle soit possible, il faut que l'expression *si p, q* soit décrite, à un niveau fondamental, comme comportant l'affirmation « q », restreinte à la supposition « p ». Dans ce cas seulement, on peut dire que l'affirmation catégorique « q » serait « plus forte » — ce qui rend possible au composant rhétorique de conclure, par la loi d'exhaustivité, « q, seulement si p ». On ne voit pas pourquoi, en effet, l'affirmation que « p » est condition suffisante de « q » serait moins « forte » que l'affirmation de « q » (plus exactement, cela ne serait le cas que si on interprétait l'idée de condition suffisante comme l'implication matérielle des logiciens, ce qui a d'autres inconvénients). Si donc on présente la phrase conditionnelle comme l'expression d'une relation, il faut, dès le départ, en faire une condition à la fois nécessaire et suffisante. Mais on ne voit plus alors comment comprendre les emplois où *si*, vu le contexte, ne peut dénoter qu'une condition suffisante (cf. *Si tu viens, je pars, mais si tu ne viens pas, je pars aussi*). On n'explique même plus le fait que *si*, dans l'interrogation, n'a jamais la valeur « seulement si » (cf. « Est-ce que tu viendras s'il fait beau?). Ce fait, notre description nous permet facilement de le comprendre, en revanche, puisque la loi d'exhaustivité, propre à l'affirmation, ne peut plus jouer dans la phrase interrogative.

Il nous semble donc qu'en donnant, dans le composant linguistique, une définition illocutoire, et non pas représentative, de la conjonction *si*, on peut facilement récupérer, au niveau du composant rhétorique, sa valeur représentative, son utilisation pour l'expression d'une relation. Nous ne prétendons pas, bien sûr, que la démarche psychologique responsable de ce passage soit accomplie effectivement à chaque emploi « relationnel » de *si*. Il faut admettre, au contraire, que cette démarche ait pu être cristallisée, et produire une association relativement stable, peu discernable, pour la conscience, des associations lexicales reliant un mot à sa signification. Mais il en est certainement de même de bon nombre d'interventions du composant rhétorique. Qu'elles soient explicables par un raisonnement de l'auditeur, cela n'entraîne pas que l'auditeur ait, à chaque fois, à raisonner pour les découvrir, mais seulement qu'il puisse les justifier par un raisonnement.

Non seulement une définition illocutoire de *si* permet de rendre compte, à titre d'effets de sens, des emplois que les définitions traditionnelles considèrent comme prototypiques, mais elle arrivera à expliquer une foule d'autres emplois, souvent relégués à la fin des articles de dictionnaire, et condamnées aux tout petits caractères.

Si *hors de l'affirmation*

On envisagera d'abord le comportement, à première vue assez bizarre, de *si* dans les phrases interrogatives. Les énoncés (2) et (3) illustrent les deux formes les plus fréquentes de l'interrogation (que Tesnières appelle, respectivement, « connexionnelle » et « nucléaire »).

2. Est-ce que Jacques partira, si Pierre vient?
3. Qui partira, si Pierre vient?

Il apparaît tout de suite que chacun des deux énoncés est tout à fait équivoque (nous ne disons pas « ambigu », ayant choisi de réserver ce terme pour les énoncés auxquels nous donnons une double description *dès le composant linguistique*). Une première interprétation, que nous appellerons, par commodité, « implicative » (sans qu'il y ait là aucune référence à l' « implication matérielle ») suppose que l'on comprenne *si p, q* comme « p entraîne q ». On a alors les « sens » :

2'. La venue de Pierre va-t-elle entraîner le départ de Jacques?
3'. De quelles personnes la venue de Pierre entraînera-t-elle le départ?

Mais on peut tout aussi bien imaginer une deuxième interprétation, « concessive », où *si* est à peu près équivalent à *même si*. On a :

2". Est-ce que Jacques partira même si Pierre vient? (= « la venue de Pierre ne va-t-elle pas empêcher le départ de Jacques? »)
3". Qui partira même si Pierre vient? (= « quelles sont les personnes dont le départ ne sera pas empêché par la venue de Pierre? »).

Il reste, maintenant, à expliquer ces effets de sens dans le composant rhétorique. Un premier point à remarquer est que l'ambiguïté signalée apparaît seulement dans l'interrogation. L'énoncé affirmatif (1) *Si Pierre vient, Jacques partira* ne possède que des interprétations de type implicatif. Pour rendre possible l'interprétation concessive, il faudrait remplacer *si* par *même si*, alors que ce remplacement n'est pas nécessaire dans le cas de l'interrogation. Le mécanisme imaginé devra donc être valable pour la seule interrogation.

Un deuxième moment, dans la recherche de l'explication, est d'imaginer des phrases interrogatives où l'une seule des deux interprétations est possible. Par exemple :

4. Est-ce que tu skieras, si la neige est bonne?
5. Est-ce que tu partiras en auto, s'il y a du verglas?

Étant donné les opinions habituelles quant à la neige, au ski et au verglas, (4) recevra généralement l'interprétation implicative (« Est-ce qu'une bonne neige t'inciterait à skier? »), et (5), l'interprétation concessive (« Est-ce que le verglas ne t'empêcherait pas...? ») (N.B. On vérifie, sur ces exemples, que la phrase affirmative connaît seulement le *si* « implicatif », car (5) n'a pas de correspondant affirmatif, ou bien il faudrait remplacer *si* par *même si*). La confrontation de (4) et de (5) fait apparaître immédiatement une condition nécessaire pour que le *si* de *Est-ce que q, si p?* reçoive l'une ou l'autre des interprétations. L'interprétation est implicative seulement si les interlocuteurs considèrent

« p » comme une condition favorable à « q » : elle n'est concessive que s'il est admis que « p » contrarie « q ».

On comprendra sans trop de peine tous ces faits, si on admet :

1° que la valeur fondamentale de l'expression *si p* est de permettre un acte illocutoire particulier, celui de supposition;

2° que l'acte de supposition (comme celui de présupposition) n'est pas atteint par l'interrogation, supposé et présupposé servant de cadre aussi bien à la question qu'à l'affirmation.

Dans ce cas, en effet, demander *Est-ce que q, si p?*, c'est solliciter l'auditeur d'admettre l'hypothèse « p », et, dans ce cadre, poser la question *Est-ce que q?* Une variante de la loi d'informativité, mais appliquée aux questions, imposera alors de penser que la question *Est-ce que q?* ne se justifie que dans l'hypothèse « p », la fausseté de « p » (c'est-à-dire l'hypothèse « non-p ») rendant la question inutile. Quant à cette inutilité, elle peut tenir à deux raisons diamétralement opposées, l'évidence d'une réponse positive, ou celle d'une réponse négative, dans le cas « non-p » — tout dépend, sur ce point, de ce que l'on sait déjà des rapports entre « p » et « q ». Si « p » est tenu pour favorable à « q » (comme c'est le cas dans (4)), « non-p » sera senti comme défavorable, et l'inutilité de la question dans l'hypothèse « non-p » a des chances de tenir à l'évidence d'une réponse négative. D'où le sens « il est clair que, dans le cas « non-p », on aurait « non-q ». Mais est-ce que « p » — qui est favorable — serait suffisant pour « q »? », et on tend vers l'interprétation implicative. Si, en revanche, « p » est tenu pour un obstacle à « q » (cf. le verglas et le voyage en auto), et « non-p », pour favorable, l'inutilité de la question au cas où « p » serait faux risque plutôt de tenir à l'évidence d'une réponse positive. D'où le sens « Il est clair que, dans le cas « non-p », on aurait « q ». Mais est-ce que « p » — qui est défavorable — n'empêcherait pas « q ? », ce qui fait glisser vers l'interprétation concessive.

Il nous faut enfin, comme contre-épreuve, montrer pourquoi les mécanismes qui viennent d'être imaginés sont bloqués dans le cas des énoncés affirmatifs, de sorte qu'une seule interprétation est alors possible, de type implicatif. La réponse serait que l'affirmation fait intervenir un élément nouveau, la loi d'exhaustivité. On affirme pour informer, et dès qu'on entreprend d'informer, on doit dire tout ce que l'on sait. Si donc on se limite par un acte préalable de supposition, on donne à penser, comme nous l'avons montré plus haut, que cette restriction était obligatoire, ce qui introduit l'idée que la condition « p » est, sinon nécessaire, du moins favorable à « q » — et nous retrouvons l'interprétation appelée ici « implicative ». Ce qui n'empêche d'ailleurs pas que, dans certaines situations (assez rares) où la loi d'exhaustivité est elle-même inhibée, l'énoncé affirmatif puisse redonner au *si* la valeur concessive. C'est le cas, par exemple, lorsque, en réponse à la question « Viendras-tu en auto s'il y a du verglas? », on affirme solennellement « Je viendrai en auto s'il y a du verglas ». La restriction que comporte l'énoncé affirmatif, lui étant ici transmise par la question précédente, ne donne plus prise à l'exigence d'exhaustivité : le locuteur ne s'impose pas à lui-même une limite, mais parle à l'intérieur d'une limite qui lui a été imposée (il ne prend pas l'initiative d'un acte de supposition, mais accepte seulement la supposition faite par le questionneur).

Un premier rapprochement vient d'être esquissé entre supposition et présupposition : l'une et l'autre « passent par dessus » l'interrogation. Le rapprochement est aussi net si on fait intervenir la négation. Lorsqu'un énoncé hypothétique est nié, il est fort rare que la négation porte sur le rapport entre « p » et « q ». Admettons la possibilité d'une phrase comme

6. Il est faux (ou : je nie que) Jacques parte si Pierre vient.

On aura beaucoup de peine à la comprendre comme niant qu'il y ait une relation entre la venue de Pierre et le départ de Jacques. L'interprétation la plus naturelle consiste à introduire la négation dans le cadre de l'hypothèse, et à comprendre « Si Pierre vient, il est faux que Jacques parte ». Pour obtenir la négation du rapport, il nous semble nécessaire qu'il s'agisse d'une négation « métalinguistique », « réfutatrice », destinée à contester une énonciation préalable « Si Pierre vient, Jacques partira ».

Cette conclusion apparaît plus clairement si on se demande le sens d'une réponse négative adressée à une interrogation hypothétique.

7. Est-ce que tu skieras, si la neige est bonne? — Non.
8. Est-ce que tu partiras en auto, s'il y a du verglas? — Non.

Le *Non*, dans les deux cas, pourrait être paraphrasé par une assertion négative *(Je ne skierai pas, Je ne partirai pas en auto)* — assertion faite à l'intérieur de l'hypothèse présentée dans la question. Mais il nous semble presque impossible d'interpréter le *Non* comme niant la relation entre la subordonnée conditionnelle et la proposition principale de la phrase interrogative. Cette interprétation est impossible même dans le cas de (7), où le *si* de la question a habituellement le sens implicatif. Si on voulait simplement nier la relation consécutive « la bonne neige aurait pour conséquence que je chausse les skis », la réponse habituelle serait *Pas forcément, Pas nécessairement, Ce n'est pas sûr.* Mais ces réponses ne donnent ce sens que parce qu'elles se placent elles-mêmes dans l'hypothèse imposée par la question. Le point est assez paradoxal pour mériter un instant d'examen. En répondant *Ce n'est pas sûr* à la question *Est-ce que q, si p?*, on communique effectivement le message « Il n'est pas vrai que « p » entraîne « q ». Mais pour comprendre cet effet de sens obtenu par la réponse *Ce n'est pas sûr,* il faut l'interpréter elle-même de la façon suivante « Plaçons nous dans l'hypothèse « p »; alors il n'est pas sûr que « q ». » Nous reconnaissons donc volontiers qu'il est possible de trouver une réponse dont le sens est de nier la relation consécutive. Mais cette réponse ne se présente pas, dans sa structure linguistique fondamentale, comme la négation d'une relation : elle se présente comme intérieure à une certaine hypothèse « p », et, dans cette hypothèse, nie le caractère nécessaire d'une certaine proposition q. Nous nous trouvons donc confirmé dans notre conclusion : en réponse à une interrogation conditionnelle, l'élément linguistique « négation » ne peut pas servir à nier le rapport entre une hypothèse et son conséquent (ce qui n'empêche pas, bien sûr, que la langue donne le moyen d'effectuer, indirectement, cette opération).

Emplois « marginaux »

Signalons maintenant une série d'emplois — souvent tenus pour marginaux, car ils se comprennent mal dans le cas où *si* exprimerait une relation entre propositions. Ils sont, en revanche, plus faciles à expliquer, si cette conjonction marque, fondamentalement, l'accomplissement de deux actes de parole successifs. Il s'agit d'abord du *si* « oppositif » (paraphrasable par « s'il est vrai que ») :

9. S'il a de l'esprit, il n'a (en revanche) guère de cœur

(noter qu'il ne s'agit pas, ici, de la valeur « concessive » signalée plus haut. L'emploi de (9) n'implique pas qu'il y ait opposition, dans les faits, entre les deux qualifications « avoir de l'esprit » et « n'avoir pas de cœur » : l'opposition se situe seulement au niveau des conséquences qu'on en tire quant à la valeur du personnage, cf. notre analyse de *mais*, p. 121). On distinguera également ce *si* « oppositif » d'un *si* « contrastif » (notre terminologie est absolument arbitraire), illustré par exemple par :

10. Si la Cité est le cœur de Paris, le quartier latin en est l'âme.

Cet emploi, mis en évidence par M. Coyaud, se sépare du précédent par le fait que les deux propositions mises en parallèle ne s'opposent ni par leur contenu ni par leurs conséquences (même en un sens très lâche de « s'opposer ») : elles s'opposent seulement par leur forme. Troisième emploi marginal. Il s'agit d'un *si* que nous appellerons « présuppositionnel » : il introduit une proposition qui constituerait le présupposé de la principale si celle-ci était employée isolément :

11. Si Pierre est à Paris, il y restera certainement.

Cet emploi de *si* permet d'annuler les présupposés de la principale en les introduisant, sous forme d'hypothèse, dans la subordonnée. Un dernier cas, signalé depuis assez longtemps par Austin *, serait illustré par :

12. Si tu veux venir, tu as le droit.

C'est une bizarrerie logique qui avait amené Austin à isoler cet emploi : l'énoncé (12) ne peut pas être soumis à la loi logique de contraposition (= « p ⇒ q est équivalent à non-q ⇒ non-p »). Car on obtiendrait l'absurdité : « si tu n'as pas le droit de venir, c'est que tu ne le veux pas ». Pour voir que ce phénomène ne tient pas à l'emploi de verbes modaux, on peut noter qu'il apparaît aussi bien avec :

13. Si tu as soif, il y a de la bière au frigidaire.

La contraposition donne, ici également, un résultat étrange : « S'il n'y a pas de bière au frigidaire, c'est que tu n'as pas soif ».

Tous ces emplois (9)-(13) nous semblent s'expliquer assez bien dans le cas d'une définition illocutoire de *si*. Il suffit de dire que l'acte de supposition accompli lorsque le locuteur dit *si p*, est alors destiné à justifier, non pas la vérité de l'affirmation « q », mais sa conformité à certaines lois ou intentions de discours (car la vérité de ce qui est affirmé n'est qu'une condition nécessaire, parmi d'autres, pour que l'affirmation

* « Ifs and Cans », in *Philosophical Papers*, Oxford, 1961.

soit considérée comme légitime). Revenons aux exemples précédents.

Dans le cas de (9) (où *si*, oppositif, est équivalent à *s'il est vrai que*), la supposition permet de situer l'affirmation qui la suit dans le mouvement général du discours. Le locuteur donne à entendre que l'utilité d'affirmer « q » (= « il n'a guère de cœur ») tient, partiellement au moins, à la reconnaissance de « p » (« il a de l'esprit »). Ce que la supposition conditionne, ici, ce n'est pas le contenu affirmé, mais l'importance qu'il y a à l'affirmer (« s'il est bon d'énoncer « q », c'est parce que « p » est vrai, et que l'on pourrait tirer de « p » des conclusions trompeuses quant à la valeur du personnage »). On comprend donc que le même locuteur puisse dire tout aussi bien d'une autre personne : « S'il a de l'esprit, il a aussi du cœur » (= « il est bon de signaler ses qualités morales, parce qu'on risquerait de lui attribuer seulement des qualités intellectuelles »).

Le *si* « contrastif » de (10) nous semble également destiné à justifier, toute question de vérité mise à part, l'acte d'affirmation accompli dans la principale. Mais, cette fois, c'est la forme de l'affirmation qui est en jeu : « Si tu admets une façon de parler comme *La Cité est le cœur de Paris*, alors tu dois admettre aussi qu'on dise *Le quartier latin en est l'âme* »; cf., de même, *Si le bois de Boulogne est le poumon de Paris, les squares de quartier en sont les pores* (on justifie la métaphore de la principale par celle de la subordonnée).

C'est encore une situation analogue, mais à un autre niveau, que fait apparaître le *si* présuppositionnel. On demande à l'auditeur d'envisager provisoirement une certaine hypothèse (Pierre est à Paris), pour avoir le droit, dans le cadre de cette hypothèse, d'introduire un énoncé à présupposés *(Il y restera)*. La supposition prémunit contre les risques qu'il y aurait à prononcer une phrase dont les présupposés sont faux. On aurait le rapport inverse entre supposé et présupposé, si l'énoncé à présupposé constituait la subordonnée : *Si Pierre reste à Paris, il s'y ennuiera*. Ici, c'est le présupposé « Pierre est à Paris » qui constitue le cadre premier, dans lequel on fait la supposition « Pierre sera encore à Paris ». Et cette supposition sert à son tour de cadre à l'affirmation « Il s'ennuiera ».

N.B. Le *si* présuppositionnel ne vérifie pas la règle de contraposition : il y a, par exemple, quelque anomalie à dire *S'il ne reste pas à Paris, c'est qu'il n'y est pas*. Ce fait est prévisible d'après les lois générales de la présupposition. En effet, l'énoncé *Pierre ne restera pas à Paris*, qui est la négation *linguistique* de *Pierre restera à Paris*, n'en est pas la négation au sens *logique*, puisqu'il a tendance à conserver le présupposé « Pierre est à Paris ».

Si le schéma énonciatif illustré par (12) et (13) se caractérise, lui aussi, par sa résistance à la contraposition, cette résistance, en revanche, n'est pas motivée par des raisons présuppositionnelles. Nous ne voyons pas de présupposé particulier dans *Si tu as soif, il y a de la bière au frigidaire* (sinon qu'il existe, dans l'univers de discours considéré, un et un seul frigidaire : mais ce n'est pas lui qui peut gêner la contraposition). Dans le cas de (12) et de (13), la supposition nous semble destinée à rendre l'acte d'affirmation ultérieur compatible avec cette loi de discours selon laquelle le locuteur doit intéresser le destinataire, cf. p. 9. Si l'hypothèse est nécessaire, ici, c'est seulement pour que l'affirmation qui suit ne puisse pas apparaître oiseuse. Le locuteur se prémunit contre la réponse *Qu'est-ce que cela peut bien me faire?*, tout en s'exposant d'ailleurs à un autre type de contestation, visant, cette fois, l'invraisemblance de l'hypothèse : *Est-ce qu'il fait un temps à avoir soif?*

Remarque 1. La description qui vient d'être proposée pour (13) explique que l'emploi de cette phrase autorise implicitement le destinataire à se servir de bière, autorisation qui deviendra souvent, par contrecoup, le « sens » le plus apparent de l'énonciation accomplie. Mais il s'agit là seulement d'une conséquence indirecte (bien qu'elle soit flagrante), et qui ne peut être prévue qu'au niveau du composant rhétorique : le même composant devrait être capable de prévoir, au cas où la subordonnée conditionnelle est *Si Pierre vient*, la conséquence « Offre de la bière à Pierre ».

Remarque 2. Tel qu'il vient d'être décrit, le schéma énonciatif de (12) et (13) ne peut pas se prêter à la contraposition. L'hypothèse « p », avons nous dit, décrit une situation éventuelle dans laquelle il serait intéressant de savoir que « q » est vrai. On ne voit donc pas pourquoi la fausseté de « q » entraînerait que cette situation ne se réalise pas. A l'extrême rigueur, on pourrait concevoir une utilisation légitime de la contraposition, qui conduirait à conclure : « s'il n'est pas intéressant d'être au courant de « q », c'est que la situation « p » ne se réalisera pas ».

N.B. Certaines des indications qui précèdent ont été empruntées à un travail de M. Coyaud, C. Fuchs, A. M. Léonard, H. Pauchard —

où on trouvera un inventaire, une étude distributionnelle et une classification systématique des *si* français *.

Si *et l'implication matérielle*

Laissons de côté maintenant les emplois « marginaux » où l'hypothèse « p » n'est pas destinée à assurer la vérité de l'affirmation « q », et revenons aux emplois considérés comme « standard » (bien qu'ils ne soient pas plus fréquents, et qu'ils constituent, si notre description est exacte, des effets de *sens*, ni plus ni moins éloignés que les autres de la *signification* linguistique de base). Dans ces emplois « standard » la conjonction *si* indique qu'un rapport existe entre la vérité de l'hypothèse et celle de la conclusion : on suppose l'hypothèse « p » vraie, et on affirme qu'alors la conclusion « q » est vraie. Quel rapport y a-t-il entre ces emplois, d'une part, et, d'autre part, l' « implication matérielle » des logiciens, symbolisée « ⇒ »?

Nous rappellerons qu'affirmer « p ⇒ q », c'est simplement exclure la possibilité que « p » soit vrai, et « q », faux. Si V et F symbolisent « vrai » et « faux », on a le tableau suivant :

	p	q	p ⇒ q
1	V	V	V
2	V	F	F
3	F	V	V
4	F	F	V

Affirmer « p ⇒ q », c'est indiquer qu'on se trouve dans une des situations **1**, **3**, **4**, et qu'on n'est donc pas dans **2**. Quelles ressemblances et différences établir entre « ⇒ » et *si?* Deux précisions d'abord, pour cerner le problème.

a) Nous faisons abstraction de l'effet de sens signalé et expliqué p. 170, en vertu duquel *si p, q* tend à recevoir la valeur sémantique supplémentaire : « p est condition nécessaire de q », c'est-à-dire « on ne peut pas avoir q si on n'a pas p ». Nous nous en tenons à l'interprétation : « dans le cas où p serait vrai, alors q serait vrai ».

b) Nous faisons abstraction aussi du fait, signalé et expliqué p. 169,

* *Les conjonctions du français*, 1, Section d'automatique documentaire du C.N.R.S., juin 1967.

que l'on n'emploie guère *si p, q*, si l'on ne conçoit pas quelque lien interne entre les deux propositions, si l'on ne considère pas la première comme produisant, d'une certaine façon, la seconde (alors que « ⇒ » peut relier les propositions les plus hétérogènes, pourvu que la première ne soit pas vraie alors que la seconde est fausse).

Une fois prises ces deux précautions, le fossé semble se combler quelque peu entre *si* et « ⇒ ». Revenons au tableau de la p. 179. Il est clair que l'énoncé *si p, q* exclut la ligne **2**. Il est clair aussi qu'il est compatible avec la ligne **1**. Quant aux deux autres lignes, **3** et **4**, représentant les situations où « p » est faux, l'énoncé, si on admet notre définition générale de *si*, ne les envisage pas. Il ne saurait donc être tenu pour faux dans le cas où une de ces deux dernières situations se réaliserait. Il n'y a plus, maintenant, qu'un pas à faire pour dire qu'il est vrai dans ces situations — comme il est vrai dans la situation **1**. En ajoutant ainsi aux situations envisagées par *si*, les situations qu'il ignore, et, de ce fait, tolère, on arrive à lui attribuer une table de vérité identique à celle qui définit « ⇒ ».

Ce que nous voulons faire maintenant, c'est présenter divers phénomènes qui font resurgir la différence entre situation ignorée et situation acceptée, et qui limitent donc le rapprochement entre *si* et « ⇒ », même dans le cadre des hypothèses *a*) et *b*) précédentes. Par là, nous espérons pouvoir décrire plus précisément la notion de « supposition », utilisée dès le début de ce chapitre pour définir la « signification » de *si*.

On trouvera un premier indice de cette différence si on compare (14) et (15) :

14. Je parie que si p, q.
15. Je parie que p ⇒ q.

Admettons en effet, ce qui semble assez raisonnable, que le parieur soit déclaré gagnant lorsque la proposition pour laquelle il a parié est vérifiée par la situation réelle. Il faut alors déclarer gagnant l'homme qui a parié (15) au cas où serait réalisée l'une des situations **3** et **4** du tableau de la p. 179 (car, dans ce cas, « p ⇒ q » est vrai). Il est clair, en revanche, que, dans ces situations, le « parieur conditionnel » qui aurait énoncé (14), ne serait considéré ni comme perdant ni comme gagnant. Nous en conclurons que l'énoncé construit avec *si* a pour effet de restreindre l'univers de discours aux situations **1** et **2** — dans lesquelles « p » est vrai — et ne concerne pas les situations **3** et **4**. La supposition fonctionne ainsi comme la présupposition, qui, elle aussi, modifie l'univers du discours — avec cette différence que la modification est demandée dans un cas, imposée dans l'autre. L'opérateur logique d'implication, en revanche, a pour univers du discours l'ensemble des quatre situations possibles, et prend parti sur chacune d'entre elles.

C'est ce même contraste entre le *si* et l'implication qui permet d'expliquer le phénomène suivant, curiosité linguistico-logique. L'implication matérielle vérifie nécessairement, de par sa définition, la règle de contraposition : on voit facilement sur le tableau de la page 179 que les trois situations, et elles seules, qui vérifient « p ⇒ q », vérifient aussi « ~ q ⇒ ~ p ». Considérons maintenant les énoncés (16) et (17) :

16. Si Pierre vient, je le recevrai.
17. Si Pierre vient, je ne le recevrai pas.

Par contraposition, on obtient, respectivement :

16′. Si je ne reçois pas Pierre, c'est qu'il ne sera pas venu.
17′. Si je reçois Pierre, c'est qu'il ne sera pas venu.

(Nous avons opéré quelques ajustements de détail, en introduisant, par exemple, le futur et *C'est...que*, car l'application brutale de la contraposition produirait des phrases par trop barbares). L'énoncé (16′) est une sorte de reformulation de (16) : en tout cas, on ne saurait énoncer (16) sans prendre à son compte (16′). En revanche, on peut très bien énoncer (17), qui est fort censé, et renacler devant (17′), qui paraît relever de la science-fiction. Pourquoi donc (16) vérifie-t-il la règle de contraposition mieux que (17) ?

N.B. Cet échec de la contraposition est tout différent de ceux déjà rencontrés. Le *si* de (17) n'a pas la valeur « je te dis cela pour le cas où », caractéristique de (13). Et, d'autre part, le verbe *recevoir*, contrairement au verbe *rester*, utilisé dans (11), n'introduit aucun présupposé particulier. Certes on ne peut recevoir quelqu'un que s'il est venu, mais les énoncés négatif et interrogatif *Je n'ai pas reçu Pierre ce matin*, *As-tu reçu Pierre ce matin?* ne véhiculent pas l'idée que Pierre est venu : or l'impossibilité de la contraposition, pour (11), tenait au maintien du présupposé dans la négation.

Pour tenter de résoudre le paradoxe, nous représenterons sur un tableau les quatre situations possibles en ce qui concerne la vérité des énoncés *Pierre vient* et *Je reçois Pierre*.

	Pierre vient	Je reçois Pierre
1	V	V
2	V	F
3	F	V
4	F	F

Il est clair que, parmi ces situations, la troisième se trouve, pour des raisons étrangères au *si*, tout à fait absurde. Revenons maintenant à (16) *Si Pierre vient, je le recevrai.* Si notre description de *si* est exacte, l'univers du discours, pour (16), est constitué par les seules situations **1** et **2**, dont il déclare la première possible, et la seconde, exclue. Son contraposé (16′) *Si je ne reçois pas Pierre, c'est qu'il n'est pas venu* doit concerner, en vertu de la même description, les situations où l'on a « Je ne reçois pas Pierre », c'est-à-dire **2** et **4**. Parmi elles, il présente **4** comme possible, et **2** comme exclue. Dans tout ceci, on le remarquera, la situation **3** n'est pas intervenue. On conçoit alors que (16) et (16′) puissent sembler équivalents. Ils excluent l'un et l'autre la situation **2**. A coup sûr, chacun d'eux envisage et accepte une situation que l'autre ignore, mais cette situation ne comporte, dans aucun des deux cas, une impossibilité intrinsèque; elle peut donc être, pour ainsi dire, « ajoutée » à la table de vérité de l'énoncé qui l'ignore. On néglige alors facilement cette différence qui fait que l'un admet explicitement une situation que l'autre admet seulement « par omission », du simple fait qu'il ne la considère pas.

Reste à soumettre au même test (17) et (17′). (17) a pour univers du discours les situations **1** et **2**, et exclut **1**. Quant à (17′), *Si je reçois Pierre, c'est qu'il ne sera pas venu*, il envisage les situations **1** et **3**. Parmi elles, il exclut **1**, et n'accepte que la situation **3**, situation que l'on sait par ailleurs être absurde. Ainsi donc (17) et (17′) excluent la même situation (comme le faisaient (16) et (16′)). Mais la situation dont (17′) admet la possibilité, alors que (17) l'ignore, cette situation ne saurait être « ajoutée » à la table de vérité de (17) — puisque c'est justement la situation absurde. Ainsi (17′) apparaît comme « construit exprès » pour admettre l'éventualité d'une situation évidemment absurde, alors que (17), s'il est à la rigueur, compatible avec cette situation, n'en est pas directement « chargé ». Or on conçoit qu'il y ait une différence très sensible, pour la conscience linguistique, entre ces deux caractères, 1° « être compatible avec une certaine situation, qui se trouve être absurde, mais qu'on n'envisage pas (ce qui est, sans doute, le lot de tout énoncé), et 2° « ne déclarer possible, parmi les situations qu'on envisage, qu'une situation qui se trouve être absurde en fait ».

Il faut noter d'ailleurs que la bizarrerie de (17') constitue en elle-même un problème. Pourquoi n'a-t-on pas le droit de faire une hypothèse (« Je reçois Pierre »), et de déclarer ensuite nécessaire un fait (« Pierre ne vient pas ») contradictoire avec cette hypothèse ? Car cette démarche, au fond, c'est celle de la plupart des démonstrations par l'absurde. Mais c'est ici qu'apparaît la spécificité de la supposition linguistique. En supposant une hypothèse « p » , en faisant l'acte de demander au destinataire de l'envisager, on lui donne, par là même, une sorte de consistance, qui traduit seulement, d'ailleurs, son rôle dans le discours (comme la pseudo-évidence des présupposés traduit — nous avons essayé de le montrer — le fait qu'ils sont une condition mise au discours). Et on n'a pas le droit de détruire aussitôt cette hypothèse, dès la première affirmation que sa supposition a rendu possible.

Non seulement les énoncés du type *si p, q* concernent, à la différence des énoncés implicatifs, les seules situations où « p » est vrai, mais on doit dire qu'ils affirment « q » *à l'intérieur seulement* de l'hypothèse « p ». Leur mouvement n'est pas exactement « si, aujourd'hui, on a le droit de dire « p », alors on a le droit, aujourd'hui aussi, de dire « q ». Il faudrait plutôt le décrire : « Plaçons nous dans la situation éventuelle « p » : dans cette situation, on a le droit de dire « q » ». La différence entre des deux formulations peut sembler artificielle. Elle apparaît pourtant assez nettement lorsque la proposition principale « q » comporte certaines indications modales. Faute d'avoir fait cette différence, en effet, on devrait admettre le raisonnement suivant :

Prémisses. P1 : Si je rentre chez moi à pied, alors il est impossible que je sois à l'heure pour le dîner.

P2 : Il n'est pas impossible que je sois à l'heure pour le dîner.

Conclusion. C : Je ne rentrerai pas chez moi à pied.

Pour obtenir C, il suffit de tirer de P1, par contraposition, P'_1 : « S'il n'est pas impossible que je sois à l'heure pour le dîner, alors c'est que je ne rentrerai pas chez moi à pied. » De P'_1 et de P2 on tire alors facilement C, par le *modus ponens.*

Il est clair cependant que le raisonnement est faux. Sinon, on pourrait démontrer la fausseté de n'importe quelle éventualité, à condition seulement qu'elle rende impossible un fait dont on connaît par ailleurs la possibilité. Les prémisses justifient tout au plus la conclusion : « il est possible que je ne rentre pas chez moi à pied ».

A quoi imputer le sophisme? C'est, ici encore, la contraposition qui nous paraît coupable. Mais pour des raisons différentes de celles que nous avons rencontrées jusqu'ici, avec (11), (13) et (17). En disant « Si je rentre à pied, il est impossible que je sois à l'heure », c'est d'une impossibilité future que je parle : dans la situation décrite par la proposition « Je rentre à pied », il sera impossible que je sois à l'heure. Mais je ne prétends pas que, au cas où elle se réalise, cette situation ait une sorte d'effet rétroactif, et rende, dès maintenant, impossible que je sois ultérieurement à l'heure. Ici apparaît la différence avec l'énoncé obtenu par contraposition, à savoir « s'il n'est pas impossible que je sois à l'heure, c'est que... ». Dans ce dernier cas, l'impossibilité dont on fait l'hypothèse est une impossibilité actuelle — tout à fait étrangère à la marche à pied.

Une fois mis en évidence ce mécanisme, on peut constituer, sur le même modèle, une foule de sophismes optimistes. « Si tu bois un litre de whisky ce soir, il est sûr que tu seras malade demain. Or il n'est pas sûr que tu sois malade demain. Donc tu ne boiras pas un litre de whisky ce soir ». Ou encore « Si tu désires la légion d'honneur, tu dois la demander. Or il est faux que tu doives la demander. Donc tu ne la désires pas ». L'origine du sophisme est, dans tous les cas, identique. On oublie que la proposition principale de la première prémisse a non seulement sa vérité, mais sa *signification*, subordonnées à la proposition conditionnelle. La certitude d'être malade est une certitude consécutive à la boisson. Et le devoir de demander la légion d'honneur (qu'il soit interprété comme nécessité ou comme obligation) est un devoir limité à la situation de désir : c'est un « devoir-pour-aspirants ». La différence entre l'implication et l'affirmation conditionnelle apparaît alors à plein. En disant *si p, q*, on ne se représente pas « p » et « q » comme deux énoncés, à la fois séparés, et tels qu'il faut admettre le second si on admet le premier; le mouvement accompli est plutôt de se placer imaginativement dans la situation « p », et, *une fois dans cette situation*, d'y affirmer « q ». La proposition « q », affirmée dans l'hypothèse « p », est une proposition relative à cette situation, et qui risque d'être dénaturée dès qu'on la considère isolément.

Mais, en opposant ainsi la supposition à l'implication, nous la rapprochons du même coup de la présupposition. Supposition et présupposition ont en commun cette propriété de transformer, l'une, explicitement, l'autre, implicitement, l'univers du discours, de transporter le destinataire dans une situation choisie par le locuteur. Elles montrent le pouvoir qu'a la parole de se créer à elle-même son propre support.

Note sur le conditionnel irréel

Les rapports entre supposition et présupposition apparaissent de façon particulièrement nette dans le conditionnel irréel, aussi bien leur analogie que leur opposition.

Leur analogie d'abord. On sait que le conditionnel irréel est une croix pour les logiciens *. En disant :

18. Si Pierre était venu, Jacques serait parti

on laisse entendre d'une certaine façon (que nous préciserons) la fausseté de l'hypothèse « Pierre est venu ». Mais, dans ce cas, comment se fait-il que l'énoncé global soit susceptible d'être faux? Montrer la fausseté d'une implication, c'est montrer que le conséquent est faux alors que l'hypothèse est vraie. Si l'hypothèse est déjà fausse, comment prouver la fausseté de l'implication? (Si on entend par « implication », l'implication matérielle, elle est même toujours vraie lorsque l'hypothèse est fausse, cf. tableau p. 179). Et quel sens donner alors à un énoncé dont la fausseté éventuelle ne saurait être détectée, à un énoncé qui n'est pas « falsifiable » (cf. le dicton « avec des *si*, on peut mettre Paris dans une bouteille »). Or il se trouve que les irréels jouent un rôle considérable, et difficilement remplaçable, non seulement dans la vie quotidienne, mais dans l'activité scientifique. Comment être vraiment méchant, si on ne peut plus se permettre d'hypothèses sur le passé? *(Si je ne t'avais pas épousée...)*. Et Goodman montre aussi que la plupart des lois physiques, dès qu'on les explicite, apparaissent comme la condensation d'une infinité d'énoncés *counterfactual*.

Il n'est pas question, ici, de traiter le problème logique. Nous voudrions seulement signaler que si la supposition, comme la présupposition, est création d'un univers de discours, il n'y a pas de différence fondamentale, du point de vue linguistique, entre le *si* potentiel et le *si*

* Cf. par exemple, l'étude de N. Goodman, « The Problem of Counterfactual Conditionals », *Journal of Philosophy*, 1947, p. 113-128.

irréel. Dans les deux cas, on impose au dialogue un certain cadre, provisoire, qui sert désormais de référentiel pour les énoncés ultérieurs. Que l'on croie cette hypothèse vraie, possible, ou décidément fausse, cela ne saurait avoir une importance décisive, puisque le conséquent, de toute façon, se réfère uniquement à elle, et non pas à la réalité extérieure. A la différence de l'énoncé implicatif, la phrase conditionnelle, nous avons tenté de le montrer, ne peut pas être présentée comme une affirmation sur la réalité : on doit, au contraire, considérer un de ses éléments, le conséquent, comme une affirmation sur l'autre, l'hypothèse. Que ce second élément soit faux, cela soulève sans doute des problèmes logiques, mais cela ne constitue pas un scandale linguistique.

Si le conditionnel irréel fait ainsi apparaître le « pouvoir constitutif » de la supposition, et la rapproche par là de la présupposition, il permet en même temps de préciser leur différence. Dans la mesure où l'univers de discours constitué par la supposition est un univers explicitement reconnu comme provisoire, les interlocuteurs ne sont pas engagés par lui — ce qui le distingue de l'univers présupposé. C'est cette distance gardée par rapport à l'hypothèse qui permet à celle-ci d'être contradictoire avec le présupposé, sans que la conscience linguistique éprouve le sentiment d'une contradiction. Telle est la situation qu'illustrent les énoncés conditionnels irréels. Revenons à :

18. Si Pierre était venu, Jacques serait parti.

On y découvre sans peine l'indication :

18'. « Pierre n'est pas venu ».

Les critères habituels (négation, interrogation, enchaînement) autorisent à considérer (18') comme un présupposé — assez facile même à intégrer dans le modèle du chapitre 5 (cf. annexe). Mais si le supposé et le présupposé sont ainsi exactement contradictoires, leur coexistence n'est pas sentie comme une contradiction, le caractère explicite et provisoire de la supposition lui permettant de constituer, à l'intérieur même de l'univers du discours, un niveau de représentation autonome.

Mais cette autonomie de la supposition lui est octroyée dans la seule mesure où elle n'engage pas définitivement les interlocuteurs. Elle a donc des limites précises, l'impossibilité notamment d'introduire des présupposés qui lui seraient propres. Soit, par exemple :

19. Si Pierre était venu, je serais resté à Paris.

Le verbe *rester*, utilisé dans la principale, introduit le présupposé :

19'. « J'étais à Paris ».

Mais ce présupposé « passe par dessus » l'hypothèse : le locuteur présente comme vrai le fait qu'il était à Paris, indépendamment de l'hypothèse initiale faite à propos de Pierre. L'univers supposé reste donc ainsi toujours à la surface de l'univers présupposé, et ne peut pas réagir sur lui.

Il y a, à notre connaissance, une seule exception, apparente, à cette règle. La proposition conséquente (c'est-à-dire, grammaticalement, la principale) peut reprendre, à titre de présupposé, la supposition irréelle faite dans la subordonnée, cf. :

20. Si Pierre avait été à Paris, (*a*) il serait resté
(*b*) Jacques se serait douté de sa présence.

Selon la définition déjà donnée ici pour *se douter* (p. 22) et pour *rester* (p. 146) les propositions principales (*a*) et (*b*) doivent l'une et l'autre introduire le présupposé second « Pierre était à Paris », indication qui est identique à la supposition, et donc contradictoire avec le présupposé primaire selon lequel cette supposition est irréelle (bien plus, il y aurait une anomalie si on voulait introduire dans la principale un présupposé second contraire à la supposition, et conforme au présupposé primaire, en remplaçant, par exemple *présence* par *absence* à l'intérieur de (*b*)). Mais on notera que ce présupposé second n'en est pas un à proprement parler, car les propositions conditionnelles — qu'elles soient potentielles ou irréelles — ont cette propriété générale d'annuler le présupposé de la principale lorsqu'il leur est identique. Ce phénomène, déjà signalé p. 176, apparaît clairement dans les exemples :

21. Si Pierre est à Paris, (*a*) il restera
(*b*) Jacques se doutera de sa présence.

Ni (21*a*), ni (21*b*), pris dans leur totalité, ne présupposent que Pierre est à Paris. Il est donc possible de maintenir que l'univers supposé est un univers sans présupposés propres, et dans lequel les présupposés primaires sont seulement reportés — lorsqu'ils ne sont pas annulés. De tout autres moyens sont nécessaires (que l'on peut étudier, par exemple, dans la littérature romanesque) pour créer un monde imaginaire *à* *l'intérieur* duquel on retrouve la distinction du posé et du présupposé, un monde imaginaire dont les présupposés ne sont pas ceux du monde considéré comme réel.

Un dernier mot, concernant les rapports des présupposés et des sous-entendus dans le mode irréel. L'énoncé (18) *Si Pierre était venu, Jacques serait parti* comporte habituellement, outre le présupposé (18′) « Pierre n'est pas venu », l'indication :

18″. « Jacques n'est pas parti. »

Quel statut donner à (18″) ? Il ne peut pas s'agir d'un présupposé, puisque (18″) disparaît dans l'interrogation (cf. *Est-ce que, si Pierre était venu, Jacques serait parti?*). On peut, en revanche, lui donner le statut de sous-entendu, dans la mesure où la personne qui énonce (18) n'est pas strictement engagée à soutenir (18″). Elle peut, par exemple, conclure, après (18), *Jacques devait donc partir de toute façon.*

Reste à expliquer la fréquence de ce sous-entendu. Nous avons proposé ailleurs (« Présupposés et sous-entendus », *Langue française*, déc. 1969, p. 30-43) l'explication suivante. Les énoncés du type *si p, q* ont tendance à être interprétés « p est non seulement condition suffisante, mais aussi condition nécessaire de q », cf. p. 170. Si on interprète (18) de cette façon, on doit nécessairement conclure, étant donné le présupposé (18′) « Pierre n'est pas venu », que Jacques n'a pas dû partir. L'absence de ce sous-entendu dans l'énoncé interrogatif *Est-ce que q, si p?* se prévoit par suite immédiatement — puisque le *si*, dans l'interrogation, n'a jamais la valeur « seulement si » (cf. p. 171) et qu'il manque alors une prémisse au raisonnement qui, selon nous, produit le sous-entendu en question.

On comprend, à partir de là, pourquoi le conditionnel irréel ne peut pas être soumis à la contraposition. Admettons, en effet, comme règle générale, qu'un énoncé de la forme *si p, q*, à l'irréel, présuppose *non-p* et sous-entend *non-q*. Prenons pour *p* et *q*, respectivement, les deux propositions particulières *a* et *b*. *Si a, b*, à l'irréel, présuppose donc *non-a*, et sous-entend *non-b*. Si, maintenant, on prend pour *p* et *q*, *non-b* et *non-a*, on peut prévoir que *si non-b, non-a* présuppose *b* et sous-entend *a*. Il est donc inévitable qu'il soit senti comme très différent de l'énoncé *si a, b* dont il est le contraposé.

N.B. Notre description illocutoire de *si* soulève, entre autres, l'objection suivante, que nous signalons pour ses conséquences générales en ce qui concerne la description sémantique. Considérons les énoncés (22) et (23) :

22. Je viendrai seulement s'il fait beau.
23. Je viendrai même s'il fait beau.

Sur quoi portent alors les adverbes *seulement* et *même?* Nous sommes obligés de répondre : sur les actes de parole accomplis grâce à *si*. Il faut comprendre (22) et (23) : « Fais l'hypothèse qu'il fait beau : alors seulement (ou alors même) je peux affirmer que je viendrai ». Cette introduction des actes de parole dans les mécanismes interprétatifs du composant linguistique soulève certainement des difficultés considérables. Mais, de toute façon, elle ne semble guère évitable. Sinon, on ne saurait comprendre, par exemple : *J'irais me promener, si seulement il ne pleuvait pas* (= « Je te demande seulement de faire l'hypothèse qu'il ne pleut pas »). Et on comprendrait encore moins les *Montez seulement* à l'aide desquels les guides chamoniards encouragent leurs clients. Ils ne donnent pas l'ordre de ne rien faire d'autre que de monter, mais, ayant donné l'ordre de monter, ils font remarquer que cet ordre n'est pas difficile à exécuter (ce qu'ils explicitent parfois en ajoutant *C'est tout bon*).

ANNEXE : Formalisation de l'irréel

Pour faire apparaître la parenté entre le présupposé introduit par le mode irréel, et les autres présupposés dont il a été question jusqu'ici, on peut montrer que le premier, lorsqu'on le traite selon le modèle du chapitre 5, se comporte comme les autres à l'égard des opérateurs introduits, par exemple à l'égard de **EX** (représentation de *certains, quelques*). Supposons que nous ayons défini un opérateur prédicatif SI, qui serait utilisé pour représenter le *si* français : il formerait, avec deux prédicats *X*, *Y*, le prédicat SI-X, Y. Nous pouvons alors définir l'opérateur copulatif **IRR**, destiné à représenter l'irréel :

IRR « *X* | SI-*Y*, *Z* » = « ET-*X*, NEG-*Y* | SI-*Y*, *Z* ».

Soit maintenant à traduire :

24. Certains candidats auraient été surpris s'ils avaient été élus (= d'être élus).

Prenons *E* pour « être élu », *S* pour « être surpris », c pour « candidat ». Admettons, pour simplifier, que « être surpris si on est élu » puisse être représenté par un couple prédicatif à case présuppositionnelle vide, « — | SI-*E*, *S* ». (24) doit être représenté comme :

EX IRR « — | SI-*E*, *S* » (c)
= **EX** « NEG-*E* | SI-*E*, *S* » (c)
= « EX-NEG-*E* | EQ-EX-NEG-*E*, EX-ET-NEG-*E*, SI-*E*, *S* » (c).

On tire de là :

$$\begin{cases} \text{pp.} \quad \exists_{x \in c} x \sim E' x \quad (= \text{« certains candidats n'ont pas été élus »}) \\ \text{p.} \quad \left(\exists_{x \in c} x \sim E' x\right) \Leftrightarrow \left(\exists_{y \in c} y \, (\sim E' y \wedge \text{être surpris d'être élu } y)\right) \end{cases}$$

(= « S'il y a des candidats qui n'ont pas été élus, alors et alors seulement il y a des candidats qui n'ont pas été élus et pour qui une élection éventuelle entraînait une surprise »).

L'équivalence introduite dans le posé est destinée, on s'en souvient, à la traduction, en calcul des prédicats, de *certains d'entre eux*. Nous obtenons donc l'analyse suivante, qui est, somme toute, assez conforme à l'intuition :

pp. Certains candidats n'ont pas été élus.
p. Pour certains d'entre eux, une élection entraînait une surprise.

N.B. Nous avons supposé résolu, dans ce qui précède, les difficultés posées par la traduction de *si*. Nous nous sommes, d'autre part, simplifié la tâche en choisissant des prédicats à un argument. Notre seul but, rappelons-le, était de montrer que le présupposé de l'irréel se comporte, devant le quantificateur existentiel **EX**, comme les présupposés, à première vue très différents, introduits par le verbe *rester*.

7. « *Peu* » et « *Un peu* »*

LORSQUE les grammairiens et les lexicologues cherchent à décrire l'opposition des deux expressions *peu* et *un peu*, ils oscillent généralement entre deux solutions assez différentes, mais dont chacune semble autorisée par certains faits incontestables.

Une première possibilité consiste à établir entre ces deux quantitatifs une différence de quantité : *peu* indiquerait une quantité inférieure à celle qu'indique *un peu*, employé dans le même contexte. C'est la solution que propose Jespersen pour les expressions anglaises correspondantes, *little* et *a little*, qui marqueraient deux degrés dans l'échelle de la grandeur (*Negation in English...*, p. 84). Cette interprétation est effectivement suggérée par des couples d'énoncés comme *Il a bu peu de vin* et *Il a bu un peu de vin*, ou encore *Il était peu en retard* et *Il était un peu en retard.*

Mais il existe d'autres contextes où *peu* ne semble guère désigner un degré, si bas soit-il. Que l'on songe, par exemple, à *Cette situation est peu gênante* et *Cette situation est un peu gênante.* L'opposition ne marque plus ici une différence de degré, mais une divergence radicale : le premier énoncé est à peu de choses près une négation, et le second, une affirmation. C'est pour rendre compte de faits de ce genre que le Littré propose de considérer *un peu* comme positif, et *peu*, comme « censément négatif ».

Entre ces deux solutions, que nous appellerons respectivement « quantitative » et « modale », il semble difficile de choisir, car les exemples qui autorisent l'une constituent par cela même une objection contre

* Ce chapitre reprend, avec diverses modifications et additions, certaines parties d'un article paru dans les *Cahiers de Lexicologie*, 1970, 1, p. 21-52.

l'autre. Étant donné d'autre part qu'on trouve pas mal de nuances qui s'intercalent entre les deux interprétations extrêmes de l'opposition *peu - un peu*, il serait artificiel de décider qu'il s'agit de deux oppositions différentes mais homonymes, et qu'il y a, par exemple, deux unités distinctes représentées par *peu*. Il semble donc nécessaire de recourir à une solution plus complexe, qui consisterait à situer les deux différences sémantiques (différence de quantité et différence de modalité) à des niveaux linguistiques distincts. L'une, située au niveau le plus profond, représenterait la valeur que possède, dans le système de la langue, l'opposition de *peu* et de *un peu*. L'autre ne constituerait qu'un effet de sens, imputable aux conditions socio-psychologiques de la parole. Si l'on se décide pour cette solution, le plus raisonnable semble de donner à l'interprétation quantitative la valeur fondamentale : ce serait une influence seconde qui transforme la différence de degré en différence de nature, attirant *peu* vers la modalité négative et *un peu* vers la positive. Telle est, par exemple, la solution défendue par B. Pottier * dans le cadre de la psychosystématique de Guillaume.

Au niveau de la langue, selon Pottier, *peu* a une valeur essentiellement quantitative : en disant *peu aimable*, j'arrête à proximité de son origine le développement de la notion d'amabilité (ou encore, dans la terminologie guillaumienne, je saisis cette notion dans une « visée précoce »). Pottier ne traite pas de *un peu*, mais, en prolongeant sa pensée (de façon peut-être arbitraire), il semble naturel de dire que *un peu*, au niveau de la langue, détermine une autre quantité, obtenue dans une visée plus « tardive ». On aurait ainsi le schéma :

Au niveau du discours, maintenant, Pottier retrouve, à titre d' « effet de sens », l'interprétation du Littré : dans la mesure où *peu aimable* impose, en langue, une saisie antérieure à celle qui caractérise *aimable*, *peu aimable* évoque, dans le discours, la détermination négative. En prolongeant encore une fois la pensée de Pottier, on expliquerait de la même façon que la saisie plus tardive, donc plus complète, manifestée par *un peu* produise, dans le discours, un effet de sens positif.

* *Systématique des éléments de relation*, Paris, Klincksieck, 1962, p. 134.

Ainsi donc, au niveau de la langue, la différence entre *peu* et *un peu* serait purement de degré, mais, dans la parole, en vertu d'une sorte de litote, *peu* tendrait à produire un effet de sens franchement négatif : son utilisation, dans *cet enfant est peu travailleur*, *ce candidat est peu décidé à se désister* permet d'amortir ce qu'il y aurait de brutal et de choquant dans la négation pure et simple. L'objet de notre étude est de discuter ce type d'explication, de mettre en doute que *peu* et *un peu* se situent sur le même axe sémantique, et que leur distinction soit fondamentalement une distinction de degré. Nous essaierons de proposer une description radicalement différente, fondée sur un concept sémantique d'un tout autre ordre.

Il faut cependant reconnaître d'abord qu'un certain nombre de faits importants peuvent être expliqués dans le cadre de la conception quantitative. Nous n'en retiendrons qu'un, relatif à la valeur différente de *peu* et de *un peu* dans l'enchaînement des énoncés. On ne s'étonnera pas, par exemple, de rencontrer (1) et (2) :

1. Il semble devenir sobre : il a bu peu de vin hier
2. Il semble devenir moins sobre : il a bu un peu de vin hier

alors qu'il serait peu raisonnable de dire (3) ou (4) :

3. Il semble devenir sobre : il a bu un peu de vin hier
4. Il semble devenir moins sobre : il a bu peu de vin hier

Si *peu* indique une quantité minime (ou, à plus forte raison, une quasi-négation), et si *un peu* indique une quantité plus importante (ou, à plus forte raison, une quasi-affirmation), il va de soi que boire un peu de vin ne peut pas être une preuve de sobriété, mais qu'on fournit cette preuve au contraire en buvant peu.

Malgré ces arguments (et beaucoup d'autres, analogues) dont peut se prévaloir la description classique, une remarque amène, d'emblée, à mettre en doute sa légitimité. S'il n'y a qu'une différence de quantité entre *peu* et *un peu*, il doit être possible, en modifiant les deux expressions de telle sorte que la première désigne une quantité supérieure et la seconde, une quantité inférieure, de fabriquer des locutions à peu près équivalentes. On s'attendrait, par exemple, à ce que la distance entre *assez peu* et *un tout petit peu* soit notablement inférieure à celle qui sépare *peu* et *un peu*. En fait, cependant, les additions en question n'ont nullement l'effet escompté : les deux propositions *il a bu assez peu de vin*, et *il a bu un tout petit peu de vin* gardent des valeurs absolument distinctes. La première, au même titre que *il a bu peu de vin hier*, sera utilisée pour attester la sobriété de la personne considérée *(il a bu assez peu de vin hier : il semble donc devenir sobre)*. La seconde, au contraire, au même titre que *il a bu un peu de vin*, sera utilisé en sens inverse *(il a bu un tout petit peu de vin hier : il semble donc devenir moins sobre.)* Si l'on voulait lui enlever cette valeur, il serait nécessaire de la transformer par l'adjonction de *ne...que (il n'a bu qu'un tout petit peu de vin hier)*. Tout se passe donc comme si *peu* et *un peu* se situaient dans des paradigmes linguistiques tout à fait différents, comme si leur différence était de nature, et impossible à effacer à l'aide d'atténuations ou de renforcements quantitatifs. C'est pour rendre compte de cette différence de nature que nous avons utilisé, dans l'analyse de *peu* et de *un peu*, la notion de présupposition.

Soit *a* un énoncé simple (= qui n'est pas le produit d'une coordination, au sens ici donné à ce terme, cf. p. 117), et *A*, l'énoncé obtenu si on adjoint à *a* le mot *peu* — avec les ajustements de forme nécessaire. (Cette formulation n'exige pas seulement que *A* comprenne à la fois *a* et *peu ;* il faut, de plus, que *peu* soit la dernière adjonction faite dans la construction de *A*, ou encore, en se plaçant dans le modèle du chapitre 5, que *peu* soit le dernier opérateur introduit dans le prédicat complexe de *A*). On peut, par exemple, prendre pour *a :*

5. Pierre a bu du vin hier et pour *A :*
6. Pierre a bu peu de vin hier.

La modification sémantique apportée par *peu* consiste, selon nous, en ce que *A présuppose* ce que posait *a*, et *pose* que, dans le procès ainsi présupposé, la qualité, la fonction ou l'objet désignés par le mot auquel se rapporte *peu* sont d'une quantité ou d'une intensité faibles. Ainsi (6) présuppose que Pierre a bu du vin hier, et pose que la quantité de vin qu'il a bue est faible. La phrase qui comporte *peu* ne pose donc qu'un certain jugement (d'ordre quantitatif) à propos d'un objet dont la réalité même est présupposée. Dans le langage classique du calcul des prédicats, le contenu posé par (6) devrait être traduit par une formule du type F(v), où *v* désignerait le vin bu par Pierre hier, et où *F* serait un prédicat (d'un degré supérieur à celui de l'expression *v*) signifiant à peu près « être en faible quantité ».

Nous proposerons pour *un peu* une description tout à fait différente. Soit *a* encore un énoncé simple, et *B* l'énoncé obtenu si l'on introduit *un peu* à l'intérieur de *a* (dans les mêmes conditions que plus haut). En gardant l'exemple précédent, nous aurons donc pour *B* :

7. Pierre a bu un peu de vin hier.

La modification sémantique apportée par *un peu* consiste selon nous en ce que l'énoncé *B* pose la vérité de *a* dans l'hypothèse où l'on donne une quantité (un degré, une intensité) faible à l'objet (à la qualité, au procès) désigné par le mot auquel se rapporte *un peu*. Ainsi (7) pose que Pierre a bu du vin, mais en limitant cette affirmation à une quantité faible. Noter que nous n'avons pas dit « (7) pose que Pierre a bu une faible quantité de vin », ce qui reviendrait à « pose la faiblesse de la quantité... », ou encore à « pose que peu de vin a été bu... ». Ce que nous voulons faire sentir, c'est justement que *un peu* ne sert jamais à poser un jugement de quantité, mais seulement à délimiter quantitativement la portée d'un jugement. Alors que *peu* affirme une restriction, *un peu* restreint une affirmation. Pour nous résumer : si *a* pose la réalité d'un certain phénomène, *A* (c'est-à-dire *a* + *peu*) présuppose cette même réalité, et pose que le phénomène décrit n'a guère eu d'ampleur ; au contraire *B* (c'est-à-dire *a* + *un peu*) pose ce que posait *a*, mais en inscrivant à l'intérieur de certaines limites quantitatives l'affirmation que *a* présentait sans spécifier aucune limite de ce genre.

Avant d'indiquer certaines applications possibles de cette description, nous aimerions envisager deux objections qu'elle semble susciter de prime abord. Si je dis avoir un peu d'argent sur moi alors que j'en ai beaucoup, il sera habituel de m'accuser de mensonge. Cela semble impliquer que mon énoncé posait un jugement de quantité, qu'il visait à caractériser la somme que j'ai en poche. Mais est-il légitime alors de distinguer *peu* et *un peu* par le fait que la première expression seulement servirait à poser un jugement de quantité ?

La réponse, une fois de plus, fera intervenir la notion de sous-entendu, et la distinction, corrélative, des deux composants. Il est nécessaire, selon nous, de maintenir qu'à un certain niveau de la description sémantique (niveau représenté par le composant linguistique), l'énoncé *J'ai un peu d'argent* n'exclut pas que je puisse en avoir beaucoup. Il pose seulement l'existence, dans ma poche, d'au moins une quantité faible d'argent, sans nier — comme ferait *peu* — la possibilité qu'il y en ait une quantité supérieure. Affirmer l'existence d'une certaine quantité — qui est faible — ce n'est pas affirmer la faiblesse de la quantité qui existe. Plusieurs arguments peuvent être donnés à l'appui. Le premier est que l'on conçoit assez bien un dialogue comme *Il a un peu d'argent - Il en a même beaucoup*, dialogue qui serait presque inconcevable si l'on remplaçait *un peu* par *peu*. Or, c'est un caractère sémantique constant de *même*, que de relier seulement deux énoncés qui « vont dans le même sens », qui s'insèrent dans la même démonstration. Si donc *un peu* servait à marquer une limitation, à établir une borne supérieure, le dialogue imaginé serait impossible. Serait impossible, aussi, cette publicité, récemment utilisée par une banque française, et où *un peu* laisse, évidemment, la porte ouverte à *beaucoup :* « La banque X vous rend la vie un peu plus facile ». Un deuxième argument se tirerait du comportement de *un peu* dans les subordonnées conditionnelles, par exemple dans *Si j'ai un peu de temps libre, je ferai ce voyage*. La quantité de temps présentée comme condition suffisante du voyage n'est pas, de toute évidence, limitée vers le haut, et il est clair que le locuteur ferait également le voyage au cas où il aurait beaucoup de temps libre. Ce qu'il affirme suffisant pour entreprendre le voyage, c'est de disposer d'une certaine durée de vacances (dont il n'exige pas qu'elle soit longue) et non pas d'avoir des vacances courtes. Un indice supplémentaire peut encore autoriser la thèse selon laquelle *un peu*, en langue, n'exclut pas beaucoup, c'est l'usage « emphatique » de *un peu* dans le français familier : cf. « C'est bien toi qui es Lapointe — Un peu que c'est moi qui est Lapointe » (G. Duhamel, cité dans le dictionnaire Robert). En effet, quelles que soient les libertés que se donne le langage dit « avancé », ces libertés l'amènent rarement à contredire la langue, mais plutôt à exagérer, en recourant par exemple à la litote, les indications sémantiques esquissées dans la langue. Si donc *un peu* peut être tiré du côté de *beaucoup*, c'est que la langue n'interdit pas ce mouvement, alors qu'elle le ferait pour *peu*. Ce à quoi contredit ici le langage familier, c'est seulement, nous allons le voir, une loi de parole, à laquelle il oppose d'ailleurs une autre loi de parole (la tendance rhétorique à la litote).

Il nous reste en effet à expliquer pourquoi l'énoncé *J'ai un peu d'argent dans ma poche* est interprété généralement comme excluant qu'on en ait beaucoup, et cela, bien qu'une telle exclusion ne soit pas, selon nous, inhérente à la signification de cet énoncé. C'est, on le devine, à la loi d'exhaustivité que nous aurons recours. Cette obligation faite au locuteur de donner les informations les plus fortes dont il dispose, nous a déjà permis d'expliquer que *certains* et *si* soient souvent compris comme « certains seulement » et « seulement si ». Dans la même série nous allons maintenant introduire *un peu :* interprété comme une indication maxima, son emploi implique nécessairement « un peu seulement », « pas beaucoup », et peut ainsi donner à entendre la même chose que l'on exprimerait littéralement avec *peu.* Mais ce qui est inclus dans la *signification* de *peu,* est seulement suggéré, à titre d'*effet de sens,* par l'utilisation de *un peu.* (On voit, sur cet exemple, l'insuffisance des explications fondées sur la simple notion d'opposition. *Un peu* appartenant au même paradigme que *beaucoup* et *pas du tout,* le locuteur qui l'emploie, le choisit par opposition à ces deux expressions jugées moins appropriées à la situation. On voit souvent dans ce fait la raison pour laquelle les phrases construites avec *un peu* impliquent une sorte de négation des phrases homologues construites avec *beaucoup* ou *pas du tout.* Une telle présentation des mécanismes interprétatifs rend compte à coup sûr de certains faits : enseignée à un étranger, elle lui permettrait d'effeuiller une marguerite. Mais elle efface aussi certains autres faits, et ne permet pas de voir, notamment, que les inférences « *un peu,* donc *pas beaucoup* », et « *un peu,* donc *pas rien* » ne relèvent pas du même niveau de discours.)

En soutenant que l'emploi de *un peu* ne pose pas un jugement de quantité, nous nous heurtons à une deuxième objection : la désignation d'une quantité à l'aide de *un peu* implique toujours en effet, vu l'imprécision de cette expression, une prise de position largement subjective : ce que l'un appelle *un peu de vin,* l'autre l'appellera *beaucoup de vin.* Je ne peux donc dire de quelqu'un qu'il a bu un peu de vin sans prendre à mon compte le jugement : telle quantité que je l'ai vu boire mérite d'être appelée *un peu de vin.* Du même coup, la distinction que nous avons proposée entre *peu* et *un peu* ne risque-t-elle pas de s'effacer? Nous avons dit en effet que seule l'utilisation de *peu* sert à exprimer un jugement sur la quantité bue. Or, nous voici contraints de reconnaître que l'emploi de *un peu* implique lui aussi un jugement sur cette même quantité.

La solution de ce problème exige qu'on fasse une distinction nette entre les jugements préalables à la formulation d'un énoncé et ceux qui sont exprimés dans cet énoncé, distinction qui, selon nous, s'impose dans presque toutes les recherches de sémantique linguistique. Supposons qu'après avoir vu la voiture achetée par mon ami **X**, j'annonce à **Y** : **X** *a acheté une Citroën.* Je ne peux formuler honnêtement cette phrase que si j'ai jugé, en me fondant sur divers critères, que la voiture de **X** est une Citroën. A supposer que j'ai vu la voiture en question, je dois donc avoir formé le jugement : les voitures de telle forme, et qui ont telles marques distinctives, sont des Citroën. Ce jugement n'est cependant pas celui dont j'ai fait part à **Y**. J'ai au contraire pris pour accordé que je sais reconnaître les Citroën, et, à partir de là, j'ai informé mon interlocuteur de l'achat fait par **X**.

En ce qui concerne les phrases contenant *un peu*, la situation nous semble à peu près identique. Pour rapporter que *Pierre a bu un peu de vin*, j'ai dû d'abord décider qu'une certaine quantité de vin constitue « un peu de vin ». Cette décision est selon nous comparable à celle qui, dans l'exemple précédent, faisait reconnaître une voiture déterminée pour une Citroën. (Si, dans le cas de *un peu*, l'existence d'un acte de jugement est particulièrement manifeste, c'est seulement que les critères sur lesquels se fonde le locuteur sont alors beaucoup plus subjectifs.) Dans les deux cas, la décision n'est qu'une des conditions préalables à l'emploi de l'énoncé, elle n'est pas ce dont l'énoncé entend informer l'auditeur : j'admets que je sais ce qu'est une Citroën, ou ce qu'est un peu de vin, et, ceci admis, j'annonce que Pierre a bu un peu de vin. Si donc l'énoncé en question comporte un jugement sur la quantité bue, ce jugement relève des processus psychologiques nécessaires à l'énonciation, mais n'entre pas dans le contenu exprimé (On peut, à coup sûr, imaginer des situations telles qu'en disant *Pierre a bu un peu de vin*, je n'apprends rien à mon auditeur, sinon mon opinion sur ce que signifie *boire un peu de vin*. Cela pourrait être le cas si nous avions l'un et l'autre surveillé la boisson de Pierre. Mais c'est alors en raisonnant à propos de mes paroles que mon auditeur arrive à reconstituer cette opinion. Ma parole lui sert d'indice pour découvrir, par induction, ce que je pense, situation qui relève de ce que nous avons appelé « l'implicite discursif ».

Montrons d'abord que la description proposée permet d'expliquer tout ce dont rendent compte les descriptions classiques. Il est clair d'abord qu'elle fait comprendre facilement la suite des idées dans (1) et dans (2). En vertu de la « loi d'enchaînement » en effet, le lien explicatif (exprimé, dans chacun de ces deux textes, par le symbole « : ») doit porter seulement sur ce que posent les propositions reliées. *Il a bu peu de vin* peut donc apparaître comme une preuve de sobriété, puisque cette expression pose seulement la modicité de la quantité bue, et ne présente le fait même de la boisson qu'à titre de présupposé. Il est naturel d'autre part que la proposition *Il a bu un peu de vin* puisse appuyer le reproche fait à quelqu'un de manquer de sobriété, puisque cette proposition pose que la personne concernée a bu du vin (restant entendu bien sûr que l'affirmation est limitée à une quantité modeste; l'interlocuteur pourra donc toujours répondre, sans qu'il y ait rupture dans le dialogue, qu'un peu de vin n'empêche pas de rester sobre). On expliquera de façon exactement analogue l'incohérence des textes (3) et (4) : nous laissons le lecteur le vérifier par lui-même.

Reste à expliquer maintenant, dans le cadre de notre description, l'emploi de *peu* comme négation atténuée. Pourquoi la phrase :

8. Ce livre est peu intéressant.

ne sert-elle, la plupart du temps, qu'à faire entendre, avec prudence et modération, que le livre n'est pas intéressant? C'est encore le composant rhétorique qui sera mis à contribution, et nous expliquerons par une litote l'effet de sens négatif obtenu au moyen de *peu* (sur la litote, voir p. 137).

Certaines conventions rendant difficile de dire :

9. Ce livre n'est pas intéressant,

on attribue la signification de (9) à l'énoncé (8), dont le contenu posé est moins fort que celui de (9). Nous avons soutenu, en effet, que l'expression *peu intéressant* pose seulement une restriction; il devient alors naturel qu'elle serve à suggérer, par litote, la négation complète posée par *pas intéressant*.

L'explication qui précède semblera bien banale. Pour la justifier il faut revenir sur la formulation donnée à la loi de litote, et sur le fait que la litote, selon nous, ne prend en considération que les contenus *posés*. C'est cette particularité qui permet de comprendre que *un peu* est susceptible d'un effet de sens directement contraire à celui de *peu*. Alors que *peu* exprime de façon atténuée une négation, *un peu* sert souvent à présenter, en l'atténuant, une affirmation : *Ce livre est un peu ennuyeux* n'est souvent qu'une façon polie de dire que le livre est ennuyeux. La loi de litote explique immédiatement ce fait. D'après notre description, en effet, *un peu ennuyeux* pose l'existence d'une certaine quantité d'ennui (alors que l'existence de l'intérêt est seulement présupposée par *peu intéressant*). Dès lors, l'expression *Ce livre est un peu ennuyeux* a vocation pour annoncer, par litote, un degré d'ennui supérieur, celui, par exemple, que pose l'adjectif quand il est employé sans quantificateur dans *Ce livre est ennuyeux*.

L'explication qui vient d'être proposée pour rendre compte des effets de sens différents de *peu* et de *un peu*, même si elle ressemble, au premier abord, à celle de Pottier, a sur celle-ci quelques avantages, et des avantages qui tiennent spécifiquement à l'utilisation de la notion de présupposé. Tant qu'on ne reconnaît, en langue, qu'une différence de quantité entre *peu* et *un peu*, différence qui est nécessairement assez floue, on a des difficultés à comprendre que les effets de sens obtenus dans la parole soient radicalement distincts, et que le simple fait d'employer les deux expressions les fasse éclater dans deux directions diamétralement opposées. Cette difficulté disparaît dans notre interprétation. Car la distinction du posé et du présupposé permet d'établir, dès le niveau linguistique, une séparation radicale entre *peu* et *un peu*. Si on regarde en effet ce qu'elles posent, ces deux expressions relèvent de catégories sémantiques différentes : *peu* appartient à la catégorie de la limitation, de même que les différents types de négation; *un peu*, en revanche, appartient à la catégorie de la position, au même titre que l'affirmation et les différents renforcements de l'affirmation.

N.B. *Position* est pris, ici, en son sens habituel, et non comme l'antonyme de *présupposition*.

Catégorie de la position	Catégorie de la limitation
beaucoup de chance	pas de chance du tout
de la chance	pas de chance
un peu de chance	peu de chance

Une fois admis qu'il y a, dans la langue même, cette séparation entre *peu* et *un peu*, on comprend que, dans l'utilisation de la langue, les deux expressions aient un sort tout à fait différent. Comme la loi de litote, telle que nous l'avons formulée, ne concerne que les contenus posés, elle va jouer seulement à l'intérieur des catégories précédentes : grâce à elle, un terme pourra être employé pour désigner, mais sur un mode mineur, la même chose que le terme supérieur de la même catégorie, et l'on ne s'étonne plus que *un peu de chance* fournisse souvent le même effet de sens que *de la chance*, alors que *peu de chance* produit un effet contraire, proche de celui de *pas de chance.*

Ainsi donc, même dans un cas où les descriptions classiques peuvent à la rigueur être mises en accord avec les faits, la distinction du posé et du présupposé amène, nous semble-t-il, à une solution plus naturelle : elle permet surtout de mieux comprendre comment les mécanismes rhétoriques de la parole s'articulent, dans l'interprétation des phrases, sur les distinctions de la langue. Il reste à présenter maintenant, pour justifier plus pleinement notre description, certains phénomènes qui, eux, sont presque inintelligibles dans le cadre traditionnel.

Nous commencerons par analyser un phénomène assez semblable à celui dont il vient d'être question, car il concerne lui aussi les effets de sens introduits par l'emploi de *peu* et de *un peu.* Que l'on compare les deux phrases (10) et (11) :

10. *Pierre a bu peu de vin blanc.*
11. *Pierre a bu un peu de vin blanc.*

Très souvent, la première de ces phrases aura pour effet de laisser entendre que Pierre a bu, outre le vin blanc, une certaine quantité d'une autre boisson, par exemple, de vin rouge. Il est en revanche assez difficile de faire apparaître un sous-entendu analogue à propos de (11). Comment s'expliquer cette différence ?

Si on admet que (10) et (11) sont obtenues par l'addition de *peu* et de *un peu* dans la phrase élémentaire *Pierre a bu du vin blanc*, il résulte de notre description générale que (10) doit présupposer « Pierre a bu du vin blanc », et poser « La quantité de vin blanc qu'il a bue est faible ». En revanche, (11) posera directement que Pierre a bu une certaine quantité (au moins faible) de vin blanc. A partir de cette différence entre les deux énoncés, différence que nous situons au niveau du composant linguistique, une même loi rhétorique va agir sur eux, et produire deux effets divergents. Cette loi, que nous appelons « loi d'économie de détermination », est un cas particulier de la loi d'informativité (appliquée non plus aux énoncés globaux, mais à leurs constituants). Elle exige que chaque détermination particulière introduite dans un énoncé affirmatif ait une valeur informative. Précisons ce que l'on peut entendre par là.

Soit *A* une phrase quelconque, comportant, entre autres constituants, une expression *b* relativement autonome du point de vue syntaxique (nous voulons dire par là que, si on enleve *b* de *A*, la phrase *A-b* obtenue n'est pas incorrecte ou inintelligible, à quelques ajustements grammaticaux près). La présence de *b* dans *A* a une valeur informative si l'une des deux conditions suivantes est remplie :

a) l'auditeur ne peut pas conclure de *A-b* à *A ;*

b) le locuteur ne peut pas garantir la vérité de *A-b*. Prenons pour *A* *Les champignons des prés ne sont jamais mortels*, et pour *A-b* *Les champignons ne sont jamais mortels.* Dans cet exemple, la première condition n'est pas remplie : *A* se déduit en effet de *A-b*. Mais la deuxième condition est remplie, puisque le locuteur ne pourrait pas se contenter de *A-b*, qui serait faux. La situation est inverse dans l'exemple suivant : *Pierre a fait une conférence en anglais* = *A*, et *Pierre a fait une conférence* = *A-b*. La deuxième condition n'est jamais remplie ici, puisque *A-b* ne peut pas être faux si *A* est vrai. C'est la première condition qui, en général, est satisfaite : sauf dans des contextes particuliers, l'auditeur ne peut pas conclure à *A* (= la conférence a été faite en anglais) lorsqu'il a été simplement informé de *A-b* (= Pierre a fait une conférence). On notera d'ailleurs que, lorsqu'on se trouve dans un de ces contextes (si, par exemple, l'auditeur sait que Pierre ne parle qu'anglais), la phrase a toutes chances d'être tournée en ridicule : *Je me doute bien qu'il n'a pas pu parler chinois.*

Si donc toutes les déterminations contenues dans une phrase doivent avoir valeur informative, l'emploi d'un énoncé sous-entend que toutes les déterminations contenues en lui ont une valeur informative, c'est-à-dire qu'elles satisfont une des deux conditions énoncées plus haut. En reprenant notre notation, employer *A*, c'est donner à entendre ou bien que *A-b* est incertain, ou bien que le locuteur ne peut pas tirer de *A-b* toutes les informations que lui apporte *A*. Supposons que l'on me déclare *Les champignons des prés ne sont jamais mortels ;* étant donné que la vérité de cette phrase se déduit logiquement de *A-b* *Les champignons ne sont jamais mortels*, j'ai le droit d'attribuer à la personne qui m'a parlé, l'hypothèse que *A-b* est faux, c'est-à-dire qu'il y a des champignons mortels. De même, en m'annonçant que Pierre a fait une conférence en anglais, on me donne à entendre, puisque cette phrase implique que Pierre a fait une conférence, puisque donc *A-b* est vrai si *A* l'est, que *A* ne se conclut pas de *A-b*, c'est-à-dire que Pierre aurait pu parler une autre langue que l'anglais.

(N.B. Ceci ne vaut que lorsque la phrase *Pierre a fait une conférence en anglais* est, à elle seule, l'objet d'une affirmation. La situation est différente lorsque la phrase est intégrée, à titre de subordonnée, dans une phrase complexe, comme *Il y avait foule bien que Pierre ait fait une conférence en anglais*. D'où, une fois de plus, la nécessité de distinguer les deux composants).

Avant de revenir à notre exemple de *peu* et de *un peu*, une dernière précision est nécessaire. C'est que la loi d'économie, comme toutes les lois qui répriment la redondance dans le discours, porte seulement sur les contenus posés, et laisse de côté les présupposés — dont la répétition est au contraire une des conditions les plus constantes de la communication linguistique. Il faut donc, si l'on veut une formulation exacte, tenir compte — comme c'était déjà le cas pour la loi de litote — de la distinction du posé et du présupposé. Nous aboutissons alors à l'énoncé suivant. Si une phrase *A* comporte une expression *b* qui pourrait être extraite de *A* sans préjudice pour la structure globale de la phrase, l'usage de *A* exige habituellement, et donc sous-entend, ou bien que *A-b* est incertain ou bien que l'information posée par *A* ne se conclut pas de celle que pose *A-b*.

Nous pouvons maintenant revenir aux sous-entendus différents de

10. Pierre a bu peu de vin blanc et
11. Pierre a bu un peu de vin blanc.

Ce que pose (11), c'est que Pierre a bu une certaine quantité de vin blanc. Cette information ne peut pas se conclure, habituellement, de ce que poserait *Pierre a bu un peu de vin*. La loi d'économie a donc toutes chances d'être respectée par l'énoncé (11), et ne laisse attendre aucun sous-entendu particulier, ce qui est conforme à l'observation faite au départ. La situation est assez différente pour (10). Le contenu posé est ici « la quantité de vin blanc bue a été faible ». Or cette information se déduit de ce que poserait *Pierre a bu peu de vin*. Pour que (10) satisfasse à la loi d'économie, il faut donc que soit satisfaite la condition « *A-b* est incertain ». Il faut donc qu'il soit incertain que Pierre ait bu peu de vin. L'énoncé (10) va donc très facilement être amené à sous-entendre que Pierre a bu une quantité non négligeable d'un vin autre que le blanc, résultat conforme à la constatation qui a été à l'origine de notre analyse.

Pour répondre au reproche d'avoir bâti une théorie sur un cas particulier, nous nous permettrons de donner un second exemple, assez différent, mais justiciable de la même analyse. Que l'on compare (12) et (13) :

12. Pierre est un peu en retard aujourd'hui.
13. Pierre est peu en retard aujourd'hui.

Elles seront la plupart du temps interprétées avec des sous-entendus opposés : (12) peut sous-entendre que Pierre est d'habitude à l'heure, et (13), qu'il est d'habitude très en retard. On expliquera ces faits de la façon suivante. Ce que pose (12) se déduit de ce que poserait

12'. Pierre est un peu en retard,

où le présent serait compris comme l'expression de l'omnitemporalité. La loi d'économie n'est donc satisfaite que si l'on suppose satisfaite la condition *b*), si l'on admet donc que (12') a des chances d'être faux, ce qui revient à sous-entendre que Pierre n'a pas l'habitude d'être en retard. Tel est bien le résultat que nous avait donné l'observation directe de l'énoncé (12).

En ce qui concerne (13), maintenant, le contenu posé est là encore déductible du contenu posé par

13'. Pierre est peu en retard,

le présent étant toujours interprété au sens omnitemporel. Il faut donc, pour éviter la redondance, que le contenu posé par (13') soit tenu pour contestable, ce qui revient à nier que, d'habitude, le retard de Pierre soit faible. Et, là encore, notre reconstruction est en accord avec le fait de discours observé au départ.

Les analyses qui précèdent pourraient servir à montrer l'antériorité nécessaire du composant linguistique sur le composant rhétorique. Car nous avons expliqué des effets de sens très différents, mettant en jeu des lois de rhétorique très distinctes, et nous nous sommes pourtant appuyés, dans toutes ces recherches, sur la même « signification » fondamentale de *peu* et de *un peu*. Rappelons brièvement que nous avons envisagé deux types d'effets de sens. D'une part, l'utilisation de *peu* pour atténuer la négation et celle de *un peu* pour atténuer l'affirmation (effets 1); d'autre part, les sous-entendus entraînés par la présence, dans les phrases contenant *peu*, de déterminations autonomes (effet 2). Nous avons rendu compte de ces effets en utilisant deux lois de discours très différentes, la loi de litote et la loi d'économie. Mais nous avons montré que l'une comme l'autre doivent, pour expliquer les faits observés, s'appuyer sur la même description linguistique de *peu* et de *un peu*, celle qui fait intervenir la distinction du posé et du présupposé. Nous voudrions avoir accrédité par là l'idée que cette description représente une « signification », antérieure aux démarches psychologiques qui commandent les interprétations effectives.

SIGNIFICATION LINGUISTIQUE	Description de *peu* et de *un peu* à l'aide de la notion de présupposition.	
LOIS RHÉTORIQUES	Litote → ↙	↘ ← Économie
EFFETS DE SENS	Effets 1 (*peu* atténue la négation, *un peu* atténue l'affirmation)	Effet 2 (*il a bu peu de vin blanc* sous-entend qu'il a bu d'un autre vin)

Cependant, bien que le recours aux lois de parole soit inévitable, nous ne nous cachons pas qu'il peut aussi amener quelque suspicion quant à la valeur de la description proposée. Avec de telles lois, en effet, ne devient-il pas possible de sauver toute description? C'est pourquoi il est indispensable de citer un certain nombre de faits de langage dont notre description peut rendre compte pour ainsi dire directement, sans avoir à subir la réfraction due aux diverses lois de la parole.

On remarquera d'abord l'effet différent de l'interrogation sur les phrases contenant *peu* et *un peu*. Que l'on compare :

14. Est-il vrai que Pierre a bu peu de vin? et
15. Est-il vrai que Pierre a bu un peu de vin?

A la différence de (15), (14) ne met pas en doute que Pierre ait bu du vin. La question vise seulement à savoir si la quantité bue est faible. Ce fait s'explique d'emblée si on a admis que *Pierre a bu peu de vin* présuppose que Pierre a bu du vin. Nous voyons mal, d'ailleurs, comment on rendrait compte du sens de (14) si on ne s'appuyait que sur les descriptions habituelles de *peu*. Si on accepte l'interprétation modale (*peu* exprime une négation atténuée), pourquoi l'interrogation, lorsqu'elle porte sur une négation atténuée, ferait-elle apparaître certains éléments affirmatifs qui sont absents lorsque l'interrogation porte sur la négation pure et simple (ils sont absents, par exemple, dans *Est-il vrai que Pierre n'a pas bu de vin?*) Mais on ne peut pas davantage prévoir le sens de (14) si l'on a adopté pour *peu* la description quantitative. Pourquoi (14) contient-il une affirmation qui disparaît si on remplace, dans (14), *peu* par *un petit peu*, expression qui, du point de vue quantitatif, doit en être très proche?

On arrive à une conclusion semblable si on analyse les deux énoncés impératifs (16) et (17) :

16. Donne-moi peu d'eau.
17. Donne-moi un peu d'eau.

Bien que l'on ait du mal à la définir, on sent une différence sémantique très nette entre (16) et (17), différence qui se manifeste, en tout cas, par les conditions d'emploi, très distinctes, des deux énoncés : (17) sera utilisé pour demander de l'eau à une personne qui n'en proposait pas; (16) au contraire, ne se dit d'habitude qu'à quelqu'un qui s'apprête à vous servir. Bien plus, s'il se trouve que le destinataire n'avait pas l'intention de donner de l'eau, il répondra à (16) et à (17) de façon très différente. Un simple refus suffira pour rejeter la demande contenue dans (17), mais, à l'égard de (16), la réponse risque d'être du type de

18. Mais je n'ai jamais songé à t'en donner,

réplique qui sera toujours sentie comme agressive, et qui peut avoir pour effet de ridiculiser la personne à laquelle elle s'adresse. L'interprétation quantitative de *peu* et de *un peu* ne permet à coup sûr pas de comprendre ces conditions d'emploi. Si (16) demande moins que (17), pourquoi le refus serait-il plus agressif lorsqu'il s'adresse à (16) que lorsqu'il s'adresse à (17)? Quant à l'interprétation modale, elle ferait de (16) une variante atténuée de l'interdiction « Ne me donne pas d'eau ». On s'expliquerait alors assez bien la réplique (18) et son agressivité latente, car il est considéré comme ridicule d'interdire à quelqu'un ce qu'il n'a aucune intention de faire (et, de même, de lui ordonner ce qu'il a l'intention de faire). Cependant, en utilisant cette loi pour expliquer le caractère polémique de (18), on devient incapable d'attribuer un ressort différent à l'agressivité de

19. Mais je n'ai pas l'intention de t'en donner beaucoup.

Or, on sent facilement qu'il s'agit de deux mécanismes polémiques assez distincts. Certes, dans les deux cas, le locuteur s'entend reprocher d'avoir formulé une interdiction qui n'a pas lieu d'être présentée. Mais, dans la mesure où (19) joue déjà sur l'absurdité qu'il y a à interdire ce qui n'est pas désiré, il est nécessaire de faire intervenir, dans le cas de (18), une autre interdiction, dont nous voyons mal la nature si nous avons adopté pour *peu* l'interprétation modale et si (16) est interprété comme une sorte d'interdiction de donner de l'eau.

Une solution commode se présente dans le cadre de la description que nous avons proposée pour *peu* et *un peu*. C'est une règle générale que tout énoncé à l'impératif conserve inchangés les présupposés de l'énoncé indicatif correspondant, et que l'ordre exprimé concerne seulement ce qui serait posé par cet énoncé indicatif. Soit par exemple l'énoncé impératif

a Cesse de fumer,

qui correspond à l'indicatif

b Tu cesseras de fumer.

L'analyse de (*b*) y trouve le présupposé « Tu fumais auparavant », et le posé « Tu ne fumeras pas ». Or, il est clair que l'ordre exprimé par (*a*) ne porte pas sur le présupposé de (*b*), mais seulement sur ce que pose (*b*). Cette règle se ramènerait d'ailleurs facilement à la règle générale d'enchaînement, si l'on admettait, comme y invitent la plupart des transformationalistes, que (*a*) est dérivé de

a' Je te demande que tu cesses de fumer.

Il est prévisible en effet que la demande exprimée dans la proposition principale de (*a'*) ne concerne que ce qui est posé dans la subordonnée (loi d'enchaînement).

Il suffit maintenant d'appliquer à (16) la constatation faite, de façon générale, pour les impératifs. On conclut immédiatement que (16) doit conserver le présupposé de l'énoncé indicatif correspondant, c'est-à-dire de *Tu me donneras peu d'eau*, présupposé qui, selon notre description de *peu*, doit être « Tu me donneras de l'eau ». Quant à l'ordre exprimé dans (16), il ne doit concerner que le contenu posé, à savoir la faiblesse de la quantité d'eau en question. Au total (16) doit présupposer que l'interlocuteur donnera de l'eau, et demander que la quantité donnée soit faible.

De ce fait, nous expliquerons sans difficulté l'agressivité de la réplique (18). En effet, cette réplique consiste à nier un des présupposés de l'énoncé auquel elle répond; or, c'est un trait constant (cf. p. 91), que le rejet des présupposés contenus dans un énoncé ne peut se faire sans « disqualifier » l'énoncé en question, et sans que la critique se transforme donc en une attaque personnelle. Il nous est possible alors d'établir une différence entre le ressort polémique de (18) et celui de (19). Car la seconde de ces répliques ne touche pas les présupposés de (16). Son agressivité tient à une raison différente, le ridicule qu'il y à a ordonner ce que l'interlocuteur entend faire de toute façon.

La différence entre (16) et (17), et la possibilité d'en rendre compte par notre description de *peu* et de *un peu*, apparaît plus nettement peut-être — quoique ce soit de façon moins directe — si on ajoute à l'un et à l'autre une détermination comme *par pitié*. On obtient (16′) et (17′) :

16′. Donne moi peu d'eau, par pitié.
17′. Donne moi un peu d'eau, par pitié.

Cette adjonction rend plus brutale l'opposition de (16) et de (17). Car il est clair que, dans (16′) et (17′), la pitié demandée a un objet tout à fait différent. Ici encore, le phénomène s'explique bien dans une théorie de la présupposition. En effet, la détermination *par pitié* doit, si on lui applique la règle d'enchaînement, ne modifier que ce qui est posé par (16) et (17). Si donc l'ordre posé par (16) concerne seulement la limitation de la quantité offerte, la pitié mentionnée dans (16′) devra avoir pour objet cette limitation (et non pas, comme c'est le cas pour (17′), la quantité demandée elle-même).

Les exemples donnés jusqu'ici illustrent, objectera-t-on, des distinctions d'ordre pragmatique plus que sémantique, qui concernent essentiellement les intentions de discours des interlocuteurs. Nous avons montré ailleurs (p. 130) pourquoi l'opposition sémantique-pragmatique n'est guère pertinente quand il s'agit des langues naturelles. Mais il nous semble possible, de toute façon, de donner d'autres exemples où la notion de présupposition permet de rendre compte de différences que personne n'hésiterait à situer dans le domaine purement sémantique (en admettant que cette notion ait un sens clair). Considérons les deux contextes :

a je te demande ———————— de travail et
b je te demande de travailler ————————.

Si, dans ces deux contextes, on remplace le blanc par *un peu*, on obtient deux phrases quasi synonymes :

*a*1 je te demande un peu de travail et
*b*1 je te demande de travailler un peu.

En revanche, si c'est *peu* que l'on introduit dans les deux schémas (*a*) et (*b*), on obtient :

*a*2 je te demande peu de travail et
*b*2 je te demande de travailler peu.

Or (*a*2) et (*b*2) à la différence de (*a*1) et (*b*1) ont des significations très clairement différentes. La première sert à rappeler à un travailleur récalcitrant qu'il n'est pas surmené, la seconde, au contraire, sert à demander à un travailleur acharné de ne pas trop se surmener. On peut faire apparaître plus nettement cette distinction en utilisant la notion de performatif telle que l'a présentée Austin. Il est clair en effet que (*b*2) est un énoncé performatif, dont la formulation ne fait qu'un avec l'acte de demander. En revanche (*a*2) n'a pas de valeur performative : lorsque je dis à quelqu'un *je te demande peu de travail*, je ne fais pas une demande, mais je formule une appréciation, un jugement, sur une demande présentée par ailleurs (cet « ailleurs » pouvant être le passé, le futur proche, ou même le présent, mais à condition alors que la demande soit présentée indépendamment de l'emploi de la phrase (*a*2), par exemple par écrit). C'est pourquoi il est souvent possible de substituer à (*a*2) un énoncé qui en diffère par le temps verbal (par exemple *je t'ai demandé peu de travail*), et qui, n'étant plus au présent, est clairement non performatif.

[On notera que chacun des quatre énoncés (*a*1), (*a*2), (*b*1) et (*b*2) est susceptible de deux interprétations différentes. Dans l'une, il s'agit d'un travail demandé au destinataire; dans l'autre, d'un travail que le destinataire doit faire faire au locuteur (par exemple (*b*2) peut signifier : « je te demande de me donner peu de travail »). Comme le rôle de *peu* et de *un peu* est identique quelle que soit l'interprétation choisie, nous avons décidé, arbitrairement, de ne considérer que la première de ces deux interprétations.]

Pour expliquer la quasi-synonymie de (*a*1) et de (*b*1), ainsi que la différence existant entre (*a*2) et (*b*2), nous aurons recours d'une part à notre description de *peu* et de *un peu*, d'autre part à la loi d'enchaînement, et enfin à une hypothèse grammaticale, qui concerne la structure syntaxique des phrases de type (*a*) et de type (*b*). Cette hypothèse est la suivante. Les phrases de type (*a*) sont des phrases élémentaires composées d'un sujet (*je*), d'un verbe (*demande*) et de deux compléments, dont l'un est le pronom *te*, et l'autre, le substantif *travail*, accompagné d'un déterminant [*un peu* dans le cas de (*a*1), et *peu*, dans le cas de (*a*2)]. Si l'on utilise la représentation arborescente en honneur dans les grammaires génératives, on leur attribuera un arbre comme :

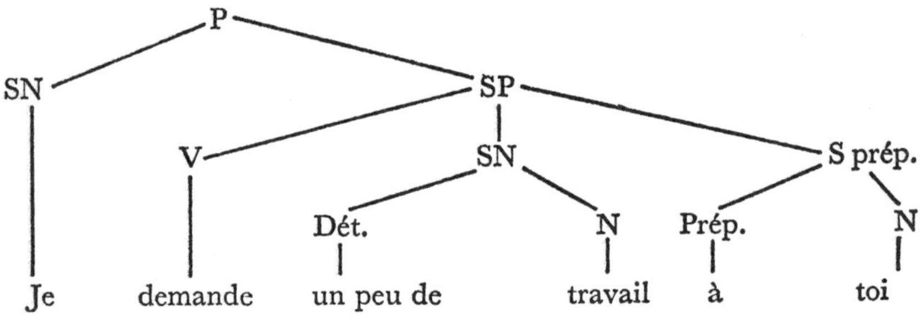

Les phrases de type (*b*) sont en revanche, selon nous, des phrases complexes, obtenues par l'amalgame de deux phrases simples qui pourraient être *je te demande quelque chose* et *tu travailles peu* (ou « *un peu* »).

Si l'on admet tout cela, on comprend sans peine la quasi-synonymie de (*a*1) et de (*b*1). En effet, d'après notre description de *un peu*, (*a*1) pose « je te demande une certaine (petite) quantité de travail ». D'autre part (*b*1) est obtenu en emboîtant dans la principale *je te demande quelque chose* une complétive *tu travailles un peu*. Comme cette complétive pose « tu fournis une certaine quantité de travail », la phrase totale, qui demande la réalisation de ce qui est posé dans la complétive, doit avoir une signification au moins très proche de celle de (*a*1).

On comprendra de même l'opposition de (*a*2) et de (*b*2); (*a*2), d'après notre description de *peu*, présuppose « je te demande du travail », et pose « cette quantité de travail que je te demande est faible ». En d'autres termes, la demande est signalée dans le présupposé et non pas dans le posé (ce qui explique peut-être le caractère non performatif de l'énoncé, mais l'étude des rapports entre présupposés et fonction performative reste à faire). Nous avons admis, d'autre part, que (*b2*) est composé de la principale *je te demande quelque chose* et de la subordonnée *tu travailles peu*. Or cette subordonnée, d'après notre description de *peu*, doit présupposer « tu travailles », et poser « ce travail est d'une faible quantité ». En vertu de la loi d'enchaînement, la demande exprimée dans la principale ne portera que sur ce que pose la subordonnée, et ne touchera pas les présupposés de la subordonnée. La signification totale de (*b2*) sera donc :

Présupposé : « tu travailles » (présupposé reporté de la subordonnée dans la phrase totale).
Posé : « je te demande que ce travail soit d'une quantité faible ».

Les lois générales de la présupposition, qui, selon nous, font partie intégrante du composant linguistique, permettent donc de prévoir pour (*b2*) une signification fort différente de celle qui était prévue pour (*a2*), alors qu'elles laissaient prévoir des significations assez semblables pour (*a1*) et (*b1*).

Un calcul de même type devrait permettre au composant linguistique de comprendre les effets, à première vue anarchiques, de *peu* et de *un peu*, lorsqu'ils sont introduits dans des énoncés comportant les expressions *il faut* et *il suffit*. On nous accordera sans trop de difficulté que les conditions d'emploi sont très différentes pour les deux énoncés suivants, dont personne ne songerait à tirer les mêmes conséquences :

20. Il lui a fallu un peu de temps pour réfuter le théorème de Gödel.
21. Il lui a fallu peu de temps pour réfuter le théorème de Gödel.

Les conditions d'emploi nous semblent, en revanche, à peu près identiques pour :

22. Il lui a suffi d'un peu de temps pour réfuter le théorème de Gödel.
23. Il lui a suffi de peu de temps pour réfuter le théorème de Gödel.

Notre description générale permet de comprendre le contraste entre (20) et (21). En effet (20) pose qu'une certaine durée — qui est, au moins, faible — a été nécessaire, ce qui revient à insister sur les difficultés rencontrées. En revanche, (21), qui présuppose que du temps a été nécessaire, pose que cette durée nécessaire a été réduite — de sorte que (21) sera utilisé pour minimiser la difficulté rencontrée. On s'explique d'autre part que la différence entre *peu* et *un peu* soit neutralisée dans le couple (22)-(23), c'est-à-dire dans le contexte « il a suffi ». D'une façon générale, en effet, une phrase du type *Il suffit de A pour B* présente la condition *A* comme faible, facile à remplir, et vise donc à faire apparaître le résultat *B* comme accessible. En particulier, dire qu'il a suffi à quelqu'un d'un peu de temps pour mener à bien une certaine tâche, cela revient, *vu la sémantique de « suffire »*, à indiquer la facilité de cette tâche (et c'est ce que fait (22)). Mais il est clair qu'on apporte à plus forte raison la même indication avec *peu* — puisque le posé est alors explicitement la faiblesse de la quantité suffisante : (23) doit donc nécessairement aller dans le même sens que (22).

Lorsque nous avons expliqué l'emploi de *peu* comme négation atténuée, nous avons, pour alléger l'exposé, négligé une objection qui ne peut cependant pas être traitée par le mépris. Selon la règle que nous avons donnée pour l'interprétation de *peu*,

24. Pierre est peu utile,

doit présupposer, c'est-à-dire présenter d'une certaine manière, le contenu sémantique de l'énoncé *Pierre est utile.* Il est donc difficile, dans ces conditions, de comprendre que (24) puisse servir de substitut poli à la phrase négative :

25. Pierre n'est pas utile.

Selon nous, (24) présuppose exactement le contraire de ce que pose (25). Comment expliquer alors que les deux énoncés soient souvent quasi-substituables ?

L'objection est tout à fait sérieuse si on se rappelle notre définition du présupposé. Pour nous, le présupposé d'un énoncé est un constituant sémantique de cet énoncé. Si donc on admet notre description de *peu*, (24) indique, entre autres choses, que Pierre est utile, ce qui est bien incompatible avec la fonction de négation qui lui est généralement dévolue. On ne saurait se débarrasser de l'objection en répondant que, si elle était vraie, on ne comprendrait pas non plus la valeur négative de (25) *(Pierre n'est pas utile)*, qui contient, à titre de constituant, la proposition affirmative :

26. Pierre est utile.

Répondre ainsi, ce serait méconnaître l'originalité de la notion de présupposition. Certes (26), constituant *syntaxique* de (25), doit être *compris* pour que (25) le soit. Mais il n'en résulte pas que (26) soit une partie de ce que (25) *affirme*, c'est-à-dire que (26) soit l'objet d'un acte illocutoire positif accompli lorsque (25) est énoncé. Dire, en revanche, qu'un contenu « X » est présupposé par un énoncé *Y*, c'est dire que « X » est un constituant sémantique de *Y*, ou, en d'autres termes, que l'un des actes illocutoires accomplis lorsque *Y* est énoncé, est un engagement effectif en faveur de « X ». Si donc notre description de *peu* est exacte, on ne saurait énoncer (24) *(Pierre est peu utile)* sans soutenir en même temps, d'une certaine façon, qu'il est utile. Ce qui rend sans aucun doute difficilement explicable la valeur de (24) dans le discours.

Avant de répondre à cette objection, nous demanderons que l'on compare les deux énoncés suivants :

27. Pierre est plus inutile que Jacques
28. Pierre est plus utile que Jacques.

L'énoncé (28) ne donne pas à entendre que Jacques soit lui-même utile (ce serait presque le contraire). Si l'on veut affirmer que Jacques est lui aussi utile, il faut par exemple transformer (28) en

28'. Pierre est encore plus utile que Jacques.

En revanche (27) sera la plupart du temps interprété comme attribuant à Jacques une certaine inutilité, et pourra attirer la réponse *Mais Jacques n'est pas du tout inutile*. En d'autres termes la différence sémantique entre (27) et

27'. Pierre est encore plus inutile que Jacques

nous semble beaucoup moins nette que celle qui oppose (28) et 28'. Pour nous résumer : soit un énoncé **X** *est plus Y que* **Z**, où **X** et **Z** désignent des objets ou des personnes, et où *Y* est un adjectif; si *Y* est un adjectif négatif du type de *inutile*, et seulement dans ce cas, l'énoncé laisse entendre que l'objet désigné par **Z** mérite de recevoir le qualificatif *Y*.

Cette situation est, au premier abord, assez surprenante. En effet, pour que l'on puisse comparer le degré selon lequel deux êtres **X** et **Z** possèdent la qualité Y, il semble nécessaire que **X** et **Z** possèdent l'un et l'autre la qualité Y. On voit donc mal pourquoi cette nécessité (nous l'appellerons, par commodité, « condition d'homogénéité ») se manifeste lorsque l'adjectif est négatif, par exemple dans le cas de l'énoncé (27) (qui donne à penser que Jacques est inutile), et ne se manifeste pas (ou se manifeste moins) si l'adjectif est positif, par exemple pour (28) (qui ne sous-entend pas de façon particulière que Jacques est utile).

On peut expliquer le phénomène en recourant au concept phonologique de marque. Selon les phonologues, lorsqu'une catégorie linguistique comprend deux termes opposés, l'un doit être d'habitude considéré comme non marqué, en entendant par là qu'il lui arrive, dans certains contextes, de représenter la catégorie dans sa totalité. Ainsi la catégorie des occlusives dentales, en allemand, comprend deux termes, la sonore /d/ et la sourde /t/; l'élément /t/ est dit non marqué, car c'est lui qui apparaît dans les contextes où l'opposition /d/-/t/ ne se fait plus, c'est-à-dire à la finale des mots. Dans cette situation il représente la catégorie dentale dans sa totalité, et non plus le pôle « sourd » de cette catégorie. Au contraire, le terme marqué (ici /d/) conserve, dans tous les contextes où on le rencontre, sa valeur polaire. On pourrait dire de la même façon que l'adjectif *utile*, dans certains contextes, par exemple dans la comparaison, représente d'une façon générale la catégorie, l'échelle, de l'utilité, alors que dans d'autres (par exemple lorsqu'il est employé seul) il renvoie à une région polaire de la catégorie, en l'occurrence à la région positive (cf. *Pierre est utile*). En revanche, l'adjectif marqué *inutile*, dans quelque contexte qu'il intervienne, ne renvoie jamais qu'au pôle négatif de la catégorie — comme la dentale marquée /d/ représente toujours, en allemand, le pôle « sonore » de la catégorie « dentales ».

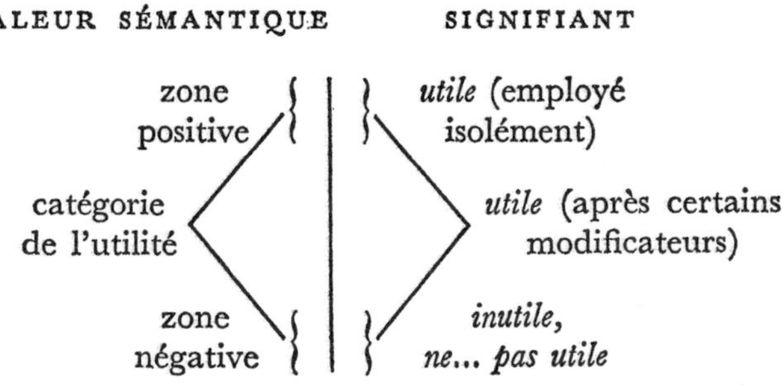

(un autre critère permettant de distinguer adjectifs marqués et non-marqués est leur comportement par rapport à la négation, cf. p. 138 : *pas utile* est très proche de *inutile*, mais *pas inutile* nous semble plus éloigné de *utile*).

Si on admet ce schéma, on comprend aisément que la condition d'homogénéité amène à des résultats différents dans le cas de (27) et de (28). Lorsque la comparaison est faite au moyen de l'adjectif marqué *inutile*, elle se déroule dans la région négative de la catégorie, et elle doit donc sous-entendre que les deux termes comparés, Pierre et Jacques, se situent l'un et l'autre dans cette région. Mais lorsque la comparaison se réfère à l'adjectif non marqué *utile*, elle a comme lieu la catégorie de l'utilité prise dans sa totalité. Elle n'implique donc pas que les deux termes comparés soient localisés dans l'une quelconque des zones polaires. C'est ce que nous avons constaté tout à l'heure en disant que *Pierre est plus utile que Jacques* ne sous-entend pas forcément que Jacques est utile. Ainsi formulée, cette observation semblait difficile à concilier avec la condition d'homogénéité, mais la difficulté, nous le voyons maintenant, ne tient qu'à un malentendu verbal, à une espèce d'homonymie. C'est que l'adjectif *utile*, qui apparaît deux fois dans l'avant-dernière phrase, y apparaît avec deux sens différents. La première fois, précédé par *plus*, il a sa valeur générale, et désigne la totalité de l'échelle. La seconde fois, employé isolément, il a sa valeur polaire, et désigne seulement une des régions extrêmes.

Nous avions énoncé la condition d'homogénéité de la façon suivante : un énoncé du type (*a*) **X** *est plus Y que* **Z** implique (*b*) **Z** *est Y*. Pour éviter les difficultés, il faudrait remplacer (*b*) par (*b'*) **Z'** est *Y'*, en précisant que (*b'*) n'est pas un énoncé de la langue naturelle décrite, mais du métalangage de description; *Z'* et *Y'* ne sont donc plus des mots de la langue naturelle, mais des symboles artificiels désignant ce que *Z* et *Y* signifient dans (*a*), et qui peut être différent de ce qu'ils signifient dans (*b*). Ce recours à un métalangage est nécessaire si *Y* est un adjectif non marqué comme *utile*, qui change de valeur dans les cadres (*a*) et (*b*).

Après ce long détour, les problèmes soulevés par *peu* se laissent plus facilement résoudre. Revenons à l'énoncé qui a servi d'exemple tout à l'heure :

24. Pierre est peu utile.

Dans (24), on a l'adjectif non-marqué, accompagné d'un modificateur; on fera l'hypothèse qu'il prend alors sa valeur générale de représentant de la catégorie. En vertu de notre description de *peu*, (24) doit présupposer « Pierre est utile », ce qui est incompatible avec l'emploi de (24) comme négation atténuée. Mais la contradiction disparaît, si on spécifie que, dans le présupposé, l'adjectif *utile* doit être entendu au sens catégoriel qu'il possède dans l'énoncé original (24), et non dans le sens polaire que lui attribue son emploi isolé (par exemple, dans l'énoncé (26), *Pierre est utile*).

Toute la difficulté tient à ce que nous ne disposons pas d'un métalangage, et que, pour décrire les présupposés d'une phrase appartenant à une langue L, nous utilisons des phrases de cette même langue L. A défaut de ce métalangage, les règles de la présupposition seront toujours formulées de façon boîteuse. Tout ce que nous pouvons faire pour l'instant, c'est de modifier partiellement la description donnée au début à *peu*, de façon à aboutir à la formulation suivante, plus exacte, mais qui ne deviendrait complètement explicite que si nous pouvions recourir à un métalangage sémantique encore inexistant : une phrase élémentaire contenant *peu* présuppose ce que pose cette phrase lorsqu'elle est amputée de *peu* (avec les ajustements grammaticaux nécessaires), abstraction faite des modifications que cette amputation détermine dans le sens des autres morphèmes de la phrase. Cette précision une fois donnée, on comprend que (24) ne présuppose pas que Pierre soit utile (au sens polaire de cet adjectif); on comprend même que (24) serve à nier le caractère utile (au sens polaire) de Pierre, puisque (24), considéré dans ce qu'il pose, a pour objet de situer Pierre à un bas degré de l'échelle de l'utilité, non loin, donc, de la zone polaire négative.

ANNEXE 1

Dans la même perspective guillaumienne où se situaient les recherches de Pottier, R. Martin a élaboré récemment, pour l'opposition *peu* — *un peu*, une description inverse de celle de Pottier — et dont la nôtre se rapproche à certains égards *. Pour Martin, les deux morphèmes manifestent, dès le niveau de la langue, une différence de nature. Et c'est dans la parole que cette divergence fondamentale se transforme, par suite d'effets de sens, en une différence de degré, souvent très estompée. Du point de vue de la langue, *peu* et *un peu* sont situés sur deux versants opposés de la catégorie de la quantité : *peu* se situe à la fin du mouvement régressif qui va de l'infini à zéro, *un peu* se situe au début du mouvement progressif qui va de zéro à l'infini.

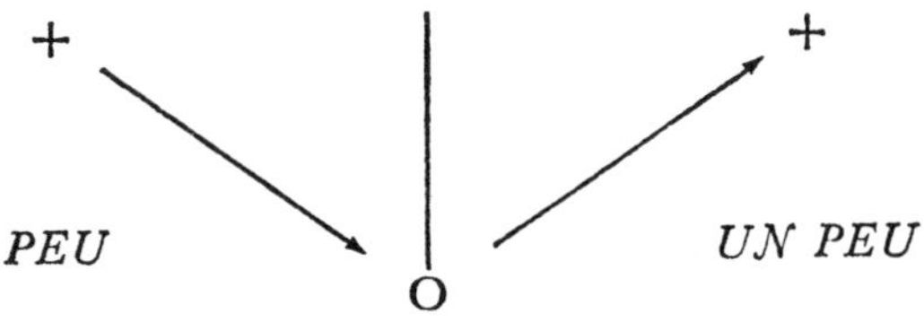

Ainsi s'explique que *peu*, en vertu de son « cinétisme », serve à limiter, et que *un peu* serve à affirmer (d'où la possibilité de rendre compte des énoncés (1) (2), (3), (4), (16) et (17) précédents). On pourrait d'autre part essayer de prévoir, dans la théorie de Martin, ce que nous avons appelé le « présupposé » de *peu* (*Il a peu de X* présuppose « Il a du X »), et que nous avons présenté comme un élément sémantique véhiculé, de façon tout à fait arbitraire, par le morphème *peu*. On ne saurait, en effet, restreindre que ce qui existe déjà. Si donc *peu* prend place dans un mouvement restrictif, son emploi implique l'existence préalable de la quantité restreinte — au même sens où cesser de faire quelque chose implique qu'on ait déjà commencé à le faire.

Nous voudrions juste signaler ici deux raisons qui justifient, à nos yeux, l'emploi des concepts de posé et de présupposé.

1. Si on veut expliciter le mouvement qui permettrait, dans la théorie de Martin, de prévoir ce qui est, pour nous, le « présupposé » de *peu*, il faudrait avoir une loi disant, à peu près : « lorsqu'un morphème est situé en un certain point d'un cinétisme, son emploi implique

* « Analyse sémantique du mot *peu* », *Langue française*, décembre 1969, p. 75-88.

que l'on admet les moments antérieurs de ce cinétisme. Mais justement, ce n'est pas « beaucoup » qui est présupposé par *peu*, mais seulement « quelque chose ». Où donc est situé « quelque chose » dans le schéma précédent? D'autre part la même loi amènerait à prévoir, pour *un peu*, un présupposé d'inexistence, dont nous voyons mal l'application.

2. La description de Martin, comme, en général, toutes les descriptions guillaumiennes, appartient à une sémantique « morphologique », en ce sens qu'elle prend pour objet premier les catégories de morphèmes, en faisant abstraction de leur emploi dans des énoncés. Martin s'intéresse au sens que possèdent, hors de toute phrase, les expressions *peu* et *un peu*. Mais on comprend mal comment on pourra expliquer, à partir de là, le résultat qu'elles produisent dans les phrases où elles s'intègrent : par exemple, nous voyons mal comment expliquer, dans le cadre de la théorie de Martin, les énoncés (a1), (a2), (b1), (b2). Notre perspective est tout à fait différente. Pour nous, définir un morphème, c'est donner une règle permettant de calculer la signification des phrases où il est intégré (il s'agit donc, dans notre esprit, d'une sorte de sémantique syntagmatique). Il est, bien sûr, possible que cette entreprise se révèle impossible à réaliser effectivement, mais sa réussite, si improbable soit-elle, ne ferait qu'un avec la constitution d'un système global d'interprétation des énoncés — alors que ce système devrait être surajouté, après coup, à une sémantique de type morphologique. (On notera, à ce propos, que si nous avons employé souvent l'expression *effet de sens*, empruntée à Guillaume, nous lui avons donné une valeur particulière. L'effet de sens, pour Guillaume, c'est la modification que la phrase impose au mot. Pour nous, c'est la modification que l'énonciation apporte à l'énoncé.)

ANNEXE 2

L'introduction de *peu* dans le modèle du chapitre 5 poserait certainement de difficiles problèmes — dans la mesure où personne, à notre connaissance, n'est encore en mesure de donner une formalisation pour la notion de « faible quantité ». Nous laisserons de côté ces difficultés — qui se retrouvent aussi bien avec *un peu* — et nous admettrons que nous avons un opérateur prédicatif PEU, tel que « PEU-*P* (a) » correspond à l'idée « la quantité de a vérifiant le prédicat *P* est, ou nulle, ou de faible quantité » (Nous insistons sur le fait que cet artifice est destiné, non à résoudre le problème qui vient d'être évoqué, mais à le contourner, de façon à pouvoir en traiter un autre. Nous faisons donc, sans la justifier, l'hypothèse que les deux problèmes sont dissociables. Cette désinvolture nous semble autorisée dans la conception, purement locale et instrumentale, où s'inscrit notre modèle).

Ceci étant posé, nous nous demanderons si notre conception de *peu* est compatible avec les décisions générales prises dans le chapitre 5, et notamment si l'opérateur copulatif $\mathbf{SOL}_i$, tel qu'il y a été défini, traite le présupposé de *peu* comme ceux du verbe *rester* ou des expressions restrictives. Pour cela, nous envisagerons l'énoncé :

29. Seul Pierre a bu peu de vin.

Représentons par « p » et « v » les arguments *Pierre* et *vin*. Supposons d'autre part qu'on puisse représenter *boire* par un couple prédicatif à case présuppositionnelle vide : « — | *B* ». En vertu de la description donnée pour *peu* dans le présent chapitre, et de la convention qui vient d'être faite quant à l'opérateur prédicatif PEU, « boire peu de... sera représenté comme :

« EX_2 – *B* | PEU – *B* »

(29) aura donc la représentation :

29′. $\mathbf{SOL}_1$ « EX_2 – *B* | PEU – *B* » (p, v).

La case présuppositionnelle de ce couple peut être développée, selon la troisième description proposée pour $\mathbf{SOL}_1$ dans le chapitre 5 :

« ET – EX_2 – *B*, PEU – *B*, NEG – $UNIC_1$ – EX_2 – *B* | . . . »

A partir de là, nous pouvons prévoir les présupposés suivants, très acceptables :

« Pierre a bu du vin »

« Pierre en a bu en faible quantité »

« D'autres que Pierre ont bu du vin ».

Quant à la case du posé, on aura :

« . . . / $UNIC_1$ – ET – EX_2 – *B*, PEU – *B* »

En l'appliquant aux arguments « Pierre » et « vin », on doit trouver un posé analogue à :

« Aucun autre que Pierre, parmi ceux qui ont bu du vin, n'en a bu en faible quantité. »

Un tel résultat peut faire difficulté, dans la mesure où le posé obtenu est tout à fait compatible avec une situation dans laquelle certaines personnes (dans le groupe dont on parle) n'auraient pas bu du tout.

Or il est difficile d'utiliser (29) dans une telle situation, sans être suspecté d'avoir quelque peu triché avec les faits. L'objection nous semble cependant pouvoir être retournée. Car on peu très bien concevoir un énoncé comme le suivant : « Quelques-uns n'ont pas bu du tout; la plupart ont beaucoup bu; seul Pierre a peu bu. » La description à laquelle nous sommes arrivés rend immédiatement compréhensible une telle phrase. Pour expliquer, maintenant, que l'énoncé (29), présenté isolément, laisse entendre que tout le monde a bu, il est nécessaire de recourir — et cela ne nous semble pas anormal — au composant rhétorique. Dans cette utilisation, en effet, (29) sera destiné avant tout à montrer, par contraste avec le cas de Pierre, qu'il a été beaucoup bu dans la réunion en question. Une telle démonstration serait évidemment truquée si Pierre n'était pas la personne du groupe qui a le moins bu. La distinction des deux composants nous permet donc de comprendre, à la fois, que l'énoncé, pris en un sens littéral, ne serait pas faux si certains n'avaient pas bu du tout, et que son énonciation, cependant, serait malhonnête dans une telle hypothèse. (Le composant rhétorique devrait d'ailleurs être capable d'expliquer, selon des règles générales, pourquoi (29), étant donné la « signification » linguistique que nous lui avons attribuée, a toutes chances d'être utilisé dans l'orientation polémique indiquée plus haut.)

8. *Descriptions définies et présupposés existentiels*

Descriptions définies et fonction référentielle

On appelle souvent « référentielles » les expressions permettant au locuteur de désigner au destinataire un ou plusieurs objets particuliers de l'univers du discours (que celui-ci soit le monde « réel » ou un monde imaginaire). Dans cette catégorie on fait entrer notamment 1° les noms propres comme *Napoléon*, *Pierre*, dont l'emploi exigent qu'ils ne puissent s'appliquer, dans le contexte d'énonciation, qu'à une seule personne, en y ajoutant des expressions faisant fonction de noms propres comme *la lune*, *le Roi Soleil*, 2° les pronoms démonstratifs *(ceci, celui-ci, ceux-ci...)*, 3° les groupes nominaux précédés d'un démonstratif *(ce livre, ces enfants)*, 4° les pronoms personnels (*je*, *tu*, ainsi que *il*, lorsque *il* renvoie à un être extérieur et non pas à un segment de discours), 5° les groupes nominaux précédés d'un article défini, c'est-à-dire, selon l'expression de Russell, les « descriptions définies » *(le roi de France, le concierge, les enfants de Jacques, le cheval blanc d'Henri IV)*, 6° les groupes nominaux précédés d'un possessif *(ma thèse, mes enfants)* — avec la possibilité de réduire 6° à 5° si on admet que *mes enfants* = *les enfants de moi*. Un des objectifs de ce chapitre sera de mettre en question cette catégorie, qui nous semble rapprocher d'une façon illégitime — et en se fondant sur une analogie seulement superficielle — des classes fondamentalement différentes. Car si toutes les expressions énumérées plus haut *permettent* effectivement de désigner des objets, elles n'ont peut-être pas toutes cette fonction au même titre. Nous nierons notamment qu'il faille faire entrer les démonstratifs dans le même groupe où on place les descriptions définies et les expressions possessives.

L'étude des descriptions définies a été, pour le concept de présupposition, la meilleure et la pire des choses. La meilleure, car c'est elle qui a conduit Frege et les philosophes analytiques anglais à isoler le concept. La pire, car elle a amené à le définir d'une façon qui nous semble contestable, et qui a été contestée dans le chapitre 3. La présupposition, on s'en souvient, est issue des malheurs de Kepler. En réfléchissant sur l'énoncé *L'homme qui a déterminé l'orbite des planètes est mort dans la misère*, Frege a noté à la fois qu'on y trouve l'indication « Quelqu'un a déterminé l'orbite des planètes », et que cette indication y a un statut particulier, qu'elle n'est pas présentée de la même façon dont est présentée la pauvreté de Kepler : elle est présupposée et non pas affirmée. Il en est de même, selon Strawson, pour l'indication qu'il existe un et un seul roi de France, telle qu'elle apparaît dans *Le roi de France est sage.* Jusqu'à ce point nous étions d'accord avec Frege et Strawson. Nous nous séparons d'eux seulement au moment de définir la spécificité du présupposé. Pour eux, le présupposé est une condition qui doit être satisfaite pour que l'emploi de l'énoncé soit « normal » — alors que nous avons présenté au contraire le présupposé comme un élément de contenu, objet d'un acte illocutoire particulier.

La conception de Frege et de Strawson, il faut le reconnaître, semble très bien rendre compte des exemples précédents. Il est couramment admis, en effet, que *Le roi de France*, *L'homme qui a déterminé...*, *Les enfants de Jacques* sont, fondamentalement, des expressions référentielles, destinées à désigner des êtres individuels, dont le reste de la phrase affirme quelque chose. Il faut, dans ce cas, pour qu'elles accomplissent leur fonction, que le destinataire puisse leur faire correspondre des objets (un seul objet, lorsque la description est au singulier). On comprend alors que leur emploi normal suppose qu'il y ait des êtres (ou un être unique) dont elles sont vraies. Et on comprend encore que cette existence et cette unicité soient souvent limitées au contexte d'énonciation — lorsque l'acte de désignation ne peut concerner que des objets présents dans ce contexte. Ainsi l'ordre *Ferme la porte!* (étudié par Fillmore, cf. p. 48) n'implique pas qu'il existe au monde une et une seule porte; dans la mesure où il vise la situation bien déterminée où il est donné, il exige plutôt que le destinataire reconnaisse, *dans cette situation*, une et une seule porte susceptible d'être fermée. Nous appellerons, par convention, « indications existentielles », les idées d'existence et d'unicité véhiculées par les descriptions définies. Que ces indications existentielles soient absolues ou contextuellement limitées, les philosophes du langage, nous venons de le voir, les rapportent à la fonction référentielle des descriptions définies, à leur emploi pour désigner des objets (comme ces indications ont été parmi les premiers présupposés découverts, on est passé de là à l'idée que les présupposés, en général, ne sont rien d'autre que des conditions d'emploi). C'est cette thèse que nous allons mettre en doute. Nous essaierons de montrer que l'emploi des descriptions définies pour la désignation est tout à fait secondaire — et presque occasionnel —, alors qu'elles comportent d'une façon quasi constante des indications existentielles. L'emploi désignatif n'est caractéristique, selon nous, que des noms propres et des démonstratifs — ce qui amène à scinder la catégorie des expressions référentielles, telle qu'elle a été proposée plus haut.

Fonction référentielle et indications existentielles

Il n'est pas trop difficile de donner un sens relativement précis à la formule « L'expression *E* est utilisée, dans telle phrase, avec une fonction *uniquement référentielle* ». Cette formule implique que *E* sert seulement à demander au destinataire de considérer un objet, ou un groupe d'objets, particulier, auquel on va ensuite, et indépendamment de la façon dont il a été désigné, attribuer telle ou telle propriété. D'où on conclut que *E* pourrait être remplacé, sans dommage pour la fonction globale de la phrase, par toute autre expression *E'*, qui aurait, elle aussi, pour seule fonction, de repérer le même objet particulier. Si la définition est relativement précise, on voit tout de suite qu'elle n'a guère d'application dans l'usage habituel des langues naturelles. Notamment les descriptions définies sont fort rarement employées avec une fonction *uniquement référentielle*, comme un simple moyen de repérer un objet, au sens où les coordonnées, en géométrie, permettent de repérer un point. Il est presque exceptionnel, en effet, d'en trouver deux qui puissent être substituées l'une à l'autre sans que l'intention de discours en soit profondément changée — même si les conditions de vérité de la phrase restent identiques.

Supposons qu'une même personne soit ministre des Finances, et mon meilleur ami, il revient peu souvent au même d'annoncer : « Le ministre des Finances passe ses vacances à Courchevel » et « Mon meilleur ami passe ses vacances à Courchevel ». On peut songer aussi à des phrases comme *Je voudrais que le frère de Pierre soit élu*, qui risquent de changer tout à fait de fonction si on remplace *Le frère de Pierre*, par *Le chef du parti X* ou *L'ennemi mortel de Joseph* — et cela, même si le destinataire sait que les trois descriptions définies utilisées s'appliquent à une seule et même personne (Ce type d'exemple est donné par P. F. Strawson *). On arriverait encore à la même conclusion en introduisant des descriptions définies dans des phrases comportant l'expression *en tant que tel* (les logiciens médiévaux ont eu souvent maille à partir avec les expressions de cette nature lorsqu'ils ont établi leur doctrine de la référence, ou, dans leur terminologie, de la « supposition ») **. Il est bien clair qu'il est tout différent de dire :

<table><tr><td>Le président de la république
Le chef des armées
Le cacique de l'agrégation d'histoire en 1936</td><td>a, en tant que tel, la jouissance de l'Elysée.</td></tr></table>

Il faut noter maintenant que dans ces exemples, où la description définie n'a certainement pas une fonction uniquement référentielle, son usage introduit les mêmes indications existentielles que l'on trouve dans les exemples canoniques comme *Le roi de France est sage*. D'où une première présomption, très insuffisante encore, pour séparer ces indications d'existence et d'unicité de la fonction référentielle elle-même.

On nous répondra sans doute que les descriptions définies, dans les exemples précédents, possèdent d'autres fonctions que la fonction référentielle (ce sont ces autres fonctions qui ont fait échouer le test de substitution). Mais il n'en reste pas moins, poursuivra-t-on, que les expressions considérées avaient une fonction référentielle — seule responsable des indications existentielles contenues en elles. Nous chercherons donc si, dans tous les cas où la description définie véhicule une information d'existence ou d'unicité, elle possède effectivement une valeur référentielle. Ce qui compliquera l'enquête, c'est que nous n'avons plus, maintenant, de test tant soit peu précis pour décider si une expression possède ou non une telle valeur. Nous sommes obligés de nous en tenir à un jugement tout à fait intuitif, et de nous poser des questions comme celles-ci : Est-ce que cette expression sert à désigner? Est-ce qu'en l'employant, on demande au destinataire de considérer ou d'imaginer tel ou tel être particulier?

* « Phrase et acte de parole », *Langages*, mars 1970, p. 27.
** Cf. G. Occam, *Summa logica*, 1re partie, chap. 66, 2e objection.

Considérons d'abord l'énoncé :

1. Jacques n'aime pas sa femme, il aime la fille du patron.

Deux interprétations, au moins, en sont possibles. Dans l'une, (1*a*), il est dit que Jacques préfère à sa femme une autre femme, la fille du patron. Dans la seconde, (1*b*), Jacques est accusé de n'aimer sa femme que parce qu'elle est la fille du patron. Il semble bien difficile de dire que l'expression *La fille du patron* possède encore, dans (1*b*), une fonction référentielle : en tout cas, cette fonction est tout à fait atténuée par rapport à (1*a*), et comme oblitérée par la fonction qualificatrice. Il n'empêche que l'on trouve les mêmes indications existentielles, et sous la même forme, dans les deux interprétations. Il est toujours maintenu que le patron a une (et, d'une façon moins constante, une seule) fille, et, d'autre part, cette information, dans aucun des deux cas, n'est un « posé », et ne doit être mise sur le même plan que l'information sur la vie sentimentale de Jacques.

Que l'on compare, maintenant, (2) et (3) :

2. Il a pris une douche.
3. Il a pris sa douche (= la douche de lui).

Nous ne voyons pas trop comment on pourrait attribuer à *sa douche*, dans (3), une fonction désignative ou référentielle. Ce qui n'empêche pas que (3) comporte bien une sorte d'indication existentielle. La comparaison de (2) et de (3), en effet, fait apparaître, dans (3), l'idée supplémentaire que la personne en question a l'habitude de se doucher, qu'il existe, entre elle et les douches, un rapport constant, indépendant de l'événement particulier annoncé par (3). L'existence de ce rapport peut même être considérée comme un présupposé, dans la mesure où elle est maintenue dans l'énoncé négatif *Il n'a pas pris sa douche.* On arrive à la même conclusion en comparant *J'ai mal à la tête* et *J'ai mon mal de tête :* le deuxième énoncé présuppose que je suis affligé, d'une façon chronique, de maux de tête. Quant à l'idée d'unicité, introduite par le défini inclus dans *mon*, elle produit une sorte d'identification des différents maux de tête (ou des différentes douches), qui sont présentés comme les manifestations intermittentes d'un être unique et comme extra-temporel.

La multiplication des exemples n'est peut-être pas inutile, dans la mesure où elle combat l'idée, assez répandue, que l'emploi référentiel des définis est normal, ou, au moins, habituel, et que les autres sont quelque peu tératologiques. Il est instructif, notamment, de mettre en regard (4) et (5) :

4. Il a eu tort de fumer.
5. Il a eu le tort de fumer.

L'application des critères habituels amène à décrire (4) comme :

4'. pp. Il a fumé.
4". p. Fumer était mauvais pour lui.

Énoncer (4) à propos de quelqu'un, revient ainsi à le *critiquer d'avoir fumé*. Pour (5) on devrait, en se référant aux mêmes critères, inverser les coefficients « pp » et « p ». On a maintenant :

5'. pp. Fumer était mauvais pour lui.
5". p. Il a fumé.

Énoncer (5), c'est donc *accuser quelqu'un d'avoir fumé* (sur la différence entre *accuser* et *critiquer*, voir Fillmore *). Il nous reste à nous demander pourquoi la présence ou l'absence de l'article défini dans (4) et (5) produit une inversion du posé et du présupposé — identique à l'opposition, lexicale, des verbes *critiquer* et *accuser*.

La seule réponse possible nous semble la suivante. Quand on parle *du* tort de fumer, comme lorsqu'on parle *du* roi de France, on présuppose qu'il existe un tort de fumer — ou un roi de France. On présuppose donc que fumer est un tort, ce qui permet de comprendre la possibilité de paraphraser (5) avec le verbe *accuser* qui introduit le même présupposé. Mais il est clair que l'existence dont il est question ici n'a rien à voir, encore moins que celle du mal de tête ou de la douche, avec une existence *hic et nunc*, c'est-à-dire avec ce qu'on appelle habituellement « réalité ». Ce n'est donc certainement pas le type d'existence susceptible d'être désignée, de constituer l'objet d'un acte référentiel — ou bien il faut donner un sens tout à fait nouveau à *désigner* et à *référer*.

La situation est encore plus nette, peut-être, lorsque la description

* « Verbes de jugement », *Langages*, mars 1970, p. 64-5.

définie constitue un attribut, au sens grammatical usuel, par exemple dans :

6. Paris est la capitale de la France.

Il semble vraiment impossible, ici, de donner à *La capitale de la France* une fonction désignative, ce qui n'empêche nullement l'apparition de l'indication existentielle « La France a une et une seule capitale ». Il se trouve même que l'indication d'unicité — souvent assez floue — est, dans les phrases de ce type, tout à fait nette. Car on n'aurait pas l'idée de dire :

7. Paris est la ville de France qui dépasse le million d'habitants,

à moins de croire, ou de vouloir faire croire, que seule la ville de Paris, en France, a plus d'un million d'habitants : l'usage de l'article indéfini *un* est nécessaire pour éviter l'indication d'unicité. On comprend, par là, l'usage emphatique de l'article défini (cf. *Il est le spécialiste des grammaires en chaîne*), usage dont témoignent amplement les affiches publicitaires : « *X*, *l'*aliment des chiens heureux », « *Nous trois*, *le* journal du trio », ou même, « *Y*, *l'*apéritif ». Dans tous ces cas, le composant rhétorique aurait à convertir, selon un mouvement assez naturel, l'indication d'unicité, présente dans la signification, en une indication d'excellence : étant donné que le produit vanté, de toute évidence, n'est pas le seul auquel s'applique le prédicat, si celui-ci est pris dans son sens habituel, on est amené à le prendre dans un sens plus exigeant et valorisé (« spécialiste incontesté », « apéritif digne de ce nom »... etc.). Un peu plus de rouerie serait exigée du composant rhétorique pour interpréter cette publicité que le magazine français *Z*, il y a quelques années, avait affichée dans les gares et les aéroports : « La France, le pays où on lit *Z*. » L'auteur ne voulait certes pas donner à entendre, en utilisant l'expression définie *le pays...*, qu'il y a un seul pays où *Z* soit lu. Mais cette interprétation possible de l'unicité introduite par *le*, n'offrait guère d'inconvénients — vu notamment qu'il s'agissait d'une publicité faite en France. En revanche, l'unicité avait l'avantage de faire apparaître l'énoncé comme une définition (où l'attribut convient au sujet et à lui seul). D'où l'idée que la lecture de *Z* est une caractéristique (un « propre », au sens des logiciens anciens) de la France : si vous voulez vraiment vivre comme vivent les français, vous devez lire *Z*. L'astuce de cette présentation par rapport à un simple « En France, on lit *Z* » est que, dans l'affiche considérée, la partie la plus importante, et la plus contestable, du message, est une conséquence du présupposé. Le seul posé, en revanche, est constitué par un fait que le lecteur ne songe pas à mettre en doute, à savoir que le journal *Z* est lu en France. Tout le reste, qui serait le plus discutable, tient à la présentation définitionnelle de ce fait, présentation liée, elle-même, au présupposé d'unicité.

Les exemples qui précèdent étaient destinés à dissocier les indications existentielles présupposées par les descriptions définies, d'une part, et l'emploi référentiel de ces expressions, de l'autre. Là même où on ne vise certainement pas à désigner quelque chose, à attirer l'attention du destinataire sur un objet qui serait, ensuite, le thème d'une affirmation, la description définie possède, très vivace et agissant, le pouvoir d'indiquer qu'un objet (et, éventuellement, un seul) satisfait à certaines propriétés. On pourrait, sans doute, nous objecter qu'il s'agit là d'une survivance : les indications existentielles seraient, fondamentalement, l'effet de la fonction désignative, mais pourraient, dans certains cas, se maintenir lors même que leur cause a disparu. Pour enlever de la vraisemblance à cette explication — qui ne saurait, à proprement parler, être réfutée —, la seule possibilité est de lui opposer une autre explication des indications existentielles — qui ne recoure à aucune notion de référence ou de désignation.

N.B. Le modèle du chapitre 5 peut être mis à contribution pour nous justifier d'appeler « présupposés » les indications existentielles apportées, indépendamment de toute fonction référentielle, par les descriptions définies. Il nous semble impossible d'attribuer une fonction référentielle à l'expression *leurs impôts* (= « les impôts d'eux »), telle qu'elle apparaît dans :

8. Certains français ne paient pas leurs impôts.

On reconnaîtra, d'autre part, dans (8), l'indication existentielle :

8′. « Certains français ont des impôts. »

Pour prouver que (8′) est un présupposé, nous pourrions en appeler à la compréhension intuitive de la phrase, et aux critères habituels (négation, interrogation, enchaînement). Mais il nous semble intéressant, aussi, de montrer qu'il y a tout avantage, *étant donné les mécanismes généraux du modèle*, à lui faire produire (8′) sous forme de présupposé — car on rend compte, par là, *du même coup*, d'une autre caractéristique sémantique de (8). Cette caractéristique apparaît si on compare (8) et

9. Certains français ne paient pas d'impôts.

Les deux énoncés, on le voit sans peine, sont différents *au simple point de vue du posé :* (8) spécifie que certains français qui ont des impôts, certains contribuables, ne les paient pas. (9), en revanche, est tout à fait compatible avec l'idée que tous les contribuables français paient leurs impôts — pourvu qu'il y ait des français non contribuables.

Or nous pouvons construire dans le système une description du prédicat complexe « payer ses — », qui donne, en vertu de la définition déjà admise pour l'opérateur **EX**, à la fois, et de façon indissociable, le présupposé (8′) et le posé souhaité, à savoir « Certains des français qui ont des impôts ne les paient pas ».

Admettons que *A* et *P* soient des prédicats binaires pour « avoir » et « payer ». Nous introduisons, d'autre part, l'opérateur prédicatif « OMN », correspondant à la quantification universelle : « OMN_1 — *A* (a) » sera traduit, en calcul des prédicats, par « $\forall_{x \varepsilon a} x$ A′(x) ». A l'aide de ces notions, nous pouvons maintenant définir :

« Payer ses — » : « EX_2 — *A* | OMN_2 — EQ — *A*, *P* » (« EQ » servant, comme dans le chap. 5, p. 150, à traduire la référence du posé au présupposé).

« Ne pas payer ses — » : **NEG** « EX_2 — *A* | OMN_2 — EQ — *A*, *P* »
= « EX_2 — *A* | NEG — OMN_2 — EQ — *A*, *P* ».

« Certains ne pas payer leurs — » (obtenu par application de l'opérateur copulatif $\mathbf{EX_1}$ au couple précédent) :

« EX_1 — EX_2 — *A* | EQ — EX_1 — EX_2 — *A*, EX_1 — ET — EX_2 — *A*,
NEG — OMN_2 — EQ — *A*, *P* ».

Si, maintenant, on applique ce couple prédicatif aux arguments « français » et « impôts », on obtient des formules du calcul des prédicats qui correspondent, selon les conventions du chapitre 5, à :

pp. « Certains français ont des impôts » (= (8′))

p. « Certains *d'entre eux* ne les paient pas » (ou plutôt ne les paient pas entièrement).

Ce qui est important, à nos yeux, dans cette démonstration, c'est que, pour obtenir le posé correct, il nous a été nécessaire, étant donné les règles admises d'autre part pour l'opérateur **EX**, et justifiables indépendamment de l'exemple étudié ici, de reconnaître à (8) le présupposé (8'), qui peut être ainsi relié à l'ensemble des autres présupposés traités dans le système.

Le substantif et les présupposés existentiels

Si on a souvent remarqué les indications existentielles (existence + unicité) véhiculées par les descriptions définies, il a été moins souvent noté que tout emploi substantif d'un nom apporte — sinon un présupposé d'unicité — du moins un présupposé d'existence. Nous parlerons d'emploi substantif lorsqu'un terme, catalogué dans la grammaire traditionnelle comme adjectif ou comme substantif, est précédé d'un « actualisateur ». Par « actualisateur », nous entendons, arbitrairement, ce qu'on appelle « déterminant » dans la grammaire de Port-Royal, ou « prédéterminant », dans plusieurs écoles modernes (il peut s'agir d'un article, défini ou indéfini, ou bien d'un « adjectif indéfini », comme *certains, quelques, tous, aucun* (notre définition de l'emploi substantif est, on le voit, relative au français, et ne vaudrait guère, par exemple, pour le latin, qui, au grand embarras des logiciens médiévaux, ne possède pas d'article, et ne marque donc pas d'une façon nette cet emploi). Or il nous semble assez facile de montrer que l'emploi d'une expression aX où a est un actualisateur, présuppose toujours que l'on peut faire correspondre à X une classe, non vide, d'objets individuels. (Nous laissons de côté le cas — qui constituerait moins, selon nous, une objection qu'une complication — où X désigne une qualité abstraite comme « courage » ou « blancheur », ou bien une réalité concrète continue comme « eau », « confiture »... etc.). Nous allons, dans ce qui suit, 1° essayer de justifier cette thèse, 2° l'appliquer au cas particulier des descriptions définies (où a = *le, la, les*), pour comprendre, à partir d'elle, le type particulier d'indications existentielles apportées par ces expressions (et, notamment, l'indication d'unicité introduite par *le* et *la*).

Un premier type d'argument est fourni par P. F. Strawson *. Nous le reprenons, tout en le modifiant quelque peu, et en renvoyant le lecteur au texte original. Considérons les quatre types de propositions distingués par Aristote :

* *Introduction to Logical Theory*, Londres, Methven, 1952, chap. 5 et 6.

A : Tous les hommes sont mortels
E : Aucun homme n'est mortel
I : Quelques hommes sont mortels
O : Quelques hommes ne sont pas mortels.

Intuitivement, on est porté à admettre entre elles certaines relations, dégagées, elles aussi, par Aristote : A et O sont contradictoires (c'est-à-dire qu'ils ne peuvent être ni tous les deux vrais, ni tous les deux faux) et, de même, pour E et I. D'autre part, admettre A, entraîne que l'on admette I (de même E entraîne O). De plus A et E sont contraires : tout en pouvant être tous les deux faux, ils ne peuvent être tous les deux vrais. Enfin I et O sont subcontraires (tout en pouvant être tous les deux vrais, ils ne peuvent être faux tous les deux). Ces relations sont schématisées dans le fameux carré d'Aristote :

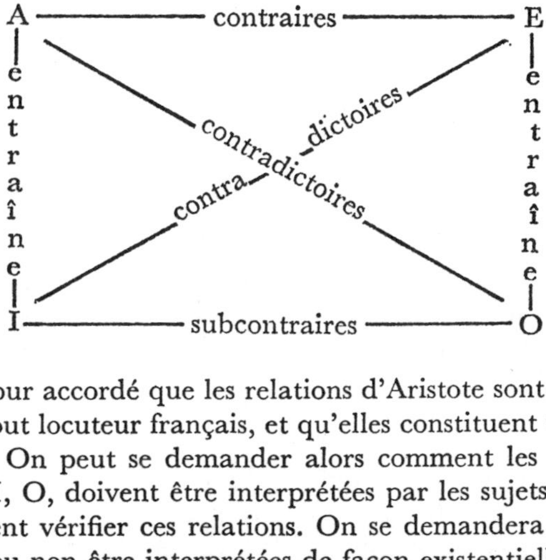

Prenons pour accordé que les relations d'Aristote sont spontanément admises par tout locuteur français, et qu'elles constituent un fait linguistique intuitif. On peut se demander alors comment les quatre propositions A, E, I, O, doivent être interprétées par les sujets parlants pour qu'elles puissent vérifier ces relations. On se demandera notamment si elles doivent ou non être interprétées de façon existentielle, c'est-à-dire, si elles comportent ou non l'indication « Il existe des hommes ». Or Strawson nous semble avoir montré de façon définitive qu'on ne peut justifier les relations aristotéliciennes ni dans une interprétation existentielle, ni dans une interprétation non-existentielle des quatre propositions, ni encore en interprétant certaines existentiellement et d'autres non (sauf acrobaties tout à fait artificielles). La façon la plus naturelle de justifier les relations est sans doute 1° de considérer les quatre propositions comme non-existentielles, c'est-à-dire comme affirmant seulement « Ou il n'y a pas d'hommes, ou tous les hommes sont mortels », « Ou il n'y a pas d'hommes, ou certains hommes sont mortels »... etc., 2° de se situer cependant dans l'hypothèse préalable qu'il y a des hommes, hypothèse qui sert de cadre général à l'ensemble de ces relations. Une fois admis qu'il y a des hommes, il est facile de montrer par exemple que A et I, interprétés comme non-existentiels, sont contradictoires, que A et E, dans cette même interprétation, sont contraires... etc. Ce résultat se laisse assez bien représenter dans la théorie de la déduction naturelle, notamment dans la formulation qu'en a donnée J. B. Grize, et qui nous a déjà servi pour décrire le rôle des présupposés dans le raisonnement (cf. p. 86). Dans l'hypothèse supérieure « Il y a des hommes », on peut déduire la conclusion I de la prémisse A, prouver la fausseté de E à partir de A... etc. *. Ce que nous exprimerons en disant que l'indication « Il existe des hommes » est le présupposé commun des quatre propositions aristotéliciennes, propositions dont le posé, en revanche, n'est pas existentiel. On décrira, par exemple, *Quelques hommes sont mortels* comme présupposant « Il y a des hommes », et comme posant « Ou il n'y a pas d'hommes, ou quelques-uns d'entre eux sont mortels ». De même *Aucun homme n'est mortel* présupposerait encore « Il y a des hommes », et poserait « Ou il n'y a pas d'hommes, ou aucun d'entre eux n'est mortel »... etc.

Certains jugeront sans doute (à tort, à notre sens) qu'un argument de ce genre n'est pas linguistiquement pertinent. Nous lui ajouterons donc des remarques fondées sur une observation plus directe. Soit l'énoncé :

10. J'ai lu certains livres de **X**

On trouve, dans (10), l'indication « Il y a des livres de **X** », c'est-à-dire « **X** a écrit des livres ». Et cette indication — c'est là l'essentiel — apparaît à titre de présupposé, puisqu'elle est maintenue dans la négation (au moins, dans la négation descriptive) et dans l'interrogation (cf. *Avez-vous lu certains livres de* **X** ?). En d'autres termes, nous ne voyons pas de différence, en ce qui concerne les présupposés, entre (11) et (12) :

* Cf. sur le détail des raisonnements, J. B. Grize, *Logique moderne*, fascicule I, Paris, 1969, p. 68-9.

11. Avez-vous lu les articles récents de **X**?
12. Avez-vous lu certains articles récents de **X**?

Dans les deux cas, il nous semble présupposé que **X** a écrit récemment des articles, le passage du défini à l'indéfini amenant seulement une différence dans la question posée (on demande à l'interlocuteur, dans un cas, s'il a lu tous les articles récents de **X**, dans l'autre, s'il en a lu certains).

On objectera peut-être qu'il n'y a pas de présupposés existentiels dans des énoncés comme :

13. Connaissez-vous un psychanaliste honnête?
14. Peut-on imaginer une rose sans épines?
15. A-t-on jamais réalisé un capitalisme populaire ou un socialisme à visage humain?

A quoi on peut répondre que les expressions adjectives *honnête*, *sans épines*, *populaire*, *à visage humain* ne font pas partie, ici, des descriptions indéfinies, mais qu'elles fonctionnent comme des attributs. (Cf. *Connaissez-vous un psychanaliste qui soit honnête?*). Les descriptions se réduisant alors aux groupes *une rose*, *un psychanaliste*... etc., tout ce qui est présupposé, c'est qu'il existe des psychanalistes et des roses. (De même, il est possible de comprendre *Avez-vous lu des articles récents de* **X**? comme « Avez-vous lu des articles de **X** qui soient récents? »; le présupposé se réduit alors à « **X** a écrit des articles ».) Plus généralement, la distinction de l'épithète et de l'attribut peut se décrire, sémantiquement, à l'aide de la notion de présupposition. Déjà H. Sweet, un des ancêtres de la présupposition, remarque qu'il y a cette différence entre *La terre est ronde* et *La ronde terre*, que la rotondité, affirmée (« stated ») dans le premier cas, est supposée (« assumed », « taken for granted ») * dans le second. En extrapolant, on peut décrire l'ambiguïté de *Jacques a retrouvé sa voiture incendiée* de la façon suivante. Tantôt *incendiée* est épithète, et on présuppose « Jacques a eu une voiture incendiée ». Tantôt *incendiée* est attribut : on présuppose seulement que Jacques a eu une voiture, et on annonce qu'il l'a retrouvée alors qu'elle était incendiée (dans les deux cas, il y a, en plus, le présupposé, introduit par le verbe *retrouver*, que Jacques avait quitté ou perdu sa voiture).

* Cf. *A New English Grammar*, 1891, t. I, § 44.

Cette fonction présuppositionnelle de l'emploi substantif apparaît encore dans l'opposition de (16) et de (17), énoncés souvent considérés comme logiquement équivalents :

16. Aucun philosophe n'est sage.
17. Aucun sage n'est philosophe.

(16) nous semble comprendre le présupposé « Il y a des philosophes » : il y aurait, en effet, quelque paradoxe à continuer, après (16), par *D'ailleurs, il n'y a pas de philosophes*, alors qu'il est facile de continuer par *D'ailleurs il n'y a pas de sages*. Inversement (17) nous semble présupposer que la classe des sages n'est pas vide : on peut, de fait, plus facilement adjoindre à (17) *D'ailleurs il n'y a pas de philosophes* que *D'ailleurs il n'y a pas de sages*.

N.B. On peut supprimer le présupposé d'existence lié aux actualisateurs, en recourant au conditionnel : *Il n'y a pas de philosophe, car aucun philosophe n'accepterait d'enseigner la philosophie*. Mais il nous semble naturel, et justifié par le conditionnel de *accepterait*, de donner alors l'interprétation « S'il y avait des philosophes, aucun n'accepterait... » On se trouve alors dans le cas, très courant, et étudié, ici même, p. 187, où la subordonnée conditionnelle présente, comme supposition irréelle, ce qui est le présupposé de la principale, cf. *S'il avait été à Paris, il y serait resté.*

Les développements qui précèdent aboutissent, on le voit, à justifier sémantiquement la distinction explicitée, pour la première fois, par les grammairiens du Moyen âge, de l'adjectif et du substantif — à condition d'ailleurs de ne pas définir ces notions morphologiquement, comme des catégories de mots, mais syntaxiquement, comme des fonctions (c'est la présence de l'actualisateur qui fait le substantif). On peut aller, maintenant, un peu plus loin, et rapporter le lien entre l'actualisateur et les présupposés existentiels à un caractère général des langues naturelles, qui les distingue radicalement des langues artificielles, et notamment du calcul des prédicats, tel que l'ont mis au point les logiciens modernes (par abréviation : C.P.). Essayons de traduire en C.P. :

18. *Certains hommes sont méchants.*

On doit recourir à une formule du type de « Il existe des *x*, tels que *x* a, d'une part, la propriété d'être homme, et, d'autre part, celle d'être méchant ». Si on demande dans quel univers se fait la quantification, si on veut savoir où se trouvent ces *x* dont l'existence est affirmée, la réponse est, et ne peut être, que « dans l'ensemble des êtres individuels ». C'est sur cet ensemble, redoutable, que doivent opérer les quantificateurs du C.P., lorsqu'ils sont utilisés pour traduire le langage ordinaire — de sorte que la formule précédente apparaît comme une affirmation portée sur la réalité prise dans sa totalité (en y incluant aussi bien les éléphants, les instants du temps et les grains de poussière que les hommes) : « la réalité est telle qu'on y trouve des objets qui, à la fois, sont hommes et méchants ».

On aperçoit tout de suite la différence avec le langage ordinaire. L'énoncé (18) est senti comme parlant non pas du monde en général, mais des hommes : « l'humanité est telle qu'on peut en extraire des êtres qui soient méchants » (et, de même, on parle de la corporation des psychanalistes, lorsqu'on affirme *Il y a des psychanalistes honnêtes*). En d'autres termes, les quantificateurs français opèrent sur l'ensemble des êtres particuliers désignés par le nom qui les suit : dans *aX*, *X* marque l'univers du discours sur lequel porte l'actualisateur *a*. C'est cette caractéristique que nous avons voulu représenter, dans le modèle du chapitre 5, en considérant « homme », dans (18), comme l'argument dont est affirmé le prédicat complexe « Certains sont méchants ». Cette même idée est au centre de la théorie de la « supposition », telle, par exemple, que la développe Occam. Selon ce dernier, l'expression *certains hommes*, dans (18), aurait pour « suppositum » (on traduit, selon les goûts, *suppôt* ou *référent*) la classe des hommes, prise dans sa totalité. Elle aurait donc exactement le même « suppositum » que *tous les hommes*. Les expressions diffèrent seulement par la « supposition », c'est-à-dire par la façon dont on peut, à partir d'elles, tirer des conclusions quant à leur « suppositum ». Lorsque la supposition est « déterminée », ce qui est le cas pour *certains hommes*, la classe supposée doit être atteinte d'une façon disjonctive, c'est-à-dire qu'on peut conclure de (18) à une proposition comme « Cet homme-ci est méchant, ou cet homme-là est méchant, ou..., et ainsi de suite », en prenant la liste de tous les hommes, c'est-à-dire le « suppositum ». Si on remplace *certains* par *tous*, la supposition est dite « distributive », et on peut conclure à une proposition conjonctive « Cet homme-ci est méchant, et cet homme-là est méchant... »

Ce qui, dans cette théorie logique, nous semble exprimer une intuition linguistique, c'est l'idée que les noms, dans quelques-uns au moins de leurs emplois, ont pour fonction de constituer un univers d'objets, à l'intérieur duquel opèrent, par la suite, les différents actualisateurs. On peut, alors, se passer de la notion, embarrassante à tous égards, d'un ensemble de tous les êtres — car ce sont les noms qui disent, à chacun de leurs emplois, ce qu'on doit compter comme un être. Mais, du même coup, on arrive à comprendre — et c'est le point qui nous importe ici — le présupposé d'existence lié à tous les actualisateurs. Si notre analyse est exacte, le nom qui les suit fonctionne, non pas comme le nom d'une propriété, attribuée à tel ou tel individu du monde, mais comme le nom d'une classe, dans laquelle s'opère la quantification, et qui constitue, par suite, une partie intégrante de l'univers où le discours est situé. Il devient naturel, alors, que l'emploi de ce nom impose au destinataire d'admettre la réalité de cette classe, c'est-à-dire, pour un esprit non encore corrompu par la théorie des ensembles, d'admettre qu'elle n'est pas vide. D'où l'on conclut que le nom, employé substantivement, institue toujours, pour en faire le cadre du dialogue, un monde d'objets, ce qui revient, selon notre définition du présupposé, à dire qu'il présuppose la réalité d'un tel monde (Il reste toujours possible, à coup sûr, de dire que l'ensemble d'objets dont l'existence est présupposée par le substantif, est « désigné » par celui-ci, et de maintenir par là que la présupposition d'existence est fondée sur la désignation. Mais il s'agit là, nous semble-t-il, d'une simple astuce terminologique, car le mot « désigner » est alors pris dans un sens tout différent de son emploi habituel. Bien plus, il est pris dans un sens que l'on ne peut définir tant soit peu sans faire intervenir une notion analogue à la présupposition : désigner quelque chose, cela devient « prendre cette chose pour existante », « faire de son existence le fondement du discours » — et, finalement, « présupposer qu'elle existe »).

Une fois admise cette thèse générale que tous les emplois substantifs de type *aX* présupposent X non vide, on peut plus facilement expliquer la forme particulière que prend ce présupposé selon que *a* est singulier ou pluriel, défini ou indéfini. Nous nous bornerons ici aux quatre articles français représentés dans le tableau suivant :

	singulier	*pluriel*
défini	le	les
indéfini	un	des

(nous laissons donc de côté le partitif *du*, ainsi que *un* lorsqu'il est pris dans son sens générique : « *un* homme est un animal malade »). Nous proposerons, maintenant, les définitions suivantes des quatre catégories utilisées. En employant un article *singulier*, on affirme que (demande si, promet que... etc.) le prédicat vaut au moins d'un objet de la classe X. Au *pluriel*, on affirme que (demande si, promet que...) le prédicat vaut de plusieurs. On emploie, d'autre part un actualisateur *défini* pour affirmer (...) que le prédicat vaut de toute la classe X, dont l'existence, nous l'avons vu, est présupposée, et l'*indéfini* (non-marqué, à cet égard) si on laisse ce point en suspens. En combinant ces quatre définitions, on fait apparaître les spécifications particulières du présupposé général d'existence selon l'article utilisé. En attribuant à « le X » le prédicat « P », on autorise cette conclusion qu'il y a un seul X : en effet, tout en affirmant, grâce au défini, que le prédicat vaut de tout X, on affirme seulement, du fait du singulier, qu'il vaut d'au moins un X. Inversement, attribuer le même prédicat « P » à « les X », ou à « des X », c'est impliquer qu'il y a plusieurs X. Quant à l'attribution à « un X », on ne saurait en conclure, à proprement parler, aucun renseignement numérique sur la classe X, puisque l'indéfini n'exclut pas, selon nous, que le prédicat s'applique à toute la classe, cf. p. 134. Simplement, la loi rhétorique d'exhaustivité amène le destinataire à penser que, si P s'appliquait à toute la classe, alors le locuteur l'aurait dit. Ce qui privilégie la conclusion : il y a plus d'un élément dans la classe X. (Dans le cas de « des X », la loi d'exhaustivité, appliquée au choix de l'indéfini, laisse entendre seulement : « il y a, dans la classe X, un ou des éléments dont on ne peut pas affirmer P. Mais cette indication n'a pas de conséquence quant au nombre de X — puisque, de toute façon, on sait, grâce au pluriel, qu'il y en a plusieurs.)

Une des objections que soulève cette description concerne notre interprétation du défini. Est-il vraiment raisonnable de dire que les énoncés *Le concierge est dans l'escalier*, *Le professeur était absent*, *Le train était en retard* introduisent l'idée qu'il y a, au monde, un seul concierge, professeur ou train? Supposons que nous répondions à cette objection : « la classe X est, dans le cas des définis, réduite à un de ses sous-ensembles, à savoir, à ceux-là seuls des X dont il peut être question étant donné le thème de l'énoncé et la situation d'énonciation ». On va alors nous demander pourquoi une telle réduction se produit, et on nous suggérera, comme seule explication possible, que les expressions définies ont une valeur désignative : dans la mesure où elles demandent au destinataire de se représenter tel ou tel objet particulier dont il va être question dans le reste du discours, il est naturel qu'elles soient interprétées par rapport au contexte du dialogue. Admettre une telle explication, ce serait cependant, on le voit tout de suite, contredire l'effort fait, depuis le début du chapitre, pour dissocier désignation et descriptions définies.

Il nous faut donc faire remarquer que la réduction contextuelle de la classe X dans les expressions de type *aX*, n'est nullement propre aux cas où *a* est un défini. Si je dis, pour me justifier de mon retard, qu'un train a eu un accident, le destinataire comprendra que je parle des trains de ma ligne, de ceux d'aujourd'hui, et, plus précisément, de ceux qui, précédant le mien, ont pu causer son retard (sinon l'énoncé ne peut plus apparaître comme une justification). Il y a donc bien, dans ce cas aussi, une restriction de l'ensemble sur lequel porte le quantificateur — et pourtant ce quantificateur est un indéfini, auquel on peut difficilement attribuer une fonction référentielle. De même, en disant à quelqu'un *Prenez une cigarette*, on réduit généralement l'ensemble des cigarettes à celles qui se trouvent dans le paquet qu'on lui tend, ou dans la boîte qui est sur la table, ce qui permet d'interpréter l'énoncé comme une offre. (On peut d'ailleurs, imaginer des contextes où cette réduction n'aurait pas lieu, par exemple si l'énoncé vise à conseiller à un interlocuteur excité de se calmer les nerfs en fumant.)

C'est un phénomène identique qui nous semble responsable de la réduction d'extension que peut subir le terme *X*, employé substantivement, lorsque le *a* qui le précède est un défini. Soit l'énoncé *Les trains sont en retard*. Par lui même, il indique seulement que le prédicat « être en retard » s'applique à tous les éléments de la classe présentée à l'aide du mot *trains*. Selon ce qu'on sait, par ailleurs, des intentions et des motivations du locuteur, on sera amené à réduire cette classe aux trains de telle journée, de telle ligne ou de tel pays — sans exclure, si l'énoncé se rencontre dans une apologie de la marche à pieds, que l'on puisse donner au mot *trains* son extension maxima. Mais, il faut le noter, on trouverait exactement les mêmes variations avec *Certains trains sont en retard*. L'ensemble de trains auquel on fait ce reproche que certains d'entre eux sont en retard, peut être constitué par les trains d'une région, d'un pays, d'une époque... etc. (C'est ce qu'exprime Occam en disant que le « suppositum » d'un nom, dans tel emploi particulier, est différent de son signifié, c'est-à-dire de l'ensemble des choses dont il a été, est, ou peut être dit). La situation nous semble tout à fait de même ordre lorsque l'actualisateur est un défini singulier — avec cette différence que l'obligation de donner un seul élément à la classe X impose une contrainte supplémentaire lors de son interprétation. Pour comprendre *Le train est en retard*, il devient nécessaire d'interpréter *train* d'une façon telle que l'on puisse comprendre qu'il y a un et un seul train. Il pourra s'agir du train que je vais prendre, de celui que j'attends à un passage à niveau, de l'unique train qui dessert chaque jour la gare dont je parle, du train qui va dérailler dans le roman que je lis — éventuellement même, dans une critique de la circulation ferroviaire, de cet être générique qu'est « le train », par opposition à « l'avion » ou « au cheval ».

Pour résumer ce développement sur les descriptions définies, nous ferons deux parts dans les indications existentielles qu'elles contiennent. S'il s'agit du fait que la classe correspondant au substantif *X* n'est pas vide, il s'agit là d'un présupposé entraîné, en commun, par tous les actualisateurs, définis ou non. Qu'il y ait un tel présupposé, cela exprime cette propriété, tout à fait distinctive des langues naturelles, que chaque parole institue, au moment où elle est énoncée, l'univers dont elle parle. Quant à l'indication d'unicité apportée par le défini singulier, elle résulte du type même de quantification propre à cet actualisateur. N'affirmant une propriété que d'un seul objet, et affirmant en même temps qu'elle vaut de tous les objets de la classe, le défini singulier laisse nécessairement entendre que la classe elle même a un seul objet. D'où la nécessité d'interpréter la classe d'une façon assez restrictive pour que l'unicité ne soit pas absurde — étant entendu que la plupart des substantifs, qu'ils soient employés avec ou sans articles définis, subissent, de toute façon, des restrictions analogues. Ce qui nous confirme dans notre conclusion que l'existence et l'unicité ne dépendent pas d'une fonction désignative qui serait fondamentale. C'est la position inverse qui nous semble au contraire justifiée : vu les indications d'existence et d'unicité véhiculées par les descriptions définies, on comprend qu'elles soient fréquemment utilisées pour la désignation, lorsque la langue est employée pour parler des choses qui nous entourent — fonction à laquelle nous refusons de donner un caractère plus essentiel qu'aux autres.

Définis et démonstratifs

Si les indications existentielles véhiculées par les descriptions définies sont indépendantes de la fonction désignative, et si elles peuvent, par suite, entrer dans la catégorie du présupposé, tel que nous avons défini celui-ci aux chapitres 3 et 4 (comme élément de contenu), il faut les distinguer soigneusement des indications existentielles apportées par les démonstratifs. En ce qui concerne ces dernières, nous admettons volontiers qu'elles sont liées à l'acte de désigner accompli au moyen de l'expression démonstrative, et nous les considérons comme des conditions d'emploi du démonstratif. Nous avons reproché à Austin et à Strawson d'avoir construit leur théorie de la présupposition à propos des seuls présupposés des expressions définies. Depuis le début de ce chapitre, nous avons essayé de faire un pas de plus, en discutant même leur interprétation de ces présupposés, qui, pour nous, sont indépendants de toute fonction référentielle ou désignative. Il nous reste maintenant à expliquer la thèse que nous contestons, en montrant qu'elle provient d'une assimilation entre les descriptions définies, pour lesquelles elle est fausse, avec les démonstratifs, pour lesquels elle serait vraie.

Reconnaissons d'abord qu'il y a un certain nombre d'emplois où le défini et le démonstratif sont interchangeables. Montrant à quelqu'un une voiture stationnée au bord d'un trottoir, on peut lui dire aussi bien — sans qu'il soit guère possible de percevoir une différence de sens : *Monte dans cette voiture*, ou *Monte dans la voiture*. D'autre part, ayant commencé un récit par *Un homme descendit du train*, on peut, à volonté, continuer par *Cet homme avait une valise rouge*, ou par *L'homme avait une valise rouge* (le démonstratif et le défini pouvant d'ailleurs être remplacés l'un et l'autre par le pronom personnel *il*). Plus généralement encore, le démonstratif nous semble toujours pouvoir être remplacé par un défini. Ce que nous voulons rappeler maintenant, c'est que l'inverse n'est pas vrai, et que l'emploi du démonstratif connaît certaines limites qu'on ne retrouve pas dans le cas du défini.

Il nous faut donc chercher des situations où seul le défini est utilisable. On notera par exemple qu'il est fréquent de commencer un récit par un défini *(L'homme semblait à bout de force. Il avait...)*. Il est beaucoup plus difficile, en revanche, de le commencer par un démonstratif : on ne saurait dire, certes, que ce soit tout à fait impossible, mais l'effet stylistique serait, nous semble-t-il, beaucoup plus marqué que dans le cas du défini. Dans les deux situations suivantes, on peut, croyons-nous, aller plus loin, et parler d'une quasi-impossibilité. Arrivant en retard à un rendez-vous, il est assez naturel d'annoncer, en guise d'excuse: *Le bus a eu une panne*. L'auditeur est alors censé comprendre qu'il s'agit du bus utilisé par le locuteur pour se rendre au rendez-vous. Nous voyons mal, en revanche, comment déclarer à brûle-pourpoint *Excusez-moi. Ce bus a eu une panne*. Supposons, d'autre part, que je veuille demander à mon interlocuteur d'aller chercher un livre dans la pièce à côté. Je peux très bien dire : *Prenez le livre rouge sur le bureau*, mais non pas : *Prenez ce livre rouge sur le bureau*. De même on dira *Ouvrez le capot et nettoyez le carburateur*. Mais non pas : *Nettoyez ce carburateur*. Nous ne multiplierons pas les exemples, car leur conclusion se réduit à cette simple banalité que le démonstratif sert à montrer. Je n'ai pas le droit de dire *Ce X*, s'il n'existe pas un *X* qui, ou bien est perceptible par mon interlocuteur au moment où je lui parle, ou bien est mentionné par ailleurs dans le discours : le démonstratif ne s'emploie qu'en présence de l'objet (présence dans le contexte linguistique ou dans la situation extra-linguistique). Au contraire, le défini s'emploie aussi bien *in absentia*. Plus précisément, il suffit, par lui-même, à donner une sorte de présence à l'être dont on parle, à le constituer comme objet possible du discours, ce qui revient à dire qu'il le présuppose, au sens que nous avons choisi de donner à ce terme.

Même lorsque le défini est utilisé *in presentia*, pour désigner des objets que le locuteur peut, par ailleurs, montrer, on peut faire apparaître des différences assez nettes entre son emploi et celui du défini. Supposons que je montre, par un moyen extra-linguistique (un geste du doigt, par exemple), une table sur laquelle se trouvent plusieurs livres (dont un et un seul rouge), sans que mon geste, vu la distance, puisse privilégier l'un quelconque d'entre eux. On admettra facilement, dans ces conditions, que le geste soit accompagné d'un énoncé comme *Prends le livre rouge*. Or il se trouve que le défini, ici, serait difficilement remplaçable par un démonstratif. Il ne semble naturel de dire *Prends ce livre rouge* que si le geste, par lui-même, suffit à isoler un et un seul livre — qui se trouve être rouge. Essayons de généraliser cette remarque. Appelons « univers montré » la région spatiale désignée par le geste. Soit, d'autre part, « *X* », un nom, et « *Y* », un adjectif épithète. Nous poserons qu'il faut, pour employer l'expression démonstrative *Ce X Y* à des fins de désignation, que l'univers montré comporte un et un seul *X*. En revanche, l'emploi, à ces mêmes fins, de la description définie *Le X Y* exige seulement que l'univers montré comporte un seul *X Y* (les grammairiens expriment ce fait en disant que l'adjectif « *Y* » est descriptif après *Ce*, et restrictif après *Le*).

Avant d'interpréter cette règle, il nous est nécessaire de faire remarquer que le nom et l'adjectif ont un rôle tout différent dans l'acte de démonstration. Le nom peut être considéré comme un élément nécessaire de toute démonstration *. Un geste, s'il peut orienter l'attention du destinataire vers une région de l'espace, est bien incapable par lui-même de montrer quoi que ce soit. Si je pose le doigt sur un livre, je peux aussi bien vouloir montrer le livre que sa couverture, ou tel mot, tel signe, telle tache, qui se trouvent sur sa couverture, ou encore sa couleur en général, voire l'impression qu'il me fait... etc. L'adjonction au geste d'un pur démonstratif *(ceci, ça)* ne diminuerait en rien l'indétermination. L'acte de démonstration n'est achevé que grâce à la présence d'un nom, nécessaire pour délimiter l'objet indiqué. Le seul moyen de cerner ce que je veux montrer est de préciser : *ce livre, cette couleur*... etc. Et il est facile de voir que, lorsque le nom n'est pas présent explicitement, il y a, à son sujet, un accord implicite des interlocuteurs — faute duquel aucune démonstration univoque n'est possible. Le rôle de l'adjectif n'est nullement symétrique. Certes il limite l'indétermination : en accompagnant le geste de démonstration de l'indication « ce rouge », on exclut qu'il puisse s'agir d'un élément non rouge du livre. Mais on ne voit toujours pas de façon positive s'il s'agit du livre lui-même, de sa couverture, de tel ou tel signe... etc. (à moins qu'il n'y ait un nom sous-entendu — cf. *La belle rouge*, un soir de 14 juillet, ou que *rouge* ne soit pris lui-même pour un nom, et ne désigne la couleur en général). Nous résumerons cette différence en disant que le nom

* Cf. notre article « Les indéfinis et l'énonciation », *Langages*, mars 1970, p. 97.

permet de constituer un objet, alors que l'adjectif distingue un objet déjà constitué d'un autre.

Armé de cette distinction (élaborée, au Moyen Age, par les grammairiens « modistes », et méprisée par la linguistique « scientifique »), il devient plus facile d'interpréter la différence de comportement entre *ce* et *le* devant un groupe « *XY* », où « *X* » est nom, et « *Y* », adjectif. On ne peut, avons-nous dit, employer *ce XY* que s'il y a, dans l'univers montré, un et un seul *X*. Si on admet maintenant que le nom « *X* » fait partie, d'une façon aussi nécessaire que le geste, de l'acte de démonstration (car on ne peut montrer un objet sans indiquer le nom qui lui donne son statut d'objet), il faut entendre, par « univers montré », non seulement la région de l'espace vers laquelle le geste oriente l'attention, mais l'ensemble des *X* qui se trouvent dans cette zone. En revenant à l'exemple de l'alinéa précédent, l'univers montré, ce sont les livres qui se trouvent dans la région visée, qu'ils soient rouges, bleus ou jaunes, et la règle que nous avons proposée stipule qu'il doit y en avoir un seul, pour qu'on puisse dire *Ce livre rouge*. Plus généralement, le démonstratif singulier *ce* exige qu'il y ait, dans l'univers montré, un et un seul élément. D'où nous concluerons que l'emploi, pour désigner, d'une expression linguistique « démonstrative » n'apporte aucune information que n'apporte par lui-même l'acte de démonstration concomittant (en y incluant le geste et le nom) : cette expression n'est que la contrepartie phonique de cet acte. Nous avions rappelé cette banalité, que la désignation, lorsqu'elle utilise un démonstratif, a toujours lieu *in presentia*, car elle doit toujours être accompagnée d'une démonstration. Nous pouvons ajouter maintenant que la désignation ne fait alors qu'expliciter la démonstration, et que ses indications existentielles sont celles-là mêmes qui rendent la démonstration possible. (On objectera peut-être qu'en disant *Ce livre de Hugo*, on apporte l'information supplémentaire que le livre montré est de Hugo. Mais il faut noter, si les observations qui précèdent sont exactes, que cette information n'est plus, alors, liée à la fonction désignative, puisqu'il faut, de toute façon, qu'un livre et un seul ait été montré. Par rapport à cette fonction, l'indication d'auteur est tout à fait redondante. La désignation est opérée par *Ce livre* — et si l'adjonction à cette expression de la détermination *de Hugo* introduit le présupposé que le livre en question est de Hugo, c'est en vertu des lois générales déterminant la sémantique des épithètes, cf. p. 233.)

Il en va tout autrement, nous l'avons vu, pour le défini. Pour qu'il soit raisonnable de dire *Donne moi le livre rouge*, dans une situation où la description définie sert à désigner un objet présent, il suffit que l'univers montré comporte un seul livre rouge — rien n'empêchant qu'il y ait plusieurs livres. La phrase peut se paraphraser : « Donne-moi, parmi les livres que je te montre, l'unique livre qui est rouge ». Autrement dit, l'indication d'unicité introduite par le défini est nouvelle par rapport à l'acte de démonstration proprement dit, et c'est par elle que se fait la désignation. L'acte de démonstration sert seulement à restreindre la classe où opère le défini. Là même, par conséquent, où la description définie est utilisée *in presentia*, pour désigner au destinataire des objets que, par ailleurs, on lui montre, ce n'est pas en tant qu'ils sont montrés qu'elle les désigne. Il faut plutôt dire qu'elle les désigne parmi ceux qui sont montrés, dans la classe que l'acte démonstratif a fait correspondre au mot *livres*. Avec cette classe réduite, et la propriété d' « être rouge », la description définie constitue un univers de discours (les livres rouges) dont elle fait savoir à la fois qu'il n'est pas vide et qu'il ne contient pas plus d'un élément.

Résumons tout ce développement sur les définis. Nous avons voulu faire apparaître successivement trois points : 1° les définis peuvent ne pas servir à désigner, 2° lorsqu'ils désignent, ils peuvent désigner des choses absentes (de la situation et du discours), 3° lorsqu'ils désignent des choses présentes et montrées, ils peuvent le faire par l'apport de renseignements que l'acte de démonstration (geste + nom) ne suffit pas lui-même à donner. L'expression démonstrative, au contraire, ne s'emploie qu'en présence de la chose montrée, et, dans ce cas, sa fonction désignatrice se résume à redoubler la démonstration. Nous en conclurons que la réunion des démonstratifs et des définis dans une même catégorie, celle des « expressions référentielles », masque la différence existant entre leurs façons d'atteindre les objets. Le démonstratif ne présente pas par lui-même son objet : il attire seulement l'attention sur un geste de démonstration concomittant. Et si donc l'emploi normal du démonstratif exige bien l'existence d'un (dans le cas du singulier, d'un seul) objet, cette existence est la condition préalable de l'acte de démonstration. L'exigence d'existence (et d'unicité) a un tout autre statut dans le cas du défini. Aussi bien lorsqu'elle désigne que lorsqu'elle ne désigne pas, la description définie constitue un objet — dont elle fait l'univers du discours : c'est ce que nous exprimons en disant qu'elle le présuppose. Et si elle sert parfois à le désigner, c'est-à-dire à fournir les indications permettant de le repérer dans un monde indépendant de la parole, c'est par l'intermédiaire seulement de sa fonction constitutive ou présuppositionnelle — que nous tenons pour primordiale.

N.B. 1° Nous n'avons pas, dans ce chapitre, discuté le statut du nom propre, qui est intermédiaire, nous semble-t-il, entre les définis et les démonstratifs.

2° La distinction que nous avons essayé de motiver, et que nous situons dans la langue (représentée par le « composant linguistique »), est souvent atténuée dans le discours (et le composant rhétorique aura à prévoir son annulation). Il arrive en effet que le démonstratif soit employé hors de toute démonstration proprement dite *(Il parle anglais avec cet accent de Belleville. J'ai eu ce tort de te croire. Ces fonctionnaires ont bien de la chance)*. Pour rendre compte de ces faits, nous dirons que le locuteur, dans ce cas, *fait comme* s'il était en présence de l'objet, ou comme si cet objet avait déjà été constitué dans le discours antérieur : il s'agit, pour ainsi dire, d'une démonstration simulée, d'une pseudo-référence. Le démonstratif n'étant à sa place que si l'objet est là, l'utilisation du démonstratif permet de donner l'impression que l'objet est effectivement là. La différence entre le démonstratif, ainsi employé, et le défini, est celle là même qui sépare la conception strawsonienne de la présupposition et celle que nous essayons de défendre. Pour Strawson, lorsqu'on dit *ma voiture*, on emploie une expression qui est légitime seulement si on a une voiture. De ce fait, on tend à faire croire qu'on en a une : tel est bien, en fait, le mécanisme rhétorique grâce auquel le démonstratif peut quelquefois faire apparaître, « rendre présent », l'objet qui, seul, peut le justifier. Notre conception de la présupposition est, on s'en souvient, assez différente. En présupposant une hypothèse, on situe le dialogue dans cette hypothèse — ce qui se trouve par ailleurs impliquer, dans les usages dits « normaux », que l'auditeur également l'admet déjà. Et telle est aussi l'interprétation que nous donnons pour le défini. Servant, fondamentalement, à construire des objets, il n'est « normalement » employé, s'il sert à désigner, que lorsqu'il y a effectivement des objets correspondants.

9. *Varia*

NOUS PRÉSENTONS en vrac, dans ce chapitre, quelques ébauches de descriptions sémantiques, en utilisant la plupart des notions introduites jusqu'ici, notamment celle de présupposition. Il est bien clair qu'en procédant ainsi, on ne peut pas prétendre apporter la justification de ces notions. Cela d'autant moins que les énoncés analysés ne se sont pas tous révélés complaisants, et qu'ils soulèvent des problèmes qui sont loin d'être résolus. Le but qui est le nôtre, en proposant ces échantillons, est seulement de mieux faire apparaître les possibilités et, en même temps, les difficultés de l'analyse sémantique.

Tous

Dans un article de 1966 *, nous avons essayé de montrer, à propos de divers exemples, et en nous fondant sur des remarques de Strawson, que l'emploi de *tous* ou de *tout*, suivis d'un substantif, présuppose que la classe représentée par ce substantif n'est pas vide. D'après le chapitre précédent, il s'agit là d'une caractéristique qui n'est nullement propre à *tous*, mais qui appartient aussi aux autres « actualisateurs ». La thèse que nous voudrions défendre, maintenant, c'est qu'une phrase appliquant un prédicat « P » à « tous les X » présuppose que le prédicat vaut de certains X, et pose qu'il n'y a aucun X dont il ne vaille pas. Une telle dissociation, qui amène à considérer les phrases contenant *tous* comme des « exponibles » (cf. p. 62) a déjà été proposée par des logiciens, par exemple par Lewis Carroll ** : tout ce que nous voulons faire, c'est la justifier linguistiquement, en attribuant aux deux éléments sémantiques distingués les caractères du présupposé et du posé.

* « Quelques *illogismes* du langage », *Langages*, septembre 1966, p. 132-6.
** *Logique sans peine*, Paris, Hermann, 1966, p. 79.

Dire qu'un énoncé applique un prédicat « P » à « tous les X », cela ne signifie pas seulement que l'on trouve dans cet énoncé l'expression *tous les X*. Ainsi l'énoncé *Seul Pierre a mangé de tous les plats* n'applique pas à « tous les plats » le prédicat « n'avoir été mangé que par Pierre ». Nous n'arrivons, au contraire, à le comprendre qu'en lui donnant la structure inverse : pour nous, il applique à « seul Pierre » le prédicat « avoir mangé de tous les plats ». Nous envisagerons seulement, dans ce qui suit, des énoncés dont la décomposition ne semble pas faire problème, mais il est sûr qu'en toute rigueur la décomposition d'une phrase ne peut se justifier que par rapport à un système global d'interprétation de la langue étudiée : pour autoriser l'analyse « A » de la phrase « E », il faut posséder un système général d'interprétation qui, prenant cette analyse pour point de départ, et travaillant sur elle, prévoit la « signification » effective de « E ».

N.B. Soit à exprimer, dans le modèle du chapitre 5, la condition que nous venons de formuler en disant *dans l'énoncé* « *E* », *le prédicat* « *P* » *est appliqué à* « *tous les X* ». Il faudrait dire : *l'énoncé* « *E* » *comporte un prédicat complexe dont le dernier opérateur — c'est-à-dire le plus à gauche — est TOUS, et agit sur la place occupée par l'argument* « *X* ». La description que nous présentons pour *tous* pourrait facilement être traduite dans le modèle : on obtiendrait un opérateur copulatif $\mathbf{TOUS}_i$. Comme celui-ci pourrait s'appliquer à divers moments de la formation des prédicats complexes, il deviendrait possible de traiter *Seul Pierre a mangé de tous les plats*. Ainsi disparaîtraient les limites où nous nous sommes enfermés dans le présent chapitre — limites nécessaires, en revanche, lorsqu'on utilise les concepts de la grammaire traditionnelle.

Pour justifier notre description, le critère d'enchaînement est peu utilisable, car on arrive mal à imaginer des conclusions ou des objections qui pourraient porter sur le seul posé introduit par *tous*, et n'auraient rien à voir avec le présupposé. (On peut cependant penser à une phrase comme *Tous mes amis sont venus, bien que j'aie demandé à Pierre de ne pas venir* — en supposant que Pierre est un de mes amis). Le critère de l'interrogation ne donne pas, non plus, un résultat décisif. Certes, lorsqu'on demande à quelqu'un :

1. Pierre a-t-il lu tous les articles de **X**?

on laisse entendre, d'habitude, que Pierre en a lu certains. Mais cette indication peut se comprendre, à la rigueur, comme un sous-entendu, lié à la psychologie du discours. Supposons, en effet, que la question (1) ne contienne pas, dans sa « signification », l'élément sémantique :

1'. « Pierre a lu certains articles de **X** ».

Il serait néanmoins raisonnable, pour des raisons d'économie, de n'utiliser (1) que si on admet (1'). Car, sinon, une réponse négative aurait peu de valeur informative : elle ne permettrait pas de décider entre deux éventualités dont les implications pratiques sont généralement tout à fait opposées, « Pierre n'en a lu aucun » et « Il les a presque tous lus ». Une fois admis, maintenant, que la croyance à (1') est une condition d'énonciation de (1), on explique facilement, selon une loi rhétorique plusieurs fois illustrée ici, que (1) sous-entende la vérité de (1').

Si les critères d'interrogation et d'enchaînement sont donc finalement peu décisifs, la considération de la négation est plus probante. On a souvent remarqué l'ambiguïté de l'énoncé

2. Tous ne sont pas venus.

Dans la langue parlée (mais pas là seulement), il a souvent l'interprétation :

2*a*. « Aucun n'est venu ».

Souvent, d'autre part, surtout (mais pas seulement) dans le langage écrit, il est compris comme :

2*b*. « Certains sont venus et certains ne sont pas venus ».

Or la possibilité même de l'interprétation (2b) fait problème, car elle contredit une règle, très souvent observée dans les langues naturelles, et introduite, par imitation, dans le langage logique usuel. Selon cette règle, l'opérateur qui apparaît le premier dans la chaîne du discours (ici : *tous*) a dans son champ d'application (anglais : *scope*) les opérateurs qui apparaissent ensuite (ici : *ne...pas*). On explique ainsi la différence entre *Tous les linguistes ont lu un livre de Chomsky* et *Un livre de Chomsky a été lu par tous les linguistiques*. Il en résulterait, dans le cas de (2), que seule est possible l'interprétation (2a), où *tous* est appliqué au groupe *ne pas venir*. Il faut donc, pour expliquer (2b), faire intervenir un facteur supplémentaire. Ce pourrait être justement le fait que l'énoncé affirmatif *Tous sont venus* présuppose que certains sont venus : on ne s'étonnera pas alors, d'après la règle que nous avons donnée pour la négation descriptive, si ce présupposé est conservé dans la négation, et que seul soit nié le posé « Il n'y en a aucun qui ne soit pas venu ». Il faut noter que cette explication de (2b) ne rend pas impossible pour autant (2a). Il suffit de dire qu'on n'a pas à proprement parler, dans ce cas, une négation, mais l'affirmation qu'un certain prédicat (« ne pas venir »), formé à l'aide de la négation, vaut de toutes les personnes considérées. Notre description de *tous* amènerait alors à admettre que (2), dans l'interprétation (2a), contient le présupposé « Certains ne sont pas venus », et pose « Il n'y en a pas un qui soit venu » — ce qui ne nous semble pas contraire à l'intuition.

Un argument plus indirect — car l'énoncé concerné met en jeu simultanément un grand nombre de lois interprétatives — peut se tirer d'une description sémantique de :

3. Tous les enfants ne doivent pas manger de chocolat.

Cet énoncé possède, au moins, les trois interprétations :

3a. « Il n'est pas obligatoire (ou nécessaire) que tous les enfants mangent du chocolat. »
3b. « Aucun enfant ne doit manger de chocolat » (= « le chocolat est interdit à tous »).
3c. « Il y a des enfants qui ne doivent pas manger de chocolat. » (= « le chocolat est interdit à certains »).

Nous n'envisageons ici que l'interprétation (3c) — favorisée d'ailleurs, pour des raisons étrangères à la langue, par le contenu même de l'énoncé choisi. La possibilité de cette interprétation constitue un problème. En effet, ou bien on analyse (3) de façon à ce que la négation *ne...pas* porte sur tout le reste de la phrase, c'est-à-dire sur *Tous les enfants doivent manger du chocolat*, et, dans ce cas, on peut prévoir l'interprétation (3a). Ou bien on décide que *ne...pas* porte sur *devoir manger*. Étant donné que la négation, lorsqu'elle porte sur *devoir*, produit régulièrement le sens « ne pas avoir le droit », la phrase (3) devrait alors avoir l'interprétation (3b).

Pour rendre compte de (3c), nous ferons les deux hypothèses suivantes : 1° La négation porte sur *devoir*, et transforme ce modal, comme il est habituel, en son contraire (l'interdiction). 2° La modalité « ne pas devoir » affecte ici la totalité de l'énoncé. Autrement dit, la phrase n'impose pas aux enfants une certaine interdiction, mais pose une interdiction concernant les enfants (de même, en disant *Pierre ne doit pas être puni*, on n'interdit pas à Pierre d'être puni, mais on interdit que Pierre soit puni, on dit qu'il ne faut pas que Pierre soit puni).

Moyennant ces deux hypothèses, (3) sera analysé comme « Il ne faut pas que [tous les enfants mangent du chocolat] ». D'après notre règle d'interprétation pour *tous*, la proposition écrite entre parenthèses doit se décrire comme :

{ pp. » Certains enfants mangent du chocolat. »
{ p. « Il n'y en a aucun qui n'en mange pas. »

Or c'est un fait très général que les modalités s'appliquent au seul posé, et laissent invariant le présupposé (cf. *On m'a interdit de continuer à fumer*). On peut donc prévoir, à partir de l'analyse précédente, la signification totale :

{ pp. « Certains enfants mangent du chocolat. »
{ p. « Il ne faut pas qu'il n'y en ait aucun à ne pas en manger » (= « Il faut que certains n'en mangent pas »).

Ce qui nous rapproche fort de l'interprétation (3c) qui était visée.

N.B. Pour expliquer la possibilité des interprétations concurrentes (3a) et (3b), nous ferons remarquer que l'application des modalités « devoir » ou « interdiction » à la totalité de l'énoncé est nécessaire seulement lorsque le verbe qui suit *devoir* est un passif, cf. *Pierre ne doit pas être puni*. Lorsqu'il est actif, deux analyses sont possibles : ainsi l'énoncé *Pierre ne doit pas recevoir d'aide* peut être compris soit comme interdisant à Pierre de se faire aider, soit comme interdisant aux autres de l'aider. Pour expliquer les interprétations (3a) et (3b), nous dirons que l'interdiction, dans ces deux cas, concerne directement le sujet, c'est-à-dire *les enfants*.

Un dernier argument en faveur de notre description de *tous*. Soit à exprimer cette vérité générale qu'on devient d'autant plus désintéressé qu'on a mieux réussi. On peut, par exemple, utiliser les énoncés suivants :

4a. Un homme devient désintéressé quand il a réussi.
4b. Quand il a réussi, un homme devient désintéressé.
4c. Quand un homme a réussi, il devient désintéressé.

(Ce qui rend impossible la combinaison « Il devient désintéressé quand un homme a réussi », c'est une loi générale, interdisant que le pronom anaphorique se trouve dans la principale lorsque celle-ci précède la subordonnée). Les trois combinaisons précédentes sont également possibles, sans grande variation de sens, si on remplace *un homme* par *les hommes :*

5a. Les hommes deviennent désintéressés quand ils ont réussi.
5b. Quand ils ont réussi, les hommes deviennent désintéressés.
5c. Quand les hommes ont réussi, ils deviennent désintéressés.

Le fait que nous voulons faire remarquer, et dont nous allons chercher l'explication, est que, si on emploie *tous les hommes*, seuls restent possibles les schémas (a) et (b) :

6a. Tous les hommes deviennent désintéressés quand ils ont réussi.
6b. Quand ils ont réussi, tous les hommes deviennent désintéressés.

On aurait un sens assez différent avec la phrase (6c), difficilement acceptable d'ailleurs :

6c. Quand tous les hommes ont réussi, ils deviennent désintéressés.

Pour essayer d'expliquer ce fait, nous ferons deux remarques, l'une négative, l'autre positive, qui, l'une et l'autre, s'appuient sur notre description de *tous*, et, plus précisément, sur la thèse que *Tous les X sont P* présuppose « Certains X sont P ».

1. Dire qu'il est impossible de donner à (6c) le même sens qu'aux énoncés précédents, c'est dire que (6c) ne peut pas s'analyser comme une « phrase liée » appliquant à *tous les hommes* le « prédicat complexe » *devenir désintéressé quand on a réussi* (sur les notions de phrase liée et de prédicat complexe, voir le chapitre 4, p. 118). Notons maintenant qu'on a la même impossibilité si on remplace *tous les hommes* par *Seul Jacques.* On a (nous modifions les temps pour obtenir les énoncés à peu près vraisemblables) :

7a. Seul Jacques est devenu désintéressé quand il a eu réussi.
7b. Quand il a eu réussi, seul Jacques est devenu désintéressé.

Mais on n'a pas :

7c. Quand seul Jacques a eu réussi, il est devenu désintéressé.

Le même phénomène apparaîtrait encore en remplaçant *tous les hommes* par *mes amis sauf Jacques*, *Jacques aussi*, ou *même Jacques*. Il faut donc chercher ce que peuvent avoir en commun les opérateurs *même*, *aussi*, *seul*, *sauf* et *tous*, et qui empêcherait, lorsqu'on les introduit dans des énoncés de type c), d'analyser ces énoncés comme attribuant à un sujet un unique prédicat complexe. Or il est possible — à condition d'admettre la description proposée ici pour *tous* — de reconnaître aux opérateurs en question la propriété suivante. Supposons qu'ils soient appliqués à la première place (celle du sujet grammatical) d'un prédicat « P ». Ils présupposent alors une proposition dans laquelle on appliquerait le prédicat « P » (ou sa négation) à un certain argument, et ils posent une autre proposition dans laquelle ce même prédicat (ou sa négation) est appliqué à un autre argument. Ainsi *Seul Jacques est venu* présuppose que « venir » vaut pour Jacques, et pose que « ne pas venir » vaut pour les autres personnes du groupe. *Mes amis sauf Jacques sont venus* présuppose que « ne pas venir » vaut pour Jacques, et pose que « venir » vaut pour les autres. De même *Tous sont venus* présuppose, si notre description de *tous* est correcte, que « venir » vaut pour certains, et pose que « ne pas venir » ne vaut pour personne. On ferait facilement une observation identique à propose de *aussi* et de *même*, et on peut, sans plus de peine, généraliser cette remarque aux cas où les opérateurs considérés sont appliqués à une autre place du prédicat, par exemple, lorsqu'ils modifient le complément d'objet : *Je n'ai rencontré que Pierre*, *Jacques lit tous les journaux...* etc. Appelons cette propriété, par simple commodité, « ambivalence ».

Il devient alors possible de formuler, à titre d'hypothèse, la loi suivante. Soit un prédicat complexe « Q », obtenu par l'accrochage de deux prédicats « P » et « S », et tel que « P » est représenté, à la surface, par le verbe d'une proposition dite traditionnellement « principale », et « S », par celui d'une proposition dite « subordonnée ». Si on applique à « Q » un opérateur ambivalent, cet opérateur doit, à la surface, être lié au sujet de la proposition principale. On expliquerait par là l'impossibilité de trouver un prédicat complexe dans les phrases (6c) et (7c), où les opérateurs *tous* et *seul* modifient le sujet de la subordonnée (On expliquerait de même, mais cela ne nous concerne pas directement, pourquoi *Je parle seulement à Pierre quand il est en colère* ne signifie pas « Pierre est le seul à qui je parle quand il est en colère ». C'est que *seulement*, dans l'énoncé considéré, est lié au complément d'objet de la principale, de sorte qu'on ne peut pas admettre ici un prédicat complexe « Je parle à X quand X est en colère », qui serait affirmé de « Pierre seulement ». Pour résumer cette première remarque, notre description de *tous* permet d'expliquer que (6c) ne puisse pas être analysé à l'aide d'un prédicat complexe — en rattachant cette impossibilité à une propriété générale des opérateurs ambivalents (parmi lesquels nous situons *tous*).

2. Une deuxième remarque, positive cette fois, et qui, elle aussi, met en œuvre la description proposée pour *tous*. Si l'énoncé (6c) n'est pas une phrase liée, il doit être compris comme une coordination de deux propositions (au sens particulier que nous donnons à ce terme, à la suite de Bally, cf. p. 117) ; on peut alors prévoir, selon notre règle d'enchaînement, que la liaison établie par la conjonction *quand* va porter sur les seuls posés. La vérification ne peut pas en être faite directement sur l'énoncé (6c), qui est, en fait, peu interprétable, étant donné le verbe et le temps verbal choisis. Il nous faut donc modifier quelque peu notre exemple. Nous proposons de comparer les énoncés (8) et (9) :

8. Quand ses enfants sont bien portants, il les envoie en colonie de vacances.
9. Quand tous ses enfants sont bien portants, il les envoie en colonie de vacances.

La différence de sens entre (8) et (9) s'explique assez bien si on décrit (9) comme une coordination. Il devient nécessaire alors que (9) fasse dépendre l'envoi des enfants en colonie de cette condition qu'*aucun* ne soit malade, puisque cette condition, selon nous, constitue le posé de la proposition introduite par *quand*. Dans (8), au contraire, on affirme, à propos de tous les enfants du personnage en question, que, sitôt bien portants, ils sont expédiés en colonie : en d'autres termes, on leur attribue le prédicat complexe « être envoyé en colonie de vacances quand on est bien portant ».

Les appréciatifs

Ce paragraphe sera consacré essentiellement aux deux expressions *à peine* et *presque*, qui nous semblent avoir ceci en commun que leur introduction dans un énoncé permet de présupposer un certain fait, et de poser une appréciation sur l'importance de ce fait. Cette valeur appréciative est, on s'en apercevra, très difficile à distinguer d'une valeur quantitative, car les indications de quantité, dans les langues naturelles, peuvent rarement être considérés comme des mesures objectives, mais marquent plutôt l'importance que le locuteur attache au fait signalé (d'où l'impossibilité de distinguer nettement entre les deux sens de l'adjectif épithète dans *une nouvelle importante* et *une somme importante*).

Un point semble peu contestable, c'est que tout énoncé comportant *à peine* présuppose ce qu'il poserait et présupposerait s'il était amputé de *à peine*. Dire de quelqu'un qu'il a à peine mangé, ou qu'il gagne à peine mille francs par mois, cela présuppose que la personne en question a mangé ou qu'elle gagne mille francs par mois. (Ici encore, nous envisageons le seul cas où *à peine* est le dernier opérateur à intervenir dans la constitution de l'énoncé, et nous laissons de côté des phrases comme *Seul Pierre a à peine mangé ;* cf. la réserve analogue faite pour *peu* et pour *tous*, p. 194 et 248.) Considérons, par exemple, l'énoncé

10. Jacques était à peine en retard.

Il est certain qu'il contient l'indication « Jacques était en retard ». Et il est certain, d'autre part, que cette indication y est seulement présupposée. Certes les critères de négation et d'interrogation sont difficiles à utiliser pour faire apparaître ce deuxième point (car les énoncés contenant *à peine* supportent mal, pour des raisons qui restent à trouver, les transformations interrogative et négative). Mais la loi d'enchaînement donne en revanche des résultats très nets. Si on fait suivre (10) d'un énoncé introduit par *pourtant* ou *donc*, le rapport d'opposition ou de conséquence ne concernera jamais le retard lui-même : on aura, par exemple, *Pourtant le train était déjà parti*, ou *Jacques avait donc quelques chances d'avoir le train.*

Ceci admis, il reste à déterminer quel est le posé des énoncés contenant *à peine*. Quelle que soit la règle que nous construisions, on peut d'avance tenir pour assuré qu'elle devra prendre en considération l'élément de l'énoncé sur lequel porte *à peine*. Il faut en effet que nous puissions donner deux significations différentes à :

11. Le dimanche, Jean voit à peine ses enfants

(soit « Il les voit peu le dimanche », soit « Il ne voit guère qu'eux »). Et il faut que nous puissions donner encore une autre signification à *Jean voit ses enfants à peine le dimanche* (= « Il ne les voit guère que le dimanche »). Or nous voyons mal comment rendre compte de ces oppositions si nous n'admettons pas que *à peine* porte tantôt sur *voir*, tantôt sur *ses enfants*, tantôt sur *le dimanche*.

A ce point de la recherche, on nous demandera quel sens nous donnons à cette expression « porter sur », qui vient d'être employée plusieurs fois, et quel critère détermine sur quoi porte *à peine*. A quoi nous répondrons que nous n'avons ni définition générale, ni critère pour cette notion (à notre connaissance, il n'y en a pas), et que nous n'en avons d'ailleurs pas besoin. Nous avons voulu seulement dire ceci. Si on cherche à trouver une seule règle d'interprétation relative à *à peine*, règle qui confère cependant à (11) deux significations différentes, il faut fournir au composant linuistique, avant qu'il ne l'applique, deux descriptions différentes pour (11). Nous avons d'autre part le sentiment, impossible à justifier *a priori*, que le composant linguistique pourra se tirer d'affaire si, et seulement si, chacune de ces descriptions associe à *à peine* un segment particulier de l'énoncé. Nous admettrons donc que le composant trouve spécifié, pour chaque occurrence de *à peine*, un élément de l'énoncé (éventuellement l'énoncé total) — que nous appellerons, arbitrairement, *segment incident* (ou encore, nous dirons que *à peine* porte sur ce segment). Et nous donnerons à la règle que nous constituons, le droit de tenir compte, pour prévoir l'effet sémantique de *à peine*, de son segment incident. Si on demande, maintenant, comment nous savons, dans chaque cas particulier, sur quoi porte *à peine*, il n'est nullement exclu que la règle elle-même soit le seul critère possible : étant donné un énoncé particulier, *à peine* porte sur le segment sur lequel il doit porter pour que l'application de la règle donne un résultat satisfaisant. Quant à la signification générale de l'expression « porter sur », on ne pourra la trouver qu'en comparant toutes les règles construites pour décrire des morphèmes à segment incident *(à peine, aussi, même...)*. Ce que signifie « porter sur », si cela signifie quelque chose, c'est ce qu'il y a de commun aux différents traitements auxquels sont soumis, pour tous ces morphèmes, les segments incidents.

Si on se fonde, pour établir la règle générale relative à *à peine*, sur des exemples analogues à (10), on sera tenté de dire : « Soit E, un énoncé contenant *à peine*, soit Y le segment incident, et X, le reste de la phrase (moins *à peine*). E présuppose tout ce qui serait posé et présupposé par $X + Y$, et pose que, dans le procès présupposé, l'objet (qualité, action...) désigné par Y est en faible quantité (degré). C'est exactement la règle que nous avions donnée pour *peu* (cf. p. 194). Et, de fait, il n'y a guère, en ce qui concerne (10), de différence bien sensible si on substitue *peu* à *à peine*. L'insuffisance de cette description apparaît cependant dès qu'on considère :

12. Ce discours est à peine digne d'un académicien.

Si, en effet, on remplace *à peine*, dans (12), par *peu*, la valeur de l'énoncé est considérablement modifiée. On obtient en effet :

13. Ce discours est peu digne d'un académicien.

Alors qu'il y a au moins une interprétation dans laquelle (12) implique un jugement assez pessimiste sur les académiciens, pris comme repoussoirs, (13) implique plutôt, au contraire, qu'on les donne en modèle. Même si on admet que ces implications sont des sous-entendus qui ne relèvent pas directement de la « signification » de (12) et de (13), il reste que le composant rhétorique ne pourra certainement pas rendre compte de ces effets de sens différents, si le composant linguistique lui livre, pour les deux énoncés, des « significations » identiques. D'autre part, la description précédente ne permet pas d'interpréter des énoncés comme :

14. Il gagne à peine mille francs par mois.

Dans ce cas, en effet, le terme *Y (mille francs)* n'est pas susceptible de degrés. C'est donc une direction toute différente qu'il faut choisir pour décrire le posé des énoncés contenant *à peine* — si on veut, comme nous l'essayons, se contenter d'une règle unique pour toutes les occurrences de cette expression.

Une seconde solution peut sembler intéressante — qui rend compte assez bien des derniers exemples envisagés. On dirait que les énoncés contenant *à peine* posent que le fait présupposé est « sans conséquence » (en admettant que cette expression puisse recevoir un sens un peu précis). Ainsi (14) poserait que gagner mille francs, c'est gagner peu; (13) poserait qu'être digne d'un académicien, ce n'est pas une grande dignité... etc. Mais on doit renoncer, dans ce cas, à rendre compte des énoncés qui justifiaient la première solution. En effet, en disant qu'on était à peine en retard ou qu'on a bu à peine de limonade, on ne présente pas nécessairement comme insignifiant le fait d'être en retard ou de boire de la limonade : ce qu'on présente comme insignifiant, c'est *ce* retard qu'on a eu, ou *cette* quantité de limonade qu'on a bue. Nous ne devons donc pas attribuer, comme fonction première, à *à peine*, celle de marquer une attitude dévalorisante du locuteur par rapport à la propriété énoncée. Il faut plutôt que nous récupérions cette fonction comme un effet second de *à peine* — peut-être comme un sous-entendu, prévisible au seul niveau rhétorique.

Après ces préliminaires, il devient possible de cerner un peu mieux la tâche qui est la nôtre : nous avons à trouver une description assez générale pour expliquer que *à peine*, dans certains contextes, devient un quasi-synonyme de *peu*, et, dans d'autres, se rapproche de *seulement*.

Soit un énoncé E, décomposable en $X + Y +$ *à peine* (avec *à peine* portant sur Y). Comme il a été dit plus haut, E présuppose tout ce que poserait et présupposerait $X + Y$. Ce que pose E, maintenant, c'est que Y est, parmi les termes de sa catégorie, le terme le plus fort que l'on puisse employer ici; autrement dit, E pose la fausseté de tout énoncé $X + Y'$, où Y' appartiendrait à la même catégorie que Y et serait plus fort.

Notre description fait donc appel à la notion de catégorie (paradigme) graduée. Que cette notion soit, pour beaucoup d'autres raisons, indispensable à la description sémantique, cela a été soutenu, il y a longtemps, par E. Sapir (voir l'article « Grading », dont la traduction forme la troisième section de *Linguistique*, Paris, 1968), et nous avons nous-même tenté de préciser la notion de catégorie graduée *. Ce qu'il faut ajouter en plus, pour la description de *à peine*, c'est qu'il s'agit tantôt d'une gradation admise par tous les usagers de la langue, tantôt d'une gradation propre à un dialecte ou à un usage particulier. Soit par exemple à décrire *Il s'est à peine égratigné.* Nous prenons pour Y, *égratigné :* l'énoncé pose qu'il serait faux de lui substituer un de ces mots que le lexique français lui-même signale comme plus forts *(écorché, blessé)*. Avec *Il a à peine bu de la limonade*, la gradation nous semble déjà plus dépendante des usagers d'un groupe linguistique particulier. Prenons pour Y, *limonade.* Les termes « plus forts » dont l'énoncé pose l'exclusion seront, pour la plupart des locuteurs, des noms de boissons alcoolisées (« il n'a pas bu de vin, de whisky... »), la limonade apparaissant, dans certaines collectivités, comme le prototype de la boisson innocente. Le caractère idiolectal de la gradation est encore plus net

* Ducrot, Todorov, article « Catégorie », *Dictionnaire encyclopédique des sciences du langage.* Paris, Le Seuil, 1972.

dans *Il sait à peine l'anglais*, où *Y* = *l'anglais*. Ce que l'on exclut d'habitude, par cette phrase, c'est que la personne en question connaisse des langues qui ont la réputation d'être plus difficiles ou recherchées (savoir le russe ou le chinois, c'est « plus » que savoir l'anglais).

Bien plus, la gradation sur laquelle opère *à peine* est liée au contexte *X* où est intégré le syntagme *Y*. Ainsi la même personne pourra dire *Il a à peine offert du saucisson* et *Il a à peine accepté du foie gras*. Dans le premier énoncé, l'expression *à peine du saucisson* exclut, entre autres, le foie gras, considéré comme « plus » que le saucisson, et, dans le second, c'est l'inverse. On ne saurait en conclure cependant que notre description de *à peine* est fausse, ni que le locuteur a, entre temps, renversé son échelle des valeurs. Il faut dire plutôt que l'emploi de *à peine* se réfère à des valeurs « contextuelles ». Si, dans le contexte « offrir — », le saucisson est inférieur au foie gras, c'est le contraire qui est vrai dans le contexte « accepter — ». Quant à savoir pourquoi, dans tel contexte particulier, ceci est considéré comme « plus » que cela, la réponse — nous ne pouvons pas la formuler, malheureusement, de façon précise — ferait certainement intervenir une loi du type « Qui peut le plus. peut le moins ». Quand on place une action (ou un état) *A* au-dessus d'une autre action (ou état) *B*, on implique du même coup qu'on ne peut faire (ou avoir) *A* sans être capable de faire (ou avoir) *B*. Qui offre le foie gras est censé, à plus forte raison, disposé à offrir le saucisson.

Dans tous les exemples qui précèdent, *à peine* est presque équivalent à *seulement* (à une nuance près, dont il sera question plus loin). Notre description permet cependant aussi de traiter les cas où à peine se rapproche de *peu*. Soit à comprendre, par exemple, *Il a bu à peine de limonade*. Nous aurons le présupposé « Il a bu de la limonade ». Pour déterminer le posé, il nous faut faire l'hypothèse que *à peine* porte sur le partitif *de*, qui fonctionne comme un quantificateur indéfini. L'énoncé exclut alors — et c'est là son posé — qu'on puisse employer un quantificateur plus fort, comme *pas mal*, *beaucoup*... Le plus qu'on puisse dire, en ce qui concerne la quantité bue, c'est qu'elle existe. On interprétera de la même façon *J'étais à peine en retard*. Ici, nous dirons que le terme *Y* sur lequel porte *à peine* n'est pas marqué dans la forme perceptible de l'énoncé : nous admettrons — comme les linguistes sont souvent obligés de le faire, à quelque école qu'ils appartiennent — un « morphème zéro », indiquant, dans ce cas, une quantification indéfinie. L'énoncé pose alors qu'on ne saurait utiliser une quantification supérieure : le plus qu'on puisse dire, en ce qui concerne l'ampleur de mon retard, c'est que j'étais en retard. Ce qui amène à l'idée que le retard était infime, tout proche de l'exactitude — idée qu'on exprimerait également avec *peu*.

Il reste à expliquer maintenant l'effet dévalorisant de *à peine*, qui présente comme insignifiant le terme *Y* sur lequel il porte. En disant que quelqu'un a reçu « à peine mille francs » pour le travail qu'il a fourni, je laisse entendre que mille francs est une somme faible, ou, au moins, un faible salaire relativement au travail fourni (d'où des effets ironiques du type *Il gagne à peine un million par mois ;* d'où aussi, si mon interlocuteur conteste mon appréciation, des répliques polémiques comme *C'est déjà pas mal*, *Excusez du peu*). Qu'on se souvienne aussi de l'exemple donné plus haut : *à peine digne d'un académicien.* C'est au niveau du composant rhétorique que nous expliquerons cet effet, qui apparaîtra donc comme un sous-entendu. L'énoncé $X + Y +$ *à peine*, avons-nous dit, présuppose « $X + Y$ » et pose la fausseté de « $X + Y'$ », pour tous les Y' plus forts que Y. Nous savons d'autre part que le contenu présupposé a tendance à apparaître comme déjà connu, ou, au moins, comme normal, attendu. (Rappelons cependant que ce caractère, pour nous, ne fait pas partie de la définition du présupposé, mais constitue seulement une des conditions auxquelles est soumis, dans l'usage habituel de la langue, l'acte de présupposition). Il est bien certain alors que plus la signification de Y sera faible (au sens contextuel donné ici à ce terme), plus l'indication « $X + Y$ » aura des chances d'être *a priori* recevable, d'être banale, plus il sera donc concevable qu'on la présuppose (il est plus naturel de présupposer « Il gagne mille francs » que de présupposer « Il gagne un million »). Nous savons d'autre part, en vertu de la loi d'informativité, cf. p. 133, que le contenu posé est censé constituer, dans l'usage habituel de la langue, une information nouvelle, que le destinataire ne connaissait pas, et qu'il ne pouvait même pas prévoir. Cette condition, elle aussi, est d'autant mieux satisfaite, dans les énoncés comportant *à peine*, que le terme Y est situé plus bas dans la hiérarchie. Car il devient d'autant plus étonnant que tous les énoncés $X + Y'$ soient faux. Deux lois de discours — concernant, l'une, le posé, l'autre, le présupposé — convergent donc pour dévaluer le terme Y auquel est associé *à peine*.

N.B. 1. Un effet dévalorisant analogue est obtenu avec des expressions comme *au plus Y*, *pas plus que Y ;* cf. :

15. Il ne gagne pas plus de mille francs.

Le mécanisme qui les produit ne nous semble pas, cependant, totalement identique. Ces expressions n'introduisent pas, en effet, le même présupposé que *à peine*. (15) n'implique nullement, par exemple, que la personne en question gagne mille francs. De sorte qu'on pourrait poursuivre, après (15), par : *et peut-être beaucoup moins*. A la différence de ce qui se passe avec *à peine*, on se contente de poser une borne supérieure, sans donner pour normal qu'elle soit atteinte. Il nous faut donc abandonner, ici, au moins la première des deux explications proposées pour le sous-entendu de *à peine ;* la deuxième seule est à maintenir, en étant légèrement modifiée. En indiquant au destinataire une borne supérieure dont on ne précise même pas si elle est ou non atteinte, on ne diminue guère son incertitude au cas où cette borne serait située vers le haut de l'échelle : en disant d'une personne qu'elle ne gagne pas plus d'un million, je ne permets pas de savoir si elle gagne beaucoup ou peu — puisqu'il y a, au dessous de la borne, à la fois du peu et du beaucoup. Pour que mon énoncé donne un renseignement intéressant, il faut que la borne soit déjà basse, ce qui oblige à conclure que la quantité réelle doit être, elle aussi, située vers le bas de l'échelle. Résumons-nous. *Pas plus que Y* n'est informatif que si *Y* est faible. Le mouvement rhétorique qui amène le destinataire à supposer que le locuteur a voulu l'informer, incline donc, du même coup, à dévaloriser le terme *Y*.

N.B. 2. Nous avons signalé plus haut la proximité existant entre *à peine* et *seulement*, notamment en ce qui concerne leur commun effet minimisant. Cet effet, cependant, qui est constant dans le cas de *à peine*, semble plus occasionnel avec *seulement*. Si on le trouve bien dans *Il gagne seulement mille francs*, on le discerne mal dans *Il fume seulement la pipe*. Dans ce dernier énoncé, il faut remplacer *seulement* par *à peine* si on tient absolument à dévaloriser la pipe. Comment donc expliquer à la fois l'analogie et ses limites? A diverses reprises, particulièrement dans le chapitre 5, nous avons décrit les énoncés du type $X + Y +$ *seulement* comme présupposant « $X + Y$ », et posant « $X +$ rien d'autre que Y ». Le présupposé est donc identique à celui de *à peine*. Quant au posé, la différence tient à ce que *seulement* dit « rien d'autre », alors que *à peine* dit « rien de plus ». Or il y a des *Y* pour lesquels « rien d'autre », c'est nécessairement « rien de plus ». Gagner mille francs et rien d'autre, c'est ne pas gagner plus. Dans ce cas, on ne doit pas s'étonner si *seulement* introduit le même présupposé que *à peine*. Il en sera ainsi, plus généralement, lorsque la catégorie à laquelle appartient Y est censée posséder une gradation linéaire, lorsque les termes qui la composent, ou bien sont inclus dans *Y* (et, à ce titre, ne sont pas « autre chose » que *Y*), ou bien sont plus « forts » que *Y*. Dans la mesure, par exemple, où on se représente la valeur littéraire comme une échelle linéaire, dire qu'un discours est digne d'un académicien et de personne d'autre, cela signifie nécessairement qu'il n'est pas digne d'une personne plus haut située dans la hiérarchie littéraire (car, il va de soi, *a fortiori*, qu'il est digne d'un inférieur). On comprend alors que *seulement* et *à peine* produisent le même effet dans le contexte « — digne d'un académicien ». On comprend du même coup que l'effet soit absent dans *Il fume seulement la pipe*, sauf dans une collectivité dans laquelle pipe, cigarette et cigare marquent trois degrés d'une hiérarchie. Alors donc que la valeur « pas plus » tient à la signification même de *à peine* (ce qui entraîne que le terme *Y* est, dans ce cas, toujours dévalorisé), *seulement* ne prend cette valeur que dans certains contextes particuliers, lorsque les *Y'* forment une catégorie linéairement ordonnée, et ne produit que là un effet dévalorisant,

Les problèmes soulevés par la description de *presque* sont assez analogues à ceux rencontrés à propos de *à peine*, et pourront donc, maintenant, être traités plus vite. Dans les deux cas, la détermination du présupposé ne fait pas trop difficulté. Soit *E* un énoncé contenant *presque*, et *E'*, le même énoncé amputé de *presque*. Nous admettrons que *E* présuppose tout ce que poserait et présupposerait la négation (descriptive) de *E'*. Par exemple :

16. Il a presque cessé de fumer

présuppose toutes les indications sémantiques qui constituent la « signification » de *Il n'a pas cessé de fumer*, c'est-à-dire, notamment, « Il fumait » et « Il fume maintenant ». Que ces éléments soient présents dans (16), cela ne nous semble guère contestable. Pour justifier, d'autre part, leur statut de présupposés, il est commode d'utiliser la loi d'enchaînement. Car il est patent qu'ils n'interviennent pas directement dans les liaisons discursives : c'est ainsi qu'on peut continuer, après (16), par *Et pourtant il tousse toujours*, ou par *Car les cigarettes sont devenues trop chères*. Un autre indice, plus détourné, se tirerait de la constatation suivante, qui fait intervenir une loi de discours plusieurs fois mentionnée ici. Des deux énoncés (17) et (18), c'est le premier qui nous semble le plus « normal », le plus attendu dans une conversation qui ne recherche pas le paradoxe :

17. Je suis presque content d'avoir perdu.
18. Je suis presque content d'avoir gagné.

Or (17) et (18) contiennent respectivement, si notre analyse est juste, les présupposés :

17′. « Je ne suis pas content d'avoir perdu. »
18′. « Je ne suis pas content d'avoir gagné. »

Si on admet d'autre part la loi de discours selon laquelle le présupposé, dans l'usage « neutre » de la langue, est généralement interprété comme une indication prévisible, ou, au moins, facilement acceptable, on ne s'étonnera pas de voir (17′) plus facilement présupposé que (18′).

C'est lorsqu'il s'agit d'établir le posé des énoncés comportant *presque* que les principaux problèmes apparaissent. Supposons, comme précédemment, que E soit décomposé en $X + Y +$ *presque* (où *presque* porte sur Y). Ce que pose E, nous semble-t-il, c'est qu'on peut trouver, dans la catégorie sémantique de Y, un terme Y', très faiblement inférieur à Y, et tel que $X + Y'$ soit vrai. Nous ne disons pas, qu'on nous permette d'insister sur ce point, que E pose « $\mathrm{X + Y'}$ » : E pose l'existence, à peu de distance au-dessous de Y, d'un terme Y', tel que $X + Y'$ soit vrai. Autrement dit, tout en présupposant la fausseté de $X + Y$, E pose que $X + Y$ n'est pas loin d'être vrai : il suffirait d'affaiblir légèrement Y pour obtenir un énoncé vrai. Quelques mots de commentaire.

1. Notre description de *presque*, comme celle de *à peine*, suppose que Y appartient à une catégorie graduée — sans exclure que la gradation soit propre à un groupe particulier de locuteurs, ou à un usage particulier de la langue. Cette dernière éventualité, on le remarquera, n'implique pas que *presque* peut seulement être décrit au niveau du composant rhétorique. Elle implique seulement (nous avons déjà rencontré une situation analogue, cf. p. 129) que le composant linguistique doit prévoir l'insertion ultérieure des éléments interprétatifs-psycho-sociologiques, qu'il doit réserver des « cases vides » qui seront remplies en fonction de la situation d'énonciation. Celle-ci déterminera *ce qui* est « plus » et *ce qui* est « moins ». Mais les notions de « plus » et de « moins » doivent être introduites bien avant.

2. Le terme Y' dont il est question dans notre définition, s'il appar-

tient à la même catégorie sémantique que Y, n'est pas forcément de la même catégorie morphologique. Certes il l'est quelquefois. Dans *Pierre gagne presque mille francs*, où Y = *mille*, le Y' auquel il est fait allusion doit être, lui aussi, un nom de nombre, légèrement inférieur à *mille*. De même pour *Il était presque décidé à...* Si *presque* porte sur *décidé*, on peut imaginer que Y' soit *enclin, disposé...*, etc. Mais il est nécessaire parfois d'emprunter le Y' à des catégories morphologiquement différentes. Soit par exemple l'énoncé : *Nous sommes presque arrivés*, où Y = *être arrivé*. On ne trouvera pas dans le lexique un verbe simple susceptible de jouer le rôle de Y' : il faut songer à des expressions comme *être à quelques mètres* (ou, selon le moyen de déplacement, *à quelques kilomètres, centaines de kilomètres...*). De même pour *Il a presque mangé sa soupe*. Prenons pour Y l'article défini contenu dans le possessif *sa*, les Y' possibles sont alors du type de *une grande partie, la majeure partie*.

3. Inversement, on notera que des termes appartenant à la même catégorie morphologique peuvent relever de catégories sémantiques tout à fait différentes — et cela, même si, du point de vue de la « réalité », ils semblent avoir des référents de même nature. Il en est ainsi, par exemple, pour *désagréable* et *agréable*, qu'il est impossible de situer sur un seul axe sémantique. Supposons en effet qu'il y ait une catégorie unique, orientée du désagrément à l'agrément, et qui pourrait être schématisée :

↑ « agréable »
« indifférent »
« désagréable ».

Un tel schéma permet certes de comprendre l'expression *être presque agréable*, qui doit signifier que l'on est légèrement en-dessous du repère marqué par « agréable », c'est-à-dire entre « indifférent » et « agréable » — interprétation qui correspond à peu près à la valeur intuitive. Mais on ne comprend plus du tout alors *être presque désagréable*, qui devrait désigner une zone inférieure à « désagréable », c'est-à-dire, d'après le schéma, « pire que désagréable », alors que la valeur réelle est « entre désagréable et indifférent ». La seule solution est d'admettre deux catégories, l'une allant de l'indifférent à l'agréable, l'autre, de l'indifférent au désagréable :

agréable ↑	↑ désagréable
indifférent	indifférent

On vérifiera facilement qu'il en est ainsi pour tous les couples de contraires : *en retard — en avance*, *gentil — méchant*, *chaud — froid* (dans ce dernier cas, on notera que *tiède* est dans la catégorie de *chaud*, et *frais*, dans elle de *froid*).

4. Notre description permet de comprendre le rôle de *presque* dans les enchaînements discursifs. Pour nous, en effet, *presque Y* pose « non loin de Y ». C'est donc la proximité qui est posée, la différence étant seulement présupposée. Si, maintenant, les enchaînements ne prennent directement en considération que le posé, la valeur argumentative de *Y* et celle de *presque Y* doivent être largement analogues. Plus précisément, tout ce qui s'objecte à un énoncé comportant *presque Y* doit s'objecter, à plus forte raison, à l'énoncé correspondant, amputé de *presque*. Et de même pour les conclusions. Si on admet l'emploi de *pourtant* dans *Il gagne presque mille francs, et pourtant il se plaint*, on devra l'admettre aussi dans *Il gagne mille francs, et pourtant il se plaint* (même chose, si la deuxième proposition, dans chacun des énoncés, était *Donc il n'a pas à se plaindre*).

5. Nous sommes à même de comprendre, aussi, pourquoi *presque* introduit souvent un sous-entendu « majorant », exactement symétrique du sous-entendu « minorant » lié à *à peine* (on peut difficilement dire *Il a gagné presque mille francs*, si on n'admet pas que mille francs constituent, dans la situation dont on parle, une somme non négligeable). L'explication est tout à fait parallèle à celle présentée pour *à peine* — avec une simple inversion des valeurs. L'énoncé précédent présuppose que Pierre n'a pas gagné mille francs, et pose qu'il n'en a pas été loin. Plus donc on considère mille francs comme une somme importante, et plus seront satisfaites, à la fois la loi d'informativité relative au posé, et, d'autre part, la tendance à prendre le présupposé pour naturel.

6. La symétrie signalée entre *à peine* et *presque* suggère qu'il doit être possible de passer d'une expression à l'autre à l'aide de la négation. C'est ce que confirme la quasi-synonymie entre (19) et (20) :

19. Il a à peine mangé.
20. Il n'a presque pas mangé.

(Nous arrivons mal à imaginer un contexte où cela fasse une différence sensible d'employer un de ces énoncés à la place de l'autre; et les enchaînements possibles à partir de (19) et de (20) sont tout à fait analogues). Pour expliquer cette quasi-synonymie, nous ferons trois hypothèses :

a) Dans (19) et dans (20), le verbe *manger* a pour complément d'objet un quantificateur indéfini, « quelque chose », que nous représenterons par Δ, et qui n'est pas apparent dans la forme perceptible de la phrase (nous avons déjà proposé cette hypothèse à propos de *à peine*, cf. p. 259).

b) Dans (19), *à peine* porte sur Δ, qui constitue le terme *Y*.

c) Dans (20), *presque* porte sur la combinaison de Δ et de la négation, combinaison qui pourrait être explicitée par le morphème *rien*).

Ces hypothèses faites, on vérifie d'abord que (19) et (20) ont, selon notre description, le même présupposé. Celui de (19) doit être en effet « Il a mangé quelque chose », et celui de (20), « Il est faux qu'il n'ait pas mangé quelque chose ». On peut prévoir de même, mais de façon moins simple, la proximité des posés. Celui de (19) est : « Le plus qu'on puisse dire, en ce qui concerne la quantité mangée, est qu'elle existe. » Celui de (20) serait : « La quantité mangée n'est pas loin de rien. » Bien que nous devions nous contenter, ici, d'affirmer l'équivalence des deux dernières formules, sans pouvoir l'obtenir au terme d'un calcul, il nous semble concevable qu'on puisse construire un tel calcul. Plus précisément, s'il existe un jour une théorie de la synonymie, c'est-à-dire un algorithme qui calculerait formellement les relations de paraphrase admises intuitivement par les sujets parlants (cf. p. 109), cette théorie devrait, nous semble-t-il, être capable aussi de prévoir l'équivalence des formules en question. De sorte que notre description de *presque* et de *à peine* a des chances de pouvoir être intégrée dans une éventuelle théorie de la synonymie.

A propos des verbes d'opinion

Appelons « verbes d'opinion » ceux qui servent au locuteur à informer le destinataire des croyances d'un tiers, par exemple *penser, être sûr, croire, savoir, s'imaginer, se douter, ignorer, reconnaître*. Nous les considérons ici dans un contexte bien particulier, du type « **X** —— que p », où « **X** » désigne la personne dont on rapporte l'opinion, et où « p » est une proposition exprimant cette opinion. Si tous ces verbes posent l'atittude de **X** par rapport à « p », certains d'entre eux, la chose est bien connue, présupposent la vérité ou la fausseté de « p » (voir, par exemple, notre analyse de *se douter que*, p. 22; on trouvera un tableau des posés et présupposés des verbes d'opinion dans notre article « La description sémantique des énoncés français... » *. Nous voudrions seulement, ici, signaler trois problèmes particuliers soulevés par ces verbes.

1. *Verbes d'opinion et verbes d'argumentation.* Nous appellerons *prouver*, *démontrer*, *réfuter*, des verbes d'argumentation. Ils ne servent pas à rapporter une opinion, mais la façon dont une opinion a été présentée par quelqu'un. Il est tentant de les mettre en parallèle avec les verbes d'opinion, notamment en ce qui concerne leurs présupposés. Ainsi, dira-t-on, **X** *a démontré que p* et **X** *sait que p* présupposent l'un et l'autre « *p* est vrai ». De même **X** *a réfuté que p* (*p* étant généralement, dans ce cas, nominalisé) et **X** *s'imagine que p* présupposent que « p » est faux. Il nous semble intéressant de discuter cette assimilation. On verra, par là, que la notion de présupposition, bien que nous n'ayons pas pu donner un critère positif, une condition suffisante, pour son application, n'est pas aussi accomodante qu'elle pourrait paraître, et qu'elle est capable de refuser certains emplois, même si, au premier abord, ils paraissent aller de soi.

Si nous attribuons à l'énoncé **X** *se doute que p* le présupposé « *p* est vrai », c'est d'abord parce que cet élément sémantique est maintenu dans la négation (descriptive) et dans l'interrogation. Ainsi on maintient encore la vérité de « p » en disant **X** *ne se doute pas que p*. Or il est facile de voir que ni la négation **X** *n'a pas démontré que p*, ni l'interrogation **X** *a-t-il démontré que p?* ne maintiennent que « p » est vrai : elles ont plutôt pour effet de mettre en question cette vérité.

La loi d'enchaînement est un autre critère dont nous nous servons pour établir les présupposés. Supposons que la proposition « q » soit reconnue comme déductible de la proposition « p ». Il nous semble difficile d'admettre l'enchaînement **X** *se doute que p; donc q (Pierre se doute que le baromètre a baissé; donc il va pleuvoir)*. La situation est différente avec *démontrer*. Prenons par exemple pour « p » et « q » deux propositions mathématiques telles que « q » se déduit de « p ». Nous considérons comme assez naturel l'enchaînement **X** *a démontré que p; donc q* (**X** *a démontré que cette fonction n'est pas continue; elle n'a donc pas de dérivée)*. La raison en est, selon nous, que la vérité de « p », ici, appartient au posé, ou plutôt qu'elle se déduit de ce posé. Dire que **X** a démontré que p, c'est poser à la fois que

* *L'Homme*, 1968, I, p. 46.

X a présenté une argumentation concluant à « p », et que cette argumentation est valide — d'où on conclut que « p » est vrai. On ferait apparaître de la même façon la différence, en ce qui concerne le présupposé, entre *s'imaginer* et *réfuter*. Supposons que « q » se déduise de « non-p ». On aurait difficilement l'enchaînement *Pierre s'imagine que p ; donc q*. Mais on conçoit beaucoup mieux *Pierre a réfuté p ; donc q*.

La situation de *savoir*, il faut bien le reconnaître, est moins claire, et semble intermédiaire entre celle de *démontrer* et celle de *se douter*. Ce caractère intermédiaire explique peut-être la résistance qu'elle a toujours opposée à l'analyse (cf. le *Théétète* de Platon). Les critères de négation et d'interrogation, appliqués à

21. Pierre sait que p

donnent à penser que (21) présuppose « p est vrai » et pose seulement « Pierre est certain que p ». Cette analyse est assez semblable, on le voit, à la première description que propose Théétète (le savoir serait une « opinion vraie »). *Savoir* et *se douter que* ne différeraient que par le type de croyance posée, plus ferme et motivée dans le premier cas; et ils s'opposeraient l'un et l'autre à *démontrer* — en ce sens qu'ils présenteraient la vérité de l'opinion au titre seulement de présupposé.

Si on considère, maintenant, le critère d'enchaînement, les résultats sont presque contraires. Admettons, comme précédemment, que « q » se déduise de « p » : on n'est guère étonné, alors, par l'enchaînement X *sait que p; donc q*, cf. :

22. Pierre sait que le baromètre a baissé, il va donc pleuvoir.

Plus généralement, quand on place devant un énoncé *p* l'expression X *sait que*, c'est souvent à seule fin de poser avec une force particulière la vérité de « p ». X *sait que*... peut presque, dans ce cas, être considéré comme un modal, analogue à *Il est vrai que*... On a donc l'impression, devant ces faits, qu'on ne peut pas séparer, lorsqu'il s'agit du savoir, le mode subjectif de la croyance et sa valeur objective. C'est ce que Socrate objecte à Théétète : le savoir est une croyance qui fait preuve, une croyance qui se démontre elle-même.

Le verbe *savoir* fournit ainsi un exemple (le seul que nous connaissions) où le critère d'enchaînement va en sens inverse des autres. On peut certes, comme toujours, essayer de se tirer d'affaire par une réinterprétation de l'énoncé gênant. Tout en reconnaissant que, dans (22), la conjonction *donc* s'appuie sur l'indication préalable que « p » est vrai, on dira que cette indication n'est pas celle liée au verbe *savoir*. Ce qui autorise le *donc*, c'est seulement la croyance de Pierre — si on a des raisons, par ailleurs, pour lui faire confiance, si ses opinions, en tant que telles, font autorité. La démarche illustrée par (22) serait donc la suivante : « Pierre croit que le baromètre a baissé; or Pierre ne peut se tromper sur ce point; donc le baromètre a vraiment baissé; donc il va pleuvoir. » On arriverait ainsi à faire porter l'enchaînement sur la simple croyance, c'est-à-dire sur ce que les critères de négation et d'interrogation présentent comme le posé introduit par *savoir*. Et tout scandale disparaîtrait. Mais il n'est pas exclu non plus que le cas de *savoir* soit un indice, parmi d'autres, montrant que la séparation du posé et du présupposé correspond à un niveau d'analyse somme toute assez superficiel, qui devrait être dépassé et intégré dans une théorie plus profonde de la sémantique.

2° *La première personne du présent.* L'usage des verbes d'opinion à la première personne de l'indicatif présent soulève des problèmes particuliers lorsque ces verbes entraînent des présupposés de vérité ou de fausseté. Soit OPINION un terme générique pour désigner ces verbes (accompagnés ou non d'une négation). En disant « Je OPINION que p », le locuteur fait deux choses. Il pose qu'il a une certaine attitude, positive, négative ou dubitative, vis à vis de « p ». D'autre part, il présuppose la vérité ou la fausseté de « p ». Mais, dans la mesure où le locuteur est supposé sincère, cet acte de présupposition exige qu'il croie effectivement à la vérité ou à la fausseté de « p » (nous parlerons ici d'une opinion « impliquée », en reprenant le vocabulaire de Austin (cf. p. 47; cette implication est, pour nous, une des formes du sous-entendu, un sous-entendu que le destinataire conclut de la sincérité prêtée au locuteur). On se trouve donc devant une alternative. Ou bien il y a redondance (si l'opinion posée et l'opinion impliquée par le présupposé sont identiques). Ou bien il y a contradiction (si elles sont incompatibles).

Comme exemples de redondance, on peut citer les phrases du type *Je me doute* (ou *je sais*) *que p*, et *Je ne m'imagine pas* (ou *je ne me figure pas*) *que p* (dans la mesure où **X** *s'imagine que p* présuppose « p est faux », problème qui sera discuté dans le paragraphe suivant). La fonction particulière du présupposé (distingué du posé et du sous-entendu) apparaît assez bien dans ces énoncés. Si, en effet, ils doivent être tenus pour redondants, en ce qui concerne l'information transmise, cela ne les empêche pas de jouer, dans l'organisation et dans l'enchaînement du discours, un rôle spécifique et irremplaçable. Comparons par exemple (23) et (24) :

23. Pierre va venir.
24. Je me doute que Pierre va venir.

Selon les analyses précédentes, (23) pose « Pierre va venir » et sous-entend (« implique ») « Le locuteur croit que Pierre va venir » (ni cette description ni la suivante ne prétendent d'ailleurs à l'exhaustivité). Quant à (24), il pose « Le locuteur croit que Pierre va venir », présuppose « Pierre va venir », et sous-entend (« implique ») « Le locuteur croit que Pierre va venir. » On voit donc que les informations apportées par (23) et (24) sont, au total, équivalentes, la seule différence résidant dans le mode de présentation. Mais cette différence nous semble justement essentielle pour comprendre le fonctionnement des deux énoncés.

Deux conditions favorisent particulièrement l'emploi de (24). D'abord, que le locuteur refuse, pour une raison quelconque, d'avoir l'air d'annoncer la venue de Pierre, ou, plus précisément, qu'il ne veuille pas que sa parole se présente comme destinée à effectuer cette annonce (soit qu'il craigne de paraître donner de l'importance à l'affaire, soit que l'interlocuteur soit déjà au courant). En utilisant (24), c'est-à-dire en introduisant la venue de Pierre sous forme de présupposé, en en faisant le cadre, et non pas l'objet explicite du discours, on arrive, selon l'effet de sens habituel du présupposé, à faire apparaître la venue de Pierre comme quelque chose de naturel, dont il n'est pas besoin de parler. La condition qui vient d'être signalée est très loin, on le notera, d'être suffisante. Le même effet de sens pourrait être obtenu en effet à l'aide de l'énoncé (23), en le prononçant avec l'intonation particulière qui sert à dire « ce qui va sans dire », ou en l'accompagnant de morphèmes comme *bien sûr*, qui présupposent la proposition à laquelle ils sont liés, cf. p. 100. Une deuxième condition favorable à l'emploi de (24) est, celle-là, positive. Le locuteur peut vouloir donner pour objet explicite à sa parole d'informer le destinataire de son opinion. L'emploi de (24) conduit à ce résultat, dans la mesure où il permet de « poser » l'opinion du locuteur (seulement sous-entendue dans (23)). On comprend alors que des enchaînements possibles après (24) ne le soient guère après (23) — s'ils se fondent directement sur le fait que le locuteur a telle ou telle croyance. Ainsi on aurait sans difficulté *Je me doute que Pierre viendra ; Jacques en revanche l'ignore.* Mais on n'aurait difficilement *Pierre viendra ; Jacques en revanche l'ignore.* Il est intéressant de noter que ce dernier « discours » devient cependant possible si on remplace *en revanche* par *mais.* C'est que l'usage de *mais* se contente d'une opposition plus lâche (cf. p. 121). Il exige seulement que la deuxième proposition infirme certaines conclusions que le destinataire pourrait tirer de la première.

Quelques mots, enfin, sur les cas, inverses des précédents, où le contenu posé contredit celui qu' « implique » le présupposé. On rencontre cette situation, par exemple, avec :

25. Je ne me doute pas que Pierre va venir.

(25) pose que le locuteur ne croit pas à la venue, et, en même temps, son présupposé « Pierre va venir » ne peut être sincère que si le locuteur croit à une telle venue. C'est, nous semble-t-il, cette contradiction qui rend (25) difficilement utilisable, et qui impose, le cas échéant, de l'interpréter d'une façon très indirecte, comme une sorte d'abréviation. Ou bien il servira à rapporter, d'une façon ironique, l'opinion prêtée au destinataire (= *Tu penses que je ne me doutes pas...*) Ou bien il signifiera « Je vais faire comme si je ne me doutais pas... ».

Il est, d'autre part, prévisible que la contradiction disparaisse si on préfixe à (25) **X** *pense que...*, de façon à obtenir :

26. **X** pense que je ne me doute pas que Pierre va venir.

Le rapport de la proposition complétive à la proposition principale vérifiant, d'une façon très générale, la règle d'enchaînement, et laissant donc de côté les présupposés, on peut attribuer à (26) la description suivante :

pp. « Pierre va venir »
p. « **X** pense que [posé de (25)] »,
c'est-à-dire :
p. « **X** pense que je ne crois pas que Pierre va venir ».

Ce posé, on le vérifie facilement, ne contredit plus ce qui est « impliqué » par le présupposé, à savoir « Je crois que Pierre va venir ». Tout au plus, on peut dire que cette « implication » prouve, *ipso facto*, la fausseté de l'opinion prêtée à **X**. Aussi l'énoncé (26) est-il, et du même mouvement, l'annonce et la réfutation de la croyance de **X**. On ne trouve donc pas de différence nette, dans l'information apportée, entre (26), (27) et (28) :

27. **X** a tort de penser que je ne crois pas que Pierre va venir.
28. **X** se figure que je ne me doute pas que Pierre va venir.

Pour ne pas trop allonger ce développement, nous laissons le lecteur déterminer les différents statuts que possède, dans ces trois énoncés, l'indication que l'opinion de **X** est fausse. Et, pour faire bonne mesure, à lui aussi de calculer et de caractériser la contradiction obtenue si, dans (26), on remplace *pense* par *sait*.

Les verbes comme *s'imaginer, se figurer,* permettent de construire d'autres exemples, mais inverses des précédents, où un conflit se fait jour entre ce qui est posé et ce qu'implique le présupposé. C'est le cas dans :

29. Je m'imagine que Pierre va venir.

(29) pose que le locuteur croit à la venue de Pierre, et présuppose que cette venue n'aura pas lieu. Nous n'insisterons pas beaucoup sur cet exemple, étant donné l'incertitude qui subsiste quant aux présupposés de *s'imaginer que* (cf. § suivant). Nous ferons simplement remarquer que (29), s'il est tout à fait utilisable, s'accompagne toujours d'une nuance ironique, éventuellement même d'une certaine aggressivité. On l'emploie surtout, nous semble-t-il, dans les deux situations suivantes. Ou bien on soupçonne le destinataire de vouloir cacher la venue de Pierre, et on se présente soi-même comme disant quelque chose qui n'est pas bon à dire. Ou bien, alors, on sait que Pierre, en fait, ne viendra pas, mais on rappelle au destinataire qu'il a autrefois cru, dit, annoncé ou promis le contraire. Ce qui est commun à ces deux situations, c'est l'indication d'une certaine divergence entre la réalité, d'une part, et, de l'autre, l'attitude ou le désir des interlocuteurs. Nous nous reconnaissons incapable d'établir un lien explicatif, qui ne soit pas très lâche, et purement impressionniste, entre cette divergence, assez floue, et la contradiction, très brutale, que devrait comporter (29) si notre description était exacte. Ce n'est là, on va le voir tout de suite, qu'un indice, parmi plusieurs, des difficultés, non résolues, que soulève le verbe *s'imaginer.*

N.B. On trouverait un problème analogue à la deuxième personne de l'impératif : *Figure toi* (ou *imagine toi*) *que Pierre est venu.* Notre description amène à voir une contradiction dans ces énoncés, qui demanderaient à l'interlocuteur d'admettre une opinion dont on présupposerait par ailleurs la fausseté. Mais leur effet réel est seulement, ici encore, de signaler une sorte de décalage entre ce qui est et ce qui était attendu.

3° *S'imaginer, se figurer que.* La première description qui vient à l'esprit, quand on analyse **X** *s'imagine* (ou *se figure*) *que p,* consiste à dire que cet énoncé 1° pose que **X** croit que p, et 2° présuppose que « p » est faux. On pourrait, par exemple, trouver dans Frege l'indication d'une telle analyse (à propos du verbe allemand *sich einbilden,*). Il est certain, en effet, qu'en disant :

30. Pierre s'imagine que je vais venir,

on donne à entendre qu'on ne viendra pas.

D'autre part, les enchaînements, après (30), ne s'appuient jamais directement sur cette indication, ce qui montre qu'elle ne relève pas du posé. Or on ne voit pas non plus comment en faire un sous-entendu, car il n'y a pas d'élément de la « signification » dont elle pourrait être conclue. D'où l'idée qu'il s'agit d'un présupposé. D'autant plus qu'on arrive à la même conclusion si on examine l'effet de l'interrogation. Car, en demandant *Est-ce que Pierre s'imagine que je vais venir ?*, je maintiens d'habitude que je ne viendrai pas.

Des difficultés apparaissent malheureusement dès qu'on fait intervenir la négation. Soit, par exemple :

31. Pierre ne s'imagine pas que je vais venir.

Un tel énoncé est aussi bien compatible avec l'affirmation qu'avec la négation de ma venue. Plus exactement, (31) nous semble ambigu. Nous entendons par là (cf. p. 113) que la même forme phonique est susceptible de deux interprétations tout à fait différentes, interprétations dont le choix est sans doute déterminé par le contexte, mais qui ne sont pas elles-mêmes construites à partir du contexte. De sorte que le composant linguistique doit lui attribuer deux descriptions concurrentes. Dans l'une, il est nié que je vienne, et on donne raison à Pierre de ne pas s'attendre à ma venue (cette interprétation de l'énoncé négatif (31) vient à l'appui de la description donnée jusqu'ici pour (30), et confirme que ma non-venue y est présupposée.) Mais il est possible de voir dans (31) l'indication que je viendrai, et que Pierre a tort d'en douter (ce dernier mode d'interprétation s'imposerait dans *Pierre ne s'imagine pas que j'ai des ennuis,* ou dans *Napoléon ne s'imaginait pas que Blücher approchait de Waterloo*. Comment se fait-il donc que l'énoncé (30), qui ne semble pas, lui-même, ambigu, ait une négation ambiguë?

Avant de proposer une solution, nous voudrions montrer, sur un autre exemple, plus indirect, pourquoi il nous semble indispensable de maintenir, si gênante soit elle, la deuxième interprétation de *ne pas s'imaginer*, et de ne pas la traiter comme un accident ou comme un effet d'inattention.

On nous accordera sans doute (sinon, il n'y a qu'à passer les deux alinéas qui viennent) qu'il y a une certaine bizarrerie dans l'énoncé suivant :

32. Pierre s'imaginait que la réunion finirait aussi tard.

En tout cas, on comprend mal qu'une telle phrase puisse être prononcée à la sortie de la réunion en question, et qu'il faille interpréter *aussi tard* comme « aussi tard qu'elle a fini en fait ». Cette bizarrerie s'explique parfaitement si on admet la description donnée, au début de ce paragraphe pour *s'imaginer* (à savoir **X** *s'imagine que p* présuppose que « p » est faux). En effet (32) devrait présupposer « il est faux que la réunion ait fini aussi tard qu'elle a fini », et on comprend que cela fasse quelques difficultés. Malheureusement, si on admet la description qui vient d'être utilisée, on doit prévoir que la négation de (32) contiendra le même présupposé, et qu'elle sera donc, elle aussi, contradictoire. Or ce n'est pas le cas, et (33) ne nous paraît guère faire difficulté :

33. Pierre ne s'imaginait pas que la réunion finirait aussi tard.

Si donc nous voulons comprendre la possibilité de (33), nous ne pouvons pas admettre que **X** *ne s'imagine pas que p* présuppose « il est faux que p ». Ce qui confirme, indirectement, la conclusion à laquelle nous avait conduits une analyse directe de ce genre d'énoncés.

(Notons, incidemment, que la description donnée pour *se douter que* permet de comprendre que l'on puisse avoir, sans contradiction, à la fois *Il se doutait que...*, et *Il ne se doutait pas que la réunion finirait aussi tard* — puisque, dans les deux cas, le présupposé est une proposition affirmative. Mais on n'a ni *Il se doutait que...*, ni *Il ne se doutait pas que la réunion ne finirait pas aussi tard :* car le présupposé, ici, serait une proposition négative, et se trouverait contenir une contradiction interne.)

Les développements qui précèdent nous ont, on le voit, placés devant une situation embarrassante. D'un côté, nous avons de bonnes raisons d'admettre qu'en disant **X** *s'imagine que p*, on présuppose la fausseté de « p ». Mais il est impossible par ailleurs de soutenir que cette même fausseté est toujours présupposée par l'énoncé négatif correspondant. Comment concilier tout cela, si nous ne voulons pas que la « loi de négation », par ailleurs fort utile, fasse les frais de la conciliation? Il serait commode, pour se tirer d'affaire, de décider que la négation, dans les énoncés embarrassants, est « réfutatrice », « métalinguistique », et qu'il est donc normal qu'elle ne maintienne pas les présupposés. Mais une telle décision tiendrait moins de la solution que du sauvetage, car elle ne pourrait s'appuyer en rien sur l'interprétation intuitive des énoncés en question. Il faut donc chercher plus loin, et modifier complètement notre description de *s'imaginer.*

Ce que nous proposerons, c'est d'admettre deux descriptions différentes pour les phrases du type **X** *s'imagine que p*. La première est celle que nous avons utilisée jusqu'ici, et que nous rappelons :

34. { p. « X pense que p »
pp. « il est faux que p ».

La seconde, que nous introduisons maintenant, serait :

35. { p. « X pense que p »
pp. « l'opinion dont il est posé que X la possède, est fausse ».

Soit à décrire maintenant un énoncé affirmatif comme :

36. Jacques s'imaginait que je viendrais.

On peut s'assurer facilement qu'on obtient des résultats équivalents si on se sert de (34) et si on se sert de (35). Dans les deux cas, le posé est que Jacques croyait à ma venue. Quant au présupposé, il est, si on utilise (34), « Je ne suis pas venu », et, si on utilise (35), « Jacques se trompait en croyant à ma venue » — ce qui ne fait guère, en ce qui concerne la valeur de l'opinion prêtée à Jacques, une différence sensible. Soit maintenant la négation de (36), c'est-à-dire :

37. Jacques ne s'imaginait pas que je viendrais.

Cet énoncé va nécessairement recevoir deux « significations » différentes, et opposées, selon qu'on se sert, pour l'interpréter, de (34) ou de (35). Si on utilise (34), on obtiendra pour résultat :

{ p. « Jacques ne pensait pas que je viendrais »
{ pp. « Je ne suis pas venu ».

Et ceci est bien une des interprétations intuitivement possibles. Si, en revanche, c'est la description (35) qui est mise en œuvre, la « signification » sera :

{ p. « Jacques ne pensait pas que je viendrais »
{ pp. Jacques se trompait en ayant cette opinion ».

Le présupposé, ici, a pour conséquence que je suis effectivement venu, ce qui nous permet de retrouver la seconde interprétation intuitive. Nous pouvons expliquer alors que des énoncés comme (33) ne soient pas sentis comme contradictoires. Il suffit d'admettre que le verbe *s'imaginer* y est décodé selon la deuxième description, ce qui donne pour présupposé une proposition presque tautologique : « Pierre avait tort en ne pensant pas que la réunion finirait aussi tard qu'elle a fini. »

La solution qui vient d'être construite (ou, si on préfère, fabriquée) soulève certainement de sérieuses difficultés, dont nous signalons seulement quelques-unes — sans pouvoir les lever.

a) En utilisant le verbe *s'imaginer* selon la description (35), on présupposerait la fausseté non pas de telle ou telle opinion définie, mais de celle, quelle qu'elle soit, dont on pose par ailleurs l'existence chez la personne prise pour thème. Autrement dit, le présupposé serait fonction du posé. Or, si nous avons souvent vu le posé se référer au présupposé, c'est la première fois que nous voyons le rapport inverse.

b) Si l'énoncé négatif (33) semble tout à fait « normal », il en est de même pour l'énoncé interrogatif :

38. Jacques s'imaginait-il que la réunion finirait aussi tard?

Celui-ci doit donc, ou bien ne pas avoir de présupposé (en ce qui concerne l'emploi de *s'imaginer*), ou avoir un présupposé positif « La réunion a fini aussi tard... ». La première éventualité est exclue, car elle imposerait d'introduire un troisième verbe *s'imaginer*, dépourvu de présupposé. On ne comprendrait plus pourquoi l'affirmation **X** *s'imagine que p* a, *toujours*, le présupposé « p est faux ». La deuxième éventualité n'est guère plus satisfaisante. Car nous devrions, dans le cadre de la solution esquissée ici, recourir, pour prévoir un présupposé positif, à la description (35). Or cette description, selon laquelle le présupposé se réfère au posé, rend impossible toute interrogation. Dans l'interrogation, en effet, le posé est mis en doute, et le présupposé est maintenu; mais cela n'a plus de sens si le présupposé se comprend seulement par rapport au posé.

On aimerait se tirer d'affaire en disant que les énoncés récalcitrants proviennent d'une confusion entre deux unités lexicales différentes, *imaginer* et *s'imaginer*. Dans les exemples qui nous ont embarrassés, *s'imaginer* serait utilisé comme *imaginer*. Apaisante un moment, cette solution est malheureusement impossible à retenir. D'abord, elle n'explique pas pourquoi la prétendue confusion se produit seulement dans les phrases négatives et interrogatives, et jamais dans les affirmations. D'autre part, et surtout, il se trouve que les mêmes phénomènes qui rendent si irritante la description du verbe *s'imaginer que* se reproduisent avec *se figurer que* (et d'une façon absolument parallèle). Or il n'est plus possible, dans ce dernier cas, de recourir à l'hypothèse d'une confusion.

Nous conclurons donc, comme nous l'avions fait à propos de *savoir*, que l'on touche ici les limites de l'analyse en présupposés. Ce qui montre la nécessité de construire une théorie plus compréhensive, qui rende compte à la fois des cas où notre méthode donne des résultats corrects, et de ceux où elle échoue. La discussion précédente aurait eu le mérite de fixer certains objectifs auxquels devrait tendre la nouvelle théorie.

10. *Illocutoire et performatif* *

EN ESSAYANT d'intégrer les notions d'illocutoire et de performatif à une théorie linguistique de la description sémantique, on rencontre — en tout cas, j'ai rencontré — certaines difficultés, dont je n'ai d'ailleurs pris nettement conscience qu'après coup, et dont l'explication constituera le point de départ de cet exposé. Je tenterai ensuite, pour faire apparaître une issue possible à ces difficultés, de redéfinir la notion d'illocutoire — en m'éloignant sans doute, sinon des conceptions, du moins des formulations de Austin. Enfin, j'essaierai, à partir de cette redéfinition, de déterminer les rapports existant entre illocutoire et performatif. Ces développements ne pourront pas ne pas avoir un caractère d'autocritique, qui excusera peut-être leur aspect parfois assez flou. C'est qu'il est difficile, dans cet exercice, de ne pas rester un peu attaché à ce que l'on critique, et de mettre toute la méchanceté nécessaire à un bon règlement de comptes.

Un dernier mot de préambule — terminologique. Il me semble de plus en plus nécessaire, si on veut éviter des confusions dont les conséquences peuvent être sérieuses, de distinguer trois notions, pour lesquelles j'utiliserai désormais les termes de *phrase*, *énoncé*, *énonciation*. Par *phrase*, j'entendrai ce que les Anglais appellent *sentence-type*, c'est-à-dire le matériel linguistique qui fait l'objet de la parole, la combinaison de signes que l'on essaie de faire apparaître à travers une suite de sons ou de lettres. Il s'agit donc d'une entité abstraite, qui n'est pas perceptible en elle-même, mais seulement à travers ses manifestations concrètes. Ce que j'appellerai *énoncé*, ce sera justement la réalisation ** d'une phrase

* *Lingusitique et Sémiologie*, Lyon, 1977, n° 4, 17-53.
** au sens passif de ce mot.

sous la forme d'une séquence sonore ou graphique déterminée, localisée en un point déterminé de l'espace et du temps. On ne devra donc pas dire qu'un énoncé a été plusieurs fois répété, mais qu'il y a eu plusieurs énoncés d'une même phrase. L'énoncé peut ainsi se définir comme une occurrence de phrase, ce que les Anglais appellent *sentence-token*. Je prolongerai cette première distinction, du point de vue sémantique, en opposant la « signification », valeur sémantique attribuée à la phrase, et le « sens », valeur sémantique lue dans l'énoncé. Quant à l'énonciation, c'est le fait même qu'un énoncé ait été formé, autrement dit, l'événement historique que constitue sa réalisation *. (C'est à cet aspect historique du fait linguistique que l'on fait allusion, par exemple, lorsqu'on dit : « J'ai été étonné que Pierre m'ait écrit cette lettre ». Peut-être la lettre était-elle tout à fait banale, ce qui est présenté comme surprenant, c'est que Pierre l'ait écrite; et il se peut même que la banalité de l'énoncé soit justement ce qui rend son énonciation le plus étonnant).

Quelques difficultés liées à la notion d'illocutoire

Il est impossible de *partir* d'une définition de l'illocutoire : à ma connaissance, la notion n'a jamais été, à proprement parler, définie, et il serait déjà beau d'*arriver*, à travers les problèmes qui vont être discutés, à la rendre un peu plus explicite. Tout ce que je peux faire, c'est de prendre un exemple simple qui fait apparaître, parmi les différents actes accomplis au cours d'une énonciation, ce type d'acte spécifique que Austin a appelé « illocutoire ».

Supposons donc qu'un certain X cherche à nuire à un certain Y. Il est de notoriété publique, d'autre part, que Y doit être au courant des faits et gestes de Pierre. Or X a de bonnes raisons de penser que Pierre, ce matin, à échappé à toute surveillance. X demande donc à Y, devant un (ou des) auditeur(s) : « Qu'est-ce qu'a fait Pierre ce matin? ».

Outre l'acte locutoire consistant à produire cet énoncé, X a au moins accompli les deux actes suivants, qui peuvent servir de prototypes, respectivement, de l'illocutoire et du perlocutoire, l'acte d'interroger Y, et l'acte de chercher à l'embarraser. On voit tout de suite, sur cet

* au sens actif du terme.

exemple, que les deux actes diffèrent en ce qui concerne le rôle que joue en eux la parole. Dans le cas de l'interrogation — et de l'illocutoire en général — il s'agit d'un rôle essentiel : on imagine mal la possibilité de questionner autrement que par l'usage du langage, ou, à la rigueur, d'un substitut codé du langage (si nous avons convenu que deux coups frappés sur la table signifient « Qu'est-ce qu'a fait Pierre ce matin? », je peux vous questionner en frappant deux coups sur la table). S'il s'agit au contraire de l'acte d'embarrasser, ou du perlocutoire en général, le lien avec la parole est beaucoup plus lâche : la parole — plus généralement même, la communication — n'est qu'un des mille et un moyens utilisables pour être désagréable à son prochain. D'où l'idée que l'acte illocutoire est essentiellement linguistique, l'acte perlocutoire ne l'étant qu'accidentellement

Une fois arrivé à ce point, on est tenté de dire que l'acte illocutoire est, par définition, un acte inscrit dans les phrases au moyen desquelles il se réalise, c'est-à-dire un acte impliquant l'énonciation d'une formule qui lui serait conventionnellement réservée. Je dois reconnaître d'ailleurs — c'est ici qu'arrive l'autocritique — que certains passages de ce livre suggèrent, pour le moins, une conception de ce genre. Il m'arrive en effet de laisser entendre, non seulement que les actes constitutifs de la « signification », c'est-à-dire les actes apparus à la sortie du « composant linguistique », sont des actes illocutoires (cette idée, formulée un peu autrement, je la maintiens), mais que les actes illocutoires relèvent tous de la « signification »; d'où il résulterait que toute interprétation issue d'une démarche « rhétorique », tout ce qui relève seulement du « sens », tout cela appartient nécessairement à la catégorie du perlocutoire. Voici deux arguments, parmi beaucoup d'autres, qui me semblent rendre cette position intenable, et qui m'obligent à la révision d'ensemble dont cet exposé présentera un aspect particulier :

Un premier argument est fourni par la considération de ce qu'on a appelé « actes dérivés ». Il est banal de remarquer qu'une même phrase peut être utilisée pour accomplir des actes de nature (en termes austiniens, de « force ») illocutoire très différente. Dans certains cas, il est à la rigueur possible que cela tienne à une ambiguïté de la phrase, et qu'on ait en réalité plusieurs phrases différentes, cachées sous une même couverture morphologique. C'est une solution communément admise, par exemple, quand il s'agit de l'impératif. On dira que la même forme *Viens!* habille des structures « profondes » aussi diverses que « Je t'ordonne », « Je te permets », « Je te conseille », « Je te demande de venir ». *

Mais même si on admet de telles analyses, on ne les étendra pas à une phrase comme « Pouvez-vous ouvrir la fenêtre? ». Personne, à ma connaissance, n'a proposé de lui attribuer deux structures différentes selon que ses énoncés constituent une question ou une demande. Comme il est difficile, d'autre part, d'imaginer une signification intermédiaire entre ces deux interprétations, on ne peut guère faire autrement que de considérer l'une d'entre elles comme fondamentale, et d'en dériver la seconde au moyen de règles rhétoriques ou pragmatiques. Dans ce cas particulier, par exemple, de nombreux arguments conduisent à prendre pour fondamentale la valeur interrogative; on pose ensuite une loi disant que, si une question concerne les compétences du destinataire, et si, de plus, la situation de discours rend invraisemblable que le locuteur s'intéresse, pour elles-mêmes, aux compétences du destinataire, il y a tendance à comprendre la question comme une demande qui lui est faite de mettre en œuvre ces compétences (c'est le même mécanisme qui fait interpréter « Savez-vous où se trouve la station de métro la plus proche? » comme « Dites-moi où elle se trouve »).

Si donc on admet une analyse de ce genre — difficilement évitable — et si on maintient en même temps que tout acte illocutoire doit être marqué dans la phrase servant à son accomplissement, il faut conclure au caractère non-illocutoire d'une demande faite au moyen de la phrase « Pouvez-vous ouvrir la fenêtre? ». Ce qui soulève au moins deux types de problèmes. D'abord, on exclut du domaine de l'illocutoire la plupart des demandes (il est en effet exceptionnel qu'elles ne soient pas accomplies à l'aide d'énoncés dont la valeur fondamentale est toute différente). Seules seraient illocutoires celles, plutôt rares, accomplies au moyen du performatif « Je te demande de... ». Or on n'utilise de telles formules que pour rappeler une demande précédente, éventuellement pour lui donner plus de force. D'où cette conséquence étrange que les seules demandes illocutoires seraient celles qui répètent une demande antérieure, qui ne serait pas, elle, d'ordre illocutoire.

Seconde difficulté liée à l'opposition entre actes illocutoires et actes dérivés : il faudrait admettre qu'un ordre, une demande, une question...

* Le problème signalé ici subsiste même si on admet avec J. C. Anscombre (« La problématique de l'illocutoire dérivé », *Langage et Société*, 1977, nº 2, p. 17-41), qu'il y a dans certaines phrases des marques imposant d'opérer telle ou telle dérivation dans telle ou telle situation.

sont tantôt illocutoires et tantôt ne le sont pas. Le caractère illocutoire ne relèverait donc pas de la nature même de ces actes, mais de la façon dont ils sont accomplis. Certes on est toujours libre de donner aux termes techniques que l'on introduit le sens que l'on désire. Mais il faut bien voir qu'en adoptant la convention que je critique actuellement, on renoncerait à exprimer à l'aide du mot « illocutoire », ce qui me semble être l'intuition fondamentale de Austin, à savoir que les actes d'ordonner, demander, interroger, etc..., ont tous un point commun — qui les oppose à tous les autres actes. En les accomplissant, on présente l'énoncé dont on se sert comme conférant, par son existence même, certains droits ou devoirs nouveaux aux personnages du dialogue. Si on néglige ce caractère — sur lequel je reviendrai amplement par la suite — l'ordre et la demande ne sont plus que des tentatives pour amener autrui à agir, la question n'est plus qu'un effort pour le faire parler. Dans la mesure où cette propriété commune que je voudrais fixer avec le terme « illocutoire », dans la mesure, d'autre part, où elle subsiste, que l'ordre, la demande, la question, soient « fondamentaux » ou « dérivés », il ne m'est plus possible de tenir pour un trait essentiel de l'illocutoire le fait qu'il soit présent dans la valeur sémantique de la *phrase* utilisée.

Laissons de côté le problème des actes dérivés; une seconde série d'arguments empêche d'identifier l'acte illocutoire et l'acte accompli par l'emploi d'une formule. Il s'agit de la question, longuement discutée par Austin, des conditions d'accomplissement. L'observation la plus banale montre que les formules même les plus marquées pour un acte déterminé sont souvent employées en dehors de toute intention de l'accomplir. C'est le cas évidemment lorsqu'elles peuvent servir à autre chose qu'à effectuer l'acte auquel elles sont conventionnellement liées. Un journaliste, commentant pour la radio le débat parlementaire auquel il assiste, peut annoncer aux auditeurs « La séance est ouverte » : ce faisant, il n'accomplit, ni en fait, ni en intention, l'acte d'ouvrir la séance. De même, si un ami vient me voir au moment où justement je lui écris pour lui demander de venir, je peux, montrant ma lettre, lui en résumer le contenu : « Tu vois, je te demande de venir ». Il est sûr que cette énonciation ne constitue en rien une demande. On est amené à une conclusion analogue en réfléchissant sur la possibilité d'employer par jeu les formules les plus illocutoirement marquées, et de leur retirer leur force du simple fait que leur emploi n'est pas « sérieux » : il est, heureusement, loisible de dire « Je te promets... », ou « Je te parie... »

sans croire ou sans donner à croire qu'il y a eu réellement promesse ou pari (on sait cependant que les Romains, très attachés à la valeur juridique de certaines formules, voyaient des difficultés à ce qu'elles soient employées sur scène par des acteurs). J'ai signalé, il y a un instant, les inconvénients qu'il y a à croire la formule *nécessaire* à l'accomplissement de l'acte; on voit apparaître maintenant le prix à payer si on veut maintenir qu'elle est *suffisante* : il faut recourir à la solution, par trop commode, de l'ambiguïté : la phrase elle-même serait différente, en « structure profonde », selon que l'énoncé sert ou non à effectuer l'acte.

Cette difficulté est encore aggravée si on définit la valeur illocutoire comme le pouvoir de produire une transformation juridique *réelle*, et non pas seulement *intentionnelle*, si donc on admet que la question, l'ordre ou la promesse sont créateurs d'obligations pour le destinataire ou le locuteur, si l'on croit qu'un énoncé « La séance est ouverte » ou bien a la valeur d'illocutoire d'une assertion (comme dans l'exemple du reporter) ou bien doit avoir réellement pour *effet* d'ouvrir la séance. Une telle conception n'est, on le notera, nullement mythique. Elle est explicite dans certains passages de Austin ou de Searle; elle me semble d'autre part, sinon affirmée, du moins sous-entendue par Benveniste, lorsqu'il dit que seul un président de séance peut faire l'acte d'ouvrir la séance, parce que seul, il peut faire que la séance soit *effectivement* ouverte. Et, en ce qui me concerne, je ne me suis pas toujours assez clairement démarqué par rapport à cette attitude — dont j'espère montrer, ce sera une des conclusions de mon exposé, le caractère arbitraire. Supposons donc qu'on accepte ce « réalisme de l'illocutoire », et qu'on suppose en même temps l'illocutoire attaché à la phrase. On se trouve alors devant une alternative. Une première solution est d'admettre que la prononciation d'une phrase marquée, dans sa structure profonde, pour l'acte illocutoire A, produit toujours, lorsqu'elle est énoncée, les effets liés à cet acte. On tombe alors sous le coup des critiques adressées à Austin à partir d'une position marxiste ou simplement sociologique *. La théorie de l'illocutoire relèverait de l'idéologie bourgeoise la plus caractérisée, celle qui tend à poser une égalité fictive entre les hommes, fondée sur l'existence

* P. Bourdieu, « Le langage autorisé », *Actes de la recherche en sciences sociales*, novembre 75, n° 5-6, p. 183-190. Cf. aussi les attaques dirigées contre Ducrot, mais valables a fortiori contre Austin, par M. Ebel et P. Fiala : « Présupposition et théorie du discours », *Revue européenne des sciences sociales*, 1974, n° 32, p. 115-136.

de droits que tous possèdent théoriquement, mais dont certains seulement peuvent jouir en fait. Car les membres d'une même collectivité linguistique ont tous le même stock de phrases à leur disposition; dire que ces phrases recèlent en elles des pouvoirs, c'est créer entre les locuteurs une égalité imaginaire, analogue à celle que les juristes de 1789 ont attribuée aux citoyens, en leur conférant des droits institutionnellement égaux.

Si on veut éviter cette conséquence — tout en maintenant l'idée d'un pouvoir des mots — une deuxième solution est encore possible, mais coûteuse, elle aussi. Elle consiste à recourir à la notion de « discours normal ». On dira que lorsque les mots sont utilisés dans des circonstances où leur pouvoir ne peut s'exercer, c'est-à-dire si le locuteur n'est pas socialement autorisé à accomplir l'acte qui constitue leur fonction profonde, ils ont une utilisation « anormale » : il n'est normal de dire « Je t'ordonne... » que si on se trouve dans la situation de supériorité hiérarchique permettant d'ordonner — sinon, il s'agit de la « clameur inane, enfantillage ou démence » dont parle Benveniste (*Problèmes de linguistique générale*, tome I, chap. 22, p. 273). Mais soutenir une telle thèse, c'est pousser jusqu'à l'extravagance l'aspect normatif de la linguistique. Habituellement limitée au domaine de la phrase, la normativité atteindrait l'énonciation. Le linguiste enseignerait alors non seulement comment, mais quand il faut parler. Ordonner si on n'est pas habilité à le faire, tenter d'ouvrir une séance que le président institutionnel veut retarder ou annuler, ce serait mal parler.

Une redéfinition de l'illocutoire

Quand il essaye de *définir* l'opposition de l'illocutoire et du perlocutoire, Austin se contente généralement de répéter sous des formes diverses que le premier est accompli *dans* l'acte même de parler (« in saying ») alors que le second s'accomplit *par* la parole (« by saying ») en la prenant pour moyen. Pour tenter d'expliciter l'intuition dont il est parti, on ne dispose donc guère que de formules de ce genre, et d'exemples analogues à celui qui a été donné au début de cet exposé, et qui va me servir constamment de référence. Ce qui explique que des interprétations assez divergentes aient été données à la pensée de Austin — et je m'excuse d'en ajouter peut-être une nouvelle. Je partirai de l'idée que l'acte illocutoire, comme tout acte, est une activité destinée à transformer la réalité; tout le problème est de préciser la nature particulière de cette transformation.

Un premier point est qu'il s'agit d'une transformation juridique, d'une création de droits et d'obligations pour les interlocuteurs (je serai amené tout à l'heure à remplacer « création » par « prétention à créer »). Le propre d'une question, par exemple, me semble de conférer (de prétendre conférer) au destinataire l'obligation de répondre, c'est-à-dire de choisir parmi un éventail d'énoncés considérés comme des réponses possibles. Le fait que la question manifeste souvent une incertitude et un désir de savoir, ce fait me paraît un « effet de sens », explicable à partir de la valeur juridique fondamentale — compte tenu de la situation d'énonciation. Admettre ceci permet du même coup de ne plus considérer la question d'examen et la question rhétorique comme des phénomènes marginaux. Certes l'examinateur n'a ni incertitude ni désir de savoir, cela n'empêche pas qu'il exploite ce qui, pour moi, est l'essentiel de l'acte d'interrogation — en créant pour le candidat une obligation, redoutable, de répondre. Quant à la question rhétorique, si elle prétend forcer le destinataire à reconnaître, explicitement ou non, ce que le locuteur tient pour vrai, c'est parce qu'elle lui impose de répondre alors que la réponse est évidente *. D'où ce caractère « contraignant », « véhément », que lui attribuent souvent les manuels de rhétorique (cf. Batteux, *Principes de littérature*, tome 4, p. 106, éd. 1824).

Une remarque analogue peut être faite à propos de l'ordre — qui confère (prétend conférer) au destinataire une obligation de faire — ou de la promesse — qui n'est rien si le locuteur ne déclare pas se charger, par elle, d'une obligation nouvelle. La démonstration serait moins simple en ce qui concerne l'affirmation, mais je vois mal comment la décrire sans dire que le locuteur, en l'accomplissant, se rend responsable de la vérité de ce qu'il affirme, accepte d'être mis personnellement en cause si ce qu'il a asserté se révèle faux. Dernier exemple : si on admet, comme je le crois nécessaire, un acte illocutoire d'argumentation, cet acte consiste à imposer au destinataire un certain type de conclusions comme la seule direction dans laquelle le dialogue puisse être poursuivi (la valeur argumentative d'un énoncé est ainsi une sorte d'obligation relative à la façon dont le discours doit être continué).

* Car cette évidence est une condition nécessaire pour qu'une question puisse avoir valeur d'affirmation. Il n'y a pas de question rhétorique sur un point controversé, et dont on admet le caractère controversé.

Il me semble même possible (mais cela reste encore très vague et programmatique) d'intégrer l'acte d'argumenter à l'acte d'affirmer : on attribuerait donc à l'affirmation cette deuxième propriété, de conférer au destinataire comme un « devoir de conclure ». Ce qui impliquerait aussi, troisième propriété, un « devoir de croire », rendant compte de ce qu'il y a toujours d'injurieux dans la mise en question des affirmations de l'autre. Le problème serait alors d'établir le statut de la présupposition, qui impose elle aussi, et peut-être même plus nettement que l'affirmation, un « devoir de croire ». Pour le résoudre, il faudrait se référer à l'absence de fonction argumentative, qui me semble caractéristique de la présupposition (« loi d'enchaînement »). La présupposition serait une affirmation « faite en passant », que le destinataire doit croire, mais qui n'est pas censée orienter directement le discours ultérieur.

Je laisse de côté ces problèmes (qui tiennent à la relation, encore peu claire, entre les notions d'argumentation et de présupposition); il reste qu'aucun acte illocutoire ne se laisse décrire si on ne fait pas intervenir l'idée de valeur juridique. A coup sûr (et c'est heureux), il ne s'agit pas — ou pas toujours — d'un recours à la législation sociale. Les droits et les devoirs en question peuvent rester intérieurs à l'univers créé par le discours. Mais l'opposition avec le perlocutoire n'en demeure pas moins très claire. Car aucune obligation — de quelque sorte que ce soit — n'est créée par l'acte perlocutoire. Lorsque, dans notre exemple de référence, X cherche à embarrasser Y, il n'a nul besoin, pour le faire, de prétendre que Y *doit* être embarrassé. La transformation perlocutoire de la situation est donnée comme le résultat d'un mécanisme naturel, d'une nécessité, ce qui suffit déjà à la distinguer de la transformation illocutoire.

La seconde remarque que je voudrais faire concerne les personnages de l'illocutoire — dont on peut montrer qu'ils se confondent avec les personnages du dialogue, le locuteur et le destinataire. S'il s'agit de l'*agent* de l'ordre, de la question, de la promesse..., on voit facilement qu'il est par nécessité un locuteur. Accomplir un de ces actes, c'est toujours parler, ou, en tout cas, communiquer. Or ce caractère n'est qu'occasionnel s'il s'agit de l'acte perlocutoire. Modifions en effet l'exemple de référence, en supposant que X, plus machiavélique que dans la première version, n'a pas lui-même adressé la parole à Y, mais lui a fait rencontrer des personnes qui, immanquablement, devaient lui poser la question à laquelle il ne pouvait pas répondre. Il est impossible de dire encore, dans ce cas, que X a interrogé Y — bien qu'il se soit arrangé pour que Y soit obligé de répondre. En revanche, on peut toujours maintenir que X a cherché (et réussi) à nuire à Y, ou à l'embarrasser — car la parole n'est qu'un moyen, parmi beaucoup, des stratégies perlocutoires.

Prenons maintenant le cas, un peu plus difficile, des personnes que concerne la transformation juridique impliquée dans l'illocutoire, des personnes auxquelles l'acte illocutoire confère des droits ou des devoirs nouveaux. On peut montrer, me semble-t-il, qu'il s'agit toujours du locuteur ou des destinataires. Mais pour faire cette démonstration, il faut d'abord insister sur la distinction, souvent négligée, du destinataire et de l'auditeur (termes qui sont quelquefois pris pour synonymes). Le destinataire est celui *à* qui l'on parle, l'auditeur est celui *devant* qui on parle, c'est le spectateur du discours. Si le destinataire est toujours un auditeur (éventuellement indirect, au cas où on lui fait transmettre un message), un auditeur peut très bien ne pas être destinataire — et cela, même s'il est celui que l'on désire informer et *pour* lequel, en réalité, on parle. Chrysale parle devant Philaminte — et pour Philaminte; et pourtant ce n'est pas à elle que « le discours s'adresse » (bien que l'on puisse admettre aussi, à un autre niveau d'analyse, qu'elle est la « vraie » destinataire). On notera que bien des stratégies de la vie quotidienne se décrivent facilement si on utilise la distinction de l'auditeur et du destinataire : cherchant à s'intégrer à une conversation, on commence par jouer le rôle de l'auditeur intéressé — avec l'espoir de devenir bientôt destinataire —, ou bien même on fait comme si on était destinataire, et on en tire le droit d'intervenir comme locuteur. Et lorsque, dans certaines pièces de théâtre, un acteur interpelle le public, il fait passer celui-ci, brusquement, de la situation d'auditeur à celle de destinataire. On peut même peut-être soutenir que c'est une caractéristique des langues naturelles d'avoir institué ce personnage du destinataire, absent des langues artificielles, dont les messages ne portent pas une adresse particulière, mais concernent de la même façon tous ceux qui viennent à en prendre connaissance. Aussi une grande difficulté des théories qui présentent la littérature comme un langage est-elle de découvrir en elle l'appel à un destinataire (alors que l'œuvre littéraire se donne souvent comme universelle). Difficulté plus grave encore s'il s'agit de la peinture. Comment lire dans un tableau une allusion à un regard particulier, qui ne serait pas celui de tout spectateur possible ? L'énoncé du langage ordinaire se présente au contraire toujours comme adressé à quelqu'un, spécifié parmi ceux qui viennent à l'entendre.

C'est justement le destinataire, en tant que tel, qui est concerné par l'acte illocutionnaire. Ainsi, s'il s'agit d'une question, celui à qui elle est posée et qui doit répondre, c'est celui à qui s'est adressé le locuteur. Supposons, dans notre exemple, que X ait adressé la phrase interrogative non pas à Y, mais à Z, sachant que Z va tout de suite la reposer à Y, réputé meilleur connaisseur. On ne dira pas que X a interrogé Y : puisque c'est à Z qu'il a parlé, il ne peut avoir interrogé que Z. Ou encore, imaginons qu'un professeur, au cours de la classe, adresse une question à l'élève A, et que l'élève B réponde. B a toutes chances de s'entendre dire qu'il n'avait ni le devoir ni le droit de répondre. Et pourtant il était — et devait être — un auditeur, susceptible de « répéter la question » pour montrer qu'il a bien écouté. Mais ce n'est pas la qualité d'auditeur qui fait que quelqu'un est questionné, c'est celle de destinataire. On arriverait à la même conclusion en considérant des actes illocutionnaires moins apparents que la question (parce qu'ils n'ont jamais de marque nette au niveau de la phrase), par exemple l'acte de menace. Supposons que X dise à Y : « Si tu fais A, je te casse la figure », alors que tout le monde sait que Y n'a pas l'intention de faire A, mais qu'un auditeur Z a, lui, cette intention. Il me semble fort difficile de décrire la situation en disant que X a menacé Z : tout au plus pourra-t-on dire que X a cherché à faire peur à Z, qu'il a cherché à l'impressionner — mais on entre alors dans le domaine du perlocutoire.

(Ces remarques n'impliquent pas qu'il ne peut pas y avoir ambiguïté sur le destinataire d'un énoncé. Car si, à un premier niveau d'analyse, nécessaire même s'il doit être dépassé, le destinataire est l'être désigné par la deuxième personne ou par le vocatif, rien n'empêche d'imaginer un second niveau d'interprétation, avec un autre destinataire, celui à qui on parle « par personne interposé ». On peut donc admettre que le destinataire « réel » de Chrysale est Philaminte — c'est bien ainsi que Philaminte comprend la scène — et, par suite, que c'est à elle que sont faits les reproches. Mais pour dire qu'elle est l'objet de l'acte illocutoire de reproche, il faut l'avoir considérée d'abord comme destinataire de la parole — ce qui confirme d'une façon indirecte la thèse présentée ici).

Après avoir essayé de montrer que les objets de la transformation juridique illocutoire sont les personnages du dialogue, je voudrais préciser qu'il s'agit des personnages du dialogue « en tant que tels ». J'entends par là que l'auteur de l'acte illocutoire crée l'obligation par sa parole, et que si le destinataire devient sujet d'une obligation, c'est dans la mesure même où il est destinataire. Si, à la suite de la question « Qu'est-ce que Pierre a fait ce matin ? », Y reçoit l'obligation de fournir une réponse, c'est en vertu seulement du fait que la question lui a été adressée, et non pour quelque autre propriété qu'il aurait en plus de celle de destinataire.

Cette remarque rend possible de distinguer deux emplois différents pour les pronoms personnels (en prenant cette expression au sens de Benveniste, pour désigner les pronoms de la première et de la deuxième personne). Certes ils réfèrent toujours aux personnages du dialogue, locuteur et destinataire. Mais, la plupart du temps, ces personnages ne sont pas vus *en tant que tels*. Ils sont repérés par rapport à leur fonction dans le dialogue, mais considérés en dehors de cette activité. C'est le cas pour *Je* et *Toi* dans « Je suis allé à Paris après toi ». Ils désignent à coup sûr celui qui parle et celui à qui on parle, mais ce qui est dit d'eux, c'est qu'ils sont allés à Paris, et s'ils l'ont fait, c'est indépendamment de l'actuel dialogue. La fonction de l'énoncé aurait été de même ordre si on avait remplacé *Je* et *Toi* par *Jean* et *Pierre*. Nous dirons qu'il s'agit, dans ce cas, des entités Je_2 et Tu_2. Mais la situation est tout autre avec « Je te promets d'aller à Paris ». La promesse qui met en relation le locuteur et le destinataire les met en relation dans la mesure seulement où ils sont locuteur et destinataire de cet énoncé. Elle se fait par cet énoncé même qui l'a dit. J'exprimerai ce fait en disant que les pronoms, ici, représentent deux entités Je_1 et Tu_1, correspondant aux interlocuteur *en tant que tels*. On s'aperçoit de leur valeur spécifique si on les remplace par des noms propres. On obtient « Jean promet à Pierre d'aller à Paris », phrase dont les énoncés ne peuvent guère servir à effectuer une promesse. La substitution, ici, a entrainé un changement de fonction. Il est facile de construire des phrases où se mêlent les deux types de pronoms, par exemple « Je_1 te_1 promets que j_2 irai à Paris avec toi_2 ».

On a souvent expliqué l'existence des pronoms par un mécanisme d'économie : il est plus rapide de dire *Je* et *Tu* que de détailler des noms propres. Et il n'y aurait rien à objecter si seuls existaient Je_2 et Tu_2, qui jouent effectivement le même rôle que des noms. Mais cette thèse devient beaucoup moins défendable lorsqu'on pense à Je_1 et Tu_1, dont la fonction (représenter l'interlocuteur comme interlocuteur) semble bien spécifique aux pronoms. C'est pourquoi il faudrait, je pense, modifier certaines *formulations* de Benveniste — sans abandonner ce qui me semble l'idée essentielle de sa thèse sur les pronoms. Pour Benveniste, seuls les pronoms de première et de deuxième personne méritent leur appellation traditionnelle de « pronoms personnels ». La raison en est que seuls ils désignent les personnages du dialogue — qui sont les prototypes de la personne. Ce n'est certes pas cela que je critiquerai, mais la caractérisation de *Je* et de *Tu* par le fait que leur référent se définit à partir de l' « instance de discours » où ils sont contenus. Car ce dernier trait appartient à tous les « shifters », et il convient également à de nombreux pronoms de troisième personne, par exemple aux *Il* démonstratifs désignant les assistants. En fait il ne s'agit, dans cette allusion à l'instance de discours, que du procédé d'économie dont je viens de parler, procédé qui n'est pas réservé à la désignation des interlocuteurs et qui, d'autre part, atteint ceux-ci indifféremment comme Je_2 et Tu_2 ou dans leur fonction de Je_1 et Tu_1. Ce qui me semble caractéristique des pronoms de première et deuxième personne, c'est plutôt de pouvoir désigner les personnages du dialogue *comme tels*, dans leur rôle d'interlocuteurs. Le *Tu* explicité dans *Je t'ordonne...* est ce même être qui est présent d'une façon implicite dans la question *Qu'est-ce qu'a fait Pierre ce matin?* — puisque son caractère de question implique que le destinataire joue en elle un rôle particulier.

J'ai essayé de montrer, jusqu'ici, que l'acte illocutoire accomplit une transformation juridique, et que celle-ci concerne les interlocuteurs en tant que tels. Cette deuxième remarque peut être généralisée sous la forme d'une troisième proposition : *un énoncé ne prend une valeur illocutoire que dans la mesure où il est sui-référentiel* *. Dire que l'énoncé E a servi à accomplir l'acte illocutoire A, c'est impliquer que dans le sens même de E, il y a une allusion à l'énonciation de E. Revenons à l'exemple de la question. En la posant, on présente sa parole comme créatrice d'obligation pour le destinataire : s'il appartient au sens de E d'être une question, il lui appartient de présenter l'énonciation de E comme obligeant, par son existence même, le destinataire à lui répondre. C'est pourquoi la question n'est pas la constatation ou le rappel d'une obligation pré-

* En utilisant cette expression d'une façon assez lâche. La formulation précise est que le sens de l'énon*cé* comporte une allusion à son énon*ciation*.

existante, c'est donc pourquoi il y a une différence entre les énoncés *Qu'est-ce qu'a fait Pierre ?* et *Tu dois me dire ce qu'a fait Pierre* (différence qu'on rend manifeste en les faisant suivre de *Mais je ne te demande pas de me le dire :* une contradiction flagrante apparaît dans le premier cas et non dans le second).

Pour montrer l'application possible de cette idée à l'analyse de discours, je signalerai le problème suivant, soulevé par Lia Wainstein dans *L'expression du commandement dans le français actuel* (Helsinki, 1949). Prenant pour corpus un choix de romans et de pièces de théâtre du début du siècle, Lia Wainstein inventorie les moyens utilisés pour exprimer l'ordre. Elle cite notamment cette réplique d'une mère à son fils qui a « déshonoré » une jeune fille, et qui doit « réparer » : « Tu dois épouser cette fille ». S'agit-il là d'un ordre, ou d'une assertion à propos de ce que le garçon doit faire? Bien sûr, les deux interprétations sont possibles. Tout ce que peut faire un linguiste, est de dire ce qu'impliquerait, par exemple, une interprétation impérative : elle impliquerait que la mère entend, par *sa parole*, créer une obligation nouvelle, ou donner une force supplémentaire à une obligation ancienne, qu'elle présente donc ce qu'elle dit comme ayant, littéralement, force de loi. En d'autres termes, pour savoir quel acte a été accompli, il faut savoir ce qui, dans le sens de l'énoncé, est dit de l'énonciation.

La valeur illocutoire de l'énoncé constitue donc une caractérisation juridique de l'énonciation, une prétention affichée à lui donner tel ou tel pouvoir. Dans la mesure où il a une valeur illocutoire, un énoncé a son énonciation pour thème : il la commente. Ce qui n'implique en rien que cette sui-référence ait un caractère explicite, littéral. Dans la question *Qu'est-ce qu'a fait Pierre ?*, aucun constituant syntaxique ne fait, en apparence, allusion à l'énonciation — pas plus d'ailleurs qu'au locuteur et au destinataire. Ce sont seulement les énoncés dits « performatifs » (dont il va être question tout à l'heure) qui peuvent se lire comme sui-référentiels : on peut à la rigueur interpréter « Je te promets... » comme « Ce que je fais en te parlant, c'est te promettre... ». Cette possibilité de lecture sui-référentielle, dont je montrerai qu'elle est une sorte d'illusion nécessaire est justement ce qui m'a fait appeler Je_1 et Tu_1 les pronoms de « Je te promets... ». Car la sui-référence et la présence des interlocuteurs « en tant que tels » constituent un seul et même phénomène. La plupart du temps, l'une et l'autre sont implicites; dans le cas des performatifs, elles deviennent, apparemment, explicites.

La conception que je viens de présenter me semble impliquer — j'ai anticipé sur ce point à plusieurs reprises — une sorte d'intentionalisation des transformations juridiques liées à l'illocutoire. Tel que je l'ai décrit, le caractère illocutoire d'un énoncé tient à une certaine image qu'il donne de la parole, la présentant comme source de droits et de devoirs. Si on admet cela, il n'y a aucune raison d'attribuer à ces droits et devoirs une existence indépendante : ils ne valent que dans le monde déployé par l'énonciation au moment où elle s'effectue : aussi bien le destinataire que le spectateur peuvent les refuser, en refusant cet univers que le locuteur voudrait imposer, et en le réduisant à une pure prétention. Pour n'avoir pas fait assez attention à l'aspect « sui-référentiel » de l'illocutoire, les philosophes du langage ont été au contraire amenés à une sorte de juridisme réaliste, origine de problèmes, à mes yeux, artificiels.

C'est le cas, par exemple, des difficultés liées à ce que Austin appelle « conditions de félicité ». Admettons en effet que l'accomplissement de l'acte illocutoire A annoncé par l'énoncé E implique une création effective d'obligations. Il en résulterait que n'importe qui, par sa simple maîtrise de la langue, peut créer des obligations à n'importe qui. Ce qui est bien dangereux, si on entend « obligation » en un sens moral, et évidemment faux, si on donne au mot un sens social. Austin doit donc admettre que la valeur illocutionnaire de E est subordonnée à la réalisation de certaines conditions externes, dites « condition de félicité ». Ainsi un locuteur L ne peut donner un ordre à un destinataire D que si L se trouve, par rapport à D, dans une situation de supériorité hiérarchique : il aura beau dire, un soldat ne donnera jamais un ordre à son général. Ou encore, pour reprendre l'exemple de Benveniste, il faut être président de séance pour pouvoir en disant « Je déclare la séance ouverte », ouvrir la séance. Le dire n'est faire que si c'est un dire autorisé. Mais comment comprendre alors qu'un inférieur puisse être puni pour avoir donné des ordres à son supérieur ? Comment comprendre qu'un participant à une réunion puisse vouloir imposer l'ouverture de la séance malgré un président récalcitrant ? Il me semble que ces problèmes ne se posent même plus si on donne un statut purement intentionnel aux transformations juridiques impliquées par l'acte illocutoire. Rien n'empêche alors que le soldat donne des ordres au général, c'est-à-dire invente, par sa parole, un monde où le général devrait lui obéir, et ce « mauvais esprit » suffit amplement pour expliquer la punition.

Je ferai une remarque du même ordre à propos du chapitre 8 des *Actes de Langage*, où Searle utilise l'illocutoire pour « dériver le devoir du fait ». La tradition philosophique issue de Kant déclare impossible de dériver une proposition normative (disant ce qui doit être) à partir d'une proposition factuelle (constatant ce qui est) — à moins d'introduire subrepticement une prémisse normative (ce qu'on fait en déduisant *Il doit payer une amende* à partir de *Sa voiture est stationnée à un arrêt d'autobus*, car on utilise pour cela cette prémisse éminemment normative que constitue le code de la route). Searle pense au contraire que l'on peut déduire (2), qui est normatif, à partir de (1), qui est factuel :

(1) X a promis 100 francs.
(2) X doit donner 100 francs.

La promesse étant, par définition, l'acte par lequel le locuteur se crée à lui-même une obligation, il serait contradictoire d'admettre (1) et de refuser (2). Mais le raisonnement de Searle, comme les analyses d'Austin, suppose que l'illocutoire est une transformation réelle du monde. Si au contraire on tient cette transformation pour une simple prétention, pour l'image que l'énoncé donne de l'énonciation, l'accomplissement d'un acte illocutoire ne peut avoir de conséquences morales que si on admet une prémisse normative supplémentaire, du type « Il faut tenir ses engagements » (= « si quelqu'un a présenté sa parole comme l'obligeant à faire A, il doit faire A »). Ce qui serait contradictoire, pour moi, ce serait de dire, *dans le même acte d'énonciation :* « Je promets..., mais cela ne m'engage pas ». Le *Je*$_1$ de cet acte fait en effet d'abord une promesse, puis une assertion, et dans l'une et l'autre il est question de *Je*$_2$. Or l'image que *Je*$_1$ donne de *Je*$_2$ dans l'assertion, est incompatible avec celle donnée dans la promesse; et cela peut sembler contradictoire, dans la mesure où il s'agit du même *Je*$_1$. Mais la situation est toute différente s'il s'agit des énoncés (1) et (2), même s'ils ont le même locuteur. Car le *Je*$_1$ de ce discours n'a, cette fois, aucun rapport avec X, locuteur de la promesse. Pourquoi ne donnerait-il pas de X une image incompatible avec celle que X, au moment où il était *Je*$_1$, a donnée de lui-même. J'ai peur qu'il ne faille s'y résigner : ce n'est pas la linguistique qui nous rendra meilleurs.

Remarque 1. Je ne tiens même pas pour contradictoire : « J'ai promis, mais cela ne m'engage pas. » Le *Je*$_1$ de ce discours attribue deux propriétés à *Je*$_2$: avoir fait autrefois un acte de promesse et n'être pas, actuellement, engagé. Il n'y a là contradiction que si on admet — et cela n'est pas du ressort de la linguistique — qu'une personne conserve ses obligations tant qu'elle ne les a pas remplies.

Remarque 2. La conception « intentionnelle » présentée ici explique que je donne une description de l'ordre différente de celle proposée dans ce livre. Encore lié au « réalisme » des philosophes du langage, je ne pouvais décrire l'ordre comme créateur d'obligation sans soutenir en même temps qu'il oblige réellement le destinataire. Pour éviter cette conséquence, je disais qu'il crée pour le destinataire l'alternative de l'obéissance et de la désobéissance (cf. p. 79).

L'illusion performative

Austin a d'abord découvert la notion de performatif, puis celle d'acte illocutionnaire, qu'il a introduite par généralisation de la première, devenue un cas particulier. Je vais essayer de montrer que la performativité n'est même pas un cas particulier, mais plutôt une conséquence ou, plus précisément, une illusion provoquée, dans certaines situations, par la fonction illocutionnaire des énoncés (elle a donc le même type de réalité qu'un mirage). Certes son caractère spectaculaire a stimulé la réflexion linguistique, en attirant l'attention vers les actes de langage. Mais, en contrepartie, le prestige dont elle a joui a amené à voir tout l'illocutoire à partir d'elle, et par là même, à ce qu'il me semble, à le dénaturer.

D'abord quelques définitions. Je dirai qu'un énoncé est *performatif au sens strict* (ou, simplement, *performatif*) s'il satisfait les deux exigences suivantes :

(*a*) Interprété selon sa structure syntaxique, il décrit un acte présent du locuteur.

(*b*) En l'énonçant, le locuteur le présente comme destiné à accomplir cet acte.

Les exemples « standard » consistent en énoncés de phrases comme *Je t'ordonne (te demande, te promets, te permets) de venir*, dans les cas (très fréquents) où ils servent à ordonner (demander, promettre, permettre) de venir. Est performative également la formule *Je contre* (anglais : *I double*) utilisée dans une partie de bridge : le locuteur (*a*) se décrit comme accomplissant l'acte de contrer (si on interprète selon la structure syntaxique), (*b*) présente sa parole comme accomplissant l'acte de contrer. De même *Je vous donne ma fille* est performatif si le locuteur considère sa parole comme effectuant le don.

Il est clair, en revanche, que la phrase *Il fait beau* ne peut pas donner lieu à un énoncé performatif (la condition (*a*) n'étant pas satisfaite), ni non plus *Je me promène* (à cause de la condition (*b*)). Il me paraît d'autre part tout à fait exceptionnel, voire impossible, d'énoncer *Je te dérange* ou *Je te parle* de façon performative, c'est-à-dire (condition (*b*)) en donnant comme but avoué à ce qu'on dit de déranger le destinataire ou de lui adresser la parole. Plus délicat est le problème soulevé par *Je me moque de toi*. Paul Henry (*Le mauvais outil*, chap. 1, Klincksieck, 1977) imagine une situation où, pour se moquer de quelqu'un, on lui enverrait un télégramme contenant uniquement ces mots. Il faut alors, dit Paul Henry, considérer l'énoncé comme performatif (d'où Pierre Henry tire cette conclusion que la notion est trop extensible pour avoir quelque utilité que ce soit). Il me semble cependant que cet exemple repose sur un glissement de sens — qui est lui-même, on le verra par la suite, fort instructif. *Se moquer* peut être soit (1) un verbe d'état signifiant, à peu près, *ne pas s'intéresser* (comme *se ficher* ou *se foutre*), soit (2) un verbe d'action analogue à *railler* ou à l'ancien français *moquer*. Dans la situation imaginée, ce que fait le locuteur, c'est se moquer au sens (2), mais ce qui est dit dans l'énoncé, c'est qu'il se moque au sens (1) : il se $moque_2$ par le fait qu'il déclare se $moquer_1$ (c'est pourquoi Paul Henry n'aurait pas pu construire son contre-exemple avec *railler*, qui a seulement le sens (2).

Une fois admise cette première notion, une série de définitions s'ensuivent. Ainsi une *phrase* est performative si certains de ses énoncés peuvent l'être, et un *verbe* est performatif s'il peut constituer le verbe principal d'une phrase performative. On peut également, lorsqu'un tel verbe a plusieurs *acceptions*, appeler performative celle qu'il a lorsqu'il est employé comme verbe principal d'un énoncé performatif. Grâce à cette définition, on peut dire que dans telle ou telle occurrence, un verbe est pris dans son acception performative, même si ces occurrences n'appartiennent pas à un énoncé performatif. Ainsi *contrer* a une acception performative dans *Pierre a contré les trois sans-atout de Paul* — car il a, dans ce cas, la même valeur que dans *Je contre*, dit au cours d'une partie de bridge. En revanche, dans *Pierre a réussi à contrer les efforts de Paul*, *contrer* est pris dans son acception non-performative.

J'introduirai enfin la notion d'*énoncé performatif au sens large*, en supprimant, dans la définition du sens strict, l'exigence qu'il s'agisse d'un énoncé concernant le locuteur. Les conditions (*a*) et (*b*) précédentes deviennent alors :

(*a'*) Interprété selon sa structure syntaxique l'énoncé constitue la description d'un état de fait.

(*b'*) Il est présenté comme destiné à réaliser cet état.

On considérera donc comme performative au sens large, la formule *La séance est ouverte*, lorsqu'elle est utilisée (que ce soit ou non par une personne officiellement habilitée) avec la prétention d'ouvrir la séance. C'est encore le cas de certaines salutations comme *Tu as mes amitiés* (en comprenant *amitiés* comme *assurances d'amitié*). Même remarque pour la formule cicéronienne *Salvebis a meo Cicerone*, dont le sens équivaut au français *Mon fils te salue*, et se comprend, vu le « futur épistolaire » et une « dérivation délocutive » à partir de la valeur littérale « Tu te porteras bien de la part de mon Cicéron ». *

Afin de pouvoir préciser les rapports entre le performatif et l'illocutoire, il m'est nécessaire d'insister d'abord sur deux caractéristiques de l'énoncé performatif.

La première est la prétention, qui lui est inhérente, d'être « auto-confirmant ». Si en disant « J'ordonne » on prétend effectivement ordonner, on prétend du même coup faire ce que l'on dit faire — de sorte que l'on ne peut même pas envisager que le destinataire réponde « C'est faux ». On remarquera qu'il ne s'agit pas seulement, ici, de la tendance, très générale, à appuyer ce que l'on dit sur le fait même qu'on le dit, ou encore, à présenter l'énonciation comme argument décisif en faveur de ce qui est énoncé (tendance illustrée par les « puisque je te le dis » avec lesquels on essaye de couper court aux objections). Dans le cas du performatif, l'énonciation n'est pas donnée, à proprement parler, pour une preuve — qui serait distincte de la chose prouvée. Elle apparaît plutôt comme constituant la réalité même de ce qui est dit : si elle atteste la chose énoncée, c'est dans la mesure où elle *est* cette chose. Mais en sens inverse, je n'irai pas jusqu'à dire, comme on le fait parfois, que l'énoncé performatif est effectivement auto-confirmant. Car j'ai pris soin, dans ma définition du performatif, de maintenir la condition (*b*) au niveau de la prétention : l'énoncé *est présenté comme* accomplissant

* On trouvera une discussion passionnante de ce dernier exemple dans B. de Cornulier, « La Dérivation délocutive », *Revue de linguistique romane*, 1976, p. 125-128.

l'acte qu'il semble décrire. L'auto-confirmation impliquerait qu'il l'accomplisse effectivement — ce qui ferait réapparaître les discussions austiniennes sur les « conditions de félicité ».

La deuxième caractéristique dont je voudrais parler concerne la façon dont on peut rapporter un énoncé performatif. L'observation de base est que, si quelqu'un a dit *J'ordonne...*, on peut rendre compte de sa parole en rapportant *Il a ordonné...* Il n'y a guère de possibilité analogue si la parole initiale n'est pas performative, et on ne rapportera pas l'énoncé *Je me promène* sous la forme *Il s'est promené.* On peut schématiser ce fait de la façon suivante :

Soit une phrase P ayant la structure :

« Je + Verbe (+ te) $\left\{ \begin{matrix} + \text{ que A} \\ + \text{ de A} \end{matrix} \right\}$ ».

Supposons qu'un locuteur L ait énoncé P de façon performative.

Il est alors possible de rapporter cet événement, sans addition d'information, sous la forme :

« L + Verbe au passé composé (+ à + désignation du référent de *te*) $\left\{ \begin{matrix} + \text{ que A} \\ + \text{ de A} \end{matrix} \right\}$

(N. B. J'ai mis entre parenthèses les constituants facultatifs).

Pour mettre en évidence les rapports entre le performatif et l'illocutoire, je partirai de deux observations. Beaucoup de difficultés viennent, me semble-t-il, de ce qu'on ne distingue pas toujours l'une de l'autre ces deux observations.

La première est que tout énoncé performatif est « sui-référentiel ». En disant « *Je promets...* », on donne pour une promesse l'énonciation-même que l'on produit : on ne se contente pas de constater l'existence d'une promesse. Et c'est le cas aussi pour les performatifs au sens large. On ne peut pas énoncer de façon performative : « La séance est ouverte » sans attribuer à sa propre parole la fonction d'ouvrir la séance (Benveniste exprime ceci en disant que les performatifs contiennent, explicite ou implicite, une formule comme « par la présente »). Cette propriété n'a d'ailleurs rien d'étonnant si on admet ce que j'ai soutenu à propos de l'illocutoire en général : elle découle de ce que le performatif a une valeur illocutoire. S'il est impossible de promettre sans qualifier l'acte d'énonciation au moyen duquel on promet, il est tout aussi impossible d'affirmer « Il fait beau », ou de questionner « Est-ce qu'il fait beau ? » sans, du même coup, dire ce que l'on fait en employant ces énoncés.

Ma deuxième observation concerne l'origine *apparente* de ce caractère sui-référentiel, caractère qui *semble* imposé par la structure syntaxique de la phrase utilisée : dans la mesure où le verbe performatif est un verbe d'action à la première personne du présent, il est prévisible en effet que l'énoncé décrive l'activité présente du locuteur. Et, comme celui-ci, au moment où il parle, est incontestablement occupé à parler, il *paraît* nécessaire que ce qui est dit dans l'énoncé concerne sa propre énonciation. Si cependant j'ai dit « *semble* imposé », c'est que rien, syntaxiquement, n'empêche que le temps grammatical du présent désigne une période plus large que le simple instant du discours, et, par suite, que l'énoncé qualifie une autre activité du locuteur que celle consistant précisément à l'énoncer. La preuve en est qu'un énoncé de la phrase *Je te dérange* n'est jamais compris comme qualifiant son énonciation comme dérangeante. Et *Je mens* ne reçoit jamais l'interprétation « Ce que je fais en disant *Je mens* c'est mentir » (sauf de la part des logiciens, qui ont besoin de cela pour faire apparaître un paradoxe). En d'autres termes, rien, syntaxiquement, n'impose de comprendre le *Je* du performatif comme un Je_1 : il pourrait aussi bien être un Je_2, et, dans ce cas, le caractère sui-référentiel de l'énoncé ne serait pas explicité dans la structure syntaxique de la phrase. Je n'ai pas dit non plus — qu'on me pardonne cette insistance — que cette structure *empêche* la lecture Je_1, qu'elle empêche de lire le verbe *promettre* comme commentaire de l'énonciation (si j'avais dit cela, je serais en contradiction flagrante avec l'utilisation faite tout à l'heure des performatifs pour montrer la présence de Je_1). Ce que j'ai voulu signaler, c'est seulement que la syntaxe *n'impose pas* cette interprétation. Si donc on a souvent eu le sentiment qu'elle l'impose, il ne peut s'agir que d'une illusion, sans doute inévitable, et qui demande explication.

La plupart des théoriciens du performatif ne séparent pas les deux observations que je viens de proposer. Cela tient, je pense, à ce qu'ils formulent la seconde d'une façon moins restrictive que je n'ai fait. Ne distinguant pas les deux *Je*, ils croient syntaxiquement nécessaire de comprendre le verbe principal des énoncés performatifs comme qualifiant l'énonciation de ces énoncés. Par suite, le caractère sui-référentiel de *Je promets...* (observation 1) leur apparaît une simple conséquence du fait que le verbe *promettre* s'applique à l'acte accompli en prononçant l'énoncé (observation 2), ce dernier fait, lié à la structure syntaxique de la phrase, étant le fait essentiel. D'où l'idée d'une différence radicale avec les énoncés non-performatifs. Car la sui-référence que j'ai attribuée aussi à ces derniers (corrélative, selon moi, de leur valeur illocutionnaire) est à coup sûr tout à fait différente de la sui-référence « syntaxique » des performatifs. Arrivé à ce point, on a le choix entre deux attitudes, qui peuvent se réclamer, respectivement, de Benveniste et de Austin.

Pour Benveniste, ce serait une erreur de vouloir noyer le performatif dans la catégorie générale de l'illocutoire, et de rapprocher le performatif *Je t'ordonne de venir* du non-performatif *Viens!* Ce serait oublier que la première notion, et elle uniquement, est strictement linguistique, dans la mesure où seul l'énoncé performatif, porte son caractère sui-référentiel écrit en lui. A quoi j'ai déjà répondu que la sui-référence n'est jamais écrite : la lecture du pronom personnel *Je* comme *Je*$_1$ n'est jamais nécessaire, de sorte que sa présence ne saurait, à elle seule, assurer la valeur sui-référentielle de l'énoncé.

L'attitude de Austin est radicalement opposée : elle revient à faire de la performativité un simple cas particulier de l'illocutoire (intéressant surtout par ce fait que la valeur illocutoire de l'énoncé est alors prévisible dès le niveau de la phrase — ce qui exclut les ambiguïtés). Mais si Austin peut soutenir cette thèse tout en maintenant le caractère syntaxiquement sui-référentiel des performatifs, c'est que la sui-référence, pour lui, est étrangère à la notion générale d'illocutoire. Mouvement de pensée que j'expliciterai en y distinguant les étapes suivantes (N.B. Il s'agit d'une reconstruction « idéale », qui ne peut s'appuyer sur aucun texte austinien précis) :

1. La catégorie de l'illocutoire regroupe aussi bien des énoncés non-performatifs que des énoncés performatifs.

2. Un énoncé performatif est sui-référentiel par sa structure syntaxique.

3. Un énoncé n'est sui-référentiel que s'il l'est par sa structure syntaxique.

4. Les énoncés non-performatifs ne sont pas sui-référentiels puisqu'ils ne le sont pas syntaxiquement.

5. La sui-référence n'est pas constitutive de l'illocutoire.

La proposition (1) reflète la décision de donner un même statut à des énoncés comme *Viens!* (utilisé pour donner un ordre) et *Je t'ordonne de venir*. Austin échappe par là à ce qui me semble particulièrement paradoxal dans la position de Benveniste : la coupure brutale établie entre des énoncés ayant, dans l'usage, des fonctions extrêmement proches. Mais une fois admise cette proposition, et si on admet d'autre part (4), il devient nécessaire de conclure à (5) — ce qui contredirait la conception de l'illocutoire que j'ai défendue tout à l'heure. Comme on ne peut nier, d'autre part, que (4) découle de (3), cette proposition (3), qui lie la sui-référence à la structure syntaxique, prend une importance cruciale. Il me semble qu'elle tire, en fait, toute sa force de (2) (bien qu'il n'y ait à coup sûr pas d'inférence logique allant de l'une à l'autre). En effet, la sui-référence syntaxique des performatifs constitue, si on la tient pour acquise, un phénomène spectaculaire, rendu encore plus remarquable par cette propriété qu'elle leur confère, de se confirmer eux-mêmes (ou, plus exactement, de prétendre le faire). On comprend alors qu'elle ait caché les autres formes de sui-référence, moins visibles, même si elles sont — comme je le crois — plus fondamentales. C'est pourquoi j'ai voulu, dans mon exposé, présenter l'illocutionnaire en général avant de parler du performatif : cela me semblait nécessaire pour dégager l'idée de sui-référence de sa pseudo-réalisation syntaxique. C'est pourquoi, aussi, traitant du performatif, j'ai lourdement insisté sur l'idée qu'aucune nécessité syntaxique n'imposait sa lecture sui-référentielle (puisque *Je mens* et *Je te dérange* n'ont pas une telle lecture) : mon but était de rendre à l'avance inacceptable la proposition (2), que l'on tient généralement pour allant de soi. Pour moi, elle constitue seulement une illusion nécessaire. Il me reste à expliquer la nécessité de cette illusion.

Pour le faire, je vais exposer, d'une façon aussi systématique que possible, une dérivation du performatif esquissée plus haut, p. 73-74 et dans le n° 1 de *Semantikos* (1975, p. 84-86). Mon point de départ est l'article de Benveniste sur la « dérivation délocutive » (*Problèmes de linguistique générale*, tome 1, 1966, chap. 23). Selon Benveniste, il existe, dans de nombreuses langues, une tendance à constituer des verbes à partir de formules conventionnelles. Si une collectivité a attribué une efficacité particulière à l'énonciation d'une formule F dont le substantif S est, soit le terme unique, soit un constituant essentiel, il est fréquent que l'on trouve un verbe, formé sur la base de S, qui signifie « accomplir l'acte effectué en énonçant F ». Ainsi le latin possède une formule d'appel au secours consistant à crier, dans certaines circonstances « Quirites! » (= « Citoyens! »). A partir de là a été dérivé, selon un processus qualifié de « délocutif », le verbe *quiritare*, signifiant « appeler au secours », c'est-à-dire « faire ce que l'on fait en criant *Quirites*! ».

L'article de B, de Cornulier cité plus haut, étend cette idée (en prétendant d'ailleurs — mais là, je ne serais pas d'accord — la réduire à la notion générale d'autonymie). Il montre, par exemple, que le mot produit peut être un substantif analogue formellement au substantif de départ. C'est ce qui se serait produit pour le latin *salus*, qui signifie (1) « bonne santé », (2) « salutation ». En réinterprétant Cornulier (d'une façon, peut-être, abusive), on peut imaginer que $salus_2$ vienne de $salus_1$ selon la dérivation suivante :

a) D'abord existe seulement $salus_1$.

b) $Salus_1$ est utilisé dans une formule « $salus_1$*!* », destinée à saluer les personnes que l'on rencontre, en leur souhaitant une bonne santé.

c) Enfin est formé, d'une façon délocutive, le mot $Salus_2$, qui désigne l'acte accompli en énonçant « $Salus_1$*!* », c'est-à-dire la salutation.

C'est un mécanisme tout à fait analogue que je vais utiliser pour expliquer l'apparition des performatifs. Le verbe français *contrer* possède au moins les deux valeurs suivantes :

$contrer_1$ = « s'opposer à »;

$contrer_2$ = (au bridge) doubler l'enjeu d'une partie en faisant la déclaration « Je contre ».

a) Je supposerai (ce qui n'a rien d'extravagant) que la valeur (1) est primitive.

b) Je supposerai que le verbe $contrer_1$ a été utilisé, au bridge, pour construire une formule « Je $contre_1$ », à laquelle a été conventionnellement attribuée la propriété de doubler l'enjeu. Mais, à cette étape, *contrer* signifie seulement « s'opposer », et la formule en question ne peut pas encore être décrite comme performative : la situation que l'on décrit en l'énonçant, à savoir l'opposition du locuteur à l'annonce de son adversaire, est, au moment (b), tout a fait distincte de l'action que l'on accomplit en l'énonçant (doubler l'enjeu).

c) J'imagine enfin qu'une dérivation délocutive a produit le verbe $contrer_2$, signifiant « faire l'action que l'on accomplit en disant *Je contre* ». C'est seulement à partir de ce moment que l'énoncé *Je contre* prend les caractéristiques du performatif. On peut en effet l'interpréter en donnant au verbe sa valeur (2), et une identité apparaît alors entre ce que le locuteur dit faire et ce qu'il fait. Du même coup, il devient tout à fait naturel de comprendre l'énoncé comme syntaxiquement « sui-référentiel », comme qualifiant sa propre énonciation : maintenant qu'il signifie « Je $contre_2$ », il n'est vrai que s'il concerne l'acte consistant à le prononcer, seul acte présent du locuteur qui soit effectivement un contre$_2$. La sui-référence syntaxique me paraît donc une conséquence nécessaire du fait que le verbe utilisé dans la formule a pris pour signification, par dérivation délocutive, « faire ce que l'on fait en utilisant la formule ».

Deuxième exemple, le verbe *adhérer*. Pris au sens « moral », il a les deux acceptions :

1. « être membre d'un parti », « croire à une doctrine », et
2. « devenir membre d'un parti », « donner son adhésion à... ».

Comme précédemment, je postulerai un processus en trois étapes :

a) Seule existe l'acception (1)

b) Le verbe, pris dans son acception (1) est utilisé dans des formules servant à donner son adhésion : « J'adhère$_1$ au parti X » (pour devenir membre du parti, on dit que l'on en est membre; de la même façon, pour faire l'acte d'abjurer la religion Y, on était tenu, autrefois, de déclarer « Je crois à la religion X »).

c) Par dérivation délocutive, *adhérer* prend la valeur (2) et signifie « faire l'acte qu'on accommplit en disant *J'adhère*$_1$ ». A partir de cette étape, la formule *J'adhère* peut être lue à travers l'acception (2), ce qui amène à la comprendre de façon performative : on devient membre par le fait qu'on déclare le devenir. On remarquera d'ailleurs que cette dérivation, si elle a joué pour le verbe (cf. 200 *personnes ont adhéré au parti à la suite de la manifestation*), n'a pas encore atteint le substantif *adhérent* — qui reste formé sur le sens (1). On dira difficilement : *Hier, nous avons eu* 200 *adhérents* (il serait presque nécessaire d'ajouter *nouveaux*).

Une dérivation exactement parallèle peut aussi être proposée pour le verbe *souhaiter*. A partir de son acception psychologique (1) (proche de *désirer* : cf. *Il souhaitait partir, mais n'osait pas le dire*), on tirerait une acception performative (2) (cf. *C'est contraint et forcé qu'il m'a souhaité bonne chance*). Si j'ai ajouté cet exemple aux précédents (sans le traiter en détail), c'est qu'il laisse voir, plus nettement que les autres, une explication possible pour un phénomène signalé tout à l'heure : la possibilité de traduire *Il m'a dit « Je te souhaite... »* par *Il m'a souhaité...* L'origine en serait le glissement de sens, produit à l'étape (*c*) entre *souhaiter*$_1$ et *souhaiter*$_2$. Si on admet d'autre part que ce glissement est la source de la performativité, on comprend que le phénomène puisse être donné comme critère des performatifs.

Pour soutenir la même thèse par un argument *a contrario*, il faut signaler des cas où, le glissement ne s'étant pas produit, l'interprétation performative a été bloquée. C'est ce qui s'est passé, me semble-t-il, pour le verbe *emmerder*. L'étape (*a*) est celle où le verbe est à peu près synonyme, avec une vigueur particulière, de *ennuyer*, *embêter*. Une étape (*b*) a suivi : l'expression *Je t'emmerde* a été utilisée comme formule d'injure conventionnelle (usage qui semble actuellement disparaître, mais qui n'a même pas, que je sache, été essayé pour *Je t'ennuie* ou *Je t'embête*). A partir de là, une étape (*c*) aurait été concevable, où le verbe *emmerder* aurait pris l'acception « injurier d'une façon analogue à celle que l'on obtient avec la formule *Je t'emmerde* ». Qu'on imagine un instant que (*c*) se soit réalisée : la formule en question serait alors nécessairement apparue comme performative, et ses énoncés auraient été tenus pour des exemples éclatants de sui-référentialité syntaxique.

Il est sûr qu'une démonstration complète ne saurait se contenter de quelques cas particuliers. J'ai envisagé uniquement des cas où le processus de dérivation, même si sa réalisation s'accomplit en diachronie, peut encore être rendu sensible en synchronie : j'entends par là que nous pouvons encore la parcourir en sens inverse, et essayer, par exemple, de sentir un *Je souhaite*$_1$ ou un *J'adhère*$_1$, sous le *Je souhaite*$_2$ et le *J'adhère*$_2$. Ce qui serait nécessaire, maintenant, ce serait une enquête philologique qui prendrait pour objet des verbes performatifs actuellement dépourvus d'acception non-performative (*promettre*, *permettre*), ou encore des verbes dont l'acception non-performative actuelle semble sans rapport net avec l'acception performative (*ordonner*). Si, dans ces cas aussi, on pouvait envisager une solution analogue à celle présentée ici, on aurait *prouvé* (en un sens assez fort du terme) que la performativité est un effet, un produit. La sui-référence syntaxique qui la caractérise apparaîtrait alors clairement comme un phénomène secondaire, une manifestation occasionnelle de *Je*$_1$ à travers le pronom *Je*. Il n'y aurait donc plus aucune difficulté à reconnaître que la sui-référence est d'abord liée à l'illocutionnaire, au fait que nos énoncés se présentent eux-mêmes comme des actions, devant transformer la situation des interlocuteurs : le *Je*$_1$ qui s'y manifeste est fondamentalement étranger à toute réalisation morphologique.

On voit en quoi cette thèse rejoint les préoccupations signalées au début de cet exposé. Les énoncés performatifs sont les seuls dont la valeur illocutoire est rigoureusement prévisible dès le niveau de la phrase. En essayant de faire apparaître comme illusoire le prestige dont ils jouissent habituellement, on enlève donc un argument à la théorie selon laquelle le fondement de l'illocutoire serait son inscription dans la phrase. On contribue donc à substituer à une conception juridique de la langue fondée sur la *formule*, une conception, également juridique, mais fondée sur la *parole*. En minimisant d'autre part la sui-référence syntaxique, en reliant avant tout la sui-référence à l'image que l'énoncé, en tant que porteur d'un acte illocutoire, donne de son pouvoir, on est amené à relativiser le juridisme linguistique, en lui donnant le statut d'une intention ou d'une prétention. Mais ceci ne me semble pas contredire l'idée, à mes yeux essentielle, que le sens d'un énoncé est constitué par la mise en relation des interlocuteurs; rien n'interdit non plus de maintenir que le sens de l'énoncé, ainsi conçu comme un jeu intersubjectif, se fonde sur une signification de la phrase, signification constituée elle aussi par l'indication de rapports entre les personnages du dialogue. Que la signification ne se répète pas dans le sens, mais se transforme (jusqu'à se rendre méconnaissable), cela n'empêche qu'elle est la condition de possibilité du sens : si autrui est constitutif du sens, c'est que sa place est déjà marquée dans la signification.

Auteurs cités

Index

Imprimé en France par **CID** *éditions* — Nantes

Dépôt légal : avril 1985

N° d'édition : 5908 a

Hermann, éditeurs des Sciences et des Arts

4a. Un homme devient désintéressé quand il a réussi.
4b. Quand il a réussi, un homme devient désintéressé.
4c. Quand un homme a réussi, il devient désintéressé.
5a. Les hommes deviennent désintéressés quand ils ont réussi.
5b. Quand ils ont réussi, les hommes deviennent désintéressés.
5c. Quand les hommes ont réussi, ils deviennent désintéressés.
6a. Tous les hommes deviennent désintéressés quand ils ont réussi.
6b. Quand ils ont réussi, tous les hommes deviennent désintéressés.
6c. Quand tous les hommes ont réussi, ils deviennent désintéressés.
7a. Seul Jacques est devenu désintéressé quand il a eu réussi.
7b. Quand il a eu réussi, seul Jacques est devenu désintéressé.
7c. Quand seul Jacques a eu réussi, il est devenu désintéressé.
8. Quand ses enfants sont bien portants, il les envoie en colonie de vacances.
9. Quand tous ses enfants sont bien portants, il les envoie en colonie de vacances.
10. Jacques était à peine en retard.
11. Le dimanche, Jean voit à peine ses enfants.
12. Ce discours est à peine digne d'un académicien.
13. Ce discours est peu digne d'un académicien.
14. Il gagne à peine mille francs par mois.
15. Il ne gagne pas plus de mille francs.
16. Il a presque cessé de fumer.
17. Je suis presque content d'avoir perdu.
18. Je suis presque content d'avoir gagné.
19. Il a à peine mangé.
20. Il n'a presque pas mangé.
21. Pierre sait que p.
22. Pierre sait que le baromètre a baissé; il va donc pleuvoir.
23. Pierre va venir.
24. Je me doute que Pierre va venir.
25. Je ne doute pas que Pierre va venir.
26. X pense que je ne me doute pas que Pierre va venir.
27. X a tort de penser que je ne crois pas que Pierre va venir.
28. X se figure que je me doute pas que Pierre va venir.
29. Je m'imagine que Pierre va venir.
30. Pierre s'imagine que je vais venir.
31. Pierre ne s'imagine pas que je vais venir.
32. Pierre s'imaginait que la réunion finirait aussi tard.
33. Pierre ne s'imaginait pas que la réunion finirait aussi tard.
34. p. « X pense que p ».
pp. « il est faux que p ».
35. p. « X pense que p ».
pp. « L'opinion dont il est posé que X la possède, est fausse ».
36. Jacques s'imaginait que je viendrais.
37. Jacques ne s'imaginait pas que je viendrais.
38. Jacques s'imaginait-il que la réunion finirait aussi tard?

10.

1. Qu'est-ce qu'a fait Pierre ce matin?
2. Pouvez-vous ouvrir la fenêtre?
3. La séance est ouverte.
4. Je te demande de venir.
5. Je suis allé à Paris après toi.
6. Tu dois épouser cette fille.

11. Qui vous a fourni l'arme?
12. Il est évident que Jacques viendra, et Pierre le croit.
13. Pierre se doute que Jacques viendra.

4.

1. Pierre, lui, est venu.
1'. Pierre non plus n'est pas venu.
2. Nous sommes enfin arrivés.
3. Pour un français, il sait beaucoup de logique.
4. Même Jacques est venu.
5. Est-ce que même Jacques est venu?
6. Je ne serai pas le premier président à perdre une guerre.
6'. Je serai le premier président à perdre une guerre.
7. Pierre est venu pour que Jacques parte.
7'. Pierre est venu de sorte que Jacques est parti.
8. Pierre est venu parce que Jacques est parti.
8'. Pierre est venu puisque Jacques est parti.
9. Seul Pierre est venu parce que Jacques est parti.
9a. « Seul Pierre est venu : la cause en est que Jacques est parti ».
9b. « Le seul qui soit venu à cause du départ de Jacques, c'est Pierre ».
10. Seul Pierre est venu de sorte que Jacques est parti.
10a. « Seul Pierre est venu : la conséquence en est que Jacques est parti. »
11. Seul Satan a pitié de lui-même.
12. Certains philosophes ont pitié d'eux-mêmes.
13. Certains de mes amis ont promis de venir.
14. Certaines voitures sont confortables; certaines voitures sont sûres.
15. Certaines voitures sont confortables; elles sont aussi sûres.
16. Certaines voitures sont sûres et confortables.
17. Certains élèves ont été félicités parce qu'ils avaient séquestré le proviseur.
17'. Certains élèves (ont été félicités parce qu'ils avaient séquestré le proviseur).
17''. Certains élèves (ont été félicités) — parce qu'ils (avaient séquestré le proviseur).
18. Jean est venu parce qu'il s'ennuyait.
19. Seul Pierre est venu.
19'. pp. « Pierre est venu. »
19''. p. « Personne d'autre que Pierre n'est venu. »
19°. « On pourrait penser que d'autres viendraient. »
20. Certains chapitres sont intéressants dans ce livre.
20°. « Certains chapitres ne le sont pas. »
21. Il est faux que certains chapitres soient intéressants.
22. Même Jacques est venu.
22'. pp. « On ne s'attendait pas à la venu de Jacques. »
22''. p. « Jacques est venu. »
22'''. « D'autres que Jacques sont venus. »
23. Jacques est petit même pour un français.
24. Jacques est petit pour un français.
24'. « Les français ne sont pas petits. »

5.

1. Certains français vont rester sur la lune.
2. Aucun français ne vas rester sur la lune.
3. Seul Jacques aime Marie.
4. Jacques n'aime que Marie.
5. Seul Jacques n'aime que Marie.
5'. pp. Jacques n'aime que Marie

(= aime Marie et nulle autre fille).

5″. p. Aucun garçon différent de Jacques ne se trouve aimer Marie et aucune autre fille.

6. $\forall \underset{\neq j}{y} \sim \left[\forall \underset{\neq m}{x} \sim A'(y, x) \right]$.

6′. Jacques aime Marie, et Jacques n'aime aucune autre fille, et d'autres que Jacques aiment Marie.

7. Seul Jacques restera à Paris.

8. Seul Jacques aime Marie.

9. Marie n'est aimée que de Jacques.

10. Jacques n'aime que Marie.

11. Seule Marie est aimée par Jacques.

12. Seul Jacques n'aime que Marie.

13. Seule Marie n'est aimée que de Jacques.

6.

1. Si Pierre vient, Jacques partira.
2. Est-ce que Jacques partira, si Pierre vient?
3. Qui partira, si Pierre vient?
4. Est-ce que tu skieras, si la neige est bonne?
5. Est-ce que tu partiras en auto, s'il y a du verglas?
6. Il est faux (ou : je nie que) Jacques parte si Pierre vient.
7. Est-ce que tu skieras, si la neige est bonne? — Non.
8. Est-ce que tu partiras en auto, s'il y a du verglas? — Non.
9. S'il a de l'esprit, il n'a (en revanche) guère de cœur.
10. Si la Cité est le cœur de Paris, le quartier latin en est l'âme.
11. Si Pierre est à Paris, il y restera certainement.
12. Si tu veux venir, tu as le droit.
13. Si tu as soif, il y a de la bière au frigidaire.
14. Je parie que si p, q.
15. Je parie que p → q.
16. Si Pierre vient, je le recevrai.

16′. Si je ne reçois pas Pierre, c'est qu'il ne sera pas venu.

17. Si Pierre vient, je ne le recevrai pas.

17′. Si je reçois Pierre, c'est qu'il ne sera pas venu.

18. Si Pierre était venu, Jacques serait parti.

18′. « Pierre n'est pas venu. »

18″. « Jacques n'est pas parti. »

19. Si Pierre était venu, je serais resté à Paris.

19′. « J'étais à Paris. »

20. Si Pierre avait été à Paris :
 a) il serait resté
 b) Jacques se serait douté de sa présence.

21. Si Pierre est à Paris :
 a) il restera
 b) Jacques se doutera de sa présence.

22. Je viendrai seulement s'il fait beau.

23. Je viendrai même s'il fait beau.

24. Certains candidats auraient été surpris s'ils avaient été élus (= d'être élus).

7.

1. Il semble devenir sobre : il a bu peu de vin hier.
2. Il semble devenir moins sobre : il a bu un peu de vin hier
3. Il semble devenir sobre : Il a bu un peu de vin hier.
4. Il semble devenir moins sobre : il a bu peu de vin hier.
5. Pierre a bu du vin hier.
6. Pierre a bu peu de vin hier.
7. Pierre a bu un peu de vin hier.
8. Ce livre est peu intéressant.
9. Ce livre n'est pas intéressant.
10. Pierre a bu peu de vin blanc.

11. Pierre a bu un peu de vin blanc.
12. Pierre est un peu en retard aujourd'hui.
13. Pierre est peu en retard aujourd'hui.
14. Est-il vrai que Pierre a bu peu de vin?
15. Est-il vrai que Pierre a bu un peu de vin?
16. Donne-moi peu d'eau.
17. Donne-moi un peu d'eau.
18. Mais je n'ai jamais songé à t'en donner.
19. Mais je n'ai pas l'intention de t'en donner beaucoup.

a_1. je te demande un peu de travail.
a_2. je te demande peu de travail.
b_1. je te demande de travailler un peu.
b_2. je te demande de travailler peu.

20. Il lui a fallu un peu de temps pour réfuter le théorème de Gödel.
21. Il lui a fallu peu de temps pour réfuter le théorème de Gödel.
22. Il lui a suffi d'un peu de temps pour réfuter le théorème de Gödel.
23. Il lui a suffi de peu de temps pour réfuter le théorème de Gödel.
24. Pierre est peu utile.
25. Pierre n'est pas utile.
26. Pierre est utile.
27. Pierre est plus inutile que Jacques.
28. Pierre est plus utile que Jacques.
9. Seul Pierre a bu peu de vin.

8.

1. Jacques n'aime pas sa femme, il aime la fille du patron.
2. Il a pris une douche.
3. Il a pris sa douche (= la douche de lui).
4. Il a eu tort de fumer.
5. Il a eu le tort de fumer.
6. Paris est la capitale de la France.
7. Paris est la ville de France qui dépasse le million d'habitants.
8. Certains français ne paient pas leurs impôts.

8'. « Certains français ont des impôts. »

9. Certains français ne paient pas d'impôts.
10. J'ai lu certains livres de X.
11. Avez-vous lu les articles récents de X?
12. Avez-vous lu certains articles récents de X?
13. Connaissez-vous un psychanaliste honnête?
14. Peut-on imaginer une rose sans épines?
15. A-t-on jamais réalisé un capitalisme populaire ou un socialisme à visage humain?
16. Aucun philosophe n'est sage.
17. Aucun sage n'est philosophe.
18. Certains hommes sont méchants.

9.

1. Pierre a-t-il lu tous les articles de X?

1'. « Pierre a lu certains artciles de X. »

2. Tous ne sont pas venus.

2a. « Aucun n'est venu. »

2b. « Certains sont venus et certains ne sont pas venus. »

3. Tous les enfants ne doivent pas manger de chocolat.

3a. « Il n'est pas obligatoire (ou nécessaire) que tous les enfants mangent du chocolat. »

3b. « Aucun enfant ne doit manger de chocolat » (= « le chocolat est interdit à tous »).

3c. « Il y a des enfants qui ne doivent pas manger de chocolat » (= « le chocolat est interdit à certains »).

1.

1. Pierre pense que Jacques est venu.
2. Pierre se doute que Jacques est venu.
3. Pierre s'imagine que Jacques est venu.
4. Est-ce que Pierre se doute que Jacques est venu?
5. Est-ce que Pierre s'imagine que Jacques est venu?

2.

1. Jacques est venu et Louis est parti.
2. S'il fait beau demain, Jacques viendra.
3. Celui qui a découvert que l'orbite des planètes est elliptique, est mort dans la misère.
4. J'ai demandé conseil à des amis; ils m'ont dit de venir.
5. Il y a des amis à qui j'ai demandé conseil et qui m'ont dit de venir.
6. Il n'y a pas un nuage au ciel.
7. Ce mur n'est pas blanc.
8. Il a cessé de battre sa femme.
9. Cette corde est destinée à pendre le linge.
10. Fermez la porte!
11. S'il y a une porte, fermez-là!
12. Il est venu avec son frère.
13. Jacques se doute que Marcel viendra.
14. Jacques déteste encore Marcel.
15. Si Jacques avait actuellement une voiture, il partirait.
16. Pierre a acheté un magnétophone à Paris.
17. Pierre a acheté un magnétophone avec enthousiasme.
18. Que Pierre vienne demain, cela me semble impossible.
19. Seul Dieu est aimable.

19′. Dieu est aimable.

16″. Aucun être différent de Dieu n'est aimable.

20. Tous sauf Pierre sont venus.

20′. Pierre n'est pas venu.

20″. Toutes les personnes autres que lui sont venues.

21. Perdre un ami est le plus grand des maux.
22. Il commence à travailler.
23. Il sait cela en tant que mathématicien.

23′. Il sait cela.

23″. La cause de son savoir est sa qualité de mathématicien.

24. Peu d'hommes sont savants.
25. Tous les hommes sont mortels.
26. Il s'est réveillé.

26′. Je pense que vous savez qu'il dormait avant.

26″. Je désire que vous sachiez qu'il ne dort pas en ce moment.

27. La venue de Pierre est possible.
28. Peut-être Pierre va-t-il venir.

3.

1. Jean ne prend plus de caviar au petit déjeuner.

1′. pp. « Jean prenait autrefois du caviar au petit déjeuner ».

2. Donc il en a pris autrefois.
3. Il est donc capable de se priver.
4. Seule Marie est venue.
5. Jean a dû être content puisque seule Marie est venue.
6. Jean a cessé de boire parce que Marie a cessé de fumer.
7. Jean se doute que Marie viendra.

7′. pp. « Marie viendra ».

7″. p. « Jean croit que Marie viendra »

8. Marie viendra et Jean s'en doute.
9. Jean croit que Marie viendra, et il s'en doute.
10. Où avez-vous mis le corps de votre femme?